U0892629

天

Borderless

下

博稽古今　融汇天下

天
Borderless
下

博
观

COMMON
LAW

普通法

[美]小奥利弗·温德尔·霍姆斯 著

郭亮 译

法律出版社 LAW PRESS · CHINA
北京

图书在版编目(CIP)数据

普通法 / (美) 小奥利弗・温德尔・霍姆斯著 ; 郭亮译. -- 北京 : 法律出版社, 2021
书名原文: Common Law
ISBN 978-7-5197-5912-4

Ⅰ. ①普… Ⅱ. ①小… ②郭… Ⅲ. ①法律 – 研究 – 美国 Ⅳ. ①D971.2

中国版本图书馆CIP数据核字(2021)第192476号

普通法
PUTONGFA

作　　者：[美]小奥利弗・温德尔・霍姆斯
译　　者：郭　亮
责任编辑：韩满春
装帧设计：贾丹丹
出版发行：法律出版社
编辑统筹：学术・对外出版分社
责任校对：杨锦华　王沁陶
责任印制：陶　松
经　　销：新华书店
开　　本：A5
印　　张：11.875
字　　数：258千
版　　本：2021年10月第1版
印　　次：2021年10月第1次印刷
印　　刷：天津嘉恒印务有限公司
书　　号：ISBN 978-7-5197-5912-4
定　　价：68.00元
版权所有・侵权必究

销售电话：010-83938349　客服电话：010-83938350　咨询电话：010-63939796
地　　址：北京市丰台区莲花池西里7号(100073)
网　　址：www.lawpress.com.cn
投稿邮箱：info@lawpress.com.cn
举报盗版邮箱：jbwq@lawpress.com.cn
凡购买本社图书，如有印装错误，我社负责退换。电话：010-83938349

作者简介

小奥利弗·温德尔·霍姆斯 Oliver Wendell Holmes, Jr.,1841~1935

美国著名法学家，美国联邦最高法院大法官。1841 年，霍姆斯生于美国马萨诸塞州的波士顿，年轻时喜爱文学，支持废奴运动。1861 年毕业于哈佛大学。毕业后美国内战爆发,霍姆斯加入美国联邦军队参战，并在战争中负伤。内战结束后，霍姆斯返回哈佛大学攻读法律，1866 年在波士顿开业当律师。1870 年，他成为《美国法律评论》的编辑，1882 年成为哈佛大学法学院教授和马萨诸塞州最高法院法官，1899 年他被任命为该法院的首席法官。1902 年，霍姆斯担任美国联邦最高法院大法官，被公认为是美国联邦最高法院最伟大的大法官之一。

译者简介

郭 亮

湖北公安县人，中国政法大学与巴黎第二大学联合培养比较法博士，博士论文为《占有的历史对抗性》。论文有《< 法的形而上学原理 > 与占有相关的若干表述》(《中国法律评论》，2019)、《一千个“从身份到契约”与“两个体系”》(法律出版社，2016)、《< 大宪章 > 的私法属性及其意义》(《人权研究》，2015)。译著有梅因《古代法》(法律出版社，2016、2019)。本书出版时，任某外商投资公司法律总监。

译者序：法在理性不及处

《普通法》主要采用法律史方法。庞德认为，霍姆斯具有超前眼光，他做历史的主人，以为今用，而不做其奴隶[1]。此言甚是准确。霍姆斯本人将历史比作一条恶龙。他说，把恶龙引到洞外，在平地之上，人借助日光，可数清其爪牙，看清其武力。可这只是第一步。第二步则是屠龙或驯龙[2]。窃以为，霍姆斯的历史观是一个角度，能够帮助我们理解《普通法》的开篇之名句："法律的生命向来不是逻辑，而是经验。"

梅因笔下的合同法史，是自由意志逐步摆脱各个(借韦伯的术语)"形式非理性"要件的除魅与独立过程。不仅如此，褪去形式要件之后的罗马式法锁观甚至一路东进，影响希腊神学，再折

---

〔1〕 Roscoe Pound, *Judge Holmes' s Contributions to the Science of Law*, 34 Harvard Law Review 451(1921).

〔2〕 Oliver Wendell Holmes, Jr., *The Path of the Law*, 10 Harvard Law Review 467(1897).

回西方,帮助形成了基督教中的赎罪观[1]。此外,从家庭法的变迁过程中[2],梅因提炼出了"从身份到契约"的规律。梅因具有一以贯之的进步史观,在他那里,法律史就是个体解放史和意志奋进史。可是,当我们阅读《普通法》第七讲时会发现,霍姆斯笔下的合同法史,却反其道而行,是形式恒定而说辞改变的历史,是遗忘史和附会史。对价与手迹、蜡印一样,仅具有证明合同存在性的形式功能[3]。世人继续运用对价制度,但他们已经遗忘该形式的原先目的,故妄生穿凿,在其现代外观上补涂了意志论的浓重色彩。

梅因和霍姆斯对合同法史的认识反差,已经在一定程度上表明,就意志论在法律领域的涉足,霍姆斯提出了抗议。两位在占有时效上的再次交锋,则更明确表明,霍姆斯不同意使用意志论指导法学。概括而言,梅因认为,占有时效是所有权的起源[4]。占有时效导致所有权,这几乎对黑格尔有关"意志通过占有而实现了外部定在,而这就是所有权"[5]之观点以及萨维尼有关"只有具备自有之意图的占有才是法律上的占有"[6]之观点进行了呼应。可以说,梅因在财产法的问题上也同意意志对于法律的统治力。霍姆斯隐晦批评梅因将占有时效与所有权的起源问题挂钩,他强调,时效取得反映了人对于夺权具有幽深的本能与恒念,且原所有权之

---

〔1〕［英］亨利·梅因:《古代法》,法律出版社 2019 年版,郭亮译,第 197-234 页。

〔2〕同上,第 74-112 页。

〔3〕对价制度脱胎于金钱债务诉讼这种司法程序,后又依托于侵害之诉的类案诉讼形式——违反简约之诉。违反简约之诉缓缓分化和独立。在这些过程中,对价主要承担合同的形式职能。

〔4〕梅因,前引《古代法》,第 167 页。

〔5〕［德］黑格尔:《法哲学原理》,范扬、张企泰译,商务印书馆 1979 年版,第 59 页。

〔6〕Von Savigny: *On Possession*, 6th edition, translated by Sir Erskine Perry, Law Bookseller and Publisher, 1848, p. 142.

日渐消解以及夺权者权益之日益增大,得到法律的背书[1]。霍姆斯在《法律之径》中对梅因所表达的这一反对意见,尚未表明霍姆斯真正的态度,他也未在该文中全面开展论述。关于此,他是通过《普通法》鲜明地提出了反对意见。

霍姆斯列举了一个惊奇的法律现象:法律竟然认可侵权行为的继承和侵权期间的叠加。根据法律的规定,对立地通行某地时达20年的,可以取得通行权之地役权。设有一人通行10年后去世,其法定继承人继续通行了10年,该人可以取得通行权吗?霍姆斯认为可以,该权不在理性中,而在理性不及处,即人格同一性的拟制。可以说,在霍姆斯的眼中,人格同一性的拟制以及人物互喻的拟制,是私法的两大基础之一。关于后者,容后再议。人格同一性的拟制之所以重要,因为它能够解释权利流转的可能性,也能解释占有制度。在梅因那里,遗嘱继承制度的成熟,也属于自由意志不断抗争所取得的胜利成果。遗嘱继承制度发展中的一个巨大进步,是将家产当成商品一样,通过对要式买卖仪式的仿造,将其售卖给家产买受人,即遗嘱继承人[2]。但霍姆斯反过来解读。以抢亲所体现的形式残留为佐证,在原始的买卖关系中,没有意志的合意模式,而只有夺权和战斗模式。在观念上,买受人须得对立地取得出卖人的占有地位,取得其身份。霍姆斯认为,为了达到买受人取得出卖人身份的目的,买卖和其他让与行为就仿造法定继承,以流转权利。霍姆斯在史料中找到大量证据,表明买受人在实践中被视为法定继承人。霍姆斯认为,被继承人和法定继承人被视为具有同一个人格,这就为出卖人和买受人的人格同一性拟制提供了实在的参考。这一点也顺便解释,为何霍姆斯不同

---

〔1〕 Holmes, *supra* note 2, pp. 473-474.

〔2〕 梅因,前引书,第134-136页。

意梅因将占有时效与所有权关联得如此紧密。在霍姆斯那里,占有之事实与情境相结合,即赋予占有人以权利,法律承认这一点已经足够,所有权制度并不如占有那么重要。需要指出的是,没有对人格同一性观念及其变形的发现,霍姆斯的占有理论不可能独立支撑。

可是,霍姆斯并未止步于此。据他在《普通法》中的考察,权利流转的基础不仅仅有人格同一性的拟制,还有人物互喻的拟制。人物互喻的拟制,其源头是隐藏在法律责任原貌中的复仇激情。以物喻人的拟制反映在法律中,就是认可物件担责,这是公司法的基石,而以人喻物,是代理制度和监护制度的源头,也躲藏在现代海商法的基本制度之中。据以物喻人的拟制,封地因对领主负有役务,所以封臣可能继承互相冲突的多个人格,既有来自父辈的,也有来自不同领主的。在《普通法》第十一讲,人格同一性和人物互喻的两套拟制法则并存,在一定场合会具有竞争关系,互为冲突,也曾给封建地权的流转和法律适用造成混乱。具体而言,霍姆斯发现,合意转让地权的,合意上所附加的保证,是随地权(人格)还是随土地(具有属人性)流转,在实践中存在不同的操作方式。

本文对比梅因的意志胜利论和霍姆斯的意志无关论,只是为了表明霍姆斯不同意伦理学对法学的指导。霍姆斯在论占有时,集中火力批评了自由意志主导的占有学说。康德和黑格尔均以占有为出发构建各自的法哲学体系,于是首当其冲,成为霍姆斯攻击的目标。此外,霍姆斯不仅在合同法史观上剥离意志论,在合同的效力问题上,霍姆斯采用了如其评价刑法和侵权行为法相同的外在标准,令立约人自甘冒险,承担合同生效与否的后果。在论证中,霍姆斯否认欺诈或误解等意志因素对合同效力具有影响。这种将法律与道德相剥离的手法不仅被运用于合同法评论,也被娴熟运用在侵权行为法和刑法上,于是,故意、过失、欺诈等主观心态基本上可以用外在的法律标准来替代,其道德或意志意义就没有如许多学者强调得那样重要。

行文至此,相信我们可以对"法律的生命向来不是逻辑,而是经验"这句名言有了更加直观的感受。霍姆斯在《法律之径》中坦言,法律人容易陷入两种混沌,第一种是模糊法律与道德的界限;第二种是即便宇宙运转的因果律能适用于法律,但在一个给定的法统中,法的已有发展是否合乎逻辑[1]。请注意,关于第二种混沌,霍姆斯所评价的逻辑性缺失,是从过去到现在,而不包括从现在到未来。这就是为什么笔者根据霍姆斯对完成时态的运用,将其开篇的名言汉译为:"法律的生命向来不是逻辑,而是经验。"笔者不揣冒昧,认为霍姆斯在本句所说的"逻辑"既包括自然律,也包括自由律。霍姆斯似乎以"逻辑"一词,一举反对了自然法学派、分析法学派以及以梅因和萨维尼等为代表从历史发展中抽取并表彰个体解放因素的历史法学派。霍姆斯所推崇的"经验",是人类血液中流淌的永恒冲动和激情,即复仇、占有和夺权。复仇的外观是作为侵害体的人或物的可归责性和人物互喻,帮助建立了公司法、海商法、代理、监护等制度以及支撑了侵权行为法、刑法和合同法上的归责原理。夺权的外观是人格同一性,它和占有共同构成权利流转的基础。

必须强调,霍姆斯是尊重哲学和康德的,他勉励学子超越法律食利者的眼光,将其所学与无尽的宇宙联系起来,倾听普遍法的回响[2]。但即便如此,他也拒绝使用普遍法以及物理因果律来解释

---

〔1〕 Holmes, *supra* note 2, pp. 458, 464.

〔2〕 Holmes, *supra* note 2, pp. 475-476.

或指导法律。窃以为,就自然法学者所信仰的普遍信念是否就是宇宙真理(cosmic truth),以及以康德和黑格尔为首的普遍意志论者所秉持的普遍意志是否能为其他所有人所接受并具有普遍强制力,霍姆斯表达了深深的疑虑[1]。关于后者,霍姆斯打了一个比方:你挑衅一名骑士,说他心爱的姑娘并非上帝偏心创造的宠儿,你就要做好他跟你决斗的准备。关于前者,需要多说几句。霍姆斯不同意德国法哲学和民法学使用意志论来解释占有。《普通法》有关占有的内容尤其针对康德和黑格尔的学说。这就是说,虽然康德在自由之存在性的二律背反[2]基础上提出,人类应当相信自由的存在,这是理性赋予人类的均等机会,而如果怀疑主义者无法证伪,则表明他的理解力逊色一筹[3],没有轻易在法学领域做出哲学上的这一选择。需要强调,霍姆斯是说普遍法是可能的,但法学领域并非该可能性的领地。同样地,康德认为,你的自由和我的自由必须并行不悖,这是普遍法的绝对命令,如认识不到这一条命令,则依赖暴力强制的占有所赋予的自然状态下的正当权利就不复存在;而即便它存在,如不认可实践理性关于公共外在立法的先验假设,正当权利便无法从自然状态进入文明状态。但就自由意志是否在历史上作为指导思想统领了法律的变迁,《普通法》各讲内容提出了保留意见。

霍姆斯在法律领域抵制自然律以及普遍意志(自由律),这一保守思想并不过时。近年来,欧洲的科学哲学领域冒出一派学说generalized Darwinism,姑且将之翻译表述为"普遍达尔文主义"。该学说认为存在一套共同适用于社会科学和自然科学的普遍演化

---

[1] Oliver Wendell Holmes Jr. ,*Natural Law*,Harv. L. Rev,40(1918-1919).

[2] [德]康德:《纯粹理性批判》,邓晓芒译,杨祖陶校,人民出版社 2004 年版,第 374-379 页。

[3] 同上,第 594 页。

原理。在认识论层面,就普遍达尔文主义能否被证实,引发了大量的论争〔1〕。社会科学的研究对象中是否存在类似生物演化的三大原则,即“变异”、“选择”和“生存/复制”,以及社会科学的研究对象中是否存在类似于生物学意义上的“种群”,都成为学者们讨论的焦点〔2〕。普遍达尔文主义的思维方式,是试图在社会科学和自然科学中“提取公因式”。在这个层面上,它与试图通过民法总则来抽象地统领其余各编的民法学思想具有技术上的传承性。当然,到目前为止,普遍达尔文主义似乎没有展现出将自然律与自由律相统一的野心,因为它还只在猜想存有一套共用于社会科学和自然科学的原理,而对这个原理的内容是什么,却暂时没有做出说明。假如信仰自由律获得与自然律并驾齐驱的扫荡力量,其后果可能会如韦伯所言,将从形式理性发展为实质理性〔3〕,如消灭继承权以及其他任何差异。人类历次将社会当作自然科学研究的对象来开展实验甚至是毁灭重生式的实验,无不将理念上的法用到极致。不同意普遍达尔文主义存在性的学者,虽然只在技术上进行前述反驳,但霍姆斯一定与他们持有相同的警惕立场。

以伦理学为基础的民法,在社会规范中提取公因式,抽象为法律行为和所有权,用以管领和贯穿体系,可是在技术上常常顾此失彼,致体系于形式理性无法自洽和四面漏风的尴尬境地,而游离于

---

〔1〕 e. g. Thomas A. C. Reydon and Markus Scholz, *Searching for Darwinism in Generalized Darwinism*, Brit. J. Phil. Sci. 66(2015), 561－589; Rod Thomas, *The Claims of Generalized Darwinism*, Philosophy of Management, 17(2), pp. 149－167.

〔2〕 Alderich, H. E., Hodgson, G. M., Hull, D. L., Knudsen, T., Mokyr, J., Vanberg, V. J., In Defense of Generalized Darwinism. Springer－verlag (2008); chubert, C. “*Generalized Darwinism*” *and the quest for an evolutionary theory of policy-making*. J Evol Econ 24, 479－513(2014).

〔3〕 [德]马克斯·韦伯:《法律社会学》,康乐、简惠美译,广西师范大学出版社2005年版,第304页。

体系之外的种种制度，经常诡异地符合霍姆斯所发现的复仇、占有和夺权等非理性基础，于是，法典化的民法、公司法甚至是刑法不得不继续使用占有制度来支撑法律行为和所有权。就此，本文不拟展开，但《普通法》在这个问题上的警示意义不容忽视。

郭 亮

2021 年 10 月 8 日于上海

自　序

本书的写就，源于我长期思考的一个写作计划。此前，我已迈动计划的第一步，在《美国法评论》发表了大量文章。后来，我受邀在波士顿的洛维尔研究所[1]开课，做了一系列讲座。不然，我不会动手，将这些讲座内容书写成在如今看来彼此具有关联性的专著。那份邀请鼓舞了我，使我在力之所及的限度内得偿所愿。为讲座做备课是有必要的，而正因如此，深入思考就会更轻松一些，而本书的出版就更容易一些。我正是相应下了功夫。在讲座中，我适度运用了《美国法评论》上发的文章，但对之进行了大量重构、重写和增补，由此，本书大部分都是新内容。讲稿相当之简练，计有12讲。第12讲不过是对前面11讲内容的要点提炼，对于有讲义在手的读者而言，已属重复，故本书将之删去。

就已结之成果，其讨论范畴由我掌握。我撰

---

〔1〕［译者注］Lowell Institute，是一个教育基金会。

写讲稿时,为课题所限,由此固守在给定的范畴。正因如此,我无意评论衡平法,并排除了若干显然应个别处理且不会影响一般理论的课题,如票据法和合伙制度。我已然为自己的研究范围设定了限度,若还有人要跟我讨论零碎问题,我只好引用勒韦鲁〔1〕的话:**“我们在构建一套学说,而非拼凑一本汇编。”**〔2〕

小奥利弗·霍姆斯

1881年2月8日于波士顿

〔1〕［译者注］Lehuërou(1807-1843),法国历史学家。

〔2〕［译者注］法语 Nous faisons une théorie,et non un spicilège。

目录

原版详目[1]

第一讲　责任的原貌

---

〔1〕［译者注］此为原书目录,页码均为中译本的边码。

第二讲 刑 法

第三讲 侵权行为法

——侵害行为与过失

第四讲 欺诈、恶意与故意

——侵权行为理论

第五讲　普通法上的受寄人

第六讲 占 有

第八讲 合同法—Ⅱ.合同要件

第九讲 合同法—Ⅲ.无效合同和可撤销合同

第十一讲　权利的承受:Ⅱ.活人之间的承受

判例表

【略】

法律年鉴和远古案例表

【略】

第一讲　责任的原貌

本书的目的,是要呈现普通法的一般观念。 1
为完成这一任务,除了逻辑的方法,还须用其他
方法。本书希望表明,须先有特定的成果在先,
方能达成法律体系的协调性。但这还不全是本
书的意图。法律的生命向来不是逻辑,而是经
验。在对约束人们行为的法律的各种影响中,时
代的要求、流行的道德和政治理论、公共政策中
公开的或潜藏的觉察力,甚至法官与他们同事所
具有的偏见,比逻辑演绎的作用要大得多。法律
所承载的,是一个民族演化的累世叙事,而不光
是数学般的定理和定论。要掌握法律的现在,须
掌握其过去和未来。尤其要叩问历史,要研究既
有的立法学说。而最劳心力者,当属掌握此二者
在法律演化的每个阶段所合成的新面目。在给
定的任何时代,法在实质上几乎都与该时代被理 2
解为方便的内容相一致[1];可是,法的形式和机
件,以及它对预定目标的实现能力大小,在相当

---

〔1〕［译者注］习以为常的普遍法律观念其实是拟制造成的结果。见第十一讲。

程度上取决于其过去。

就如今的麻省而言，一方面，许许多多法律本身就体现出良好的法律意识，这足以用来解释法律本身；另一方面，有一些制度须借助日耳曼部落程序法的萌芽状态，或《十二表法》中所反映的罗马社会境况来理解。

在必要时，我会使用普通法史来解释一个观念或一条法则，但不多迈一步。为此，须避免作者和读者都容易犯的两个错误。第一个，如果某个观念过于熟悉和自然，人就以为它古今通用。如今以为理当如此的许多事情，乃是古人苦战而来，或苦思而来。第二个，人对历史探究太过。第二个错误与第一个恰好相反。我们所探究的历史，当始于人已成人。应当如此设定：我们在考察习惯法时，最野蛮的先人也具有跟我们一般的感情和热血。

首先，讨论民事责任和刑事责任的一般学说。自法律年鉴肇始集成公布以来，普通法已然大变，而通说已经形成，之后再开展的研究，在相当程度上就是研究普通法的走向。我相信，回顾法律责任的原貌，并以此作为研究的起点，将会具有启发性。人人都知
3 道，法律程序的原貌，其基础在于复仇。现代学者已了解，罗马法的开端乃是血亲复仇，而所有判例一致认定，日耳曼法同样发轫于此。抵偿金制度乃由血亲复仇所导致。最初，人可以选择适用抵偿金，到后来，人只能适用抵偿金，而复仇被其取代。在盎格鲁-萨克森法[1]中可以查知，复仇乃逐渐为抵偿金所蚕食，到征服者威廉统治的时代，虽未绝迹，已大破坏。原来要杀人和放火烧屋，后变成重伤罪[2]和放火罪的诉状程序。而有关**扰乱治安并造成伤**

---

〔1〕 E. g. Ine, c. 74; Alfred, c. 42; Ethelred, IV. 4, § 1.

〔2〕 ［译者注］mayhem，原义是“残害肢体”。

害[1]和重伤罪的诉状程序,又实质上变成法律人尚属熟知的侵害之诉[2]。可是,既然通过诉讼得到的补偿,乃是复仇的替身,我们便能从复仇的范畴内推断出补偿的范畴。复仇带入了一种责备心理和一个看法,即对方实施了不法行为,不论这个心理或看法被激情扭曲得有多重。这种推断不能离故意伤害的情形太过遥远:毕竟一条狗子也能分清,绊倒一个人和踢倒一个人的区别在哪。

不管出于什么缘由,在英格兰古老的诉状程序[3]里,人身侵害案总囿于蓄意的不法行为。格兰维尔[4]语涉扭打[5]、捶打和割裂——样样都是故意侵害。布莱克顿[6]对此类诉讼程序有过更为全面的描述,很明显,这类程序都基于故意伤害。在描述**扰乱治安并造成伤害之诉**时,布莱克顿讲了一个故意伤害案,描绘了侵害人所用之器械的种类以及受害人之创口的长度和深度。原告还须 4
证明他毫不迟疑地呼救过。故,当布莱克顿提起那般不能告诉的轻微侵害时,他只枚举了故意侵害的情形,诸如拳击、鞭打、割裂、袭击等等[7]。在早年发布的法律年鉴中,以及在《高级法院判例集》[8]里,侵害之诉的诉由都是故意伤害。只有经过了许多年,又经历了吵嚷之后,侵害之诉才扩大适用于被告可以预见后果、但不希望其发生的行为[9]。由此再扩大适用于不能预见后果的侵

[1]　[译者注]拉丁语 *de pace et plagis*。

[2]　Bract. ,fol. 144,145;Fleta,I. c. 40,41;Co. Lit. 126 *b*;Hawkins,P. C. ,Bk. 2. Ch. 23, § 15.

[3]　[译者注]英语 appeal。作者在第二讲开篇还要提到这个程序。见边码 39。

[4]　Lib. I. c. 2,*ad fin.*

[5]　[译者注]法语 mêlées。

[6]　Bract. ,fol. 144 a,“*assultu preameditato*”.

[7]　Fol. 155;cf. 103,*b.*

[8]　[译者注]拉丁语 Abbreviatio Placitorium。

[9]　Y. B. 6 Ed. IV. 7,pl. 18.

害[1]。

人一直认为古代法有浮于事实表面而不深入的特点，只评价**人体不法破坏物体所造成的损失**[2]，又一向以为罗马在《阿奎利亚法》之后，或英格兰在侵权行为法成型之后，人才开始考虑被告人的心态，看他有否可归责性，而这才让法律观念变得精细起来。可以看到，如上演化顺序与这种看法并不相符。不管是罗马[3]还是英格兰，我都没有找到满意的证据，能表明人一般应当为其行为的意外后果负责。但无论古代法的面目是什么，前文的阐释都表明，我们所应当研究的法律体系，其起点在哪里。在普通法，行为后果的私法责任，或曰侵权行为的私法责任，起源于真意观念和行为人真正的可归责性。

5 迄今为止，人多思考侵权行为的归责原理，而少认真思考，他人或他物实施侵害，其原本的归责原理是什么。由此，我将在这一讲的余下内容专门讨论这个要点。我要努力证明，这一归责原理也根植于复仇的激情。我还会阐释，当代法上的归责原理乃由何种变化所造成。当然，我不会将自己严格限定于为完成此等证明而为的论述，因为，最大限度地探索这个演化过程，这是一件再有趣不过的事情；还因为，该演化过程将启示性地表明，在从野蛮到文明的过程中，法律如何不间断地成长。更进一步说，该演化过程还能阐明某些重要而独特的原则，而后文将无法回顾这些原则。

这里，有一个非常普遍且历史专业的学子非常熟悉的现象。

---

〔1〕 Ibid. ,and 21 H. VII. 27,pl. 5.

〔2〕 [译者注]拉丁语 *Damnum corpore corpori datum*。据说《阿奎利亚法》只保护包括奴隶和牲畜在内的财产不受侵害，而且这种侵害须是人对物的直接破坏。裁判官扩大解释，认为有些行为虽缺乏直接针对性（如给奴隶下药），却也是人对物的破坏，又指出毁坏（如将他人的谷物扔到河里，没有破坏谷物本身）也是破坏。霍姆斯在此使用拉丁语表述，不是直接引用《阿奎利亚法》的法条，而希望表达更具有一般性的意思。

〔3〕 D. 47. 9. 9.

古人基于风俗、信仰或需求而设定了某条律法或某个议程。经过累世的岁月，风俗、信仰或需求已然消逝，起因被遗忘，律法却保留下来。今人开始精巧地思考律法的成因。他们想到了一些社会政策，这似能自圆其说，又似与今人之情境相谐调。于是，律法得以适应新编的理由，开始了新的生涯。古老的外壳承接了崭新的内涵，而随着光阴流逝，外壳本身甚至都在变形，以适应其所承接的新内涵。本讲所研究的课题即非常清楚地阐释了该等事态的过程。

下面，我将大量举例，列出许多律法，并引出那些作为立法理由的巧言令色、似是而非的社会政策。

某男饲养一只动物。这只动物性情凶猛，远近闻名。动物从 6
某男家里逃走，伤了邻居。某男虽然能够证明自己对于动物的逃跑并无过失，但还是要承担责任。原因何在？分析法学家认为，尽管他在动物逃跑时没有过失，但他饲养猛兽，这本身就是间接的随意，或曰过失，或曰过错。而人对损害存在过错，当然应当承担责任。

面包师的佣人赶着马车运送一早出锅的热面点，而将另一人撞倒。店主要承担责任。他会问，为什么自己要为另一个独立而有责任能力者的不法行为承担责任。而从乌尔比安到奥斯丁，不同时代的人都回答道，因为他雇用了不适格的人。如果他回应，自己已经尽了最大的审慎，来选用这个车夫，那他又会收到回应，说这可不应成为借口。有时候，回应他的理由可能又变了，说一定要有个救济手段，来针对能够赔偿损失的人；或说，根据一般的人类法则，服务过程中的不法行为，应归责于服务本身。

接下来举一个为无限责任设限的例子。1851 年，国会通过一个法案，该法案现今仍为有效。内容是，在一般情形下，海上致损的，船舶所有人均可将船舶和她的[1]应收运费让与受损人；据此，应当终止对船舶所有人的审理。本法案的起草人论证说，如果一个商人将自己的部分财产放置于一个危险的征程上，那么，他应承
7 担的责任应限于他置于风险的这部分财产，这有其合理性，——这一原理类似于半个世纪以来美国创设的公司法原理。

英格兰的刑事程序中有一条法则，一直沿用到本世纪：在谋杀案的公诉书中，必须列出致人死亡之器械的价钱，用布莱克斯通的话来说，以便国王或其代理人能够宣布将这一敬神之物“作为被控罪的物”来没收。

我还能举出大量实例，不过如上实例已足以将历史深处的要点串联起来。——而要进行归纳，首先就有必要思考，古代法中有哪些独立的要点。

《出埃及记》里有一个名篇[2]，我们要到后文才理解其含义：“若有公牛以牛角顶死男人或妇人，应施其以石刑，而不可食其肉。就此，牛主之债得以清偿。”我们将目光从犹太人转向希腊人，当发现前引之篇目符合一套系统。普鲁塔克[3]在论梭伦时[4]提到，假设一条狗子咬了人，则须将它绑在四肘尺[5]长的一段木头上，取了它的命。柏拉图在《法律编》中尽述此类情事。如有奴隶杀死自由人，得交死者亲属[6]。如有奴隶伤害自由人，得交伤者任意使

---

[1] [译者注]霍姆斯故意用了 her 这个拟人化的单词，这与本讲试图要证明的观点有关。

[2] xxi. 28.

[3] [译者注]Plutarch（CE 46–CE 120），希腊传记作家和思想家。

[4] [译者注]普鲁塔克有一篇文章《特尔斐五圣》，以对话的方式评论了阿波罗神殿里的五名圣人，其中包括梭伦。

[5] [译者注]古代计量单位，一肘尺长约 45 厘米，或等于从肘部到指尖的长度。

[6] θ', ix., Jowett's Tr., Bk. IX. p. 437; Bohn's Tr., pp. 378, 379.

用[1]。如有奴隶损害财物，而被侵害人无共同过错，仍得同等处置此奴。在任一情形，奴隶主未能交出奴隶的，应赔偿损失[2]。 8
野兽杀人的，得屠之，抛尸人境之外。物件致人死亡的，得弃物件之人境，并洗赎其罪[3]。这般行为并非虚构的法创造，埃斯基涅斯[4]的一篇演讲词里提到："牲畜、石器、铁器，不能发声、没有思想的一切物件，如致人死亡，我们要逐之人境；如有人自杀，当斩其行凶之手，葬手于尸身之外远甚。"演讲人未觉夸大，仅在提及日常事物，目的是消减狄摩西尼[5]所享之盛誉[6]。基督降临后的第二个世纪，旅行家波赛涅斯[7]不无惊疑地观察到，他们[8]还围坐圣火厅，审判物件[9]。普鲁塔克认为此俗始于德拉古[10]。

罗马法上亦有名为交出侵害体[11]的类似法则，它后来得以缓缓深化，结出果实[12]。《十二表法》(公元前 451 年)规定，动物致害的，应交出动物或应赔偿损失[13]。我们从盖尤斯的著述里得知，此法也适用于家子或奴隶的侵权行为[14]，而该言论也提供了

---

[1] *θ'*, xv., Jowett, 449; Bohn, 397.

[2] *la'*, xiv., Jowett, 509; Bohn, 495.

[3] *θ'*, xii, Jowett, 443, 444; Bohn, 388.

[4] [译者注]Aeschines(389-314 BC)，古希腊政治家和演说家。

[5] [译者注]Demosthenes(384-322 BC)，古希腊政治家和演说家。

[6] Κατὰ Κτησιφ. 244, 245.

[7] [译者注]Pausanias(AD 110-180)，古希腊旅行家和地理学家。

[8] [译者注]希腊人。

[9] I. 28(11).

[10] Solon.

[11] [译者注]拉丁语 *Noxae Deditio*。

[12] [译者注]霍姆斯在本讲会继续推导这个过程。

[13] "Si quadrupes pauperiem fecisse dicetur action ex lege duodecim tabularum descendit; quae lex voluit, aut dari [id] quod nocuit, id est, id animal, quod noxiam commisit; aut estimationem noxiae offrre." D. 9. 1. 1, Pr.; Just. Inst. 4. 9; XII Tab., VIII. 6.

[14] Gaii Inst. IV. § § 75, 76; D. 9. 4. 2, § 1. "Si servus furtum faxit noxiam ve noxit." XII Tab., XII. 2. Cf. Just. Inst. 4. 8, § 7.

关于物件担责的线索。

9 罗马的法律家无法具备超越其自身法统或时代的眼光,他们用自己的智慧,为自己所看到的律法找到合情合理的说辞。盖尤斯说,就家子或奴隶之过错,家长或奴隶主的责任之臬不应超过失去家子或奴隶的人身,这不公平。而乌尔比安认为,对没有生命、因此没有犯错能力的物来说,更[1]是这个道理[2]。

这个研究进路,似将交出权解释为家长或奴隶主的一种责任限额,而其责任,当然并且首先应是无限的。可若真如此,那就等于将马车安在马匹的前面了。交出权的首次引入,责任的有限性,毋宁说,罗马和希腊的情形相似,赔偿损失的由来,是为了替代交出不能。

以当代法的眼光,此等诉讼的基础是家长或奴隶主存在过错,但在古代法中并非如此。如果古代法的诉讼基础与如今一样,那么应当起诉的对象,是在奴隶或动物致害时对之进行控制[3]的人,以及未能阻止致害行为的人。如果是这样,那应起诉诉讼发生时的物主。此等诉讼在古代针对的是犯物,不论犯物在诉讼发生时落于谁人之手[4]。不仅如此,与具有公共政策性的现代法原则相反,古代法还有一条法则:如果动物性情野蛮,即在动物是猛兽的情形,物主在猛兽逃走之时就不再承担责任,因他从此刻起就不
10 再是所有权人[5]。除非奴隶是奴隶主手里的犯罪工具,否则,即

---

〔1〕［译者注］拉丁语 *a fortiori*。

〔2〕 D. 39. 2. 7, § § 1,2;Gaii Inst. IV. § 75.

〔3〕［译者注］霍姆斯此处没有明确家长或奴隶主对致害的奴隶或动物具有所有权,而使用了“控制”一词,这与他的占有与责任理论一脉相承。后文有关受寄人的讲稿将更明确表明这一点。

〔4〕 “Noxa caput sequitur.”D. 9. 1. 1, § 12;Inst. 4. 8. § 5.

〔5〕 “Quia desinit dominus esse ubi fera evasit.”D. 9. 1. 1. § 10; Inst. 4. 9. pr. *Compare May v. Burdett*, 9. Q. B. 101, 113.

便奴隶主对奴隶的犯罪行为知情，古代法也不追究奴隶主的其他责任，或更宽泛的责任[1]（而他只需交出奴隶）。盖尤斯和乌尔比安似乎缩小解释了交出侵害体原则，视之为物主不知情时的特权。而乌尔比安不得不承认，根据塞尔苏斯的说法，若奴隶主与奴隶密谋由奴隶实施犯罪，则古代法仍然认为应当适用**因奴隶或动物对他人人身或财产造成损害而对其家主提出的诉讼**[2]。

这一切都表明，追究物主的责任，仅为致害之奴隶或动物的责任追究方式。换言之，希腊和罗马的司法过程，以报复直接犯罪者为目的。物主的责任，就是犯物的责任。希腊有通过司法程序来直接审判物的古老习惯法，不管这个物是动物还是物件。罗马的《十二表法》将物主而非物本身作为被告，但没有以任何方式改变归责原理，或侵权责任之限度。其所涉之转化，只是允许物主维护其自身权益的一个工具[3]。

可如果这等司法程序的目的是满足向物件复仇的激情，那人 11
们要问，此等方式如何实现。饱学之士已经找到了一个理由，即拟人化，而该等拟人化也共用于蛮人和家子。要确认这个观点，有很多证据。没有这个拟人化的过程，人对无生命迹象之物件的怒气只会是一时的。举一个古代习惯法和成文法中最明显不过的例子，若树木倾倒压死了人，或人从树上跌落而死，不难想象，此树与动物的地位等同，会被交给死者的亲属，或被砍斫成末，以泄真真

---

〔1〕 D. 19. 5. 14, § 3; Plin. Nat. Hist. XVIII. 3.

〔2〕 [译者注]拉丁语 Noxal。

〔3〕 盖尤斯《法学阶梯》第四编第 77 节[Gaius, Inst. IV. § 77]称，**因奴隶或动物对他人人身或财产造成损害而对其家主提出的诉讼**，可以转化为直接诉讼，而反过来，直接诉讼也可以**转化为因奴隶或动物对他人人身或财产造成损害而对其家主提出的诉讼**。若一个家父实施了侵权行为，而他随之被收养，或成为奴隶，则原本针对他作为侵权行为人的直接诉讼就转化为针对其主的**因奴隶或动物对他人人身或财产造成损害而对其家主提出的诉讼**。另见优士丁尼《法学阶梯》第 4 编第 8 章第 5 节[Just. Inst. 4. 8, § 5]。

假假的激愤〔1〕。

毫无疑问,在雅典人的司法程序中,也能找到不同于今的思路。柏拉图一直认为司法的目的应包括洗罪。埃斯基涅斯似持同解。下文会再次提及,罗马的若干历史学家在其著述中指向同一去路〔2〕。

另一个要关注的特别之处是,观念似将责任附于物理意义上的致害体之上。法学家将责任回运至因果链的起点,而如果人的心智尚未受训,只会亦步亦趋。但凡人为物所伤,都会愤怒,并出于表面的原因而发泄这股怒气。一个文明人被门夹了手,就会踢
12 门。罗马古法上的交出侵害体以及其他相关法则,都体现出这股怒气。盖尤斯有一个残篇似在讲,交出**侵害体**的死体有时也能免责〔3〕。因为布鲁特鲁斯·帕比乌斯的原因,萨谟奈人违反了他们与罗马人之间的停火协议。萨谟奈人决定将他交给罗马人。为免受凌辱与惩罚,帕比乌斯自戕。萨谟奈人将其毫无生气的尸身交给了罗马人。李维将其中的道理与盖尤斯的观点归于一类。显然,此一交出尸体的行为似为对违反停火协议的自然洗罪〔4〕,不法行为主体死亡的,应交出其尸身,这同属应有之义〔5〕。

---

〔1〕 LL. Alfred, c. 13; 1 Tylor, Primitive Culture, Am. ed., p 285 *et seq.*; Bain, Mental and Moral Science, Bk. III, ch. 8, p. 261.

〔2〕 Florus, Epitome, II, 18. Cf. Livy, IX. 1. 8, VIII. 39; Zonaras, VII. 26, ed. Niebuhr, vol. 43, pp. 98, 99.

〔3〕 见《盖尤斯法学阶梯》第四编第 81 节[Gaii Inst. § 81]。《学说汇纂》第 9 卷第 1 编第 1 章第 13 节[D. 9. 1. 1. § 13]记述了乌尔比安的观点,若动物死于**诉讼开始之前**[*ante litem contestatam*],则应终止该诉。应当说,这个观点只应指向一个要点,即责任建立于对物的占有之上。

〔4〕 "Bello contra faedus suscepto."

〔5〕 Livy, VIII. 39: "Vir ... haud dubie proximarum induciarum ruptor. De eo coacti referre praetores decretum fecerunt 'Ut Brutulus Papius Romanis dederetur.' ... Fetiales Romam, ut censuerunt, missi, et corpus Brutuli exanime: ipse morte voluntaria ignominiae se ac supplicio subtraxit. Placuit cum corpore bona quoque ejus dedi." Cf. Zonaras, VII. 26 ed. Niebuhr, Vol. 43, p. 97: την αιτιαν τον πολευον ροντονλψ ανδρι δνατψ παρ αυτοις επιγραφοντες ον τα οδτα επει φθασας εκεινος διεΧειριδατο εαντον διερριψαν. See further Livy, Vol. 36, "postulatumque ut pro jure gentium violato Fabii dederentur," and Ib., I. 32.

此类事例中最饶有兴味者,发生在今人所谓合同法的领域。如果前例不算合同的话,李维还举过一例。在考迪昂山谷之战[1]中,罗马执政官伯斯图缪斯达成了屈辱性的议和[据李维的说法,投降仪式为**要式口约中的允诺**[2],而不是通说所认为的,罗马军团**以羔羊(钻过轭门)的方式**[3]投降]。事后,执政官被押送到罗马,迎受公民的惩罚。而抵达罗马后,这位执政官又提议,罗马应把订立和平协议的所有人,包括他本人在内,都交出去,以履行合同。 13
他的理由是,即便罗马公民没有批准这个协议,即便以他们对**宣战与议和法**[4]之懵懂,难道他们就不清楚,把我们交出去,他们的合同义务就解除了吗?罗马军团的投降仪式,似归于交出侵害体原则[5]。西塞罗也讲述了一个类似的交出案,**元老院**[6]将曼西努斯交给努曼提亚人,而努曼提亚人拒绝接收他,仿佛前例中萨谟奈人拒绝接收罗马军团一样[7]。

---

[1] [译者注]Cardine Forks。发生在公元前321年,属第二次萨谟奈人战争期间。罗马军团受困于考迪昂山谷,饥困交袭,遂与萨谟奈人达成和平协定,投降。

[2] [译者注]拉丁语 *per sponsionem*。

[3] [译者注]拉丁语 *per faedus*。

[4] [译者注]拉丁语 *jus fetialiem*。

[5] Livy, IX. 5, 8, 9, 10. "Nam quod deditione nostra negant exsolvi religion populum, id istos magis ne dedantur, quam quia ita se res habeat, dicere, quis adeo juris fetialium expers est, qui ignoret?"投降仪式如下:"Quandoque hisce homines injussu populi Romani Quiritium faedus ictum iri spoponderunt, atque ob eam noxam nocuerunt; ob eam rem, quo populus Romanus scelere impio sit solutes, hosce homines vobis dedo." Cf. Zonaras, VII. 26, ed. Niebuhr, Vol. 43, pp. 98, 99.

[6] [译者注]霍姆斯使用的是拉丁语 *pater-patratus*,字面意义是 father of the country,应指元老院。此事大约发生在纪元前136年。

[7] 《论演说家》第一章第40节以及其他出处[De Orator. I. 40 and elsewhere.]。要注意,弗洛鲁斯认为,**交出曼西努斯就洗罪了**[*deditione Mancini expiavit*]。见《罗马史纲要》第二章第18节[Epitome, II, 18.]。而就李维所评之前事,李维认为,尽管他们的交出是为履约,但交出的实质目的应是洗罪。Zonaras says Postumius and Calvinus *εις εαυτους την αιτιαν αναδεχομενων*. (VII. 26, ed. Niebuhr, Vol. 43, pp. 98, 99.) Cf. ibid., p. 97. Compare Serv. ad Virg. Eclog. IV, 43: "In legibus Numae cautum est, ut si quis imprudens occidisset hominem pro capite occisi et natis [agnatis ? Huschke] ejus in concione offerret arietem." Id. Geor. III, 387, and Festus, *Subici*, *Subigere*. But cf. Wordsworth, Fragments and Specimens of Early Latin, note to XII Tables, XII, 2, p. 538.

可能有一个问题:违约行为和那般点燃复仇之激情的不法行为,其类似之处是什么。不要忘了,侵权行为和违约行为,尤其是对这二者的法律救济方式,其界限并非如此分明。适用于暴力行为的救济程序可能延展到其他情形。奴隶为盗窃的,就将奴隶交
14 出去,而这也能用于奴隶暴力侵害他人的情形[1];据说,债务人未能清偿债务的,或出卖人收受货款而未能交付货物的,都基于与盗窃相同的原则而得到处理[2]。这种思维方式,结合前文所关注的准实质性的观念——将法律义务与侵害主体联系在一起——就能解释《十二表法》有关债务人失去偿债能力的著名规定。根据此法,若有自由人拖欠多个债权人的债务,而他又失去偿债能力,则经若干议程,债权人可分割该人身体,各有一部。只有一个债权人的,该债权人可杀死债务人,或将之以奴隶身份售卖[3]。

如果法律不给债权人以其他权利,而只允许他将债务人降为奴隶,则此等立法,只为赔偿损失,并以私力救济之自然实践为范式[4]。这个方向也能解释,我们自身的法律中为什么存在这般原理,即可以处分债务人的身体以清偿债务,即便该人如今不会因此被拘留超过一个小时。但在外观上,处死债务人就是复仇,而将债务人分尸,则表明古人或认为债务的确内在于身体,或认为身体与一种**法律上的义务**[5]相绑定。

无论交出侵害体这一原则与合同法的真实关系作何解,都不应继续深入,而应为了本讲的目的,深入研究一般情形下如何用交

---

〔1〕 D. 9. 4. 2.

〔2〕 2 Tissot, Droit Penal, 615; 1 Ihering, Geist. D. RÖm. R., § 14; 4 id. § 63.

〔3〕 Aul. Gell. Noctes Attici, 20. 1; Quintil. Inst. Orat. 3. 6. 84; Ternull Apol., c. 4.

〔4〕 Cf. Varro, De Lingua Latina, VI.: "Liber, qui suas opera in servitude pro pecunia, quam debeat, dum solveret Nexus vocatur."

〔5〕 [译者注]拉丁语 *vinculum juris*。

出侵害体法则评价不法行为。最要紧的还不是责任与致害物的表
面相关性。罗马法着重处理有生命的物——动物和奴隶。如有人 15
为牛车碾压,则罗马法认为应交出的不是牛车本身,而是拉车的公牛[1]。此一阶段的观念易于理解。对奴隶的复仇之念与对自由人同样强烈。现代人对动物也有类似的激情,这也不乏实例。交出奴隶或动物,会赋予受害方以权力,在奴隶或动物身上施展他的意志。付款只是家主的特权,便于他疏通复仇行为。

可以想象,当人类文明前行至相当高度时,前述法统就难以为继了。本来,通过协议的方式疏通复仇行为,用赔偿损失来替代交出侵害体,是一种特权,到后来就成为普遍的习惯。《阿奎利亚法》比《十二表法》晚了好几百年,它扩大了人身伤害的赔偿范围。法学家的解释又扩大了《阿奎利亚法》的适用范围。家主对奴隶的不法行为知情的,得承担个人责任,而在此之前,他的义务仅限于交出奴隶[2]。假设驮骡负载过大,令其挣扎,而货物砸到路人,或恶犬本应关好,却从主人家跑了出去,咬伤他人,则原先名为**因奴隶或动物对他人人身或财产造成损害而对其家主提出的诉讼**,给新法上的诉讼方式让了路,以追究普遍的个人责任[3]。

再往后,船舶所有人和客栈经营人的雇员在船舶上或客栈里
实施不法行为的,即便船舶所有人或客栈经营人不知情,也应视同 16
他们本人实施不法行为,并承担责任。此种针对船舶所有人和客栈经营人的独特担责方式,真正的原因乃出于(被侵害人)对他们的独特信赖[4]。而某些法学家以为家父或奴隶主有特权,可以通过交出家子或奴隶的方式承担有限责任,于是将这种全新的归责

[1] D. 9. 1. 1. § 9. But ef. 1 Hale, P. C. 420.
[2] D. 9. 4. 2. § 1.
[3] D. 9. 1. 1. § § 4,5.
[4] D. 9. 1. 1. § 1; ib. 7, § 4.

方式解释为,因为船舶所有人和客栈经营人雇用了坏人开展经营,所以他们对此在一定程度上有过失〔1〕。此乃家主对佣人之不法行为无条件担责的第一例立法。这一立法原因得到普遍适用,而归责原理却扩张至立法原因的领地。

在对船舶所有人和客栈经营人立法之后,法律再一次进行了鲜明的创新,要求船舶所有人和客栈经营人不仅要对身为奴隶的雇员承担责任,还要对身为自由人的雇员承担责任〔2〕。有的人本来可以对自己的不法行为负责,并自有其法律上的地位,而从此时起,另一个人开始为他的不法行为负责。而就允可家主为奴隶缴纳赎金这种特定的特权而言,此乃巨大转折。但还是要看看现代法上主仆之间、委托人和代理人之间的归责原理,了解其演化史。如今,佣人一律成为自由人,可以像主人一样应诉。本法初用时,有佣人为奴的特殊情形,有其特殊土壤。而如今,本法已成为我国和英格兰之一般法,普通人要为另一类人的行为支付大笔费用,而
17 他没有参与此等行为,并且无辜得很。于是,罗马法学家为特定规则所作之解释,到如今就得以正当化为普遍的无限责任〔3〕。

普通法的父辈之一〔4〕也是如此。现在可以在条顿人的法上停留片刻。《萨利克法》在很早以前极有可能受到罗马法或《旧约》的影响。这本古书第 36 章提到,家畜致人死亡的,其家主当赔付一半的抵偿金,而交出家畜给索赔人作为另一半[如本人杀人的,当赔付足额抵偿金,以为血亲复仇之疏通]〔5〕。同理,据第 35 章,奴隶杀死自由人的,奴隶主当将奴隶交给死者亲属作为一半抵偿

〔1〕 Gaius in D. 44. 7. 5, § 6; Just. Inst. 4. 5. § 3.

〔2〕 D. 4. 9. 7, pr.

〔3〕 See Austin, Jurisp. (3d ed.) 513; Doctor and Student, Dial. 2 ch. 42.

〔4〕 [译者注]日耳曼法。

〔5〕 Cf. L. Burgund. XVIII., L. Rip. XLVI. (al. 48).

金,而赔付另一半。而有人评注说,若受害者或其家属虐待奴隶主或奴隶,则奴隶主只须交出奴隶[1]。有意思的是,维尔达[2]将北欧的法源视为日耳曼法的发轫,并总结出,动物致害的,家主的责任仅限于将动物交出[3]。又有证据显示,随着光阴流逝,在某些情形下,如奴隶主可以证明奴隶在致害时已不再为自己所占有,则 18
可以摆脱责任[4]。再往后,法律规定,如果奴隶主命令奴隶为不法行为,则奴隶主应承担责任[5]。图灵根人的古法显示,奴隶主为奴隶所致的全部损害承担责任[6]。

一言以蔽之,倘使我能梳理日耳曼各个氏族的习惯法演化顺序,其似与罗马法的演进大同小异。最初,奴隶和动物致害的,家主的责任大抵不过是交出致害的奴隶和动物;后来,奴隶主的责任才变成个人责任,如罗马的情形。

至此,读者或想索要证据,以证明如此这般的演化对现代法的

---

〔1〕 See the word *Lege*, Merkel, Lex Salica, p. 103. Cf. Wilda, Strafrecht der Germanen, 660, n. 1. See further Lex Salica, XL.; Pactus protenore pacis Child et. Chloth., c. 5; Decretio Chlotharii, c. 5; Edictus Hilperichi, cc. 5, 7; and the observations of Sohm in his treatise on the Procedure of the Salic Law, § § 20, 22, 27, French Tr. (Thevenin), pp. 83 n., 93, 94, 101-103, 130.

〔2〕 [译者注]作者此处应指代比较法学的奠基人,威廉·维尔达(Wilhelm Eduard Wilda)。如下两条作者注所列之参考书,是维尔达出版于1842年的《日耳曼刑法》(*Das Strafrecht der Germanen*)。

〔3〕 Wilda, Strafrecht, 590.

〔4〕 Cf. Wilda, Strafrecht, 660, n. 1; Merkel, Lex Salica, Gloss. *Lege*, p. 103. Lex Saxon. XI. § 3: "Si servus perpertrato facinore fugerit, itaut a domino ulterius inveniri non possit, nihil solvate." Cf. id. II. § 5. Capp. Rip. c. 5: "Nemini liceat servum suum, propter damnum abillo cuilibet inlatum, dimittere; sed juxta qualitatem damni dominus pro illo respondeat vel eum in compositione aut ad poenam petitori offeret. Si autem servus perpertrato scelere fugerit, ita ut a domino paenitus inveniri non posit, sacramento se dominus ejus excusare studeat, quod nec suae voluntatis nec conscientia fuisset, quod sertus ejus tale facinus commisit."

〔5〕 L. Saxon. XI. § 1.

〔6〕 Lex Angl. Et Wer. XVI.: "Omne damnum quod servus fecerit dominus emendet."

影响。就罗马法,尤其是罗马法上的主奴关系对现代法的影响而言,过去五百年的全部著述都是证据。这一证据已经表明,今人还在使用罗马时代法律人的推理方式,而当代的推理方式,一如既往的空洞。可以直接查看一下,日耳曼民俗法是不是也为英格兰法所遵循。

19 肯特郡的《洛西尔和艾德里克法》[1](公元680年)有诸如此类的规定:“凡有奴隶杀死自由人者,奴隶主当支付一百先令,并交出行凶之奴隶。”[2]还有其他类似法令。根据几乎同时出台的《伊内法》[3],交出奴隶和支付金钱是简单的二选一。“但有西萨克森王国之奴隶杀死英格兰之自由人的,奴隶主当将此奴交死者之领主和亲属,或为保奴隶之命而支付六十先令。”[4]阿尔弗雷德大帝有关家畜伤人的各条法令(公元871年-901年期间)也有类似制度。“牛伤人的,应交出此牛,或支付金钱。”[5]不但如此,阿尔弗雷德比前文所引之英格兰第一代立法者晚出生了两百年,却走上了回头路,而相较于我们所探寻的更早时代,他的观念更加原始。他将相同的原理扩展适用于人被树木杀死的情形。“如在他们[6]的共同作用下,一个人非蓄意地杀死另一个人,则应将此树交给死者亲属,并应令亲属在三十天内拔出此树。树主也可占有。”[7]

泰勒先生[8]曾描述过位于南亚的原始库基人,拿他的材料对

[1] [译者注]据说此法归于肯特的两位君主洛西尔(薨于685年)和艾德里克(薨于686年)。

[2] C. 3;1 Thorpe, Anc. Laws, pp. 27, 29.

[3] [译者注]伊内是西萨克森王国的国王(688-726年)。

[4] C. 74;1 Thorpe, p. 149;cf. p. 118, n. *a*. See LL. Hen. I., LXX. § 5.

[5] C. 24;1 Thorpe, p. 79. Cf. Ine, c. 42;1 Thorpe, p. 129.

[6] [译者注]应指树木和人。

[7] C. 13;1 Thorpe, p. 71.

[8] [译者注]爱德华·泰勒(1832-1917年),人类学家,著有两卷本《古代文化》。

比一下，并不突兀。“若库基人为所虎害，亲属须复仇，杀此虎或他虎，食其肉。非此，可鄙薄其亲属；库基人坠树而亡的，亲属亦当复仇，而方式不同。当伐此树，剁而成屑，撒之四野。”〔1〕

回到英格兰后世的法，以阿尔弗雷德大帝之后的一百年为始，以征服者威廉良久之后亨利一世的法汇编为止，这个期间的法增 20
大了领主对其家人的责任，要求他担保其附庸行止端方。如附庸欠国王一笔罚款而逃亡，除非领主能证明自己没与之共谋，否则应代其受罚。尽管如此，我也不能说自己发现，唯到了后世，在日耳曼部落法或罗马法的影响下，欧陆才规定了主人对佣人之不法行为的最终责任。虽然布莱克顿大量引过罗马法，但说不清楚这一原则的确定，是源于自身的演化，还是其演化的最后一步受到了罗马法的影响。英格兰本土已经准备好，并且这一原则早早就生根了〔2〕。有关主人对佣人之不法行为的责任，言尽于此，就已足够。

接下来要论述这个原理适用于动物层面时的流变。在现代法上，人应自担其责，看好牲口，不令其为侵害。如他注意到其烈犬或猛兽之兽性蓄势以待，而终于致害，那他在被诉时应担责。以现代法之通达和直观，它与阿尔弗雷德大帝主导的交出侵害体原理，有没有建立关联性？

我们转至一部苏格兰古法，它体现的原则，似乎在如今依然有效。其讲述的道理，都是古人能听懂的〔3〕。

---

〔1〕 1 Tylor, Primitive Culture, Am. ed., p. 286.

〔2〕 Cf. Record in Molloy, Book 2, ch. 3, § 16, 24 Ed. III.: “Visum fuit curiae, quod unusquisque magister navis tenetur respondere de quacunque transgressione per servientes suos in navi sua facta.”在此情形下依赖的乃是《奥列隆法典》[The Laws of Orleron]。Cf. Stat. of the Staple, 27, Ed. III., Stat. 2, c. 19. 罗马法的影响力在后世方得清楚显现。

〔3〕 Quon. Attach., c. 48, pl. 10 *et seq*. Cf. The Forme and Maner of Baron Courts, c. 62, *et seq*. [译者注]作者所引书名原文如此。此书《领主法院的诉讼形式与方法》以及如下的引文，多用苏格兰方言。

21 “若有性烈或不驯之马匹，逆人之意而驼之危崖，或峭壁，或水浒，而人竟溺亡者，当将此马交至陛下，以为复归财产。”

“而马匹驯良而和顺者，不在此列；倘有人蠢笨骑乘，以尖锐之马刺迫使马匹驼运之水，其人溺亡，此马不当为复归财产，因错在其人，或其不法行为，错不在马；又，其人既已疫，已受罚；而马无过失，不应复归陛下。”

“另有兽类杀人者[其著后又补充道，‘兽类犯下谋杀罪者’]，以同理待之，复归陛下。”〔1〕

《领主法院的诉讼形式与方法》〔2〕还写道：——

“应关注一个法律问题。设领主有一座磨坊。有人从坝上跌落，为水流冲至磨坊，又为风车所绞杀。磨坊当复归陛下否？法曰，否，因磨坊乃是死物，死物不能犯下涉财产复归之重罪，亦不能因其罪行而被复归陛下。当此，磨坊不可罚。领主有权在其地势最佳的水域建造磨坊。”〔3〕

正如罗马法所表明的，读者在本段看到，法律区分有犯罪能力
22 的物和无犯罪能力的物——即活物与死物；读者也能发现，视动物为有犯罪能力，这无甚难处。

接下来查看英格兰古法上的一个文献，这是法律年鉴对一位英格兰法官的记载。1333 年，法律规定：“若是我的狗咬死了你的羊，而我在此事刚刚发生不久就将羊交给你，那你不能再通过诉讼对我提出主张。”〔4〕逾三个世纪后的 1676 年，小特维斯顿说：“设某人豢养了一只驯良的狐狸。狐狸逃走，性情越来越狂躁，野性不

〔1〕 The Forme and Maner of Baron Courts, c. 63.

〔2〕 [译者注]即上一条作者注所列之"The Forme and Maner of Baron Courts"。

〔3〕 C. 64. This substantially follows the Quoniam Attachiamenta, c. 48, pl. 13, but is a little clearer. *Cortra*, Fitzh. Abr. *Corone*, pl. 389, 8 Ed. II.

〔4〕 Fitzh. Abr. *Barre*, pl. 290.

除,而后致害。某人不应对其逃走之后造成的损害承担责任。"[1]若不是受了下述残余观念的影响,他不一定写得出能这句话:物主担责的基础是,他对作为侵害体的物享有所有权,并未能交出侵害体。据另一条法律原理,狐狸逃走的,所有权即告结。实际上,晚近如1846年,英格兰法依然在庄严地表达同一思路,案涉一只猴子在逃走后咬了原告[2]。似乎可以合理地联想,在上个世纪之初,正是出于同样的思路,霍尔特勋爵公开认为,人有义务自担后果而约束其牛,不令其为侵害,其逻辑基础是,他对此动物享有价值不菲的财产权。小狗的产权价值不大,故他对小狗的责任偏小[3]。时至如今,在语涉牲口时,谨慎的法官宣讲法律说:"如我有一动物,法律承认我对它的财产权,我就有义务照看它,不令其侵入邻 23
人的土地。"[4]

我并不是说,本题下的现代法只是古代法的残迹,也不是说,今古观念的唯一转变,乃是用物主替代为害的动物来承担责任。因为,尽管古代法乃是现代法归责原理的来源之一,然而,就本书所阐发的责任之大变,普通法每前进一个演进阶段,都可能出于(法律人的)良好意识而吸纳其广泛成果。牛主无须自甘风险,以防备牛犊对邻人造成人身伤害[5]。并且,在远古某些情形下,家主承担责任的,即便是(动物)侵入邻人之土地,其理由似是家主存

[1] Mitchil v. Alstree, 1 Vent. 295; s. c. 2 Lev. 172; s. c. 3 Keb. 650. Cf. *May v. Burdett*, 9. Q. B. 101, 113.

[2] *May v. Burdett*, 9. Q. B. 101.

[3] *Mason v. Keeling*, 12 Mod. 332, 335; s. c. 1 Ld. Raym. 606, 608.

[4] Williams, J in *Cox v. Burbidge*, 13 C. B. N. S. 430, 438. Cf. Willes, J. in Read v. Edwards, 17 C. B. N. S. 245, 261.

[5] *Mason v. Keeling*, 1 Ld. Raym. 606, 608.

在过失[1]。

就普通法视为所有权客体的动物,它们的本性就是易走失,而一旦走失,就会踩踏和吃食庄稼,造成损害。同时,人常常约束这些动物,这也并非难事。而一条狗子,当它并非所有权之客体,而径直在他人之土地上穿行时,(普通法认为它)不会给该人致害。
24 在此限度上,新法可能沿袭了旧法。对致害之动物享有所有权,乃是古代法上的归责基础,人由此不带风险地以此为标准来衡量,如物主存在过错,他是否应当承担责任。在致害之动物并不被世人认为是所有权之客体时,其归责的基础,则由相对较少受到传统干扰的社会政策所奠定。前文已阐释了罗马法上(原主)因猛兽致害而承担个人责任的演化过程。

原始观念中,尚有一条最不可能长久的支脉,即物件担责。我们现在来追寻这段历史。

前文提及,阿尔弗雷德大帝敕令致害之物件应予交出,而后世的苏格兰法未予以采纳,因死物不能有罪。前文还提及,据苏格兰法,致害之动物被没收的,当复归国王。英格兰同采此法,保留至本世纪,而复归之范围甚至包括物件。上溯至布莱克顿[2],若有人被杀,法医当查评凶器之价值,并视之为敬神物,"为国王[3]"没收之。应为了国王而将之献给上帝,换言之,献给教会,令其为了

---

[1] 根据《伊内法》第42条(1 Thorpe, Anc. Laws, 129),归责于主人,理由似在其未能约束动物。不过,在动物破坏树篱,该法所提及的唯一救济手段为杀了该动物,物主可留皮与肉,而交出余部。被告担责,因为"没能守住它们……没能好好看守"。见27 Ass. pl. 56, fol, 141, A. D. 1353 or 1354. 过了很长时期,归责的原因才明确为一个绝对公式:"因为我有法律上的义务看好动物,不令其侵害他人。" Mich. 12 Henry VII., Keilway, 3 *b*, pl. 7. 更多可见《国王之尊》[译者注:Regiam Majestatem]第四编第24条有关马匹致人死亡的责任认定。

[2] Fol. 128.

[3] [译者注]拉丁语 *pro rege*。

受害人的灵魂而耗用之。人之死亡,不再如蛮族之民俗法时代一般,乃是亲友之私人事务。国王开始支持法院,通过诉讼来索赔。他代替死者之亲属,对罪物提诉。教会又代替了国王。

爱德华一世时期的若干判例启示你我,古代法能粗糙到何等地步。若有人从树上坠落,则该树应成为敬神物[1]。如有人在井中溺亡,得填满该井[2]。被没收之器物归于一个无罪之人,亦在 25
所不论。“如有人为斯泰尔的约翰之佩剑所杀,当将此剑作为敬神物予以没收。佩剑之主人没有犯错的,也当如此。”[3]此从亨利八世时代一本著述中录得,该著成书于约 1530 年。而自伊丽莎白女王时代[4]至距今不足 100 年的时期[5],此类判断反复出现:假设我的马伤了人,我随后卖了马,而伤者后又死亡,得没收我的马。据说,透由此法,还没收过一台蒸汽机。

此刻,我遭遇了前述原理最为显著的变形,此乃现代普通法最为重要的成分。我须得暂时抛开普通法,拾得海商法原理。前文所参阅之古书,及此后漫长岁月中的文献,都将物的移动作为重要情形予以参考。爱德华一世时期,有一名叫作亨利·斯皮格勒的法官,他讲了一条法则,这在法律年鉴中有体现:“如有人为马车所杀,或从马上坠亡,或类似情形,但凡移动之物是死因,一律得没收该物。”[6]由此,下一个王朝有言论认为:“移动之物致人死亡的, 26

〔1〕 Cf. 1 Britton(Nich.),6. *a*. *b*. 16(top paging 15,39);Bract.,fol. 136 *b*;LL. Alfred, c. 13(1 Thorpe,Anc. Laws,p. 71);Lex Saxon.,Tix. XIII.;Leg. Alamann.,Tit. CIII. 24.

〔2〕 Fleta,I. 26, § 10;Fitzh. Abr. *Corone*,pl. 416. 概览 Staundforde,P. C.,I. c. 2,fol. 20 及以下;1 Hale,P. C. 419 及以下。

〔3〕 Doctor and Student,Dial. 2,c. 51.

〔4〕 Plowd,260.

〔5〕 Jacob,Law Dict. *Deodand*.

〔6〕 Y. B. 30 & 31 Ed. I.,pp. 524,525;cf. Bract.,fol. 136. *b*.

国王或主教有权没收为敬神物。”[1]读者由此可知,通过移动,没收之对象被赋予了生命。

此类情事中绚丽无伦者,当属船舶。古书如是说道,如有人从船舶上跌落水中溺亡,调查死因时,应考虑船舶的移动,相应地,应对船舶予以没收——但前提是,此事发生在淡水水域[2]。如发生在海域,就超出了一般的管辖权。这一适用条件表明,海上的船舶不应被没收[3]。但还有其他版本的传说。议会向国王提出了长串的请愿书,求他不要没收[4](海船)。似有一个实情是,海上的船舶也可被没收,只是管辖法院不同。最近出版了一部亨利六世执政期的手稿,其披露道,如有人因船舶的移动而在海上被杀害或溺亡,该船舶经海事法院的程序可收归海事法官,而经海事法官或国王首肯,可以释放该船[5]。

船舶乃物件中最为活跃者。佣人间或称钟表为“她”,而人人都赋予船舶一个性别。如此,刑法中尤其鲜活的处理方式,在海商法中运用得更为鲜明、更为通透,这就不意外了。处理船舶问题
27 时,唯有假设其被赋予了人格,方能发现,海商法貌似随意和独特,其实充满睿智,而唯有这种假设,方能发现其首尾一贯,逻辑自洽。

海商法独特在何处,可先查看一个海上碰撞案。提康德罗加和莫兰普斯二船发生了碰撞,对此,提康德罗加单方存在过错。事故发生时,船舶上存在一个租赁关系,承租人自身也请了管事,并且船舶所有人没有使用任何方式控制船舶。由此,无法归责于船

---

[1] Fitzh. Abr. *Corone*. pl. 403. [译者注]原文是拉丁语 *omne illud quod movet cum eo quod occidit homines deodandum domino Regi erit, vel feodo clerici*.

[2] Bracton, 122; 1 Britton (Nich.), top p. 16; Fleta, I. c. 25, § 9, fol. 37.

[3] 1 hale, P. C. 423.

[4] 1 Rot. Parl. 372; 2 Rot. Parl. 345, 372 a, b; 3 Rot. Parl. 94 a, 120 a, 121; 4 Rot. Parl. 12 a, b, 492 b, 493. 但还可参阅 1 Hale, P. C. 423.

[5] 1 Black Book of the Admiralty, 242.

舶所有人,甚至无法以损害系由其佣人所致为理由而对他提诉。从法的基本原理出发,船舶所有人免于承担个人责任。可是,此事还是存在一个无法辩驳的解决方案,即在致害的额度内,该船之上存在一个船舶优先权[1],这就意味着,任何海事法院都可以动用程序找上她[2],将之拘束和售卖,以赔偿损失。设有一个车马出租行的老板,将一辆四轮马车租给一名顾客,而该顾客在驾驭马车时注意力不集中,撞倒了一个人。没有人会抓住马匹和马车,以此来主张权利。可以预见,唯一可用来售卖和抵偿不法行为的财产,当是为不法行为人所有的财产。

但回头来看,假设船舶之上不存在租赁关系,且港口所在地法强制要求雇用一名引水员,在引水员的指挥下,她正入港。美国最高法院认为,在此情形之下,船舶仍然应当承担责任[3]。英格兰的法院判决或许不同,而同类事项在英格兰是通过立法来解决的。可是,上诉法院,即枢密院,其组成人员主要是普通法律师,他们表 28
现出明显的一个趋势,要将此类事项与普通法做近似处理。在普通法上,如果动产是不法行为的工具,而一人不能要求动产所有人承担个人责任的,则也不能约束该动产,使其为不法行为承担责任。但我国最高法院早就认可,如果因为受害人并非船主的代理人从而导致他无法约束船主,则他可以约束船舶。

可以说,若非该原理出于一个良好的判断力,它就不能一直流传下来。在与外国人的业务往来中,船舶乃是唯一的担保。与其将本国公民派遣海外,到外国法院寻求救济,倒不如便捷一点,拘束船舶,在本土满足自己的主张,令外国船主自行在其能力范围内

---

〔1〕 Cf. Ticonderoga, Swabey, 215, 217.

〔2〕 [译者注]霍姆斯故意用该人称代词指代船舶。

〔3〕 *China*, 7 Wall. 53.

寻求其自身的保障。我敢说正是出于这般思路，才助长前述操作方式一直活泼地存在。可同时，我认为其历史基础不在此处。毫无疑问，如同佩剑一样[1]，船舶致人死亡的，无论处于何人之手，一律该当没收。故此，若有一艘船舶的船长和水手，手握报复许可证[2]，针对国王的朋友犯下海盗罪行，则即便船舶所有人对此罪行不知情或不同意，他根据海商法即丧失船舶所有权[3]。船舶致人死亡或进行海盗行为的，当被国王所没收，这与私法中的受害人为了弥补船舶之其他致害行为而控制该船，而不论其为害时在谁之手，其原理极有可能是相同的。

如今，假设我们跟一个未受教育的人说："这事是她[4]干的，

29 她得付出代价。"这人未必能发觉这是个谬论，而他也未必有本事解释说，船舶只不过是财产，"船舶得付出代价"[5]只是一个戏剧性的表述，真意是，得卖掉某人的财产，得走程序，来抵偿另一个人的不法行为。

卓越的法律人仿佛也满足于使用类似的表达方式。斯托里法官满心欢喜地援引过首席大法官马歇尔的一段判词："此诉针对的不是所有权人；此诉针对的是犯下罪过的船舶。船舶犯下此罪，没有获得许可，也违反了船舶所有人的意志，然而，这依然是犯罪，依然可以没收她。物件不会犯罪，此乃真理。可是，由于船长指挥船员，此物有了活力，有了行为。在船长的作用下，船舶会动，会说。在船长的作用下，她会上诉。因此，本上诉程序对船舶生效，也是

---

〔1〕 Doctor and Student, Dialogue 2, c. 51.

〔2〕 [译者注]原文是 letters of reprisal。又名 letters of marque and reprisal，是允许本国公民对他国公民或船舶开展报复行动的许可证。

〔3〕 1 Roll. Abr. 530(C)1.

〔4〕 [译者注]霍姆斯还是在指代船舶。

〔5〕 Black Book of Admiralty, Vol. 3, p. 103.

合理的。”斯托里法官又引用其他判例道：“与其认为罪行主要附于此物，毋宁说，罪行主要由此物犯下。”[1]

换言之，这类优秀的法官当然了解，船舶与风车一样，都没有生命，但他们却认为，法律不但在事实上将船舶当成活物，并且法律应当如此处理。读者会注意到，这些人不仅认为，在政策上，为 30
了他人的安全，可以将所有权人的公正牺牲掉，他们还认为，船舶可以是犯下罪行的物。

我们继续追寻海商法在其他方向上的独特之处。之前陈述的只是一部分。

据中世纪的海商法，船舶不仅是责任之源头，还是责任之限度[2]。本条法则已经取胜，英格兰制定法和我国国会1851年的一条法案已经借用和采纳之。据该法案，船舶所有人雇用船长，而船长实施不法行为的，船舶所有人以交出船舶的权益以及她所挣来的运费为限承担责任。而据代理原理，他本人须就全部损害承担责任。有限责任制度被认为是现代商法的核心，世人将其源头归于公共政策之考量，并如今以此将该制度正当化。若真如此，该制度便与船舶碰撞法毫不相干。可行文至此，如果有限责任的存在基础与交出侵害体相同，这就印证了此前有关船舶脱离所有权人掌控而就其不法行为担责原理的解释，而将命题倒转，这种责任的存在性就印证了此处的观点。

我们来检视另一条法则，对这条法则，人们巧言令色地给出了释义，说这也是出于政策的考量。据说运费是工资之母，因为，“如果船舶灭亡，而在此情此景之下还给船员发工资，他们就不会为了 31

〔1〕 *Malek Adhel*, 2 How. 210, 234.

〔2〕 Kent, Vol. 3, 218; Customs of the Sea, cap. 27, 141, 182, in 3 Black Book of the Admiralty, 103, 243, 345.

船舶的安全而奋不顾身”[1]。对于这番释义，最精彩的评论是，制定法刚刚修改了该法则。但即便在旧法，亦存在一条与如上释义不协调的例外法则：海难发生时，只要救助船舶之任何一部，船员对船舶所享有之优先权即得以保留。发生海难时，一般都挣不到运费。也许人们又会说，这是一条鼓励船员竭尽所能进行海难救助的良好政策。假设我们将船员视为被船舶所雇用，我们就会恍然大悟，理解前述法则和例外。威廉三世时期有个判例，其中有观点认为：“船舶是债务人。”[2]如果债务人灭亡，则此事得以告结。但凡其有一部能拖回陆地，就能对该部提诉。

运费是工资之母，此乃本条法则的现代形态，而一般认为，本条法则与船舶有无灭失或安全抵达具有相关性。就我在前文所发掘之事项的相关性而言，海商法上现存之最古文献载明，船舶灭失
32 的，船员不得领工资[3]。与此相似，在《海洋习惯法》[4]中最为远古的篇章里[5]，其英文编者特拉弗斯·特威斯爵士写道：“托运人逃跑或死亡的，船舶得向船员支付薪资。”[6]可以推想，仿佛罗马古法中债务人应以其身体对债务和犯罪行为承担责任一样，船舶受到其与船员之合同的拘束，仿佛船舶应当就其不法行为向船员承担责任。

---

〔1〕 3 Kent, Comm. 188.

〔2〕 *Clay v. Snelgrave*, 1 Ld. Raym. 576, 577; s. c. 1 Salk. 33. Cf. Molloy, p. 355, Book II. Ch. 3, § 8.

〔3〕 “Ans perdront lurs loers quant la nef est perdue.” Black Book, Vol. 2, 213. 这句话出自《海洋判决》(Jugements of the Sea)。据编者称(II., p. xliv., xlvii)，除开《意大利法典》(decisions of Trani)，《海洋判决》乃现存最古之海商法文献。另参阅 Molloy, Book II. ch. 3, § 7, p. 854：“如船舶在海上灭失，他们就拿不到工资。”另参阅 1 Siderfin, 236, pl. 2。

〔4〕 [译者注]原文是 Consulate of the Sea。原是阿拉贡王朝设立和处理海商法和商法事宜的准司法机构。这个表述同时指代海商法领域的习惯法和法令集。

〔5〕 3 Black Book, p. lix, lxxiv.

〔6〕 3 Black Book, 263. 不过得多说一句，该书也指出，如港口当局扣押船舶，船舶所有人无义务给船员付薪，“因他没有拿到运费”。

海商法在对待船舶的其他事项上，不论是合同还是不法行为，也遵循了同样的道理。如果有人进行了打捞，并因而起诉船舶所有人，则海事法院不管此诉是否具有合同之基础，都会扣押船舶[1]。如同前述船舶碰撞之情形，如船长与人缔结货运合同，则船舶有义务运货，即便此时她处于租赁关系之中。再有，据我国最高法院，船长若是无法约束共同所有人[2]，便可以约束船舶[3]。"在习惯法，船舶对货物有义务，货物对船舶有义务。"[4]"据海商法，船长订立的所有合同都默示设立了抵押。"[5]须得着力这般认为，就一般的海事合同，在大量的情形下，交易得用船舶或货物做担保；还得认为，正因如此，后来的政策就变成，在所有情形下都得 33
有如此的担保；船舶所有人背负的风险大小是可以计算的；船舶所有人在租赁船舶时应当考虑这般风险。又，如果一方当事人通过合同而主张海商法上的优先权，他就提升了该优先权所对应的物的地位，而某些法统将合同设定为此类优先权的基础[6]。不过这不具有普遍性，在绝大部分重要情形中，这种优先权并不以合同为基础。就船舶的不法行为而言，读者会产生一种形而上的困惑，不清楚是否存在一个（船舶自身承担责任的）基础，而前述形而上的困惑又会影响其思考方式，就她[7]的合同而言，是否也存在同样的基础。这些应当留待读者来决定。很明显，与船舶有关的事务，

---

〔1〕 *Lipson v. Harrison*, 2 Weekly Rep. 10. Cf. *Louisa Jane*, 2 Lowell, 295.

〔2〕 [译者注]原文是 general owners，是 special owners 的对称。

〔3〕 3 Kent's Comm. (12th ed.), 218; ib. 138, n. 1.

〔4〕 3 Kent, 218.

〔5〕 *Justin v. Ballam*, 1 Salk. 34; *s. c.* 2 Ld. Raym. 805.

〔6〕 D. 20, 4, 5 & 6; cf. Livy, XXX, 38.

〔7〕 [译者注]这个拟人还是指船舶。

其方式大抵由前述第一个判例所规定[1]。威望甚高的帕尔德叙[2]指出,获得运费的优先权,其优先顺序应在被窃物之物主之前,“原因是,比起优先权人,物主与失物打的交道更少”[3]。同理,英格兰有一个出名的判例,其中的观点是,“船舶替代了其所有权人,因此船舶应当承担责任”[4]。合同法和侵权行为法中的大量判例表明,船舶不仅是债的担保,而且是所有权人的责任限额。

海商法上的这一原理还体现在诉讼形式上。可以在名义上针对船舶提起诉讼。对该诉有利益的任何人都可以参加诉讼,为己方辩护,而如果原告胜诉,后果将是变卖船舶,以所获之利支付其诉讼索赔额。早在詹姆士一世执政时代,就有观点认为“原告的起
34 诉状应仅针对船舶和货物,而不是当事的人”[5]。该观点的引注表明,其出处是亨利六世执政期,而当于彼时,正如前文所述,海事法院公告没收了一艘致人死亡的船舶。须说明,我没有查到亨利六世执政期关于前述观点的文献。

至此,我们已经专门讨论了人之行为的直接和外在后果,追寻了现代法上责任大貌的演化过程。我们已经检视了现代法的双亲——罗马法和日耳曼习惯法——之大事件的平行进程,以及双亲在英格兰土地上所生之有关佣人、动物和物件的子嗣。我们已经看到一颗孤单的萌芽如何增殖、分支和结出形态各异的果实,仿佛一片土壤孕育了繁花。萌芽已经找到,就是对于犯物本身的报复心。毫无疑问,会有反对观点认为,大量的法律规则源于人控制

[1] [译者注]提康德罗加和莫兰普斯碰撞案。见边码 27。

[2] [译者注]可能指代法国律师 Jean-Marie Pardessus(1772-1853)。此公著有四卷本《商法讲义》等。

[3] Pardessus, Droit. Comm., n. 961.

[4] 3 Keb. 112, 114, citing 1 Roll. Abr. 530.

[5] Godbolt, 260.

犯物，以担保自己获得赔偿，而这种控制最初也许是非法的[1]。这种解释以及本书的观点都表明，古人没有达到现代责任观念，因为物主很有可能没有过错。可是，贤能之人以前没有这种判断力。考查过远古之情形后，可以认为，人从来都有这般期待：人类最初的目的，是报复，不是求偿，是对犯物的报复。在《出埃及记》里，要对公牛施以石刑。据雅典人的法，要放逐杀人之斧。据泰勒先生举例，要把树木斫为木屑。在一切的法统，奴隶杀了自由人，当交 35
之死者亲属，听由任意处分[2]。物件可以被控告，并当成敬神物。物主被诉至庭前，如果是物主的责任，而不是其财产的责任，则古老的交出侵害体原则无法适用。在为数不多的情形下，（要求人而非犯物）赎罪，其目的似乎不是报复，即便如此，这种目的与报复侵害体相比，二者与私力扣押[3]的距离是相等的。

前述法律史是为阐释我在前文已经表述之目的，而除此之外，它也很好地说明，法律史上的形式和实质彼此抵牾。在形式上，法的发展合乎逻辑。官方的理论说，每一个新判决，系从既有之先例中，采逻辑三段式方法而得出。可是，猫有锁骨，仅仅表明历史上存在过一种生物，而锁骨对其有实用性。与此类似，有些先例早已发挥了其原先的功用，而其在普通法中延续下来，其理由却早已被世人遗忘。纯粹从逻辑的角度而遵循先例，其结果必定是失败，并且造成混乱。

而话又说回来，在实质意义上，法律的生长体现于立法层面。在更深远的意义上，较诸法院所作之具有持续法律效力的判决，这种法律的生长其实是新鲜事物。这般生长总是以立法为土壤。在

---

〔1〕 3 Colquhoun, Roman Civil Law, § 2196.

〔2〕 Lex Salica (Merkel), LXXVII.; Ed. Hilperich., § 5.

〔3〕 ［译者注］extrajudicial distress.

作出判决时,法官会有种种秘而不宣的考量,又出于自我辩护而写下其他种种考量因素,凡举这些考量,都是用来向社会生活吸取营养液的隐秘树根。当然,此处所谓考量,指的是对社会有益的考量。说到底,从诉讼中所发展出来的每一条重要法则,其实或多或
36 少都是心照不宣的公共政策观念所结出的果实;在最一般的层面,据普通法的实务和传统,法官出于本能的偏好以及只能意会的信念而下意识地作出判决,而我们总能从中隐隐查知公共政策观念,一如前文所分析。不仅如此,因为法由有能力和经验的人来运行,而他们精于将良好意识献祭于逻辑三段论,我们于是能发现,如本书已经揭示和即将揭示的,欲令古代法维持原样,法律人就为其找寻到了融入新时代的新原因,而徐徐加入新内容,直至最后,法律从故土之上移植而来,变化了外形。

而迄今为止,这个过程大抵是不知不觉进行的。就此,思考各种判决的真实形成过程就很重要。如方才所阐释的,本书若是单单对法院的立法功能有一个更清醒的认识,就已经会起到帮助作用了。本书会继续清楚地深入考察[1]。

有一些学说只从形式上思考法律,它们或许从若干**先验**的公理出发,演绎出一套**法统**[2],或许陷入一种更卑微的谬误,以为法律科学应当栖息于**法的精巧度**上,或以为此部与彼部可以在逻辑上接合。前文的分析揭示了这些学说的失算。实情就是如此,法律一直在接近协调性,但从未达到协调性。一方面,法律一直在适用从社会生活中吸收的新原理;而另一方面,法律保留了历史遗留的旧原理,这些旧原理没有为历史所吞没,也没有从历史泥沼中拔身而出。法律要完全做到逻辑自洽,须得停止生长。

---

〔1〕 见第八讲,尾部。

〔2〕 [译者注]原文是拉丁文 Corpus,其字面意义是“身体”。

我们应当开展前述研究，其必要性在于，研究对象既包括法律的整体内容，又包括法律的修改过程。

无论我们以何等方式编纂法律，使之合乎一套表面自洽的命题，这些命题都只能属于法律不断演化的某一个阶段。要想充分了解这些命题的范围，要想了解训练有素的法官过往作出判决时如何处理这些作为法律组成的命题，我们自身应当对该等过往进行一些了解。把握住法律的过去，才能把握住法律的现在。 37

再说一次，前文对该过程的阐释，既说明了世人试图遵循先例，又说明了其正当理由。在那般厚重而占了多数的法律部门中，许多法律规则都因社会政策而名正言顺，而这些社会政策乃是后世编造出来的，目的其实是粉饰历史的残迹。一旦察觉到这一点，我们就有权利对这些众口相传的道理进行再思考，就有权利重新评判，看这些道理能不能令人满意。就此，视野可以再大一点。无论以何等方式来呈现，这些道理有可能都会令人满意。假如真理无法用舛错常常印证，假如旧器具无法适应新用途，人类社会的进步便会放缓。可是，对真理进行盘查和修正，这本身就是正当的〔1〕。

不过，此处的直接目的，不是为了进行如上思考，也不是为了展示法律史上的人类学文献。我的目标和目的从来都是为了表明，就现代法上的责任制度而言，其形貌乃生发于复仇的共土。除开本讲所述情形，这个事实在合同法领域无足轻重，但对于刑法与侵权行为法，它却至关重要。有迹象显示，刑法和侵权行为法始于一个道德基础，始于“某人有责任”这一观念。

---

〔1〕［译者注］原文是“But scrutiny and revision are justified”。这句话的原意很模糊。Françoise Michaut 的法语译文是“Mais l' examen et la révision du droit sont justifiés”（可是，法的审查和修订是正当的）。

38 须留待证明的是,即便道德术语亘古不易,即便法律在一定意义上永生永世地使用道德标准来丈量法律责任,即便如此,法律的本质也决定了它正在绵绵不断地改造道德标准,使之外在化和客观化,而经由此,当事人的真实罪行也得以消解。

第二讲　刑法

第一讲开篇提到，古代普通法上的诉状，针对的只是具有主观故意的不法行为[1]。诉状这种形式比大陪审团起诉书[2]要久远得多，据说兼顾刑法和民法两个部门。它具有双重作用，既能帮助私法上的当事人挽回损失，又能帮助国王恢复被打破的和平。在民事层面，这个程序根植于复仇，令当事人获得抵偿金。抵偿金最初是选择性的，后来成为强迫性的。通过抵偿金，不法行为人买回他的长矛[3]。而在国王的层面，这个程序是为了复仇，还是为了充实国库，这不重要，因为国王的控诉没有扩大该诉讼程序的适用范围。 39

似可谨慎推断认为，最初，可以动用大陪审团起诉书程序的犯罪行为，其范围是受限的，该

---

〔1〕［译者注］见边码 3。本句和下句中的“诉状”（appeal）具有同样特定的意义。

〔2〕［译者注］indictment。

〔3〕［译者注］第一讲强调，最初，受害人的复仇激情针对的是犯物，所以古代法中存在“交出侵犯体”原则。在随后的演化中，物主慢慢开始可以选择赔付抵偿金，用来替代交出犯物。本句中的长矛用来比喻犯物。

限定范围与诉状程序相同,因为,无论大陪审团起诉书是否乃从诉状程序中分裂和壮大,这两种程序都具有紧密的相关性。

对诉状程序中的被告人作出无罪宣告,其本身就是对大陪审团起诉书程序的阻却。话虽如此,一旦诉状程序正当启动,尽管告诉人可能会告诉不能,或为被告人的答辩意见所击退,案件也有可能以国王之名而继续进行[1]。

40 在普通法上,刑事程序的另一个父辈,是大陪审团主动提起的起诉报告。其起源有别于诉状程序。假如前人所料不错,这一程序乃是继受了立即追捕和私刑(等习惯法)[2],那么,它也是报复观念之子,这比诉状程序更明显。

复仇的欲望中引入一种观念,即被报复的对象本身真切地存在过错,故复仇者采纳一套内化的标准,而不是客观而外化的标准,以谴责被报复者。问题在于,这套标准在如今以何等方式得以承接,是原生性的还是提炼性的。一般认为它是提炼性的,这似有可能,因相对而言,刑法演化较慢。

我们当然可以强有力的认为,刑罚的目的之一,从来就是为了满足复仇的欲望。要想说通这个观点,可以举例说明,出于种种理由,在有些情形下,如何赔偿不法行为所造成的损害这个问题根本无解。

由此,给主要被害人来个了断,而令其求偿不能,如在谋杀和非预谋杀人的情形,该行为就具有如此性质。

又有这般犯罪行为,其针对的虽是特定的个体,却令其他人感到不安,而这种普遍不安,殊无求偿之余地,如伪造文书。

---

[1] Cf. 2 Hawk. P. C. 303 *et seq.* ,27 Ass. 25.

[2] 2 Palgrave,Commonwealth,cxxx. ,cxxxi.

又有这般情形,求偿之手段并不存在。麦考利[1]在编纂《印度刑法典》时,用刑法来处理客运合同的违约行为。印度轿夫多贫乏,无力支付损害赔偿金。轿夫照管妇孺,运之荒郊野岭,一朝有事而临阵脱逃,则妇孺手无寸铁,势必置身险境。即便如此,乘客 41
也只能信赖之。

在前述情形,刑罚从来都是替代性的。刑罚虽可以给不法行为人施加痛苦,但这种施刑并不能使受害人恢复到未受伤害的状态,也不能令他回复到同等良好的类似境地,而其目的,就是要制造痛苦。只要此类刑罚替代了求偿,不论是基于不法行为致人死亡、不特定的人群受到影响、无法估算损害的金额,还是基于犯罪行为人无力赔偿,总是可以认为,这种刑罚的目的之一,就是满足复仇的欲望。服刑人员用其身体付出了代价。

还可以论述得更有力量,可以这样说:法律不仅实际上将满足复仇当成了目的,而且法律理当如此。这一矫矫不群的观点见于两位大儒,一位是巴特勒主教,一位是杰里米·边沁[2]。詹姆斯·斯蒂芬爵士有言:"刑法之于复仇心,大概同于婚姻之于性欲望。"[3]

良法的第一要求,乃是其与社会的真实感受和需求相符,而不管其正确与否。如果法律无法满足复仇的愿望,如果法律没能帮助人民,他们就会在法律之外寻求途径,则法律别无选择,只好满足这种渴望,以免出现更大的恶,即私力报应。但同时,不论是作 42
为个体还是立法者,我们并不鼓励这股激情。进一步讲,报复心并不是刑法的全部基础。还存在另一些犯罪行为,不会点燃这股激

---

〔1〕[译者注]Thomas Babington Macaulay(1800–1859),英国历史学家和政治家。

〔2〕Butler, Sermons, VIII. Bentham, Theory of Legislation (Principles of Penal Code, Part 2, ch. 16), Hildreth's tr., p. 309.

〔3〕General View of the Criminal Law of England, p. 99.

情,由此,我们自然期盼,刑罚最重要的目的,其维度能与刑罚之适用范围一样大。我们还须探寻,有没有这样的普遍目的,如果有,那它是什么。就此话题,不同的学说依然存在观点上的分歧。

有观点认为刑罚的目的在改造犯罪行为人;又有认为在震慑犯罪行为人和其他人,令其惮于犯下类似罪行;又有认为在报应。如今无人再认为,前述第一个目的乃是刑罚的唯一目的,不然,一旦发现服刑人员不会再犯,就当将他立刻释放,又或者,如果该人不可能被改造成功,就不应当对之施以刑罚。当然,死刑制度也很难与此理论相融合。

主要的争论在于其他两种观点。一方面,有观点认为,不法行为与刑罚之间维系着一条隐秘的锁链;另一方面,有观点认为,施加痛苦不过是达到目的的手段。作为前一种观点的解说大师之一,黑格尔使用他的准数学公式解释道,不法是对法[1]的否定,而刑罚乃是否定之否定,是对否定的报应。由此,就与犯罪相适应的层面,刑罚当是等量的,因其唯一的功能就是摧毁犯罪。其他人没有携带这般逻辑工具,就随口认为,有罪就必然有罚。

有反对意见称,预防理论有悖伦理,因该理论没有留意不法行
43 为的犯性,也无法提供刑罚的度量衡,其唯一的优点在,就预防性刑罚之尺度的充足性,该理论可帮助立法者出具主观意见[2]。用康德的术语来说,该理论视人为物,而不为具有人格者;为手段,而不为内在于其自身的目的。又说,该理论与正义相冲突,冒犯了一切自由社会所共有的基本原则,即每个社会成员都平等地享有生命权、自由权和人身安全保障权[3]。

---

〔1〕[译者注]在霍姆斯的原文中,黑格尔的"不法"与"法"分别是具有形式对抗性的两个名词 wrong 和 right。

〔2〕 Wharton, Crim. Law, (8th ed.) § 8, n. 1.

〔3〕 Ibid, § 7.

即便有这般反对意见，英语世界的法律人可能还是会毫不迟疑地接受预防理论。就前述意见所指责的，该理论冒犯了平等权，可以如此回应：平等原则只能造就人与人之间的平等，而不能造就人与社会的平等。没有一个社会将认可，其为了自身的延续，不会牺牲个体的福祉。如有必要，它会征兵入伍，会抓人，会用刺刀架在身后，逼其行军，牺牲他们。会在古老的民区铺设高速公路和铁轨，不顾屋主的抗议，而只赔付市场价格。其中的理由是，文明政府在有能力帮助公民时，固然不会牺牲公民，但会为了那个公民的意志和福祉而牺牲这个公民的意志和福祉[1]。

如有必要在道德领地挖掘一条更深的壕沟，还可以这样说：即便在人与人之间，平等原则也限于日常事务中的寻常往来。你无
法与邻人一争长短，除非你一时兴起，认为他跟你一般高明，但你 44
无论如何都不会相信。同理，即便你与邻人都有选择的自由，你也无法与之立约，除非你们彼此能够平等对待，且合约的条款可以同等适用于你们双方。设定于和平以及社会关系之上的价值观不断生长，这赋予社会人的法一种表象，令其越来越像所有人的法。可是在我看来，不仅就**国王**而言，而且在个人之间，解决争议的**终极手段**[2]似很清楚，就是武力。无论怎样使用恻隐之心和一切社会情绪来粉饰人与人之间的关系，自利都在其关系的底部。如有一人浮在深海海面的木板之上，木板只能撑起一个人。若再有陌生人来抓木板，第一个人但凡行动方便，定会将之推开。如一个国家处于类似境地，也会做出同样的举动。

前述考量在回应平等权的同时，也回应了关于预防理论将人

---

〔1〕 即便是法律也认可这是一种牺牲。*Commonwealth v. Sawin*, 2 Pick. (Mass.) 547, 549.

〔2〕 [译者注]此句加黑部分的原文分别是拉丁语 regum 和 ultima ratio。

视为物的类似反对意见。人在社会之中生活,就有可能发现自己被视为物。一个人群所达到的文明程度,反映为他们在被别人对待时,以何等心态对待别人。社会本能不断地生长,以对人的行为进行绝对掌控,即便在反社会的情形也是如此。这或许是人的命运。由于社会本能的生长还没有完结,又由于法律规则实在地或应然地以普遍接受的道德令为基础,所以,要想制定出以绝对利他理论为基石的法律规则,法律须得决裂于主流信仰。

我现在就来证明,刑事责任与民事责任的基本原理是相同的。
45 如以上为真,那么单从这个结论就能进一步得出,如一个人有罪,但在道德上没有过错,并且,以那般未能公然无视个人之个别独特性的准则而论,他又无法得到惩罚,则理论和事实经常契合一致地对于此人予以惩处。假如刑罚立足于人所预设的道德基础,则人要思考的第一件事,便是正当选用道德标准之能力的不足,而选用能力不足的原因可以是本性乖张、教育匮乏、智力低下以及具有犯罪人群所具有的其他一切缺点。我并不是说道德不应当存在,也不是说自己不需要讨论道德问题。我不是说刑法益处更大而伤害更小。我只是说,刑法的立法和运行并没有建立在道德理论之上。

报应论学说言之凿凿地认为,罚当其罪是不言自明的,正常思维都会本能地有此认知。还须就此谈论几句。我认为,如果用给定的标尺进行自我判断,我们会发现,唯在邻人的情形,前述罚当其罪的感受才是绝对而不附条件的。我感觉,涉及某人自身的,该人会认为,认识到自己行为的错误,并保证不会犯,这便足矣;而该人又会认为,在自我惩罚和实在法之间进行权衡,以对其自身的行为进行惩罚,这没有必要,也没有正当性;当然,如果引入若干第三人,该人又会像一名哲学家一样,认为有必要伤害他,吓住其他人。可如果邻人有不法行为,我们的心头有时会涌起须得让其罚当其罪的感受，而无论他是否已然忏悔。在我看来，须得让其罚当其罪，这种感受乃是报复心的伪装，而我已然承认，复仇是刑罚的一个组件，尽管不是要件。

可我还认为，须得罚当其罪，这种直觉解释不了本题。罚当其 46
罪的意思是，轻罪轻罚，重罪重罚，这两种惩罚方式同样公正。若真如此，在轻罪和重罪的情形，须一概施加刑罚，而不应有例外。前文已述，一个**道德正当但具有实在可罚性的犯罪行为**，颇等同于一个**具有道德恶性的犯罪行为**[1]。如果刑罚的共同土壤客观存在，其必定普适于各案。但如果前述情形所谓的犯罪行为包括对岁入法的违抗，即便政府的损失已得到弥补，我们内心也不会认同此人已悔改，不必再受罚，除非其行已为外人所知。如其行为已曝光，法律定要落实威吓之手段，令其他信众瑟瑟发抖。而若此事仅限于君主和罪臣所知，则毫无疑问，君主但凡冷静一些，都会认为此案不宜判罚。

话又说回来，唯有立法者意在和旨在遏制的行为，才是犯罪行为。由此，预防似是刑罚的主要且唯一普遍的目的。你如果做了特定的事情，法律就威胁给你施加特定的苦楚，意在为你提供一些崭新的动机，以避免这些行为。你若坚持如此行为，法就只能施加苦楚，以令你继续信服其威慑力。

如以上真正解释了法的立足之道，那么毫无疑问，法就是拿某
个具体的人当成实现目的的手段，以他为代价，拿他当工具，增添 47
共同福祉。上文已说明，这一行程绝无不妥，而即便它错了，刑法所追寻的，也是这一行程。相应地，刑法理论的形状由此而勾勒出来。

---

〔1〕［译者注］原文是两个拉丁语短语 *malum prohibitum* 和 *malum in se*。

还可以找到其他证据,表明我们的刑法超越了报应论的局限性,并将个体置于公共福利之下。这些证据藏身于若干法则之中,而这些法则,使用其他理论是无法圆满解释的。

第一条法则:若为了自保,行为人别无他法,而只能故意剥夺他人的生命,则该行为不会得到惩罚。相较下一条,这一条法则并未明确确立下来,但得到所有大儒的支持[1]。若它就是法,势必能继续构筑两个基础:要么在前述情形中,自利是正当的;要么,即便自利不具有正当性,法也无力使用惩罚来预防前述行为,因为,用将来某个时间的死亡进行威胁,决不能提供一个充分有力的动机,以使得行为人为了避开这一威胁而选择自己现在就去死。如采前一个基础,则就承认,人可以为了自己而牺牲他人,而一个社群**更**能如此。如采后一个,则既然法无法指望使用惩罚来预防某些特定的行为,法就放弃了对它的惩罚,于是,法放弃了报应论,而接纳了预防论。

下一条法则:不能托故不知法而犯法。从这条可得出更明确的结论。这是一条实体法上的法则,有时也能当证据规则,即每个
48 人都被预设为懂法。故有奥斯丁和其他学者为本条辩护,其理由是懂法与否很难证明。事实明确是审判的前提,不能因为它很难明确而不去尝试。即便在每一个庭审中,都通过眼耳并用,并证明了(当事人确实不懂法的)事实,但人人都清楚,不知法绝不是犯法的借口。进一步讲,既然当事人可以在庭上发声,那么,一个人对于法律的掌握与否,是不是比其他诸多疑点更难查证,这是有疑问的。若这果真是一个难点,可以如此克服,即将举证责任置于违法的一方。

---

〔1〕 Cf. 1 East, P. C. 294; *United States v. Holmes*, 1 Wall. Jr. 1; 1 Bishop, Crim. Law, § § 347-349, 845(6th ed.); 4 Bl. Comm. 31.

不能如此解释本条，称我们不仅收到不得实施某些特定行为的命令，而且收到知晓该命令的命令。因为，如果第二条命令真实存在，而我们又对之知情，那就很明显，背抗第二条命令的犯性与背抗第一条就不相称了；而对之不知情，与违背第一条命令，其所迎受的惩罚却将是相同的。

还是应当将本条解释为，法律不在意个人特定的性情、能力等。公共政策会为了普遍福利而牺牲个人。法律有心要让所有人的负担一般轻重，但更有心要消除抢劫和谋杀行为。在许多情形下，犯罪行为人不清楚自己干犯的事情是违法的。这确乎是实情，但若法律承认这一点，就会鼓励人们不去了解法律，可是，立法者决意让人知法守法，因此，给予一个个体的正义，就正当地被天平另一端的多数人权益所压住。

倘若前述论述有其合理性，则其已经表明，刑罚的可归责性， 49
并不最终无条件地单单取决于犯罪行为人的恶性，而单单取决于公共政策的首肯或需求。如考虑刑法所希望呈现的普遍效果，我们会看到，犯罪行为所伴随的心态（在衡量可归责性上）所起到的作用，与普遍的预设并不相同。

刑法的主要目的，是劝告人外在地守法。一切的法都被导向可知物的境界。为呈现这一境界，无论法律会不会直接使用强力，比如保护民宅免受兵卒的洗劫、为公共用途而征收私有财产、根据司法判决而对人施以绞刑，或为呈现这般境界，无论法律会不会间接利用人的恐惧心，其目标殊无二致，都是为了一个外在的结果。举一个例子，法律在针对抢劫或谋杀行为时所进行的自我导向，都是为了阻止下列真实而客观的事情，如夺取他人的财物、毒死他人、枪杀他人、捅死他人或以其他手段致人死亡。假如由于法律的禁止，这些事情没有发生，那么法律就满足了，不去理会人的动机。

考虑到法的纯粹外在目的，又考虑到为了实现这个目的，法在必要时会牺牲个体，我们当比以前更清醒地看到，在人就某个特定的犯罪行为而遭来的责任中，他的犯性大小即便是构成要素，也不
50 是唯一的要素。世人总在臆想，刑事责任比民事责任更取决于人的心态。几乎可以得出结论说，这与实情正好相反。民事责任的直接归责方式，不过是将既有之损失在两个个体之间重新分配。下一讲将会证明，合理的政策是，除非有特别的干涉理由，否则，损失跌落在何处，就令其置身何处。人臆想出许多理由，其中最常见的是，一个人被认为有罪，是因他有过错。

此处不是要否认刑事责任以及民事责任的归责基础是过错，这会震动文明社会的道德感；换言之，一个寻常百姓没有过错，却受到了法律的惩罚，那么社会很难承受这种法律，它过于严苛了。此处只想指出，就那部分更明确地指向树立行为标准的法而言，我们在当中更能发现，其责任的尺度是外在的，它颇独立于特定行为人之动机或意图中的恶性大小。这一结论直接来自法所要求遵守的标准。标准不但是外在的，而且是普遍适用的。标准不仅要求人一体穷尽自身的能力，以接近完好的行为，还要求他将自身提升到一定高度。标准不理会行为能力的足与不足，除非行为能力的
51 不足明显地落入诸如不适龄或失心疯这种举世皆知的除外情形。标准假定，只要一声令下，每一个人的行为能力都是一般高矮。标准如果容易落入一个人群，而不易落入另一个，则其总是落入最孱弱的人群。谁最容易因暴烈、无知或疯癫而闯祸，法的征兆对谁最为凶险。

有理论认为可归责性的基础是过错，但无过错责任却现实存在。有关这两者的协调性问题，都放在下一讲解决。其答案在于对一个见识平常、能力尚可的普通人的观念塑造上。观念认为，如

果这样一个普通人的行为有过错，那他就应当承担责任。但这是诉至陪审团时，陪审团的头脑中勾勒出来的理想人物。在适用于每个给定的个体时，这个理想人物的行为构成一个外在而客观的标准。给定的个体或许见识拙劣、能力低下，而正因如此，他的道德没有污点。可是，陪审团要求他具备理想人物的资质。作为一条通则，如果他具备这般资质，就没有过错，不会遭致责任。

下一步，分析几个具体的罪名，看看什么分析结果会有教益。

自谋杀罪而始。詹姆斯·斯蒂芬爵士在其著述《刑法汇纂》[1]中将谋杀定义为“带预谋之恶意的非法杀人”。其在早年的著述[2]中阐释道，所谓恶意，即为不道德，而何等必要程度的心态是为不道德，法早已确定。其没有做出同样的前提性说明，而继续在《刑法汇纂》中阐释道：——

“预谋之恶意指如下任意一种或多种心态…… 52

“（甲）造成任何人死亡或重伤的意图，无论真正的死者是否另有其人；

“（乙）知晓实际致人死亡或重伤的行为可能会致某个人死亡或重伤，无论该人是否真正被杀害；即便这种知晓所伴随的，是对致人死亡或重伤的放任或不愿；

“（丙）犯下任意一种重罪的意图；

“（丁）知晓被害人是执法人员，而在执法人员根据法律赋权而对任何人进行抓捕、拘留、收监或行使保卫和平或驱散非法集会人员的类似职权之前、之中或之后，犯罪行为人对前述抓捕、拘留或收监行为的暴力对抗意图。”

在日常用语中，“恶意”既包括意图，又大于意图。当说行为的

---

〔1〕 Art. 223.

〔2〕 General View of Criminal Law in England, p. 116.

实施带有加害意图时,意指行为人希望损害发生,而这是其行为的动机。不过,行为人不希望加害后果发生的,以及加害后果仅是一个手段、其实行为人另有目的的,意图也与损害后果高度一致。可是,当说行为带有恶意时,却不单指造成加害后果的意愿是行为动机,还指为了加害本身而产生加害意愿,或说是——也许奥斯丁能表述得更准确——恶意还指,加害能产生痛苦,痛苦能激发快感,
53 而为了这份快感而产生加害意愿。那好,当于恶意的前述两个要件,从詹姆斯·斯蒂芬爵士的阐释来看,很明显,唯有意图才是谋杀罪的实质要件。射杀一名哨兵,无论是为了营救朋友,还是由于憎恶此兵,都是谋杀。在谋杀罪的定义中,恶意的内涵不同于日常用语中的意图,并且,根据刚才的分析,恶意指刑法上的意图[1]。

但意图自身又可以分解为两样东西:预见行为会产生一定的后果、对后果有期望并且这一期望成为诱发行为的动机。于是问题就在于,意图能否就跟恶意一样降格为更通俗的词汇。斯蒂芬爵士的陈述表明这是可行的,他所提及的"知晓"行为可能会致人死亡,即预见到了行为后果,对认定谋杀行为和侵权行为同样充足。

举一个例子。新生儿没穿衣裳,被放在门外。随着时间的流逝,这孩子必会消殒。不管罪人是否盼望会有生人过来发现和拯救孩子,这个行为或多或少都是谋杀[2]。

又来,何者为对后果的预见?可以如此认为,有一个人,他知晓事物的现状,而由此勾画出事物的将来状态,并令其处于原因和结果的关系之间。这种勾画,就是对后果的预见。我们当再次将之降格为一个更加通俗的词汇。假如事物的已知现状是,一个已

---

〔1〕 Harris, Criminal Law, p. 13.

〔2〕 Steph. Dig. Crim. Law, Art. 223, Illustration (6), and n. 1.

经完成的行为必定致人死亡,而其死亡可能性是人人知晓的事项,
那么,知晓现状的行为人就犯下了谋杀罪,而法律不会去追究他是 54
不是真切地预见到了后果。预见与否的判断手段,不是刑法上的预见,而是天资平常者的预见。

话又说回来,须就制造行为危险性的当前事实有现实的知晓。行为本身不是自足的。在一定意义上,行为的确携带着意图。它比肌肉收缩的意义是要大一些。痉挛不是行为。行为须得是有意的肌肉收缩。作为自己的主人,一个成年人拥有神奇的准确度,能预测其外在的收缩幅度跟得上内在的努力,在这个意义上,这一收缩幅度是意图之中的,但行为所伴随的意图仅限于此。紧跟着行为而来的,唯有环境。法律只在意行为周遭的情境,不及其余。举一个例子,不管手枪的扳机是否在食指周边,用一定力道弯曲食指,行为都是一样的。手枪上了膛,指着人,这一周遭的情形,再加上人与之很可能一触即发的关系,方才使得行为是不法的。由此,不论一切学说有多么美好,都不能认为,作为损害之直接原因的行为构成责任的基础。

各种学说对行为有这般要求,原因在于,行为自身暗示它的实施乃出于抉择,而除非行为人在行为之时有其他选项,不然,因而令其担责,似为失算,有亏于他。但要做出选择,须有考虑恶果的
时机,否则不应为该等行为后果担责。若非如此,人日前进行了抉 55
择,就须一概为此担责。比方说,一个人来到一座城,而遭一场突如其来的大病。如他选择不来,本可免染此病。

对未来的一切预见,对行为后果的各种抉择,都取决于抉择之时所掌握的情况。除非行为人掌握或应当掌握抉择时的情况,不然,照此情况,即便其行为造成了伤害,也不应为不法。惮于受罚,或惮于致害,都不能算作行为的动机,除非该等害处可以预见。是

故,既然刑事责任是基于不法行为,既然法的威慑力量和惩罚手段意在震慑人避免各类危害结果,这般威慑力量和惩罚手段当局限于那般造就行为危险性之情况的已知性。

再有,还当继续限定,已知性法则当等同于预见性法则。如一个具有一般判断力的人根据已知的一个情形能够推断出构成事物现状的同组其他情形,那么,这个已知情形就是充足的。举一个例子,晌午时分,有一名工人站在房顶,已知下方是大城市的一条街道,而一个具有一般判断力的人可以由此推论,工人的脚下应当是人来人往。于是,工人有义务作此推论,或换言之,无论工人有没有照此推论,他都有义务知晓人来人往的情况。由此,若工人将一
56 根沉重的横梁扔到街心,他便做出了如此行为:一个具备平庸预见能力的人可以预见,该行为可能致人死亡或重伤。法会断定他有此预见性,而无论他有无真正预见。如行为致人死亡,那他就犯下了谋杀罪[1]。但如果工人出于合理原因而相信脚下乃是一个存放垃圾的私人院落,不令外人入内,其行为就不具有可归责性,而致人死亡是一个意外事件。

于是,欲令致人死亡行为为谋杀,原则上须得行为人知晓或注意到令行为具有危险性的周遭情形。接下来还会提及这个原则的若干情形。这些除外情形用在谋杀罪上的少,而在制定法罪名上的多。就多数而言,该原则得以用于谋杀罪。

就此原则进一步发阐,行为在已知情形下的危险性,应当落入一个能力尚可之人有能力预见的范畴。于可归责性而言,疏忽情况和没有预见力,这二者具有相同的效果。无法预见后果,等于无法避免后果。不过实践中存在这般差别,即对情况的已知与否,决

---

〔1〕 4 Bl. Comm. 192.

疑于被告真正的意识状态;而一个人在行为之前预见的内容,却取决于人的一般能力之标准,也就是说,取决于普遍的经验。应谨记,法的目标是免使人命置于险境或为褫夺。还应谨记,在量刑时考量可归责性问题时,法不欲人为那般无人能预见或唯有少许杰 57
出专家能预见的后果负责,但该等限定的理由也在于制定一条规则,即不为难一般的社会人。既然法的目的是强人不为危险行为,而不单在限制人起恶念,因此,法所要求的,乃是人应风险自甘,知晓一般经验的教益,仿佛人应懂法。限于这等发阐,可以往下讲,谋杀罪的衡量标准是,在情况已知时,候待行为的人命存在几分危险度[1]。

无须多言,能力尚可的普通人无法预见,而为特定被告所预见的,该被告不能豁免。要谅解一个有危害性的行为,须得行为人既没能预见,又无法审慎预见此等危害。

粗观之,以上阐释似已穷尽谋杀罪主题的全部内容。其实还能再深入。在执法人员依法逮捕时,知晓执法人员之身份,暴力抗法并杀死执法人员的,如执法行为不是履行公务,暴力抗法人根本不具刑事违法性;尽管如此,其行为仍可以是谋杀。同理,如一人意图犯下某项重罪而意外杀死另一人(也可以是谋杀),比如,一人意图盗窃鸡群,拿枪对准它们开火,却没看见鸡主,于是意外地枪杀了他。此一案例似难与前文定下的普遍原则相协调。曾有观点认为:此案唯一具有可归责性的行为是,行为人知晓鸡群是他人之 58
物,却对之开火。可归责的行为或多或少是因为事后发生了事故;行为人行为之时,不可能料到鸡主会在场,所以击杀之,这实属意外。盗杀鸡群是重罪,此乃实情,但该实情并不必然导致杀人。若

[1] Cf. 4 Bl. Comm. 197.

是法的目的是预防这等意外,当将此等意外射杀定性为枪杀,而不是以盗窃为效果意思的意外射杀。若法的目的是预防这等盗窃,更好的方法是抓阄,在盗窃犯中千里挑一,对之施以绞刑。

法律其实已经清楚明白。谋杀的一般标尺是已知情形在静候行为时的危险度。如特定行为在特定情形下特别危险,即使一般人察觉不了其危险性,在这种情形下为这等行为的,立法者也会使其具有可罚性。如今的法经常迈出此步,虽说一般不判死刑。有时候,尽管从已知的事实中未必一定能推论出危害结果,法还会再进一步,要求行为人查清现状,预测未来的危害性。

是故,英格兰制定法规定此种行为是犯罪,即诱拐一名年方不足十六的少女,使其脱离法定监护人的占有[1]。如有一人引诱一名不满十六岁的少女,使其脱离父母,而该人不清楚此时少女处于父母的法定监护之下,则该人不承担责任[2];又可以推想,如此人有正当的理由以为该少女是少男,他也不应承担责任。可是,如果
59 他蓄意将少女从父母身边诱拐,当自行查明少女的年齿,不能辩称自己有理由相信少女已满十六岁[3]。由此,人已宣明,据禁酒法,贩卖“种植园酿苦啤酒”的,不能辩称不知其含酒精[4]。此类判例还有很多。

行文至此,在经验上,或在立法者所认为的经验上,无论出于什么原因,假设证据表明,死亡事件超乎寻常的频繁与其他重罪或暴力抵抗公职人员的犯罪行为同时出现,又假设其他政策认为,应当专门花费心力预防此类死亡事件,那么,立法者便会顺理成章地

---

〔1〕［译者注］霍姆斯有意无意使用“possession”一词。对家庭成员的占有,也是康德在《道德形而上学》中的用语。

〔2〕 *Reg. v. Hibbert*, *L. R.* 1 *C. C.* 184.

〔3〕 *Reg. v. Prince*, *L. R.* 2 *C. C.* 154.

〔4〕 *Commonwealth v. Halett*, 103 *Mass.* 452.

将这般既有情形下的重罪行为或暴力抗法行为视为具有危险倾向,并专门予以禁止。由此,法律不仅令行为人自行承担他本人所预见的后果,而且令其承担由立法者所预见的后果,即便该等后果不为一般经验所预见。话又说回来,我只是认为法律的规则经由前述推理而制定,而不是说这般规则具有正当性,或我国会普遍适用这套规则。

回到思维主线,如考量非预谋杀人罪与谋杀罪的关系,或会具有指导意义。这二者的一个重大区别,在于已知事实情态下之行为所携带的危险度不同。如有一人持短棍袭击另一人,而此棍不足以杀死人,或持棍人有理由相信此棍最多只能造成轻微的人身伤害,但此棍最终杀死了该人,则他犯下的乃是非预谋杀人罪,而 60
非谋杀罪[1]。但若他用一根一英寸粗细的铁棒,竭尽全力予以击打,则此乃谋杀罪[2]。故此,如以细枝袭人,而袭击者知晓一些额外事实,并经由此等事实,袭击者预见被袭者会因轻度打击而丧命,譬如,他患有心脏病,则袭击者的罪行同样是谋杀罪[3]。行为人在闹市引爆一桶弹药并致多人死亡,尽管他希望不会造成伤害,该引爆行为仍然是谋杀罪[4]。但在闹市大意骑乘并致一人死亡的,一般认为此乃非预谋杀人罪[5]。不过,或许应当考虑,这等骑乘行为显然是危险的,或应定谋杀罪。

回顾一个例子,该例在前文是为了另一个目的而举的:“当工人将一块石头或一根木材掷到街心,并致一人死亡,这或是意外事件,或是非预谋杀人,或是谋杀,视初始行为时的情态而定:倘在人

---

〔1〕 Stephen, Dig. Cr. Law, Art. 223, Illustr. (5); Foster, 294, 295.

〔2〕 Cf. *Grag's case*, cited 2 Strange, 774.

〔3〕 Steph. Dig., Art. 223, Illustr. (1).

〔4〕 Steph. Dig., Art. 223, Illustr. (8).

〔5〕 *Rex v. Mastin*, 6 C. & P. 396. Cf. *Reg. v. Swindall*, 2 C. & K. 230.

迹罕至之村舍,并行为人大声呼叫提醒所有人注意,这就是意外事件;而如此事发生在伦敦,或人潮涌动、川流不息的另一大城,即便他大声预警,也还是非预谋杀人罪。如他明知有人经过而不出声示警,这就是谋杀罪。"[1]

61 要通盘掌握刑法的基本原理,还当提及非预谋杀人罪所内藏的另一准则,即在行为人被激怒时,原为谋杀之罪行当由谋杀降格为非预谋杀人。据当下之道德观,若一人之罪行由不法行为所激并犯下,则其可罚性当低于其冷静时所为。法要通过动机来管领世人,由此,法的制定,当将人的精神构造纳入考量。

但话又说回来,似应强烈主张,如刑罚以预防为目的,当在须遏制最强之动机时,慑以最重之刑罚。有一些古代法似遵循了这一条原则。但假设人的激愤之情能为法律所慑,以轻量于死刑的威慑为之足矣,故此,人已反思,极刑太过。

与此同时,法定标准的客观本质尽显于此。法律减轻非预谋杀人者的刑罚,其理由并不是被告人怀有义愤之心。即便他的行为基础与所有人基于其立场和受教育背景而具有相同的行为基础和相同的行为结果,这也是不够的。自古而今,甚至自今而后,人多宁愿以身试法,也不愿缩手受辱,但是,即便是言辞具有极端的侮辱性,法律也不一定会认为其构成对杀人者的激怒。必须要存在足以与激愤旗鼓相当的激怒之言行。而何等激怒之言行是充足的,自有法律来进行通盘核查并作出决断。

有学者认为,尽管法律认可"激怒言行之意义,但只有在行为
62 人被激怒时失去自控力,方能减轻其杀人之罪过"[2]。在此,将被告人的真实意识状态纳入考虑,其理由是明显正当的,但该等普遍

[1] 4 Bl. Comm. 192.

[2] Steph. Dig. Cr. Law, Art. 225.

规则有一个情形不能适用,在于,法律不能期待被告人在行为时仍能感受到刑罚的恐惧或其行为被此恐惧所左右。如被告人还能有此感受或被此恐惧所左右,则殊无前述除外法则之余地。据此,当与不当,法律对外在判断予以采用的方向都进行了深入规定。在谋杀罪和非预谋杀人罪的选项中,法院的判决基础似是凶器的性质〔1〕或激怒行为与杀人行为之间的时间长短〔2〕。关于被收监人是否因激情而失去自控力的问题,有时会交给陪审团处理〔3〕。

本讲之目的不在概述刑法之内容,而在解释其一般理论,故只思考对本题有特别启迪性的罪名,并将其按最贴合前述目的的顺序予以陈述。行文至此,可分析蓄意毁损财产罪〔4〕,并比较本罪与谋杀罪各自构成中的恶意。

前文已证,通说是错的,在大陪审团起诉书程序中,对谋杀罪的指控无涉被告人之心态,而只涉有无掌握行为置于周边情形时的实际危险度。客观地说,这类似于对过失的指控,称被告人在特 63
定情形下未按法律标准行事,而又未见任何除外之事实或其他口实,以令该案脱离普遍规则之适用。法律以事实为基础,可以对事实[正面的也好,负面的也好]删繁就简,而这种指控乃是对此类法律进行的总结。

在制定法惩罚"蓄意和恶意"侵害他人之财产,此法有没有包容更多意味,这是有争议的。以匪夷所思的"蓄意侵害皆当入刑"〔5〕思路为支援,有人推测,第二个词加在此处,意有所指。要

---

〔1〕 *Rex v. Shaw*, 6 C. & P. 372.

〔2〕 *Rex v. Oneby*, 2 Strange, 766, 773.

〔3〕 *Rex v. Hayward*, 6 C. & P. 157.

〔4〕 [译者注]原文是 malicious mischief。这是普通法上的罪名。其在现代法上一般是轻罪,但据财产之价值或性质也可是重罪。见《元照英美法词典》,第 887 页;*Black's Law Dictionary*, 8th ed., p. 3040.

〔5〕 *Commonwealth v. Walden.*

依这种思路,此处的“恶意”须在其一般意义上使用,其指代的是,被告的行为动机即为一种以伤害物主或物本身为目的的期待,仿佛物乃是活人。在此意义上,此处之恶意与谋杀罪中的恶意毫无共通之处。

制定法不需要号称其具有逻辑自洽性,也无须号称其与司法判决所采之学理一致。由是之故,严格说来,我们也不需要将制定法与前文所述之原理一体调和。可是,这二者本来就是协调的。刑罚之限度,一定在于强迫行为外在地服从行为法则,如此,不管行为人出于何等意图、何等动机,只要按照行为法则的要求,有所不为,有所为,他定能避免获刑。即便如此,某些行为(按照前述外在性标准本来不具有危害性),由于其所伴随的特殊心态而具有危害性,并为法律所禁止。

有关财产的争端,大率用赔偿来恢复和平。但人所共知,邻人
64 出于恶意和怨毒,偶尔会实施隐秘的加害行为。损害可以赔偿,但人心之险恶也有待于报复。不唯如是,作恶者往往秘密施害,查探此等不法行为难度不小,这给惩戒恶行提供了正当基础。在此情形,人甚至认为即便报复也不足以平愤。

很难讲法律将往这个方向上行走多远。放火罪被定义为恶意并蓄意焚烧他人之房屋。我们通常将此罪与蓄意毁损财产罪紧密关联,一体讨论。有人说,服刑人员举火烧屋,并无毁坏房屋的恶意,因他只是为了越狱之便利。但如认为这是放火罪,似更绝妙[1]。在此情形,蓄意放火本就是此法的应有之义。我们应记得,放火罪的诉状程序,乃是古代(英格兰)法中最为久远的诉状程序之一[2],而更应记得,此程序所报复的唯一对象,就是蓄意纵

[1] 2 Bishop Crim. Law, § 14(6th edi.).

[2] Glanv. ,Lib. XIV. c. 4.

火。放火罪的诉状程序与**扰乱治安并造成伤害**的诉状程序是一胎双生的兄弟[1]。后者近于战争状态下的侵犯,而前者一般是为了抢劫或复仇而为的对房屋的纵火[2],冰岛贤人尼奥勒就死于此类行为[3]。可是此罪名与其他罪名的历史同样久远。只要行为人(放火)的意图充分,法律就驶上一条快速道路,给该行为制定一个外在的标准。一人故意对自己的房屋放火,只要该屋与他屋非常贴近,从而使得他屋明显处于被殃及的险境,一旦他屋果真被烧,此人就犯下放火罪[4]。在此,如仅仅只计算直接后果,某一行为 65
本不是放火罪,但如考虑明显会紧随而来的间接后果,而无论行为人有无此意,它就是放火罪。与据周遭情形而造成相同侵害后果的其他行为相比,在物主举火时,即便他有权焚烧自己的财产,何以见得他的行为就不应当具有相同的法律效果?可以想象,诸如开枪、制造化学混合物、将浸油的破布堆积一处等高度危险并现实导致火灾的此类其他行为,如法律认为这般情形下的行为是犯罪,则这般行为触及了外在的标准。前文已经分析的谋杀罪也适用该等标准。

还有一类情形,意图因素也起到了相当重要的作用,但其中的道理与蓄意毁损财产罪又不一样。此类情形中最明显的范例,就是犯罪的初步行为[5]。犯罪的初步行为当然不同于犯意。意图

[1] [译者注]霍姆斯在第一讲提到这两个程序。见边码 3。

[2] Glanv. ,Lib. XIV. c. 4.

[3] [译者注]约在 960-1020 年间,尼奥勒(Njal)为世仇所烧死。

[4] 2 East,P. C. ,c. 21, § § 7,8,pp. 1027,1031.

[5] [译者注]原文是 criminal attempt。该术语易被理解为犯罪预备或犯罪未遂,但霍姆斯在本讲的后文涉及此术语时,囊括了犯罪预备、犯罪未遂和犯罪中止。《布莱克法律大辞典》解释该条目时,虽然也提到该术语尤其指代犯罪未遂,但也引用学者的观点而认为它指代犯罪的初步行为。考虑到霍姆斯刑法思想的客观论,译者认为该术语表述为"犯罪的初步行为"是准确的。

犯罪本身不具有刑事违法性。如有一人意图后天开展谋杀行为，则法律不会否定他。法律只针对行为。犯罪的初步行为是明显的行为，其与谋定的犯罪区别在于，初步行为未能产生那般能构成主罪名之特征的结果。实施谋杀的初步行为而在一年又一天后造成死亡之结果的，是为谋杀罪。实施盗窃的初步行为而造成搬走有主物之结果的，是为盗窃罪。

66 如有一个行为，其在某些情形下自然而然地可能产生法律效果，以构成某个独立罪行[1]，则刑法很难做到谦抑，而不为惩罚——即便从理论上讲，在特定情形下，当该行为没有产生这般法律效果时，刑法很有可能做到中正调和，而不施以严刑。有人认为，在此情形下，一个行为只需要具备真切的意图，就会具有刑事违法性特征[2]。但如果我所开展的有关谋杀罪和非预谋杀人罪的评论是正确的，那么，同样的原理也将合乎逻辑地决定一般行为的刑事违法性。行为应取决于其在既有情形下的态势，而非其所伴随的意图。

在犯罪的初步行为以及类似领域，法律已经开始在若干案件中非常明显地评判行为人的真实意图。但法律不能就此停步，除非相比刑罚的普遍原理，**犯罪的初步行为**在语源学上附加了更为厚重的意味。相应地讲，假如一个行为真正产生了其所天然可能产生的法律效果，并触及独立罪行，则该行为便作为犯罪的初步行为而具有可罚性[3]。这一命题类似于，一个行为因为行为人的公职

---

〔1〕［译者注］独立罪行（substantive crime 或 substantive offense）是不依赖其他犯罪行为而自身内在构成的完整罪行。

〔2〕 1 Bishop, Crim. Law, § 735(6th ed.).

〔3〕 *Reg. v. Dilworth*, 2 Moo. & Rob. 531; *Reg. v. Jones*, 9 C & P. 258. 这些判例中的判词表述道，行为人意图令其行为自然地产生后果。我认为这般表述是对真理的伪装，仅仅是一种拟制。见第四讲。

身份而内在地具有合法性。

但这类行为还不是具有可罚性之初步行为的全部。还有一组行为，要认定其可罚性，必须辨明其真实意图。该组行为的存在性及其名称[初步行为]无疑对(刑法的)整体原理都将有影响。

除非不法行为人在犯罪的初步或轻罪行为之后紧跟了另一个行为，否则可能不会产生触及某个罪名的法律效果。比方说，行为人以对一个干草堆放火为意图而点燃一根火柴，他发现有人在看他，于是吹灭了火柴。在此，他的行为依然被视为犯罪的初步行为[1]。顺理成章地说，在不使用模具时，无法伪造硬币，但即便如此，为伪造硬币而购买模具的，是为轻罪[2]。 67

在这些判例中，法律发展了一套新原理，这不同于其绝大多数独立罪行的规制原理。人根据某行为所处之情形，而预见该行为可能产生侵害后果，可是，惩罚该行为，其理由一般是为了预防该等侵害后果的产生。人可以从经验中得出自然原因的一般推理模式，而该模式乃是一个基础，绝大部分独立罪行造成侵害后果之可能性据以存在。可是，在特定情形下，如果某个行为的自然后果不具有侵害性，则何以惩罚该行为，仅有前述基础是不足的。其可罚性只有一个原因，即与其紧随的下一个行为结合起来，其效果被预见具有侵害性，而不为这等结合，就预见不到侵害性。但一般说来，如果紧随行为没有实际发生，则不能仅从已经完成的行为中推断，如行为人未受扰乱，一定会实施紧随行为。行为人一定会实施紧随行为，是因为行为人选择为之。要证明行为人一定会选择实施紧随行为，唯一普遍可行的方法是看他在为已完成行为时的意图。这种意图的携带，使得已完成行为从无害变成有害，因为其提 68

〔1〕 *Reg. v. Taylor*, 1 F. & F. 511.

〔2〕 *Reg. v. Roberts*, 25 L. J. M. C. 17; s. c. Dearsly, C. C. 539.

供了一种可能性,先行为会紧随一个后行为或一个后事件,而前后结合,会造成侵害。意图的重要性,不在证明行为的恶性,而在其可能紧随而来的侵害后果。

还要毫不迟疑地得出一个结论:这种可罚性是有限度的。并非每一个携带犯罪意图的行为都会得到法律的惩罚。设有一人,从波士顿赶到剑桥去杀人,路遇沟壑,故打道回府。还是这个人,端坐椅中,决意举枪杀人,后又打消此念。这人前一个行为的可罚性不应比后一个大。话又说回来,以前发生过一个作有罪宣判的判例:一个奴隶尾随一个白人女性,但在抓住她之前,中止了行为。其行为被判定为强奸罪的初步行为[1]。前文已经讨论何等行为构成焚烧干草堆的初步行为。但在该案中,如被告为同等目的购买了火柴,而除此之外没有进一步行为,则不应对他施以刑罚。

即便是优秀的法官,也会心生踟蹰,不清楚如何划定这两组案例的界线,甚至不清楚如何表述其划线时应遵循的原则。但我认为,这条原则应类于法律上的其他区分原则。公共政策,即立法者的考量,乃是行事之基础。在这种情形下,立法者所考量的,是危险的远近、侵害的大小和恐惧的深浅。当人意图焚烧干草堆而购
69 入火柴,或意图远途杀人而启程,在其贴近侵害行为之前,他仍有相当的机会以改变想法。但如这人已经擦亮火柴、扣上扳机,或瞄准目标,则他不会坚持到底的机会非常渺茫,而此时此刻,危险非常之大,需要法律予以介入。在行为目的不纯的情形,如为伪造硬币而购入模具,法律干涉之时机还可以提前。

恐惧的深浅以及犯罪行为的完成可能性或会影响判决。就上文提及之案例,蓄奴区弥漫的恐惧心对有罪判决发挥了影响。

---

〔1〕 *Lewis v. The State*, 25 Ala. 380.

还有一个疑点不应放过。有观点认为,以为一段木头是一个人而对之予以枪击,该行为并非谋杀的初步行为[1]。还有观点认为,尽管近来出现了不同的观点,但是,以扒窃之意而将手伸进一个空衣兜,该行为不是盗窃罪的初步行为[2]。人给出的理由是,假设行为人可以追随自己的行为,并查探到行为能够自然地导致的一切后果,该行为原本就不会产生触及罪名的法律效果,则其在被阻断时,不应被视为为了犯罪而实施的初步行为。除非法律要继续遵循报应犯罪论,而非预防侵害论,不然,从某些角度而言,法律应当采纳此等结论。

可即便法律的终极目标是预防侵害,前述结论也不尽然。我并非认为,以杀人的意图对人开枪而未中,其行为就不是谋杀的初步行为。确实,该行为自然地产生了其能够产生的全部法律效果。 70
在这些情形下,子弹不可能击中该人,仿佛把手伸入空衣兜不可能偷走钱财。可是,在人类的预见可能性中,该行为非常危险,应当予以惩罚。虽然很多人都会信誓旦旦,但无人可以明确知道子弹究竟会射向何方;万一造成伤害,该等伤害将非常严重。假设人对准一段木头开枪,可能不会造成侵害;扒窃一只空衣兜,盗窃不会既遂,遑论既遂之盗窃,其侵害后果要小于谋杀。然而,还是可以说,为最宽泛之抑制,为法律通俗易懂,也当对这般行为施以刑罚。

尚有若干独立罪行留待考察。它们与谋杀罪或类似罪名大有不同。犯罪的初步行为以及轻罪的意图解释法对考察这些罪名是有所裨益的。

这些罪名的典型,就是盗窃罪。在此罪名,尽管行为本身可能不足以造成法律所预防的恶果,但无论其有没有造成恶果,法律还

---

〔1〕 See *M' Pherson's Case*, Dearsly & Bell, 197, 201, Bramwell, B.

〔2〕 Cf. 1. Bishop, Crim. Law, § § 741–745(6th ed.).

是对其刑事违法性一视同仁，而对之予以惩处。与之相反的是，要触犯谋杀罪、非预谋杀人罪和放火罪，须恶果已造成，因它们都由具有这般态势的行为构成：在周遭情形下，仅仅经由自然法则的运转，该等行为将造成人身伤亡，或财产损失。

在盗窃罪，从行为直接流动而出的后果对物主不会造成损害。
71 在犯罪行为完成时，物件由该不法行为而脱离物主的占有，除此之外，并无其他任何后果。法律所预防的，是该物与物主永久阻隔的侵害后果。此罪名下的严厉惩罚手段，不在针对占有丧失之防卫的片刻性，而在其整体性和永久性，一个证据是，临时使用该物，而无剥夺物主所有权之意图的，不构成盗窃罪。如果法律将来要惩罚单纯的盗取，那么，如有一个行为，其自身不会制造法律所欲遏制的恶的法律效果，该行为也会受到法律的惩戒；不仅如此，（如该行为能够产生该等法律效果）在其实际制造该等法律效果之前，法律也会惩戒之。

原因很浅显。法律不会任由财产在他人之手耗用完毕或毁损殆尽，或任由物主身死，而会在其所预防的侵害后果产生之前进行干涉。同样，法不限于调整那般可能造成侵害的行为，因为财产权的永久丧失，并不由盗取行为所直接导致，而是盗取之后的转移和储藏等一系列行为所导致。有了这般铺垫，就容易查看到此罪名之上所附加的意图。

毕晓普先生认为，盗窃罪是“不法行为人明知动产为某人所有，或知晓该物属于不特定的他人，以剥夺物主之所有权为意，而不法盗取和转移的行为；此外，或应补充一项动议，不法行为人应存在利己的意图——但如此一来，法律上的判决或会彼此抵牾”[1]。

前引文提到，(要构成该罪)当有剥夺物主之所有权的意图。72
可这是什么道理？难道法律的意愿如此强烈，非要偷东西的人恶贯满盈，不然就把他挡在牢门之外？难道他杀了人也不用上绞架？非也。正确的答案是，意图是一条索引，能指向可能已经发生的外在事件，而法律如要对行为人施以刑罚，应顺应这种可能性，而不是顺应完结之事实。其与分析初步行为具有类似的思路，并且这个思路并不深奥。盗窃可以称为“为永久剥夺物主之所有权的初步行为”，而无论既遂与否，都可以施以同等严厉的刑罚。如依此正当推理方式，在其他初步行为中，意图所扮演的角色是一样的。一个未能完全达到为法律所禁止之后果的行为，如能证明，若非为阻断，当有其他配合性的若干行为紧跟而上，并造成前述后果，则该行为依然可以被判定为不法。只能通过明确行为人的意图来明确这一点。在(为阻断的)盗窃，通过明确盗窃者有剥夺物主之所有权的意图，来明确他本来已经保有失物，或明确他本来就不会采取归还失物的措施。即便盗窃者在事后改变主意并归还失物，前述推理方式也不受影响。从初步行为的视角，财产被转移的，犯罪行为已经完结。

可能有人会反对这种观点，并认为，意图论不过是权宜之计，只在操作必要性层面替代了所有权的实际剥夺行为。假如行为人已经完成所有权的实际剥夺行为，并该行为产生了完整的法律效果，就不应当再索求行为人的意图了。试举一例，设有一人，制住他人之马匹，并向后用力，一气呵成，令其跌落峭壁。法律所预防的恶，在乎行为在已知情势下所能自然地和明显地导致的明确后 73

[1] 2 Bishop, Crim Law, § 758(6th ed.).[译者注]作者会在本节后文解释，这两种意图论的差异是历史性的。

果。在此案中,若盗窃罪法与该理论相一致,那么考虑行为的态势就够了,丝毫不用理会不法行为人的真实意图。不过,即便在此案,如考虑意图,其结论还会有所不同。我觉得,如果行为人的目的是剥夺物主之马匹,该行为是不可饶恕的,是不法的,当构成盗窃罪。但是,假如其目的是做一个实验,行为人无法预见马匹灭失之后果,或其并无图谋物主的恶性,则不应认定该不法行为人为盗窃者。

可从法律演化的角度来解释这些观点之间可能存在的矛盾。普通法对盗窃罪的识别,颇不同于立法理论。普通法具有高度技术性,并在解释(其识别思路)时高度依赖法律史[1]。

盗窃是一种为了自用而盗取的行为[2]。普通法法官曾经认为,(要认定一个行为是盗窃)盗取行为须为**获利**[3],即为盗取者的自利。在该种情形,物主为剥夺所有权,只因盗取者自留失物,非因其毁坏行为;而物主永久丧失所有权,只能提前通过窃取者的自留意图来认定。由此,意图一贯必要,而自然而然地被表述为利己的意图。当法官作出判决,认为具有剥夺物主之所有权的意图为足,此时,这种判决就是相对古老先例的进步。晚近至1815年,
74 英格兰的法官们以六比五通过一项动议,动议说,仅出于毁灭对友人不利的证据之目的,以刺马之意而窃取马匹的,当属盗窃罪[4]。然而,该动议所带来的便利性没有抹杀作为一种普遍判断手段的意图论,因为该案中的毁灭证据行为紧随盗取行为,而作为一项旧规则,一个行为是否具有刑事违法性,须判定盗取行为时的事物状

---

〔1〕 Cf. Stephen, General View of Criminal Law of England, 49 *et seq*.

〔2〕 Cf. Stephen, General View, 49-52; 2 East, P. C. 553.

〔3〕 [译者注]拉丁语 *lucri causa*。《布莱克法律大辞典》将之解释为 for sake of gain。

〔4〕 *Rex v. Cabbage*, Russ. & Ry. 292.

态,而非盗取之后的状态。盗窃罪法是否应当符合刑法的普遍原理,或是否应当为传统所抑制,只能通过如上假设的例子来判定,在该例中,盗取行为和毁灭行为合二为一。正如前文所明言,传统极有可能具有更大的法律效力。

前文指出了盗窃罪中的特别之处。还有一个罪名,其特点更加鲜明,此即夜盗罪。其定义是,以犯重罪之意而在夜间破坏和闯入住宅[1]。对该等破坏和闯入行为施以刑罚,其目的不在预防夜间的非法侵入,而在,该等破坏和侵入乃是具有更大恶性之不法行为的第一步,如抢劫和谋杀[2]。此情形下的意图如能得到证实,其功能将比盗窃罪表现得更加鲜明,但这二者具有相似性。它也是一条索引,指向接下来可能发生的行为,而这是法律所要预防的。法律自身就提供了证据,表明前述解释是正确的。如(夜盗犯在破坏和闯入之后实施)进一步的行为而被抓了现行,则(公诉人)无须额外指控其有破坏和闯入的意图。如针对夜盗罪的大陪审团起诉书指控被告闯入住宅并窃取财物,其法律效力等同于指控被 75
告以盗窃之意而为闯入[3]。

行文至此,鉴于本书的普通法立场,有关刑事责任的一般理论已经讲述完毕,总结如下:

行为**本身**[4]无所谓善恶。

从典型的独立罪行来看,行为具有刑事违法性,因其在特定情

---

〔1〕 Cf. 4 Bl. Comm. 224; Steph. Dig. Crim. Law, Arts. 316, 319. [译者注]《布莱克法律大辞典》和《元照英美法词典》都认为制定法扩大了此罪的适用范围,使之不仅适用于住宅和夜间,而且适用于其他建筑物内和白天。

〔2〕 Cf. 4 Bl. Comm. 227, 228.

〔3〕 1 Starkie, Cr. Pl. 177. 这一指导思想比我的观点走得更远。因为,在仅仅立足于犯罪意图而起诉被告触犯夜盗罪的,在被告破坏和闯入住宅的瞬间,犯罪行为应已实施完毕。Cf. *Rex v. Furnival*, *Russ. & Ry.* 445.

〔4〕 [译者注]拉丁语 *per se*。

景下可能造成侵害,而这是法律予以预防的。

要检验前述行为的刑事违法性,当用经验查看其在该等情景下的危险度。

在前述情形中,当事人的**罪恶心态**[1],即真实恶性,完全无关紧要,而其意识状态仅仅指代,要判定一个行为的态势(会否造成侵害后果),当联系其周遭之情景,而周遭之情景,应仅为行为人所知的情景。不应采其他参考方式,而将其意识状态引入歧途。即便法律对行为人之认知水平有要求,该等要求也是有限定范围的。人应当从已知事物中自行查明一个具备理性和预见能力的人能够推断出的事物。在某些情形下,尤其涉及制定法上的罪名时,人还应更加深入,在其认知若干事实时,还要自行判断,是否还存在其他事实,会令其行为具有刑事违法性。在英格兰,如一名男子将一名少女从其父母身边诱拐,男子应查明少女是否不满十六岁。

76 在有些情形下,如果一个行为后果不能为任意一个能力平庸的人所预见,则行为人必须真实预见到该等后果(而法律不应过分要求他应当预见并认为他因应当预见却未能预见而触犯刑法)。一个行为触犯罪名,其中一个要素是其具有可归责性,而可归责性的唯一方式和标准,在于以任意一个平庸预见能力的人为参考。进一步说,可归责性的一个要素,是该具备预见能力的人的行为具有可归责性——第一,(这个要素)是真实道德标准的残迹;第二,(之所以要参考这个要素)是因为,对于一个一般的社会成员来说,如果一个行为没有可归责性,却遭来刑罚,这就在理论上执行了一个令社会成员无法防卫(公权力侵入)的标准;此外,在实践中,这个标准会过于高出社会标准。

---

〔1〕[译者注]拉丁语 *mens rea*。《布莱克法律大辞典》将之解释为"guilty mind"。

在某些情形下,在一般含义上解读真实的恶意或曰意图的,该表述也能构成犯罪的要素。但应当明确,其能够构成犯罪的要素,要么是因为,如果没有该恶意的行为,就不会产生侵害后果,可仅仅因为完成了该恶意行为,侵害后果便紧随而来;要么是因为,行为本身不会致害,但行为之意图带来一种强烈的可能性,令该行为伴随其他行为或事件,而结合起来看,该行为会产生一种法律想要预防的后果。

第三讲　侵权行为法

——侵害行为与过失

77 接下来两讲的目的，是探底侵权行为法上的全部责任，以查明它们有无共同土壤，如有，其共同土壤是什么。假使预设之目的能够达成，该等共同土壤当揭示普通法上民事责任的一般归责原理。合同法上的责任，或多或少是由当事人所协定，侵权行为法上的责任，却独立于行为人此前同意承担的损失额。某甲做出有约束力的允诺，于某日支付某笔价金，或于某晚开展一场讲座，并同意就其未能履约而承担部分或全部损害后果。若某甲未能践行允诺，某甲应当支付之损害赔偿金，应以其同意承担的为据。又设某甲殴打邻人，或诽谤邻人，或以自有之意非法占有或处分[1]邻人之财产，他所造成的损害后果是他绝对没有事先同意为承担的，如法律令其赔付，一定是因为存在某条普遍的行为观念，而每个人

---

〔1〕［译者注］本句中的“殴打”（assault）、“诽谤”（slander）、“以自有之意非法占有或处分他人财产”（convert）都是刑法和侵权行为法意义上的不法行为。

都合理期待并要求其他人的行为符合这条观念。

这条观念是难以寻获的。法律并不始于任何一条猜想，也未曾证实什么猜想。该观念的起点以及我欲证明其已抵达的点位，这两个点非在一个平面上。可以预见，从彼点到此点的发展过程中，其进程并非直线性的，而其方向也并非总是明朗的。我能做到的只能指出其发展态势，并予以证明。这个态势关乎从判例中所提取之事实。可到目前为止，实在法的唯一进路，还在诉讼形式之分类，这就大大增加了证明的难度。世人就侵害之诉与类案诉讼[1]的界限或就全面否认答辩制度[2]争论不休，这些争论也令有关立法原理的讨论前景暗淡下来。在侵权行为法学说的领地内，又有一套侵害之诉的学说。而在此缩限之范畴里，当世人适用大咨审团以及十二陪审员审理时代[3]之先例时，也未见其起意，要将该等先例与早被世人遗忘的另一套诉讼程序联系起来。 78

既然古老的诉讼形式已经消失，我们应当可以更宽泛地研究这个主题。无知是法律改革家的顶配。当世人已然忘却专门推理方法所必备的专门知识时，便愉快地在一般原理层面讨论问题。不过，如今人们有意使用抽象化的方法，其原因还不仅仅在（对于专门知识的）遗忘。当前风行的研究方法，是哲学方法。立法过于频繁。为迎合民意和民心，法律修订得过于轻巧。如是这般，审判官以及同侪当然情非得已，只好公开谈论法的基本原理，只好据此而作出判决。不仅如此，他们还得大量考虑和参照社会政策，而在

---

〔1〕［译者注］原文是英语 case，是 action on the case 的简称。后文还要提及侵害之诉与类案诉讼的区别。

〔2〕［译者注］general issue。

〔3〕［译者注］亨利二世为跟领主与教会分别争权而发明了若干土地占有令状，如祖宗土地剥夺之诉、新近剥夺占有之诉等。这些诉讼有赖于大咨审团的审理。在根据这些令状审理案件时，陪审团的雏形出现，他们主要作为邻人来证明占有的事实问题。

半个世纪以前,这是法官很难容忍的。

79 侵权行为法的工作,是确定各条分界线,以划分人应当为哪些行为的侵害后果承担责任,而不为哪些侵害后果承担责任。但侵权行为法不能给出一个确定性,令其可以预判其给定的行为在给定的情势下是否应当承担责任,因为,除非行为之后跟随一个侵害后果,否则从行为中几乎无法预判其责任。在绝大部分情况下,行为的后果是未知的,人类多少只能猜想其可能性。法律条文只能为这般事前规定:若是侵害后果跟随行为,那么责任也将跟随该行为——换言之,人当自甘行为的风险。针对被告作出的侵权案判决,对未来的唯一指导意义在于,就类似的行为,如其所处之情势仅能比照被告行为的后果来认定,则类似行为的行为人当自甘行为的风险;如果他无须承担责任,是因为他运气不错,其行为在特定情势下未能造成侵害后果。

由此,倘使侵权行为法上的各种责任存在一个共同的基础,而我们要察访到该基础,最佳方法当是去除行为所处之真切情势,而只考虑风险承担原则。在被告的角度,我们要探究,在其领责之前,需要齐备哪些要件;而若是发生了侵害后果,而若要一般性地归责于被告,又需要具备哪些要件。

侵权行为法颇丰于道德话语,每每语涉不法行为、恶意、欺诈、故意和过失。于是,人自然就认为,行为人背负风险,是因为他德
80 行不足。虽然这种观念为人所接纳,但在其极端对立面,更多人认可另一种观点:人应当为其行为的一切后果承担责任;换言之,行为人应自甘行为的全部风险,对情势的意识状态一概不论。

要检测前一种观点,当然要检测诸如**过失**和**故意**这般在道德语境下表示心态的不同词汇,并证明它们在法律上的意义。而要检测后一种观点,则在不同诉讼形式下对其予以考虑,似为更佳。我

们有相当多的先例[1]，其判决都是在这些诉讼形式下作出的，忽视这些，研究将不全面，至少不能忽视一审判决。开展本题的研究，可以从侵害之诉为始，并结合过失观念，据此，前述两条进路能得到调和。可以将所谓蓄意不法行为放到下一讲。

侵害之诉既适用于非蓄意的不法行为，又适用于蓄意的不法行为。任何非法和直接使用暴力的行为都可通过该诉得到矫正。由此，该诉之领地较为可观，可以容纳世人在普通法层面探讨非蓄意不法行为的一般归责原理。侵害之诉与类案诉讼存在一个半影区，我们不能设想，法律救济程序落入区间的不同，会导致一个人为其行为后果所承担的责任不同。

世人或会草率地以为，类案诉讼的基础是被告之过失。可如 81
果这是实情，过失原则也当在侵害之诉中得以运用。又会认为，侵害之诉以其行为所造成的损害为基础，而不论被告之过失。可如果这是实情，就其他不法行为，法律所适用的标准不应有异，而仅应区别对待若干特殊问题，如在被告占有财产并财产受到损害的情形。不应草率同意以上各个观点。似能立场鲜明地认为，除非其诉讼基础在契约，否则类案诉讼与侵害之诉一样，也适用了严格责任的裁判规则[2]。可以说，过失与普通法上财产妨害类诉讼[3]的责任承担毫无相关性。又有，曾几何时，欲令过失成为责任之基础的，得为被告铺垫一项特殊义务，即**他允诺在先**[4]，或他承担的

---

〔1〕［译者注］原文是 authorities。

〔2〕［译者注］原文是 severe rule。据韦氏词典，severe 的首要含义是裁判严格、纪律严明或行政严苛。

〔3〕［译者注］原文是 nuisance。《布莱克法律大辞典》认为其是对财产权的侵扰情势、行为或状态，而该词还代表同等意义上的侵权诉讼。

〔4〕［译者注］拉丁语 *super se assumpsit*。

是公共职责[1]。但话又说回来,我们还须评论前述命题,即便在侵害之诉,至少应有过失。不过,无论何种观点在某一种诉讼形式中得以适用,该观点应在另一种诉讼形式中也得以适用。故此,可在技术层面缩短论证过程,在可操作性上将之限定于侵害之诉,而不排斥该法其他内容所映射之光芒。

此前有所暗示,有关非蓄意侵害的普通法责任,存在两套理论。两套理论都得到通行教材的默示同意,似乎都不缺乏合理性,似乎都不缺乏与判例法的相似度。

第一套是主要作为刑法学家的奥斯丁的理论。据他的看法,
82 法的鲜明特点在于,不从主权者命令的,主权者将威胁或施以制裁或伤害。考虑到对违法者大抵施加的只是民事责任,奥斯丁无奈,只好将应诉责任视为一种制裁,或对不从者的一种惩戒。由此可以推导出,该责任须得基于人的过错。这符合主流的刑法理论。奥斯丁也同意这个结论,并得出一系列必然成果,而其中之一是,过失乃是当事人的心态[2]。后文在有必要时会再讨论这套理论。

第二套理论与前一套截然对立。该套理论似为三五个普通法大儒采用,如要将之驳回,以维护第三套理论[3],需对之认真进行讨论。据该观点,泛泛而言,在普通法下,人当自甘行为的风险。可作为一种映照的是,人绝不应为其不作为担责,除非其自愿背负某种不作为的义务。话又说回来,除开后一种情形,如一人遭来责任,其完足的担责基础是,他的行为是自愿的,而侵害后果由行为造成。

在行为的自愿性,可以毫不顾及损害是否出于行为人的故意

---

〔1〕 见第七讲。[译者注:第七讲是合同法变迁史,霍姆斯将论证违反简约之诉(assumpssit)如何从侵权行为法中分化出来,进入合同法的领地。]

〔2〕 Austin, Jurisprudence(3d ed.)440 *et seq.*, 474, 484, Lect. XX., XXIV., XXV.

〔3〕 [译者注]霍姆斯对这两种观点都不同意,自己提出第三套理论。

或过失。

为不偏不倚地评价该观点，我们当谨记，普通法废除各个诉讼形式，并没有导致实体法规则的变化。由此，虽然当前的诉讼提起人一般会主张（对方的心态为）蓄意或过失，但是，从前针对被告所 83
提之侵害之诉的充足诉由，放在当前也为充足，即便关于诉讼形式和起诉状[1]的陈腐格式业已消殒。

首先，该套理论认为，可以在侵害之诉的限度内外一体考虑，法律赋予财产权以哪些保护手段。若有一人，出于无心之失，或由于其牲畜闯入邻地，而跨过邻界，据**侵入他人土地之诉**[2]，这人将承担责任。若有一名拍卖商，秉持最大的善意，在正常商业经营过程中，将其位于拍卖行中专用于出售的商品予以出售。尽管他已为该商品支付足额购买价款，且无从获得保障权[3]，一旦证明该商品事实上属于第三人，该拍卖商仍得足额支付该第三人。

行文至此，可以假设法律要处理的不是原告的财产，而是如此这般一种情形，即力量从被告的身体直接作用于原告的身体[4]。可以认为，人乃法之臣民，而相较臣民的财产权，其人身权不可能更为法律所轻慢，那么，（面对人身权争端），法律唯一可能的应对方法，应类似面对土地侵权诉讼所能应对者。你可以证明被告并未实施任何行为，据此来证明其并无侵权；譬如，被告为马匹抛弃，摔落在原告身上；又如，有第三人捉住被告之手，以之击打原告。在这般情形，被告之身体乃是一种外力的被动工具，而为原告所坚

---

〔1〕［译者注］原文是 declaration。

〔2〕［译者注］原文是 trespass *quare clausum fregit*。*quare clausum fregit* 的字面意思是“这人为什么要跨过地界”（why he broke the close）。

〔3〕［译者注］原文是 indemnity，指保障权人（indemnitee）有权令保障人（indemnitor）保障赔偿其损害、损失等的权利。

〔4〕［译者注］如同其他行文，霍姆斯此语极力模仿客观归责论的论调，淡化人的主观性，而将行为客观化为一种自然现象。

信的身体动作,根本不是其行为。故此,从原告自身的行为中,你可以证明一个正当理由或一个脱责理由的存在。可是,假如你找不到这般脱责理由,而被告的行为是主动的,则其人当为后果担
84 责,而不论其如何非为有意,以及这等后果如何不可预见。比如,被告为第三人所袭击,遂举起手中的木棍,却不小心打到了站在其身后的原告,则据该套理论,不管原告就此有无过失,被告均应承当责任。

为这套理论所构想出的论据,主要取自先例;其次,学理上的巧言令色,也让其听起来合情合理。据这套理论,每个人得享绝对的人身权,得免遭邻人之毒手而受损害。就此情形,若原告并未实施任何行为,而被告选择了实施行为,在双方之间,主动实施行为并致损害的一方应当担责,而对方并未加入致害,不应担责。

当转而面对侵害之诉的起诉状和判决书时,需要分析的事项更加复杂。起诉状对过失只字不提,而侵害后果显然不论行为人是否蓄意。起诉状中塞入的那般暗指蓄意的表述,如**使用暴力并携带凶器**[1]以及**破坏和平**[2],仅仅是为了让王座法庭取得管辖权。格兰维尔提到,本来管辖权在郡长,其管辖权范围包括封地之领主有过失的群殴[3]案、殴打案甚至是人身伤害案,除非原告额外指控被告破坏了国王的和平[4]。李维斯[5]注意到,"从郡长与国王之管辖权的界限中,我们能察觉,现代法上的大陪审团起诉书和令状为什么要声称被告**使用暴力并携带凶器**,以针对'国王的王冠和

[1] [译者注]原文是拉丁语 *vi et armis*,相应的英文是 by or with force and arms。

[2] [译者注]拉丁语 *contra pacem*。

[3] [译者注]法语 mêlée。

[4] Lib. I. c. 2. ad fin. [译者注]霍姆斯在此脚注对应的正文援引了一句具有同样意义的拉丁语:nisi accussator adjiciat de pace Domini Regis infracta。

[5] [译者注]应当是 John Reeves,他著有《英格兰法律史:自诺曼时代至伊丽莎白王朝末年》。见下一条作者注。

威仪’、针对‘国王的和平’、针对‘和平’——末尾的引述足以表 85
明,原本泾渭分明的郡长管辖权随着郡长之和平的消失而不再分明”。[1]

再有,可以这么说,如果被告的故意或过失对其责任承担至关重要,那么,这两个因素均缺失的,其行为就不具有不法侵害性,并因此根据一般观念而能为法律所认可。可是,普通法已经明白无误地确定,“无罪”否定的只是行为而已[2]。

接下来查看判例中体现出来的观点。我将从一个久远而重要的案例起笔[3]。这是一起**侵入他人土地之诉**。被告答辩说,他是相邻土地的所有权人,两块土地以一丛蔷薇为界;事发时他在修剪荆棘,荆棘**违背了他的意志**[4],落入邻地。被告迅速去到邻地,取回荆棘,而这就是他被提诉的侵害行为。原告对被告的答辩提出了抗辩,并法官作出了支持原告的判决。原告律师的意见常常为他人所重复。其中有一位叫费尔法克斯[5]的说:“一个行为之后果是侵害还是重罪,这其中存在多样性……如有一人伐树,大树枝掉下来,砸伤他人,那此人将面临侵害之诉……法官大人,如有一人射靶,持弓之手为之颤抖,射死一人,(行为)**违背他的意志的**,并非重罪,理由如上……但如这人以弓箭射伤他人,这人无疑将面临 86

---

〔1〕 Hist. English Law, I. 113(bis), n. *a*; Id., ed. Filanson, I. 178, n. 1. 菲茨赫伯特[原书注:Fitzherbert](N. B. 85, F.)说,在递交郡长的侵害之诉令状,须无使用暴力并携带凶器字样,如此方无移送王座法庭之必要。Cf. Ib. 86, H. e.

〔2〕 *Milman v. Dolwell*, 2 Camp. 378; *Knapp v. Salsbury*, 2 Camp. 500; *Pearcy v. Walter*, 6 C. & P. 232; Hall v. Fearnley, 3. Q. B. 919.

〔3〕 Y. B. 6 Ed. IV. 7, pl. 18, A. D. 1446; Cf, Ames, Cases in Tort, 69, for a translation, which has been followed for the most part[译者注:本条作者注是说,霍姆斯参照了 Cases in Tort 对前述年鉴的大部译文].

〔4〕 [译者注]霍姆斯额外引用了案卷中的拉丁语 *ipso invito*。该用语在后文中多次出现。

〔5〕 [译者注]Fairfax。

标准的侵害之诉，尽管射箭是合法的，且该等伤了人的侵害行为违背其意志……鉴于此，在本案中……”又有一名叫作布赖恩的律师陈述了整套理论，其人所采之思路，大为耳熟。“人在做事的时候，应当如此实施他的行为，使其不为损伤。假设我盖房子，在将木材往上运送时，其中一块木材掉到邻居的房子上，将它砸坏，那么邻居无疑可以对我提起侵害之诉……盖房子是合法的，木材跌落，**这违背了我的意志**……同理，如有人殴打我，我逃无可逃，出于自卫，举起棍棒还击，可是，我举棒时打到了身后另一个人。在这种情形下，这个人可以对我提起诉讼，但是，我举棒自卫的行为是合法的，而打到他**违背了我的意志**……鉴于此，在本案中……”

“利特尔顿法官持有同等思路，遭受损害的人应得赔偿……你的牲口跑到我的地里，吃了我的草。尽管你匆匆追来，将其驱离，你还是应当填补牲口造成的损害，不论损害多大或多小……法官大人，如果一个人可以闯入和取走荆棘，出于同样的理由，他就可以伐掉一棵大树，再赶着马，拉着车过来，把大树拖走。这是不讲道理的，也许他还种了玉米或别的庄稼……不能再这样下去了，因为法律对待大事和小事要一视同仁……首席大法官肖克持有同等思路，因为如果大事不合法，那么附随于大事的小事也不合法；因
87 为他砍伐荆棘，荆棘掉落到我的土地上，而这种掉落是不合法的，所以他跑过来取走荆棘也是不合法的。至于被告所称，荆棘掉落**违反了他的意志**，这个答辩不成立，而他应当证明，除了荆棘掉落，他别无选择，或证明他已经尽其所能，不令其掉落。”

四十年后[1]，法律年鉴收录显示，里德法官采纳了费尔法克斯对前述案件的观点。该人言称，在侵权行为中，“意图是领会不

---

〔1〕 Y. B. 21 Hen. VII. 27, pl. 5, A. D 1506.

出来的；而涉重罪时应当可以。如有人以箭射靶，而杀死一人，这不是重罪，而其并没有杀害死者的意图；同理，屋顶的泥瓦匠意外地触动石块，并致人死亡，这也不构成重罪[1]。但如人射靶时射伤一人，则，尽管该等伤害违背他的意志，他还是会被称作意外侵害人”。

后世还有一系列射伤案，答辩意见都称伤害均出于意外和不幸，并违背了被告的意志，但都被认为意见不足。有**威克斯诉沃德案**[*Weaxer v. Ward*[2]]、迪肯森诉沃森案[*Dickenson v. Watson*[3]]、安德伍德诉休森案[*Underwood v. Hewson*[4]]以及随后由纽约上诉法院审理的卡索诉德伊案[*Castle v. Duryee*[5]]。

在伊丽莎白女王执政时期，如有人在家门口用火枪射家禽，并由此点燃自家房子和邻屋，一般而言，他会被提起类案诉讼并承担责任，诉由不在有无遵守英格兰王国习惯法，“意即，有无开枪之过失”。“尽管此不幸后果非由一般过失造成，而是运气不好，但侵害后果并无不同。”[6] 88

前述木棒伤人案和射箭伤人案已经成为标准化的判案理由；托马斯·雷蒙德爵士在判断贝西诉奥利欧特案[*Bessey v. Olliot*[7]]时，以及威廉·布莱克斯通爵士在判断著名的爆竹案[8]时，都重复了前案的理由。其他法官亦有引述。亦多见于教科书。

---

〔1〕 Cf. Bract., fol. 136 *b*. But cf. Stat. of Gloucester, 6 Ed. I. c. 9; Y. B. 2 Hen. IV. 18, pl. 8, by Thirning; Essays in Ang. Sax. Law, 276.

〔2〕 Hobard, 134, A. D. 1616.

〔3〕 Sir. T. Jones, 205, A. D. 1682.

〔4〕 1 Strange, 596, A. D. 1723.

〔5〕 2 Keyes, 169, A. D. 1865.

〔6〕 *Anonymous*, Cro. Eliz. 10, A. D. 1582.

〔7〕 Sir T. Raym. 467, A. D. 1682.

〔8〕 *Scott v. Shepherd*, 2 Wm. Bl. 892, A. D. 1773.

雷蒙德爵士在贝西案中几乎重述了利特尔顿法官的前引思想和言辞，并进一步发挥道："在民事诉讼中，相对行为人的意图，法官更关注受害人的损失和损害后果。"威廉·布莱克斯通爵士在采纳了迪肯森诉沃森案中的一段话，引述如下："无他，非此不可。"这就是理由。正因如此，阿兰博格爵士在判断利姆诉布拉格案[*Leame v. Brag*[1]]时提道，"如损害乃由他人自身的行为所造成，这足以构成侵权行为"；又或者，格罗斯法官对该案的判词被援引的次数更多，据他说："在本题下，经查亨利七世执政期21年以降全部法律年鉴中的全部判决，我总结出一条规则：若损害乃由当事人自身之行为所造成，即便在该等损害出于意外或不幸，行为人仍得承担侵权行为的责任。"(我对这个问题已进行了充分的论证)似无必要再做进一步引述。

89 前文之观点均在主张一条法则，即人当自甘行为的后果，然而，各个声名赫赫的法院拒绝对之予以适用，即便在陈旧的诉讼形式下也是如此。基于此一事实，并基于进一步的情形，即陈腐的诉讼形式已被蠲除，主张被告存在过失(这种操作)已然从类案诉讼扩张到所有不寻求被告主观意图的寻常侵权诉讼。大量的法律从业者会惊诧不已：讨论当前这个话题还有什么价值。这般自然感受是从日常的法律实践中脱胎而出的。可是，即便当前讨论的道理已经无人追随——当然，实际情况绝非如此——我们也当超越日常操作，在此一根本问题上捍卫自己的观点；至少在我看来，须得对迄今为止的思想进行仔细的剖析，不然，即便人对这个问题兴味盎然，也不见得就能轻易抓住要害。援用那般反对适用绝对责

[1] 3 East 593, See, further, Coleridge's note to 3 Bl. Comm. 123; Saunders, Negligence, ch. 1, § 1; argument in *Fletcher v. Rylands*, 3 H. & C. 774, 783; Lord Cranworth, in s. c. L. R. 3 H. L. 330, 341.

任法则的判决意见，并证明该条法则与通说以及仁政不相一致，到此为止，似已足够。但是，可以设想，除开那一段严格判例法时期，普通法或许从未熟悉这条法则，而该等严格判例法时期本身也处于创新时代与哲学思想泛滥的错乱时代的半途。我们当怀抱有所收获之心，深入查探前述设想有无坚实基础。与最为摩登的法律从业者不同，有一些人坚守严格责任原则。我会抚慰他们的心力，再一次提示他们。我会引用一些与该条原则相反的重大判决意见，并指出，在作出这些重大判决时，首席大法官肖[1]等衙官如果有所创新，这等创新将被证明是出于政治上的考虑。同时我认为， 90
稍作思考就能得出，除了政治上的考虑，这般创新还出于逻辑一致性的考虑。我先谈谈后者。

有一种观点认为，不论其出于过失或故意，人都应因直接暴力行为致他人的伤害而承担侵权责任。据此推理方式，如类似的侵害后果乃由该人之佣人在受雇期间的行为所导致，则该人仍得承担侵权责任。有大量的铁路案[2]讨论过公司的过失。这种讨论完全不得要领，认为公司因过失而承担违约责任。但即便没有违约责任，公司也应当为其雇员的侵权行为承担责任。

不仅如此，基于同样的推理方式，如被告之行为被认定为是损害后果的原因，不论这个原因有多么间接，该人都得对全部损害后果承担责任。据该观点，就举棒进行必要自卫而不意伤及原告的讼案，应当作出不利被告的判决。不仅如此，依照该观点，最低限度而言，一旦那般自然的抑或是无责任能力的媒介与被诉之行为互相配合，并造成了侵害后果，则不论该等媒介如何不可预见，在

---

〔1〕［译者注］原文是 Chief Justice Shaw。霍姆斯此处指代的可能是麻省最高法院的首席大法官莱缪尔·肖（Lemuel Shaw）。

〔2〕 Ex. *gr. Metropolitan Railway Co. v. Jackson*, 3 App. Cas. 193. See *M' Manus v. Crickett*, 1 East, 106, 108.

每一个诉讼中,但凡被告的行为乃是侵害后果的其中一个因素,都应作出对被告不利的判决。可以(依照此观点而)区分直接使用暴力行为与间接致害行为,或造成更间接后果的行为。这一区分方法可用于判定诉讼形式是侵害之诉还是类案诉讼,但无法动摇归
91 责理论,如果人应当自甘行为之风险能被当作归责理论的话。本书开篇就已明言,如严格责任及于全体,则亦当首尾兼顾。不能这样说:在侵害之诉中应遵守严格责任原理,而在类案诉讼中却可以抛弃它。不能说侵害之诉只调整行为本身,而类案诉讼却关注行为之后果。一切侵害之诉关注的都是行为后果,而不是行为本身。某些情形下的侵害之诉,被告之行为与后果之间的距离,比类案诉讼更加遥远。

行为永远只是肌肉的自愿伸缩,而不论其他。由行为所驱动或引导并令原告受害的自然发展事件并不从属于行为,遑论常常会有很长一串自然发展事件介入。要明确无误地表明这一点,可以举一二例。

如有一人,以手枪攻击[1]他人。在一定形式下,该人唯一的动作,乃是手臂与食指肌肉的牵动。总有一些壮怀激烈的作者兴致勃勃地强调,在后果发生之前,定要发生花样繁多的自然发展事件。假设该人没有开枪,而是拿起路边一根正在放水的水管,对准原告:在此情形下,为实施攻击,该人甚至都没有驱动一个必须与自己的行为互相配合并产生侵害后果的自然原因。不仅是自然原因,甚至是活人也可以介入行为与后果之间。吉本斯诉佩珀案[*Gibbons v. Pepper*[2]]判决认定,如有马匹为意外事件或第三人

---

〔1〕［译者注］原文是 commit an assault and battery。《布莱克法律大辞典》认为,在松散的意义上,assault and battery 一般指代 battery(殴打、攻击)。

〔2〕1 Ld. Raym. 38;s. c. Salk. 637;4 Mod. 404;A. D. 1695.

所惊,而随马主奔逃并踩踏原告,则马主不应认定为攻击。该案又
做出区分,如骑主以马刺刺马并造成意外事件,则骑主有罪。有人 92
往人群中扔了一个爆竹,人们出于自卫而手手相传,将爆竹传到原告手中,并炸伤原告。斯科特诉谢泼德案[*Scott v. Shepherd*[1]]对此已有定论,扔爆竹的人侵害了原告。在该案中,甚至是作为媒介的活人也成为被告之行为与后果的一个环节,尽管这一结果乃是经由他们而自动地达到。

在此,我要重复,假设法律原则给我们提出了如是要求,即如有一人,尽管他已尽了最大的注意,其行为依然通过相对短促的介入因素链条而给他人施加了暴力,则我们可以追究该人的侵权行为——如果真有这般要求,那么,在行为和结果之间,无论事件如何数量繁多,也无论其如何不可预料,法律都会要求行为人承担相同的责任。在骑主以马刺刺马致意外事件,而意外事件致马匹冲撞他人的判例中,如果骑主的行为被追究为侵权行为,那么,正如文森特诉斯汀奥尔案[*Vincent v. Stinehour*[2]]认为,尽管骑上马背和杀马的行为距离后果更为遥远,岂不该一体追究上马和杀马为侵权行为?

如果一个行为,据其直接和明显的效应来看,它是不违法的,并且,若不是非比寻常的自然事件接连出现,该行为不会产生侵害后果,那么,行为人不该担责。为什么?原因就在于,如果不该期待行为人能够预料到这般事件的介入,那么,就不该诘难他未曾预料到。在热天,将边角料置放在铁轨旁,又运来一台马达,放在铁
轨上;关于这些行为是不是过失——是否具有归责的基础——英 93

---

〔1〕 2 Wm. Bl. 892. Cf. *Clark v. Chambers*, 3. Q. B. D. 327, 330, 338.

〔2〕 7 Vt. 62.

格兰的法官似乎认为,行为人对后果有无预料,这是要点所在[1]。不过,有时候,即便从自然而明显的效应来看,也很难说这些行为没有违法。如有某个行为,尽管其触犯了某条制定法,但行为人根据该制定法不可能事前预料到该行为会导致不利后果,则同样的原则也得适用[2]。

但在原则上,以下两种情形(对于判决的作出)没有区别:一是行为之后出现了不可预见的自然原因或因素,并扭转了行为似无违法性的局面;二是自然原因或因素与行为同时出现,但行为人不知情。就此,前引英格兰的判例就是这么处理的。如在其中一种情形下,一人中因不具可归责性而被放过,在第二种情形下,他也应被放过。前引吉本斯诉佩珀案有所不同,非在于(判决的)结果等于或不等于被告之行为的侵害后果:而在于,行为人有没有义务对行为后果予以合理的预测。比之在街上单纯地骑马,以马刺奋力刺向马匹造成侵害后果的可能性要大得多,故此,法院认为,被告有义务注意以马刺刺马的行为后果,而不应为单纯在街上骑马
94 的行为承担责任;原因在于,安静骑马时,虽然马匹奔踏也很常见,但相对而言,可能性还是更轻微。但假如该马桀骜不驯,为了驯化它,马主常常把它带到一个固定的地点,则马主可能要担责,因为

---

[1] *Smith v. London & South-Western Railway Co.*, L. R. 6 C. P. 14, 21. Cf. s. c., 5 id. 98, 103, 106.

[2] *Sharp v. Powell*, L. R. 7 C. P. 253. Cf. *Clark v. Chambers*, 3 Q. B. D. 327, 336-338. 还可以大量援引和深入分析包含了这一原则的美国法判例。但此处想要表明,(就此原则)殊无争议之命题的产生余地。此处的目的已经达到,即,**如有一人,其做出了忠诚的行为,而后来该行为又被认定为不忠,则该行为是"无损害后果的侵害行为"**[译者注:此句原文是 *Si home fait un loyal act, que apres devint illoyal, ceo est damnum sine injuria*。这句话夹杂了英语、法语和拉丁语]。Lache 13. 我故意跳过和不予讨论损害赔偿的真正法则,即行为是否不法。正文只涉及如何检测和判断行为是否不法。

"他把野马带到一个可能令其造成侵害后果的地点,这是他的过错"〔1〕。

回到举棒自卫而不意伤到他人的案例,假如行为人伤到身后之人,或伤到因马匹冲撞而落入棍棒挥舞范围的人,行为人在任意一种情形下不可能已知或料到被侵害人离他如此贴近,则这两种情形没有区别。两种情形均缺少能够区分自愿行为和肌肉痉挛性伸缩的要件,而此乃可归责性的基础。也就是说,两种情形都缺乏对后果进行选择的时机——一种防止产生行为结果的机会。如果后果隐藏于选择之中,那么,行为人其实别无选择。

因此,意外事件造成损失的,损失跌落何处,就停留在何处,这是普通法的基本原理,不因人类是悲惨命运的传声筒这一事实而受到影响。但相对来说,对一个特定的人而言,如果不可能指望他能够预料某事为真并作出预防,则该事于他而言就是意外事件。已故的纽约(州最高法院)首席大法官尼尔森有言:"我们找不到一个判例或一条原则,让没有过错的行为人承担责任,而即便找到了,也无法传承下去……假设以一个普通人的谨慎度和预测力,其 95
行为无法防止意外事件的发生,而意外事件却造成了侵害后果,则一切判例都会认可,该侵害后果只能成为受害人的损失,该等侵害行为培育不出法律责任的土壤。"〔2〕倘非如此,任何行为,只要其生发出一系列自然事件,或为其开了一扇门,并造成损害后果,则无论行为距离损害后果多么遥远,行为人都得担责,如前述骑乘人之马匹踩踏他人,抑或行为人突发癫痫,在无意识的抽搐之中击打原告,诸如此类。反对者要问,既然如此,法律到底为什么还要规

---

〔1〕 *Mitchil v. Alestree*, 1 Ventris, 295; s. c. 3 Keb. 650; 2 Lev. 172. Compare *Hammack v. White*, 11 C. B. N. S. 588; infra, p. 158.

〔2〕 *Harvey v. Dunlop*, Hill & Denio, (Lalor,) 193.

范被告的行为？既然该人在特定情形下可以对原告造成伤害，为何法律并不满足于该情形？法律对行为提出要求，是要求被告本应作出抉择。但此处引入该等道德因素〔1〕，其唯一的目的，在赋予被告以力量，令其避免涉诉之恶行成为担责的条件。假使行为人无法预见该恶行，就无力规避〔2〕。在此，我们与社会政策所采之观点达成了一致，而相应的，我先暂停有关侵入他人土地以及不法占有或处分他人动产〔3〕的讨论，而稍后将额外探讨动物侵入他人土地的情形〔4〕。

的确，人不能实施这样或那样的行为——行为这个术语内藏了一种选择——可是，人总得行为。不唯如是，个体的行为也可以令公众一体得益。倘使一个行为既不可避免，又普惠大众，则，显然不会出台这般社会政策，令行为人自甘风险，去处理这个既有利可图，又别无选择的行为。

96 人们会把国家构想成一家相互保险公司，它将意外事件对某个公民造成的损害负担给全体国民。公民中风的，可以享有抚恤金，因暴风雨或野兽而致人身伤害或财产损失的，可给予国家援助。就公民之间，也能相应〔5〕采取相互保险原则，如海事法上的损失均摊〔6〕，在双方均有过错之际，而将损害赔偿金予以分摊。又或不论双方之过错，而令行为人承担全部损害后果。但国家没

〔1〕［译者注］此处的道德指当事人在善恶之间做出选择时应遵从的法则。从这个意义上说，霍姆斯和康德的道德观是一致的。

〔2〕见第二讲，第54、55页［译者注：此处的页码即中译本的边码54和55。就刑法的功能而言，霍姆斯维护了预防说］。

〔3〕［译者注］原文是Conversion，包括“不法占有或处分”两种侵害行为。

〔4〕［译者注］原文是cattle，疑为cattle-trespass之简称。该词专指牲畜或其他动物侵入他人土地并造成损害。

〔5〕［译者注］拉丁语*pro tanto*。

〔6〕［译者注］拉丁语Rusticum Judicium。此原则源于17世纪海商法，两船相撞，双方都有过错的，乃均摊损失。见《布莱克法律大辞典》。

有做到这些。通说认为，除非打破现状能明确获益，否则不应当开动国家的机械设备，它太笨重，太昂贵。国家干涉乃是一种恶，而无法表现为善。私人机构可以使用万能险[1]，更完善、更廉价地达到这个目的。它承诺，如损失由被告的行为所造成，则该机构将重新分配损失。该承诺不仅对这等(持严格责任论的)反对意见开放，并且，正如前文所希望探讨和展示的，对那般冒犯了正义感的更严格的反对意见开放。除非我的行为在本质上威胁到他人，除非一个有能力的人[2]预见到侵害可能性，不然，强迫我保障邻人不会遭受不利后果，或强迫我保障，如果我抽搐摔在他身上，我将不会令其遭受不利后果，或强迫我保证他不会遭到雷劈[3]，这都是不公平的。

行文至此，我必须将笔锋转回到无意侵入他人土地和不法侵占或处分他人动产之情形，得出结论。两造之情形彼此对峙，各有其充分性，足以令对方得出相反的结论。我还须拿这两类情形与人身侵害进行类比。我心有不安，唯恐人身侵害的结论落入前二者的中间地带。

首先考查一案，是侵入他人土地并造成实际损失。一人进入 97
邻人的土地，内心以为进入的是自有地，而其被诉的行为或后果，正是其所意图开展的行为或所意图达到的后果。他故意使用某种特别的手段并以某种特别的方式而干犯。而正是这种故意的干犯，才导致自身被诉[4]。而与此相反，假如他抄家伙自卫时，意外

[1] [译者注]原文是 universal insurance，似是 universal life insurance(万能寿险)之简称。

[2] [译者注]根据霍姆斯的刑法思想，一个有能力的人指代一个具有一般判断力的人。见第二讲。

[3] [译者注]霍姆斯似乎对邻居怀有芥蒂之心，每次举例提到邻居都要揶揄几句。

[4] Cf. *Hobart v. Hagget*, 3 *Fairf.* (*Me.*) 67.

地伤害了一个陌生人,这个案件的核心事实是其人所抄起的家伙什与邻人之头部的接触,而该事实不是人故意制造的,也是无法预见的。当然可以这么说,人之所以被诉,不是因为他干犯了财产,而是因为他干犯了原告的财产;该情形与意外打击(身后之人)案一样,被告对于构成整体情境的事实不知情,而要判定他的行为为不法,须得展示整体情境。也就是说,他不知道物主对财产享有权利或会主张权利,故他的本意不是要进行一个不法行为,因他没有处分邻人财产的意思。可是,前述情形下的责任在于,其人的意图就是要造成诉讼中所指控的这些损害后果。人在故意损害财产、减损其价值之时,知道财产是有主的。假如其知晓自己是财产的主人,他会预见到,自己将自掏腰包,负担损失。当他发觉该财产其实属于邻人,假设他竟然卸下了(责任之)负担,这就太奇怪了。故意侵害财产的,应当赔偿损失,但这并不等于,一个人的行为意
98 外地造成损害,虽然该后果不可预见,但依然归由行为人承担。

接下来,假设被诉之行为乃是对他人财产的处分,比如,纯粹技术性地表现为侵入他人土地和非法处分他人财产。如果被告以为此乃自有之财产,则要求他知晓自有产权之限度的,这种要求将不无道理。又或者,假如他以为此乃他人之物,也可以要求他在行为之前证明该物的权属。还可以思考:不论被告的行为属于侵入他人之土地还是处分他人之动产,假如该行为并未造成损害,且最终该物得以回归物主之手,则被告之责任的轻重如何?在这种情况下,获赔的金额应当是象征性的,只是对物主之所有权的正式认可。考虑到针对所有权的重复行为在时效取得和诉讼时效层面的法律效力,该等责任只不过是对(物主之)权利的宣示而已[1]。为

[1] See *Bonomi v. Backhouse*, El. Bl. & El. 622, Coleridge, J., at p. 640.

了避免诉讼成本,被告可以无条件开价作赔或采取其他补救手段,就此,一切的不义都归消散。

可是,我们来设想一下财产并未返还所有权人的情形。若被告一直留有该物,则他应当明确交出。如他已将该物为售卖并留有价款,则应运用请求返还动产之诉〔1〕或违反简约之诉〔2〕,令其转交卖款给物主,而不能强其交出原物。至于被告有无将该动产之价款付与第三人,对物主的权利而言,在所不问。在前述拍卖商 99
纠纷例中〔3〕,假如拍卖商已经向物主支付了价金,则该等支付行为已经是对其寄托人〔4〕之责任的承担。但假设他没有向物主支付,却向其寄托人支付,那么,他本无支付义务却为支付,没有道理表明,如此就能剥夺原告之权利。

我的观点是,从财产权侵害法则中能够确立一项基本原则。在形成这个观点的过程中,我们要考虑一个有影响性的问题,即关于被告对原告之所有权是否知情,只有他本人才了怀于胸,由此,这一点几乎无法得到令人信服的证明。有成法在前,当事人争端未起的,往往无权验证。在贝斯里诉克拉克森案[*Basely v. Clarkson*〔5〕]中,被告在自己的土地上割草时,割了原告的草。原告提起了侵入他人土地之诉〔6〕。相应地,被告辩称,其并非出于本意,而是出于误会。原告提出抗议。"很明显,实际上被告就是

---

〔1〕［译者注］trover。

〔2〕［译者注］assumpsit。霍姆斯在合同法史中将重点讨论该诉。

〔3〕［译者注］见边码 83。拍卖商所拍卖的物品并非从物主处取得,而是购自第三人。

〔4〕［译者注］见第五讲"普通法上的受寄人"。据霍姆斯的定义,占有却不主张所有权的人都是受寄人。从该讲的内容来看,一切因为合同关系而为占有的人都是受寄人。

〔5〕 3 Levinz, 37, A. D. 1681.

〔6〕［译者注］原文是 trespass *quare clausum*。关于该诉,可见边码 83 及相应的译者注。

出于本意。其意图真伪和知情与否无迹可寻,是不可知的。”

该等用语显示,解释财产侵害法律史便足矣,而无须解释其正当性。因为,一旦能够证实被告的认知错误,这种证实将是决定性的[1]。我们将深入认识到,如果从不动产侵害法中推导人身侵害
100 法的一般原理,很容易被动产侵害法所误导。物主有义务自行保持己物与邻人之土地的距离,但无义务自行保持己物与邻人之人身的距离。

但前述拍卖商之设例与上述结论相悖。它并非出于一般归责原理,而源自商贸实践中的特殊要求。未经许可而侵入他人财产的,本应担责,这并无不当,但快捷交易却提出了无责化的现实必要性。当此种现实必要性出现时,我们就会毫不意外地察觉,法律的态势发生了改变。在古代社会,对财产权的绝对保护,天然地集中于生产环节,而非交易环节。这与现代商事活动的要求不尽一致。即便我们所一直考察的成法一直有效,但公共交易活动,却辖于另一套更加自由的法律。许久以前,欧洲大陆已有定论,所有权保护政策必须结出商贸保护政策之果。卡萨雷吉斯[2]认为[3],在商品交易领域,**让与人所让与之权利不得大于所有权**[4]之基本原理,应让位于**占有即所有**[5]。随着时光演进,集市不再重要,代销商法[6]及其各个修正案转而逐步采欧陆之法则。

在援引判例证明前述观点之前,我得提及第一讲中有关法律

---

〔1〕 与有关牲畜为害的法律相比较,可见 Y. B. 22 Edw. IV. 8, pl. 24,论述于第 118 页[译者注:即边码 118]。

〔2〕 [译者注]Casaregis。

〔3〕 Disc. 123, pr. ;124, § § 2,3. 关于后者的历史起源问题,另见第五讲。

〔4〕 [译者注]原文是拉丁语 *nemo plus juris in alium transferre potest quam ipse habet*。

〔5〕 [译者注]原文是法语 *possession vaut titre*。

〔6〕 [译者注]原文是 Factors' Act。

责任之原貌的内容,作为引子。特别要提到诉状程序。彼处已有说明,**扰乱治安并造成伤害**以及重伤罪这两个诉状程序在后世演化成侵害之诉,而从已知的史料来看,诉状程序和早期的各个侵害之诉,针对的往往都是故意的不法行为[1]。 101

人在侵害之诉令状中插入**破坏和平**的表述,无疑是为王座法庭之令状做铺垫。但常常插入**使用暴力并携带凶器**之表述,是否怀抱类似目的,似无道理。格兰维尔认为,人身伤害案一般落入郡长的管辖,而告诉人另行指控被告破坏属于国王之和平局面的,应另当别论[2]。造成人身伤害的,通常伴有**使用暴力并携带凶器**的情节。布莱克顿有言,他所描述的人身伤害案落入国王的管辖权,因为"在一些情形下,其抗悖了国王陛下的和平局面"[3]。话虽如此,正如前文所考察的,原因还在于,这些侵害案往往是蓄意造成的。或许还能往下推演:所指控之**破坏和平**,最初带有很强的破坏性;而我们不该忘记,曾几何时,在侵害之诉中,作为法律责任的一部分,被告要付一笔罚金给国王[4]。

假如最初的侵害之诉果真只限于故意的不法行为,那就没什么必要再去从全面否认答辩制度范畴中提炼出什么观点。王室法庭令状内含一个调查陪审团进行调查[5]的程序,而古诉状程序对此一无所知[6],是故,它遭遇(该调查程序)严厉的逐字[7]反驳,而在诉讼形式上,侵害之诉不过是将这种反对意见予以缓和的结果。在审判过程中引入调查陪审团对行为合法性进行确认这一环

---

〔1〕 Lecture I, pp. 3, 4. [译者注:即第一讲,边码 3-4。]

〔2〕 Lib. I. c. 2, *ad fin*.

〔3〕 Fol. 155.

〔4〕 Bro. *Trespass*, pl. 119; Finch, 198; 3 Bl. Comm. 118, 119.

〔5〕 [译者注]inquest。

〔6〕 See Brunner, Schwurgerichte, p. 171.

〔7〕 [译者注]拉丁语 *de verbo in verbum*。

102 节之后,该等严格诉讼格式在英格兰依旧延续了若干年份[1]。正如前述,设置了行为合法性的确认环节,陪审团调查程序的用武之地,就理所当然地只对事实问题发言[2]。在引入全面否认答辩制度后,侵害之诉程序一度依然限于故意的不法行为。

现在开始考察判例。不要忘了,早前形成判例时,大咨审团以及十二陪审员的地位不同于现代陪审团。出于自身的认知,这些机构并不听取举证的全程,而只能根据令状所规定的议题发言,或就庭审过程中生发出来而为其所熟知的事实问题发问。比之陪审团,这些机构的职能更为有限。于是,自然而然地,当大咨审团宣告被告的所作所为之后,无须他们的协助,法官就制定了行为的衡量法则。基于自身所查明的事实,陪审团会漫不经心或提纲挈领地就所控之侵权行为提出过失与否的问题;而与之不同,法律年鉴中所载录的提问,乃与周密规定的法律问题有关,而该等问题的答案,即行为是否构成归责的基础,将由法院判定。法官有可能已经与被告进行了相当严密的交锋。在不考虑过失与否之情形,被告已经因各样行为而被判有责;据该前提,很容易得出结论:只要行为令他人受损,行为人便须担责。其实,对远古和近古的法律年鉴
103 进行更加真切的审查,当会发现,彼时的归责要义在于,法院认为行为人应当避免该行为,或法院认为其行为具有该当性。

首先,对法律年鉴中的荆棘案[3]予以回顾。看得出来,令荆棘落入原告之樊篱,虽说这不是被告所希望的结果,但这个结果并

---

〔1〕 找到一个 1195 年的例证,见比奇洛先生妙趣横生且价值连城的著述《诺曼英国诉讼集》[译者注:原文是 Mr Bigelow,Placita Anglo Normannica],第 285 页。该页援引了一案:Rot. Cur. Regis,38;s. c. ? Abbr. Plac. ,fol. 2,Ebor. Rot. 5。该案使用的是诉状程序;诉由是(被告实施了)恶意不法行为。Cf. Bract. ,fol. 144 *a*.

〔2〕 例证可见法律年鉴 Year Book,30 & 31 Edward I. (Horwood),p. 106。

〔3〕 6 Ed. IV. 7. Pl. 18.

未违反其意志。此人剪断荆棘之时,很明显,其行为必定造成该等后果,而其应当被视为预见到该后果,并应当被视为没有采取预防措施。首席法官肖克有言,“至于被告所称,荆棘掉落**违反了他的意志**,这个答辩不成立。而他应当证明,除了荆棘掉落,他别无选择,或证明他已经尽其所能,不令其掉落”;两位法官均认为,荆棘掉入原告土地之非法性,其后果就是被告非法进入原告之土地。在判断米伦诉福德里案[*Millen v. Fawdry*[1]]时,首席大法官克鲁提及此案,认为判词应当如此解读,“被告的行为属于不法侵害,因为他未能抗辩道,他已经竭尽所能,以阻止荆棘的落出;诚然,此案确实复杂”。就斯科特诉谢泼德案[2],威廉·布莱克斯通爵士援引了布赖恩的观点[3],他错认为这是法官的观点。尽管有此公案,不妨将律师的法律陈述放入同一阵营。

主要相关判例即(前文所提到的)一系列射伤案。射击行为过于致害,由此,不出意料,人们认为,在公共场合进行这类行为的,当自甘风险。然而,不论将事前的注意义务划定在何处,其可归责性的一般基础乃是过错。在韦弗诉沃德案[*Weaver v. Ward*[4]] 104
中,被告答辩称,原告和他在连队里起了争执,他开枪时,意外而不幸地伤到了原告,而这违背了他的意志。经过原告的抗辩,法院认为,“无人可因侵权而获得谅解……除非可以判定他全无过错。比如,有人用强力捉住我的手攻击你;或如本案的被告所言,当原告在开枪时,被告正好跑过枪口;亦或,假设被告讲明案情,说服法院,称原告避免不了要受伤,**而被告对此毫无过失**”。后世之判例,大抵遵循了韦弗诉沃德案。

---

〔1〕 Popham,151;Latch,13,119,A. D. 1605.

〔2〕 [译者注]即霍姆斯简称的爆竹案。见边码 92。

〔3〕 布赖恩是一名律师,同样评论过荆棘案。见边码 86。

〔4〕 Hobart,134,A. D. 1616.

前文引用了托马斯·雷蒙德爵士在贝西诉奥利欧特案中以及威廉·布莱克斯通爵士在斯科特诉谢泼德案中的意见[1],这些意见都拥护严格责任原则,并都是异见。就斯科特诉谢泼德案,很显然,多数法官认为,有人往我手上扔了个爆竹,我出于排除人身危险而将之扔开,虽说我由此在爆竹上添加了一个新的动作,而其后果是,原告的一只眼睛被炸瞎,但我的行为不构成侵害行为。在陈述严格责任之观点时所援引的最后一个判例,是利姆诉布拉格案[*Leame v. Brag*[2]]。在该案中,被告辩称,人身伤害是出于自己的过失,而非故意。当时法官所讨论的问题是,该行为[奔跑中撞倒原告]是否应被排除在侵害行为之外。在法院看来,该人应承担
105 严格责任,因为他承认了自己的过失;不仅如此,该人的辩词证明了一个观点,即损害的发生,不一定非要出于故意的意图。

还有一个冲撞案,是韦克曼诉鲁滨逊[*Wakeman v. Robinson*[3]]。有证据表明,被告本应直行,但拉错了缰绳。陪审团得到指令说,若人身伤害是由被告的直接行为所造成,则无论该行为是出于过失还是故意,都不影响行为的定性。发起再审动议时,首席法官达拉斯有言:“假如被告对事故的发生没有任何过错,或完全不应当错怪于他,则案件审理的基础就不存在……但很明显,事故是由被告的过错导致的。举证责任与此方向保持了一致。人们发起动议,要求我再审此案。与已作出的判决相反,我的判断基础是,此前没有人要求陪审团考量事故是否无可避免,或事故乃由被告之过错所造成。(原判的)首席法官聪慧无以,如果法律对他有这个要求,他就会基于此等判断基础而取舍陪审团的意见。”相对

---

[1] [译者注]两个人的意见见边码 88 和边码 92。

[2] 3 East 593. [译者注]另见边码 88。

[3] 1 Bing. 213. A. D. 1823.

被告的答辩意见而言[他做出了全面否定答辩],此番言论显得不合时宜,但它没有提及被告的答辩状,该法官所讲的道理是可信的。

美国有些判例触及了这个要点。通过布朗诉肯德尔案[*Brown v. Kendall*[1]],首席大法官肖[2]为麻省解决了该问题。此乃一桩人身攻击的侵害之诉。案卷显示,为了将两条斗犬分开,被告以手杖打狗,不意,手杖越过其肩头,击中身后原告的眼睛,令其遭受严重的人身伤害。如若被告是为了自卫(而伤害原告),此案会对原告更为有利;话虽如此,但法院还是认为,尽管在法律上,被告没有将斗犬分开的义务,可是,当他进行合法行为时,欲令其担责,非得证明,他没有遵照一个具备一般能力的人[3]在此情境之下所应遵照的注意义务;不仅如此,非得由原告承担举证义务,证明被告没有遵照此等注意义务。 106

在此类事务中,首席大法官肖的判决结果最让人服气。他是从属于社会的一名官僚,对于社会的要求,他就心领神会,而这力道令他超越法官同侪。有一些英国法官,确切地说,相当多的英国法官,在专业知识的掌握上都比他精准,但在“所有法律终归要以社会政策作为基础”这一点上,无人可以企及他的水平。正是出于此,用已故柯蒂斯法官的话来说,其人乃本国所出品阶最高的衙官。

康涅狄格州有一案[4],遵循了先例布朗诉肯德尔案。有一人自称是合法自卫,而用手枪击中一名看客。法院认为,据侵权法的

---

〔1〕 6 Cush. 292.

〔2〕 [译者注]麻省最高法院的首席大法官莱缪尔·肖(Lemuel Shaw)。另见边码89。

〔3〕 [译者注]见第二讲有关这种人的创设原因。

〔4〕 *Morris v. Platt*, 32 Conn, 75, 84, *et seq.*, A. D. 1864.

一般原理,被告无责,除非在该等情景下,其未能行使具有可操作性的注意义务。据该院的观点,侵权责任的基础就是过失。美国最高法院亦对此原则表示首肯[1]。哈维诉邓洛普案[*Harvey v.*
107 *Dunlop*]的判词[2]被引用过[3],而佛蒙特州有一案,也存在此倾向[4]。

至此,假设我们退一步,姑且认为,在普遍观念上,行为的归责基础是过错,或曰,在一定意义上具有可归责性,那就会出现一个问题:从奥斯丁的教义中,几乎可以得出,过错责任在一定意义上表明行为人具有道德缺陷。前文从法律年鉴所引之里德法官的判词[5],已经做出了周到的回答。"在侵权案中,意图[我们说得更宽泛一点,意图即被告的心态]是捉摸不着的。"设想一下,一个被告可以自证,其在做一个行为之前,已经深思熟虑,作为一个有能力的人,其已经知晓该行为在特定情境之下是什么性质,并已经形成了己所能及的最佳判断,并相应地实施了该行为。但要是采信这套说辞,就与采纳道德标准并将其秉性考虑在内而得出的被告具有过错责任的结论相反。可是,设想一下,即便是被告将这番证据呈现给了陪审团,法院很显然还是会说,各位先生,问题不在于被告是否认为其是一个具有一般行为能力的人,而在于,你们是否

---

〔1〕 *Nitro-glycerine Case*(*Parrot v. Wells*),15 Wall. 524,538.

〔2〕 [译者注]霍姆斯在前文已经阐释了该判例的观点,其也反对严格责任,而拥护一般注意义务论。见边码94-95。

〔3〕 Hill & Denio,(Lalor,)193;*Losse v. Buchanan*,51 N. Y. 476,589.

〔4〕 *Vincent v. Stinehour*,7 Vt. 62. See, further, Clayton, 22. pl. 38. Holt. C. J. , in *Cole v. Turner*,6 Mod. 149. Lord Hardwicke, in *Williams v. Jones*, Cas. temp. Hardw. 298;*Hall v. Fearnley*,3 Q. B. 919;Martin, B. , in *Coward v. Baddeley*,4 H. & N. 478;*Holmes v. Mather*, L. R. 10 Ex. 261;*Bizzell v. Booker*,16 Ark. 308;*Brown v. Collins*,53 N. H. 442.

〔5〕 [译者注]见边码87。

认为他是这么个人[1]。

这里出现了"怪兽之角"[2],须得找到一个中间点。

法的标准即普适性标准。人在脾性、智商和教养上具有无限 108
的多样性,由此,不同的人所做出的相同行为,会具有不同的内在秉性。但法不考虑这些多样性。基于多个充足的理由,法律不会努力像上帝一样凝视凡人。首先,要恰如其分地衡量人的行为能力及其局限性,这是不可能的;而与之相比,确信人懂法,这倒是可能的,而且,这也能解释,为什么要假定人人都懂法。更令人信服的一个解释是,对于一个社会中的人,我们要求他的行止具有一定的水平,我们牺牲他那超越了特定点位的一部分个体独特性,这对于公共福祉是有益的。比如有这样一个人,他生来鲁莽笨拙,经常闯祸,不是伤到自己,就是伤到邻人。如果天堂里有法院,这种天生的缺陷是可以原谅的。但如果这类纰漏是出于可罚的过失,那么,他的邻人就不再为此烦闷了。相应地,邻人会要求他举止恰当,达到他们的标准,要求他自负后果。邻人还设了法院,不将其个人化的因素纳入考量之列。

一般而言,法律通过行为的可罚性来判定责任的有无和大小。这条规则被限定了一个前提,即法律不容一丝个性化的差异。换言之,法律所思虑的,乃是一个一般人的行为可罚性,并衡量其责任有无和大小。这个一般人智力寻常,能力平庸。如果我们的水平比这个一般人的天赋还低,那是我们倒霉,出于前述理由,我们只得自负后果,提高自身水平。但根据这套法的假说,一个天资聪

---

〔1〕 *Blyth v. Birmingham*, Waterworks Co., 11 Exch. 781, 784; *Smith v. London & South-Western Ry. Co.*, L. R. 5 C. P. 98, 102. 就奥斯丁的观点,可用坎贝尔《论过失》(Campbell, *Negligence*)第2版第1章的观点进行比较。

〔2〕 [译者注]horns of delimma,指人可以用两个不同的前提做出不同的决定,但两个决定都令人不悦。

109 颖而能力超群的人，其行为却不必都具有可罚性。与之相反，他有预见力却不行使，或带着恶意行使，唯有此时，他才承担后果。

人人都被预设为掌握了不去伤害邻人的一般能力，不过该原则也有例外。这些例外同样阐释了可归责性之法则及其总体道德基础。如一人带有缺憾，明眼人都清楚，带有这种缺憾，该人不可能预测行为后果，那么，他即便无此预测力，也不应当承担行为后果。我们不该强求一位盲人自甘风险见到世间险恶。当然，他在规制自身行止之时，是应当考虑到自身的孱弱。诚然，如其察觉自身恰巧处于某种特定情境，无法使用眼力来行使预测力，则伤到自身的，他应当得到补偿，而伤到他人的，不该由他担责。正因如此，我们认为，在原告的情形，年齿偏小的儿童只该掌握儿童的预测力，而在儿童是被告的情形，更要慎重使用本原则[1]。疯癫的情况更为棘手，无法作出一般规制。当然，在大量情形下，疯人或具备完整的预测力，并根据情况需要而有能力产生各种动机。不过，假如法律已经宣告存在某种类型的疯癫，明确该类疯癫病患没有守法的能力，那么，当他违法时，承认该类疯癫为免责的理由，是为人之常情。

110 就前文所总结的一般命题，结合上述限定，现在可以认为，一方面，除非宣明了无能力的人群，否则法律预设或要求人具有不去伤害邻人的一般能力；另一方面，就非蓄意的侵害，除非具备该能力的人本可以预测行为的危险性，或本应当为此预测，否则法律不要求其承担责任，或，换言之，一个具备一般心智和预测力的人本就应当为其行为担责，除此之外，法律不要求其承担责任。接下来还有一个问题：就此事项，在法律上是否仅存这个模糊的判断手

---

〔1〕 Cf. Bro. *Corone*, pl. 6; *Neal v. Gillett*, 23 Conn. 437, 442; D. 9. 2. 5; § 2; D. 48. 8. 12.

段？换一个提问的方式：谁将会适用此手段进行判断？

法律责任以如上阐释的道德限度作为基础。话虽如此，要记住，法的运作维度仅限于感官。如法所要求的仅仅是外在现象，即宣示于外的作为和不作为，则法对作为内在现象的良知漠不关心。一个人只要行为不逾矩，他可以但随己愿，拥有一副坏心肠。换言之，法的标准是外在标准，道德的考量再多，法也仅在世人的身体动作与其他现象之间画一条线，表示法许可哪一些身体动作，而禁止哪一些。法所真切阻止的，且唯一阻止的事情，乃是此线另一端具有可罚性的行为。

再说一次，在同样的情境下，法普适众生，不会额外开恩。法的本意，不在令公权力意外落压个体，也不在令其为一小撮人任意摆弄。这就是说，法的标准必须固定不变。诚然，在实操中，据不 111
同陪审员的不同感受，有人须得（为其行为）付出代价，有人可以逍遥法外。但这仅仅表明法的目标没能很好地达成。法所假设或意向的标准，不在十二位陪审员各自藏于五内的嘉许或责难之心。陪审员应当把个人脾性放在一边，代表普罗大众进行感受。陪审员在大量情形下均应等同于一个理想中资质平平的人，而法律的判断标准，应当就是该人有责还是无责。该人乃是恒定的，而其在既定情境下的行为乃是不变的。

最后，从理论上说，法的标准当能为人所知晓。人支付损害赔偿金的，应当已经违法，并被预设为已经知晓法律的规定。

外在行为的标准是固定的，统一的，法律预设人人都应当知晓和已经知晓。未能符合该标准的，当产生侵权行为法上的一般责任问题。以此为前提，可以得出，在最近或遥远的未来，我们显然可以在一定程度上将这般标准表述出来，这应当是可能的，而且是法院应当开展的工作。而被告在各种情境下应当如同一个有判断能力的普通人那样尽到注意义务，这种标准面孔模糊，过于概括，显然也应当让位于具体的标准，即在如此这般或如此那般情境下，他应当运用如此这般或如此那般注意力。被告应当达到的标准，
112 是他处于特定情境中各个作为或不作为的标准。在非蓄意的不法[1]的整体领域，假如法院的话语没能超越对过失问题的讨论，然后将每个案件扔给陪审团，而不提供船舵或罗盘，则法院就干脆承认了自己的无能，没有本事向被告陈述他所应当知道的大块法律内容。如此，也就用行动宣告了经验无用。可是，没有一个司法或立法机构会止步于此。

自阿尔弗雷德大帝时代下溯至今，制定法和司法判决未曾停步，一直在定义常见情形下人应当具备哪些预测力；也就是说，法律一直在规范，在实施具体的作为和不作为时，一个有行为能力的人应当具备哪些注意力，以此，法律替换了模棱两可的注意义务判断标准。至于判断的方式，是要求所有人都符合一个具有一般行为能力的人所能遵守的行为习惯，还是个案规范，将行为能力人的异样行为纳入怀疑之列，无论如何，法律规定的基本原则都没有改变。

我们来讨论可归责性的各类外在判断标准。判断标准的多样化存在，表明通过司法判决和制定法，侵权行为法越来越趋向具体化。尽管如此，我注意到，该存在性并未扰乱可归责性的基础性原理。本讲的观点尽管与人应当自甘行为或动用精神力量之风险的原理相背离，但是，却没有与人应自甘特定行为风险的原理相背离。本讲之观点所针对的，只是该原理的肌理，而非其本质。当被告的过失问题交由陪审团来判断时，假设此处之过失不再指谓该

---

[1] [译者注]可以认为霍姆斯此处的行文意图包括刑事上和民事上的不法行为，因为他有关刑法的评论思路是一以贯之的。

人的真实心态，而指代其未能如具有一般心智之行为能力人那样去行为，在此情形之下，该人还得自甘风险，令其行为符合客观标准。假设法律规定了一个更加具体和有针对性的行为规范，他同 113
样也得自甘风险遵照此规范。进一步说，假设法律在整体上就是一套外在行为的规制标准，人也只能自甘风险，时时遵照该标准行事。

关于行为标准的具体化过程，可以列举若干例证，这是有所助益的。经我们查阅，《阿尔弗雷德法典》卷 36[1] 记载了一个案例，一人险对另一人手持之长矛，“如矛头比矛尾高出三个手指，则存在[责任]，但如果两头持平……则无虞”。

现代制定法上的前述标准，也有英格兰议会所制定的道路交通法和航行法以为例证。就道路交通法而言，从前的判断标准是，当事人存在过失吗？如今缩限和细化为，事故发生时，他是靠左还是靠右？为了避免可能产生的认识错误，我们留意到，该问题并不在所有情形下必然导致责任的承担；原告可能存在过失，可能有逆行，可即便如此，被告的行为未必就具有正当性，而这成为其担责的基础[2]。同理，在某些情形下，被告逆行的行为也可以正当化或脱责。宣称被告逆行有别于宣称其存在过失。而声明一些事实，以对抗对方关于其他进一步事实的反声明，阻却其成为己方担责的基础，并要求己方脱责，这有别于声明法律的结论性意见并提前否定对方的脱责意见。前述两种宣称的差别，仿佛前述两个声明的差别。前一个声明是否足够充分，随着事实的确定，是否应当 114
转移举证责任，这都属于抗辩理论和证据学上的问题，可以从（正反两面的）任意一面，合乎逻辑地使用类比方法予以回答。我可以

---

〔1〕 1 Thorpe, p. 85; cf. LL. Hen. I. c. 88, § 3.

〔2〕 *Spofford v. Harlow*, 3 Allen, 176.

不费力气地断言,将那般用作归责基础而又不会引来脱责抗辩的事实予以声明,就已经足够充分了。只不过,法的形式,尤其是抗辩的形式,不会随着其实质的每一次改变而改变。要成为一个卓尔不群的法律人,当运用更为开阔和更为牢靠的表达方式。

制定法大全中所揭示的判断标准细化过程,同样也体现在司法判例的发展过程中。这种现象的必然性与法律史保持了一致。前文已经说明,早自大咨审团和十二陪审员时代起,在日常庭审中,法院已经在判断,案情事实有没有构成归责之基础。过失问题已经引起陪审团的注意。有没有合理照管动物,这已经成为常识和共识,因为通常要查知动物的主人是张三还是李四。起先,这类案件是不分析案情的,过失作为单纯的因素持续了很长一段历史时期。觉得有必要进行案情分析,或可以进行案情分析,是后来的事情。即便如此,当法官察觉这类事项有待解决时,当事人的主要
115 争议在乎于被告的作为或不作为是否符合一定的行为标准〔1〕。法官与陪审团的功能出现差别,首现于当事人之间对行为标准的认知产生分歧。正如所有权一样,过失是一个复杂的观念。所有权的意义包括若干事实的存在性,以及由法律附加于该等事实之上的后果[对世的保护权]。同样地,过失的意义包括若干事实[行为]的存在性,以及由法律附加于该等事实之上的后果[责任的承担]。人在绝大部分情形下争论的都是事实问题,而只在零星情形下争论后果问题。

我们已经注意到荆棘案的法官衡量被告行为的思路[是基于过错和社会政策]。韦弗诉沃德案[*Weaver v. Ward*〔2〕]透露出,为

〔1〕 See 27 Ass. ,pl. 56,fol. 141;Y. B. 43 Edw. III. 33,pl. 38.(本注所援引的)后一个案例中,被告答辩称,其已经尽到了其阅历限度内的注意,不然,马匹早就因其缺失注意力而死亡。该答辩行为的动机,似在处理过失问题,即当事人的真实心态问题。

〔2〕 Hobart,134.

了让法官能够作出裁判,(在呈阅法官之前,答辩状中)早应详尽记录能够构成脱责理由以及被告并无过失的诸般事实。对于恶意诉讼案,法官也就(辩方)可能存在的抗辩理由提出了类似的要求[1]。时至今日,法院一直在衡量可能存在的抗辩理由。后文会找出论据。

不过,之前没有提到另外一个要点。在某些情形下,具备法律精神的智者,很有可能会在可归责性之确定点位的上方画出标线。以莫里斯诉普拉特案[*Morris v. Platt*[2]]为例,法院一方面坚定地宣称,在一般情形下,意外伤害的归责基础乃是过失,另一方面又 116
暗下认为,如非要基于过失作出判决,有鉴于民众携带致命武器的习惯越来越强,对于使用手枪致害的行为,应考虑其公共危险性,并对被告适用一个更为严格的尺度。同理,屋主染恙,为送礼或慰问健康而故意跨越其产权分界线的,该行为不仅无害,反倒应当嘉许,在当今的时代,不可因此而提诉,除非被告本来就不准进入此屋。而在亨利八世时期,未经许可而进入他人之宅邸的,屋主可以提诉,"因为,在那种权利状态下,我的敌人可以进到家里,把我杀害"[3]。该案很清楚表明,公共政策在确立外在行为的标准时,不去考虑过错问题。基于类似的思维方式,彼时之社会政策一般为禁止擅入他人之不动产,但也有开口,如法律年鉴所收录的,首席法官肖克列举道,大树为风吹倒并压住房屋土地的,或不经此地无法通路的,或为了和平的,都是禁入之例外[4]。

还举一个例子。(饲养人)对动物的责任自有其现代法上的形

---

[1] See *Knight v. Jermin*, Cro. Eliz. 134; *Chambers v. Taylor*, Cro. Eliz. 900.

[2] 32 Conn. 75, 89, 90.

[3] Y. B. 12 Hen. VIII. 2 *b*, pl. 2.

[4] Keilway, 46 *b*.

态，且赖兰兹诉弗莱彻案[*Rylands v. Fletcher*[1]]树立了一个派生性原则，即针对任何一旦逃跑便会致害的物，人将其带至地界、蓄养和照看的，应当自甘风险。照看不力的，在法律上有充足理由令
117 其就损害承担责任，因该等损害是逃跑行为的自然后果。这一类判例并非基于如此观念，即蓄养动物不对，建设水库不对，尽管曾经有过一些巧言令色的思路，对蓄养猛兽提出质疑，认为其有害无益[2]。有些人毋宁认为，蓄养猛兽有利于公共福祉[此种考量会影响若干案件的判决，而在不同的司法辖区，影响面有所差异]；不过，庭审中(法官)关切的点存在细微的差别，有鉴于此，维持审慎之心最保险方式的是，就应当采取何等注意力，谁能做出判断，就让谁背负风险。牲畜致害的责任，似处于两造的分界线上，一边是无论过错与否的社会政策，一边是对一般能力人的行为所提出的规范要求。

第一讲已经讲清楚，牲畜致害责任是如何在古代法中制定出来的，古代观念对现代法的影响又能查探到多么深远。以该讲的要旨为总领，有证据表明，关于物主是否应当担责的探讨很早就已开启[3]。不过，他们并未止步于此：基于共同的经验，他们依然开始进行务实的区分。于是，在有一人领着一条狗驱离一群羊，羊群逃出其地界时，该人旋即唤回其狗，而狗追入邻地，则在地界之外

---

〔1〕 L. R. 3 H. L. 330. 339；L. R. 1 Ex. 265，279-282；4 H. & C. 263；3，id，774.

〔2〕 See *Card v. Case*，5 C. B. 622，633，634.

〔3〕 参见第一讲，第 23 页，脚注 3。[译者注：这是原书的页码和脚注编号。请参阅边码 23 中有关《伊内法》《国王之尊》等内容的脚注。]

追赶羊群的,不构成侵害,原因是“狗无法为遽然喝止,此乃其本性”[1]。

耕耘之时,在邻地调转马头,是合法的。如果马匹拐弯时,违背驾驭人的意志,叼走一口青草,或拖着犁给邻地翻了土,则该人有其正当辩护理由,因为法律认可,人无法分秒不差地对牲畜指挥如意[2]。故,有此一说,在有一人,驱使一群牲畜去到镇上,其中一头牲畜闯进别人的家里,而该人追进去的,不算侵害[3]。同审此案的多德里奇法官也称,若有一头鹿从森林里跑到我的土地上,我带着狗追,则我吹响号角,唤回我的狗,这已经是脱责的理由,因为守林人听到号角声,就会明白有人在逐鹿[4]。 118

第一讲曾提及麦森诉基林案[*Mason v. Keeling*[5]],该案对人类的原始观念发出了回声[6]。它表明,法律规则的运行,有其常态性和基础性的清醒意识。就不被彼时之法律视为财产的动物[这一类动物以野生动物为主],人定下如此法则,“如其本性和顺,则应当注意其野性;法律已经注意到,犬类的天性并不凶猛,而是

[1] *Mitten v. Fandrye*, Popham, 161; s. c., 1 Sir W. Jones, 136; s. c., nom. *Millen v. Hawery*, Latch 13; id. 119. 就后一份判例汇编,其在如实记录了法院意见之后,在第 120 页写道,法院与法律的规定相反[译者注:原文是拉丁语 *non obstant*,指英王可以法外开恩、做出相反决定的原则。后为《权利法案》所废],作出了有利于原告的判决。该判决不仅与同书中早前的汇编内容相悖,也与波帕姆[即本注前文的 Popham]和琼斯[即本注前文的 Jones]阐述的原理相悖。尽管有该判决,该原理[即狗无法令行禁止]一直为法院所认可。对该原理的限定,可参见 *Read v. Edwards*, 17 C. B. N. S. 245。

[2] Y. B. 22 Edw. IV. 8, pl. 24.

[3] Popham, at p. 162; s. c., Latch, at p. 120; cf. *Mason v. Keeling*, 1 Ld. Raym. 606, 608. But cf. Y. B. 20 Edw. IV. 10, 11, pl. 10.

[4] Latch, at p. 120. 此处进一步阐释了侵权行为法的实践基础。

[5] 12 Mod. 332, 335; s. c., 1 Ld. Raym. 606, 608.

[6] [译者注]参见边码 23。

119 相反”[1]。如动物“依其类属天生就会致害,则人即便对此并不知情,亦当为其所致之害担责”[2]。后一条法则已用于一宗熊伤人案[3],也充分解释了物主的责任界限,尽管牛马之类的动物侵入他人之土地的,法律责任在历史上一度被认为尽由所有权划定。据说,牲畜容易走失,而在耕地走失的,经常践踏和咀嚼庄稼,这是普遍的天性。而狗不会为此侵害。又说,羁束家犬之事较为寻常,操作起来也简便[4]。正如前述,即便相关法则的历史起源有所不同,也无关宏旨。

沿袭同等思路,牲畜致人伤害的,物主并不一概领责。出于上述意见,霍尔特勋爵说,此类动物不类于犬,“与人类没有如此熟络。物主理应约束之,用一切合理之手段,免其致害……但是……假若物主在临近公路的自家田地里放马或放牛,牛马冲破樊篱,闯入公路,踩踏或顶伤路人,则物主不应被诉;若物主知晓牲畜此前伤过人,则另当别论”。

120 有观点称,过失问题得到解决的,法官之职责并不因此告终。就此,寄托法领域的探讨显得最为鲜活。请品味**柯格思诉伯纳德案**[*Coggs v. Bernard*[5]]的判决书,品味威廉·琼斯勋爵和斯托里各自的专著,品味肯特关于此题的论章。诸般文献纷至沓来,特别探讨了受寄人据寄托行为以及寄托物之实质差异而相应负担的义

---

[1] 12 Mod. 335; Dyer, 25 *b*, pl. 162, and cas. In marg., ; 4 Co. Rep. 18 *b*; *Buxendin v. Sharp*. 2 Salk. 662; s. c., 3 Salk, 169; s. c., nom. *Bayntine v. Sharp*, 1 Lutw. 90; *Smith v. Pelah*, 2 Strange, 264; May v. Burdett, 9 Q. B. 101; *Card v. Case*, 5 C. B. 622.

[2] 12 Mod 335. See *Andrew Baker's case*, 1 Hale, P. C. 430.

[3] *Besozzi v. Harris*, 1 F. & F. 92.

[4] See *Fletcher v. Rylands*, L. R. 1 Ex. 265, 281, 282; *Cox v. Burbridge*, 13 C. B. N. S. 430, 441; *Read v. Edwards*, 17 C. B. N. S. 245, 260; *Lee v. Riley*, 18 C. B. N. S. 722; *Ellis v. Loftus Iron Co.*, L. R. 10 C. P. 10; 27 Ass., pl. 56, fol. 141; Y. B. 20 Ed. IV. 11, pl. 10; 13 Hen. VII. 15, pl. 10; Keilway, 3, *b*, pl. 7. Cf. 4 Kent (12th ed.), 110, n. 1, *ad fin*.

[5] 2 Ld. Raym. 909; 13 Am. L. R. 609.

务。老实说,这些探讨不算成立,因为,它们在本土库房里雕刻一套罗马法。这个库房过于庞大,如此雕刻,难有终日。更因为它们企图(对术语)做出界定。这太讲究品质,却无助于与陪审团进行交流[1]。在判定被告领责前,你去对陪审团指手画脚,令这群人查明被告存在重大过失,就要做好被回敬的准备,对这群人而言,"重大"不过是一个带有污蔑性的诨号。不过,法官在海事法院升堂,没有陪审团,就不存在这个问题。罗马法和美国最高法院都认可,该词确有其含义[2]。本书认为,知晓专家有过前述探讨,无论探讨的结论成立与否,这就已经足够,可以到此为止。

法院所造之实体法,每每因其证据法的呈现形式而被认为相当晦暗。法官在判定某案缺少过失之证据时,已经超越了对事实缺失的寻常判定。他所判定的是,该案所审之作为或不作为,无论 121
有无证据支撑,并没有构成法律责任的归责基础,并法律由此超越了或应当超越日常生活,缓缓丰富起来。因此,来看看克拉夫顿诉大都会铁路公司案[*Crafton v. Metropolitan Railway Co.*[3]],原告在被告的台阶上滑倒,摔成重伤。滑倒的原因是,旅客太多,台阶的黄铜包边早已磨平;而一名承建商提供证言道,从该情形来判断,台阶并不安全,何况还没有扶手。本案只存在一条相反的事实:千千万万行人踏过此台阶,都没出事。原告拿到了陪审团裁断[4]。法院并未采纳该裁断,驳回了原告的起诉。从形式上看,法院断定,原告没有向陪审团出示被告存在过失的证据;可是很明显,这就等于在说、并事实上也具备如下含义,即原告恰恰证明,就台阶的维护,铁路公司已经尽到了法律上的全部义务。教科书上

---

〔1〕 See *Grill v. General Iron Screw Collier Co.* ,L. R. 1 C. P. 600,612,614.

〔2〕 *Railroad Co. v. Lockwood*,17 Wall. 357,388.

〔3〕 L. R. 1. C. P. 300.

〔4〕 [译者注]verdict。表明陪审团查明了缘由。

还能找到上百个真实度相当的案子。

话又说回来,若是法院认定某些特定的作为或不作为本身能够自证过失的存在,除非另作他解,法院会视情形而判定该等作为或不作为成为担责的基础[1],或成为填补损害的先行为。故,明知入住某房子会染上天花,还隐瞒情况,令人入住,此乃可诉的过
122 失[2]。在类似审判中,要为这种作为或不作为进行辩解,就要证明其与法院认定的行为有区别,或者要证明,在法律上讲,其与诉请填补的损害后果没有因果关系。该等判定的目的就在表明,自带(行为人存在过失之)证明力的事实乃是(裁判所需)的全部事实。

很多人已经留心到,这一类判例中暗涉一套不可开交的思维方式,将法律与事实相混淆。前文已经承认,要想在审判中指控被告有过失,这是有难度的:其一,该人有作为或不作为;其二,涉诉的行为没能符合法律标准。如争议只是集中在第一点,复杂的指控在陪审团看来就很直观,无须(法官的)额外交代;此种情形,颇类于所有权之诉,查明了事实,就能据此得出法律上的结论[3]。但如果在第二点上出现争议,那么,就法官或陪审团是否还要评论被告的行为,这个问题都完全不受案情左右,不管对于行为本身的认定有没有争议。因为,如果对行为的认定存在争议,法官可以对每一个案情做出假设,指示陪审团予以查明。而如果对行为的认
123 定不存在争议,法官依旧可以对行为本身做出评价。问题在于,关于如上第二点,吾人将如何阐释法官与陪审团之间的相对职能。

---

[1] See *Gorham v. Gross*, 125 Mass. 232, 239, bottom.

[2] *Minor v. Sharon*, 112 Mass. 477, 487.

[3] See *Winsmore v. Greenbank*, Willes, 577, 583; *Rex v. Oneby*, 2 Strange, 766, 773; *Lampleigh v. Brathwait*, Hobart, 105, 107; Wigram, Disc., pl. 259; Evans on Pleading, 49, 138, 139, 143 *et seq.*; Id., Miller's ed. pp. 147, 149.

设有一桩案件提交至陪审团，其所涉之行为标准既单纯，又单一，则可以直白予以释明。法官虽不会听取公共政策关于此案的明确意见，但依然会从生活经验中推演该案的适用法则，因为，侵权行为法的主要内容就是从生活经验中推演出来的，对此已然达成共识。可是，法官进一步认为，其自身智慧不够，并没有掌握足量的生活经验，用以为该案创设可用的法则。法官认为，从社会的实践层面选取十二个人，有助于作出裁判〔1〕。透过吸取陪审团的意见，法官对公平正义的顾念之心得以加强。

但假设有个案情在实践中重复发生，我们可以想象法官会将行为标准的认定一直推给陪审团吗？反过来想，一个陪审团作为审判庭整体，假设其恰如渲染的那般公平，并能够从该渠道中开展学习，那么，陪审团岂不是显然会颇有心得？或者，法官会认为，经验所教导的，一定是公平的，故那般反复涉诉的行为，除非另作解释，其要么具有或不具有可归责性，并相应地成为或不成为行为人领责的基础；又或者，法官察觉到陪审团在摇摆，故认为，有必要由自身来做决定。没有理由认为类似问题不应当得到解决，仿佛台阶用黄铜包边，十分光滑，（故旅客摔倒的，铁路公司的）责任问题〔2〕不应当得不到解决。如果有例外，主要情形应当在于行为标准的快速变换，比如，有些医患问题就是如此〔3〕。

若这便是寻常案件的处理方式，则更多后果会纷至沓来。在 124
实践中，案情并不总是彼此绝对重复，重复中会带有相对小的变化。一名法官若是长期有陪审团陪审，他理应缓缓攒下丰富的经

〔1〕 See *Detroit &Milwaukee R. R. Co. v. Van Steinburg*, 17 Mich. 99. 120.

〔2〕 ［译者注］见边码 121。

〔3〕 见天花案，*Minor v. Sharon*, 112, Mass. 477，在判定被告之前述行为［译者注：见边码 121］的同时，法官认为，对于原告没能提前给孩子接种疫苗，他是否也有过失，“此乃事实问题，已审慎交由陪审团决定”。见第 488 页。

验,故对于日常案件中的社会常识,其掌握度应当远超陪审团的一般水准。法官应当有领导力,能细致指导陪审团。即便他想在整体上听取陪审团的意见,他也应当有指导力。不仅如此,在整体维度上,他应当持续加强自己的决断力,少听陪审团的意见。

人常有言,过失乃是事实问题,换言之,如法官认为有证据表明,过失之存在或许能根据事实推导出,则常常由陪审团决定该推导过程是否成立[1]。尽管如此,我还是相信,即便法院定下了这个宽泛的命题,对于某些案件,他们也在斟酌,某些行为将不经过直接证明而过堂;待解决的主要问题或唯一问题在于,这个行为的本质为何;问题不在于,先确定行为标准,再确定该行为符合哪条标准。

如有证据能证明行为属过失,而据此交由陪审团决定其证明力,绝大部分提交缘由不是法官对行为的标准举棋不定,而是对行为本身持迟疑态度。举一个例子,铁路桥上掉下来一块砖头,砸到了公路上的原告。在确定(被告维护铁路桥的)行为标准之前,原
125 告为砖头砸到之事实,须推论为此原因,即,砖头掉落,不是由天气突变所造成,而是由于年久失修,而被告在物理上原本可以预防其掉落。

同理,木桶从仓库的窗口滚落的,应先确定案发时被告或其佣人正在行使照看义务,再确定(照看行为)标准[2]。前述声名赫赫的案例立下了一个规则,即倘若被告的行为得以证实为真,则其应当领责。正如同属一家公司的两辆火车相撞案所示,法官其实已告知陪审团,倘使行为能得到证实,一旦陪审团对行为的证据没有

[1] *Metropolitan Railway Company v. Jackson*, 3 App. Cas. 1893, 197.

[2] *Byrne v. Boadle*, 2 H. & C. 722.

异议,被告便须领责[1]。

我的主要观点是,我们的行为标准要一如既往地与经验相符。该观点的提出,就与这一看法相呼应,即出于民权的角度,陪审团的职能应当更加宽泛。法律责任中有关可归责性的一般基础,乃由社会的行为标准所决定,而该行为标准,指代民众现有的平均水平。要坚决牢记该基础,以便记住每每为了符合日常生活经验而定下的具体法则。行为标准符合经验,就能理直气壮地在实际要求行为人懂民法。犯罪行为是一般意义上的罪恶,有了这一客观情况,也同样可以理直气壮地实际要求行为人懂刑法。不过,这种思维方式也可能导致一个结论,即在先例冲撞现状时,其效力当予 126
以废止。除开契约和遗嘱的发展领域,先例被废止的情况已经普遍出现。即便如此,世人还是希望无限接近掌握该等行为标准,以免在特定时刻被审判。进一步说,人类相当多的行为准则,经历了一个又一个世纪,依旧是不变的。

对本国来说,尤其是对那些以麻省的法为基础的各州来说,这一讲所生发的思考内容格外重要。在英格兰,陪审团陪审的,法官还是可以对证据的价值和力道自由发表意见,而全院庭审的,法官也常常在征得当事人同意之后就事实问题进行推导。由此,陪审团与法官之间的职权范围分野,似非第一要务。可是,如制定法不许法官将事实问题交由陪审团处分,又如,设有一案,其事实问题有待推导并因此禁止全院庭审,则要判断,在任何案件的任何程序中,法官自感有能力对行为标准进行识别,却交由陪审团处理的,就属于司法职能的临阵脱逃。如此判断非常要紧。本讲所设之第一命题为,在同等情形下,非蓄意之不法行为的一般归责基础,是

[1] See *Skinner v. London, Brighton, & S. Coast Ry. Co.*, 5 Exch. 787. But cf. *Hammack v. White*, 11 C. B. N. S. 588, 594.

其有别于一般行为能力人的所为。鉴于本命题已得到普遍接纳，若非如此,则绝大部法律所赋予我们的权利义务,都将必然一体任由陪审团兴之所至的情绪所主宰。

就过失侵权案,是对事实问题存疑,还是对行为评判标准存疑,法官没能清楚地进行区分,所以,就是否不再征求陪审团的意
127 见,法官一直举棋不定。这与本讲的观点相符。法律上的分界线仿佛自然界的分界线,大框架很清楚,在细致问题上却疑点重重,落入一个半影区或思辨之地。此乃陪审团的领地,而如仅将落在存疑分界线上的案件交由陪审团处理,法官可能过于激进了。当然,要持续减少不确定性,这应当是法律的发展态势。正是(将案情与先例进行)类比以及本题下的司法判决,可引领我们的期待之心。

法律有朝这个方向生长的态势。如果只存在两个截然不同的判例,在概述之下,它们的分界线粗略而清楚。两造针锋相对,但各自一端的同类案件越积越多,并开始向彼此靠拢,于是,辨识该等分界线殊为不易;判决或偏于此端,或偏于彼端,其实只因该端在感觉上稍微占优,而并无能够宣之于口的道理;通过参考相反的判决,终于划定了一条几何线,但还是显得随意,因为,本可以偏向此端,也本可以偏向彼端,两个可能性的机会均等,可却划到了起笔处的相邻区域[1]。

以此方式来发现问题和实际划定分界线时,可用来衡量的要件还是太少。比如,什么时间是出示流通票据的合理时间?什么

---

[1] 7 American Law Review,654,*et seq.* ,July,1873.

叫类属上的差异，什么又叫质量上的差异？禁止限定权益让与法[1]作何解？

在麻省的司法判决书中，可以找到实例，表明彼此对立的两端相向而行，也表明陪审团的职能处于半途。大人任意指使两岁四个月大的幼儿在大城市独自穿行马路和逛马路的，不能赢得过失侵害之诉[2]。允许八岁男童独自外出的，不为过失[3]。允许十岁儿童天黑后外出的，其效力留待陪审团定夺[4]。（判决书中）夹带了如此这般的言论，称，许可具有一般心智的二十岁青年外出的，该许可没有任何效力。该言论无须判例为支撑，就能闯荡江湖。 128

再来吸收英格兰古法上的光芒。要诉一个妨害行为，须受实质妨害。在一般情形，在距离一百码之远建设某物，该物高于地面一英尺，则不可诉。若其距离他人的窗户不足一英尺，且遮盖之，则无须陪审团查明更多案情，便可判罚。尚有处于半途的疑案，就是否构成实质妨害，一直都交由陪审团处理[5]。不过，尽管可用来评判的因素长久以来都不多，但也一直存在一个倾向，要制定出一条明确的规则，即在一般情形下，建筑物的高度不应大于地基到他人之窗口的距离。要划定一条清楚的分界线，的确需要谨慎，但前述尝试却展示出了十足的哲思[6]。

过失侵权采同理。设有一案，有证据充分表明，当事人站在铁

---

〔1〕［译者注］原文是 rule against perpetuities。《布莱克法律大辞典》收录了该术语，呈现了不同学者关于其含义的解释。大意是，为了促进商业流动，普通法上有一条规则，当事人为他人设定权益时，限定权益人只可在 21 年之后处分该权益的，该权益设定无效。

〔2〕 *Callahan v. Bean*, 9 Allen, 401.

〔3〕 *Carter v. Towne*, 98, Mass. 567.

〔4〕 *Lovett v. Salem & South Danvers R. R. Co.*, 9 Allen, 557.

〔5〕 *Back v. Stacey*, 2 C. & P. 465.

〔6〕 Cf. *Beadel v. Perry*, L. R. 3 Eq. 465; *City of London Brewery Co. v. Tennant*, L. R. 9 Ch. 212, 220; *Hackett v. Baiss*, L. R. 20 Eq. 494; *Theed v. Debenham*, 2 Ch. D. 165.

129 轨上，全神贯注地盯着一辆火车向他驶来，把他撞了。就该行为是不是一个具有平均行为能力人的行为，法官不会交给陪审团评判。假设他被撞时正穿越铁轨，视线双向可达半英里，且没有看到一辆火车，则其是否存在过失，法官同样不会交给陪审团评判。处于这二者之间的案件，法官可能会交由陪审团评判。就此，假设看不到更多涉案因素，通过数学运算，（当事人离铁轨的）安全距离显然是接近一英尺〔1〕。

过失侵权案的案情如果频繁重演，而法官不变，在多次交给陪审团后，长此以往，该法官就能够制定出法则。但大量过失侵权案并不常见，比较棘手，且涉案因素极尽繁复，故法官干脆将事务一体打包，开心地交给陪审团予定予夺。

我将过失侵权与其他种类的侵权行为的相互关系问题放到下一讲。

---

〔1〕［译者注］可能当时的火车每边宽出铁轨一英尺。

第四讲　欺诈、恶意与故意

——侵权行为理论

接下来讨论欺诈、恶意与故意等课题。在探 130
讨非蓄意的不法行为时，最大的难点是如何跨越这一原则，即人当自甘后果而行为。而下文的难点在于如何证明这一点，即前述几个关键词所描述的真实恶性，并不在相关民事不法行为规范的要件之列。

此前讨论刑法时已经说明，在日常语境中，当我们说一个行为具备恶意，我们是要说，其对另一人的侵害，乃是故意造成的，而该等侵害，是为了侵害而侵害，是内在于其自身的目的[1]。可是，为了刑法的目的，意图自身就是重要的，它与附加了恶意的意图具有相同的后果。据分析，意图被构造为，预见侵害后果，并希望产生该后果。该种希望被视为行为的动机。而当于这般构造之中，预见力似再一次成为唯一厚重的要

---

[1] ［译者注］这个用语是故意模仿和揶揄《道德形而上学》。

件。在论证的最后一步，预见力的学术性被减等，因，论证出的结论就是，除开我此前阐释的除外情形，一般而言，刑事责任的一般
131 基础乃是认识力，即当于行为之时，行为人认识到若干事实情况，而日常经验表明，某些侵害后果有可能跟随产生。

接下来要探寻，民法层面有没有可能作类似推演，欺诈性的、恶意的、蓄意的以及过失的不法行为，在哲学层面上是否可归拢为相同序列的相同类属。

先作一番简明实用的解释。如上讲义[1]表明，尽管行为常常带有意图的因素，但法律对行为本身是漠视的。行为乃肌肉伸缩的有意联动。但行为所携带的意图应当止步于此。肌肉的牵动或联动本身是不致害的，除非周遭之情形与之相伴而生，可是，行为单纯发生的，该周遭情形并不必然相伴相生。在大漠之中击出一拳，与在闹市之中击出一拳，两个行为并无差别。

如上讲义也让人思考，行为本身并没有导致也不应当导致民事责任或刑事责任。这至少对一组行为是常常适用的，即便该组行为进一步牵动了肌肉伸缩，或携带了进一步的意图。譬如说，该组动作是说了一句虚假陈述，称某只木桶里盛放了上好的鲭鱼。该句虚假陈述，是属于躲在橱柜里秘密自语，还是属于与另一人讨价还价，均是相同的一组行为。肌肉联动所发的第一个音节，在每一种情况下都携带着进一步的意图，要去说出木桶里盛有某物，而该意图，由词汇的顺序所展示。可是，对两组相同的动作及其意图
132 本身，法律均漠然视之。孤立地看，两句话皆无辜，而唯在周遭情形同现的，得以成为担责的基础。

法律责任意义上所谓的意图，是一种以控辩中的侵害后果为

[1] [译者注]第二讲，刑法。

导向的意图，它至少是以侵害后果为导向的。没有必要在每一个案件中倒查，以剖析肌肉伸缩中包含了哪一组动作。即便一行为产生侵害后果，欲令行为人领责，仍不够用。据此原则，我们常常心无挂碍地推想，作为一个孤立的因子，一组动作本身无关紧要，欲令行为人自甘风险，须考虑行为为何等情形或事实所映衬。要记住这一点，不然，如下探讨的内容会令人费解，也会浪费重复解释的口舌。

据人说，在责任的组成要件中，欺诈、恶意和蓄意必不可少，而予以追责的主要行为方式，有欺诈、口头和书面诽谤、诬告、协议串通，或还可以包括动产侵占。

诈骗之观念，乃取自道德领域，在通俗意义上，其明显含有邪恶之意。一般来说，普通法原理所表达的欺骗，仅仅与真实的恶行或真实的恶意相一致。设有一人，对另一人做出虚假陈述，其明知其陈述为编造，而其意图，在令听取陈述之人信以为真，并据此行为。如听取陈述之人果然信服该陈述，并自作自受，则通说认为，在此等欺诈之诉中，虚假陈述人应当领责。这是一种典型的情形，是道德上蓄意的不法行为。试析当事人的行为如下。此诈骗行为，以一定的顺序表达出若干词句，而表达人明知该等表达在对方听来是何表意。可是，该表达，加上对其含义的知情，既非道德的，又非不道德的。再进一步，实施该表达行为时，明知另一人在场，并收听了该表达，该行为依然不具道德上的决定性。欲令该行为不道德，须具有该等要件：行为人认识到其陈述为假，并意图令收听人据此而行事。 133

接下来的一个大问题，是该等意图是否可以缩限为其他情形中相同的术语。这个问题不难回答。欲令他人将按照虚假陈述而行事的意图，可以如此证实，即被告明知对方当事人将照此行事。

假如行为人预见到后果,就须担责,不管其动机是意图诱导对方照此行事,还是己方出于隐私的考量而不想说实话。假如被告明知一个事实既存[对方当事人具有(照其谎话而行事的)意图],而据一般经验,该等事实可能会使得被告之行为造成损害后果,则,无论其是否预见该后果,他都应承担责任。

在此话题之下,一个孤零零的例证引出一个普遍的结论。行文至此,可以说,认识到单个情形之既存事实的,小足以明大。该既存之实情,可以单指对方当事人有意依照虚假陈述而行事,而无须证明说谎者具有诱导对方行事之意图。因为,前文已经表明,知情足以证明(知情人对损害后果的)预见力,而知情又为意图所包
134 容〔1〕。由此,证明了意图的,也就证明了知情,而相较知情,意图更易得到证明。可是,证明了知情,却未必就能证明意图。

然而,也可以说,前述情形中人所暗指或推定的意图,就是人所预设的意图。如此,只会借用拟制而助力创建一套伪说。这与推定认为盖印契约中存在对价高度相似。它不过是形式主义学说的一种掩盖手段。所有的合同皆有对价,但一个鲜明的事实是,盖印契约不需要对价〔2〕。无论何时,只要认为责任有其要义,但其要义须从别处所推定,就可以有理由怀疑,该要义在乎于该别处本身,而不在乎于从该别处中得出的推定。

就欺骗之意图,我们不应止步于前述孤立的示例。法律要求我们去举证的,要么是该意图的存在性,要么是对方对该意图进行推论的正当性。这种要求的整体含义是,在给定的情形下,当事人的陈述,须有一个自然而明确的态势,以诱导收听人形成一个意见,即陈述人作出陈述时,带有令收听人据此行事的观点,并以此

〔1〕 [译者注]这是霍姆斯在第二讲刑法中的观点。
〔2〕 [译者注]第七讲。

而诱导收听人信任陈述和据此行事。因此,意图的标准,实在是给定情形下的外在行为标准,前文有关刑法的分析也能良好地运用于此。

这还不够。如上一讲所说明,法所追求的,是细则,法需要决定,在具体案件中,当事人陈述所附带的态势有哪些——比方说,
卖马时,称马匹的健康状态良好。笼统地讲,法律需要搞清楚,对 135
事实的哪些陈述,会令对方决意信赖。这般细则之外,就是归属陪审团的留白之地。

欺骗的另一个道德要件,就是明知陈述为假。严格说来,我并不很在意于此,因为,当风险的要件被缩限为行为和知情之时,明知陈述为假的道德性问题,也就论证完成了。话又说回来,如能将对虚假陈述的知情转化为一个不必然携带恶性之含义的程式[当然,事实上,这种知情一般都伴随着恶性],这个问题对于证明另一个大命题会有所助益,即一切的法,都要提炼道德,实现为外在标准。一旦我们开始批判性地看待它,道德性便会褪去。

若陈述涉嫌诱导,并被证明为伪,有一个问题:在何等给定情形下可以将陈述风险放置在陈述人之身?如今的法很明确,设有一人,以明约为陈述,或法律上可以解读出其在议价过程中暗示为这般陈述,则其应当自甘陈述之风险。他可以用法言法语保证其陈述的真实性,而如其非为真实,则法会认定他欺诈。陈述人自己信以为真,与他明知陈述为假却意图欺骗,法律的认定是一样的。举一个例子。一人卖马,做出保证,称该马五岁,而其实该马有十三岁。即便卖马人以为该马只有五岁,在普通法上,他还是可以被诉欺骗[1]。因此,比诸道德上的欺诈,普通法上的虚假陈述具有

[1] *Williamson v. Allison*, 2 East, 446.

更为宽泛的意蕴。

但通说还是认为,只要陈述为“恶意”做出便足矣,对内容真假
136 是否知情在所不论。来分析“恶意”的含义。它并不表明陈述人对内容的真实性漠不关心,而只表明陈述不充分,并且只能推论认为陈述人对其真实性漠不关心,否则无法解释为什么其陈述不充分。进一步说,重复前文的分析思路,该词意指,在适用普遍的客观标准时,法律决意认为,陈述人无论出于何等心态,即便他心灵澄净,全无恶意,对其陈述之内容,他一概要负责。

由此,前文所分析认为能够适用于意图的类似推理方式,也能适用于虚假陈述。要证明陈述人做出了陈述为真的保证,总会缺少证据。相较而言,证明实际知情的难度往往更小。这就承载了前述浓缩要件。一旦证明缩限要件已经够用,则就可以证明,法律已经做好将外在和客观标准适用于该领域的准备。

衡平法院走到了另一个极端,制定了一条完全不顾被告真实道德状态的规则:“如一人向另一人做出业务上的陈述,以诱导对方配合该陈述而行事,则,无论陈述人明知陈述内容不真实,还是其信以为其陈述内容为真但其实为假,都完全无关紧要。”[1]

137 司法实践或须用一条更为紧窄的规则来调和,但前述规则至少表明,在商务活动中,人应当自甘冒险而做出陈述[只要该陈述可能被作为对方行事的基础]。这条法则很难为政策所调整。要牢记可归责性的道德出发点。法律不能对此视而不见。如某些事实能让任意一个睿智而谨慎的人表示信服为真,则陈述听取人可以据此等事实而行事,而不必承担后果。信息披露的公共便利性和自由必要性,甚至惠及了由第三人所为之口头诽谤(的争议,因

〔1〕 *Leather v. Simpson*, L. R. 11 Eq. 398, 406. 话又说回来,也有极端道德化的观点,见 *Weir v. Bell*, 3 Ex. D. 238, 243。

为法律要求该第三人自行承担诽谤的后果)。在我看来,既然如此,我们似乎更有理由认为,有些人虽然对这种便利性和必要性怨声载道,但如果在他们的要求下,别人向其进行了陈述,则这种便利性和必要性也能有利于解决从这一类陈述中产生的争议。

从任意层面上看,普通法保持了道德法则的参照系,在欺诈的基石之上行走。普通法并不坚持要求每个人都自甘说话的后果。但从道德基础出发,普通法又发展出一套有关欺诈的外在标准,要求每个人都像一个一般能力人那样避免去欺诈他人。如其他领域一样,普通法缓缓地累积了众多先例,作出规定,特定情形下的特定陈述之责任,当归属于陈述人自身。

就诈骗之行为,风险承担主体的评判要件如下:第一,所陈述之事实,其旨趣具有严肃性;第二,明知对方在场,能够听到陈述;第三,所陈述之事实,足以确保对方产生期待,或对方有可能据其而行事[就哪些事实足以令对方产生期待,法院在若干情形下已有裁判;对于法院尚未裁判的情形,据前文分析之原则,留待陪审团裁断〔1〕];第四,其陈述为虚假。此一虚假性为已知,不然,那般用 138
来证明陈述事项的已知证据将会走样,无从保证我们从人类经验之普遍历程中所生发的信仰。[就此,法院也设立了若干细致的规则〔2〕。]

接下来,我开始讨论口头诽谤的规制。通说认为,恶意乃是归责之要件:须有恶意之存在,而法律也可以单从言辞中推定当事人存在恶意;如你能证明,言辞的宣之于口,有其特殊情形,在此之下,当事人的对话受到法律的优待,那么,你可以推翻法律所推定

---

〔1〕 [译者注]行为是否出于平均认知力,法官可以自行判断绝对的是与绝对的否。这两个极端情形之间的中间状态越来越多,于是,就处于半影区的中间状态,法官可能选择交由陪审团分析评判。见第三讲,边码 123-129。

〔2〕 就真切知情与真实意图,见第二讲,第 57 页[译者注:边码 57]。

的恶意——如律师在必要环节进行答辩，又如，在被他人问及前家政人员的品性时，(前家主)出于诚实信用而作答；通说还认为，听到这种抗辩意见的，在若干情况之下，原告还可以提出证据，证明被告当时的言论就是出于真实的恶意。

以上这般声音听来，就涉诉之损害后果，欲认定行为的不法行，即便行为人没有恶意，他也至少须存在真实之意图。可是，道理并非如此。原因在于，尽管“恶意”一词在使用中常常指向其道德标准之本源，但是，以宣之于口的言词为证据，去推断被告具有恶意，这条规则等于是在说，无论被告出于有意还是无意，只要具有外宣于口的言论，原告所遭之厄都是可诉的。这又落入(人当自甘风险而行事的)一般归责原理之范畴，因为谤辞的(法律评价)态势是，看其是否对言语对象造成了伤害。同理，抗辩的实在基础，
139 不在说伤害并非出于有意——这相当于被告丧失了抗辩权；抗辩的实在基础是，无论被告出于有意还是无意——即便其预见到了伤害，而且对此喜闻乐见——实际情况以及该言论所处之给定情形能够让法律作出评判，之于言论自由，原告所受之伤乃是次要的。

要将同样的分析方法运用到如上论证思路的最后一段，难度更大，但并非不可能。话说，原告或会遭遇这般情形，他证明了被告存在真实恶意，意即，被告存在真切的致害意图，但法律最终偏向被告，并查明案涉之谈话责任应予以特免。可问题是，真实恶意以何等方式查明？是证明被告明知其陈述为虚假，还是该虚假陈述大幅度超出该场合所需的程度？到此为止，比起被告的意图，法律所关注的事项完全不同，这还不够明显吗？被告不仅预见到会给原告造成伤害，而且对此乐见其成，这是事实，但相比之下，法律更重视给予其谈话责任以特免。这个问题又一次彻底变成认知力

问题或其他外在标准问题。认知力何以如此重要?在特定情形下,人有权对邻人作出虚假陈述。其理由为何,一直语焉不详。人人都应当享有免于恐惧的自由,以在特定情形之下释放完美的信息,这符合公共福祉,可是,撒谎在任何时代都无益于公共福祉;如陈述为假,或超出特定场合所需的程度,就没有必要作出该陈述,以保证言论自由之原则。于是,无论当事人是否预见到恶果,皆由 140
其自甘风险作出陈述,以免其陈述为假。这符合日常法则。被告应当担责,理由不在其意图的恶性,而在,其作出了虚假陈述,却没有找到脱责的理由。

比起欺诈,口头诽谤行为的责任认定条件要更少,因为在态势上,口头诽谤的普遍危害性更大。须有与行为相应相生的背景。须至少有一名陈述针对者在场。还须有一人听见并理解该陈述,而该陈述须为虚假。可是,最后一个事项是否不需要已知,是可以讨论的,因为法律至少没有对怨怼之辞[1]的虚假性提出这个要求,并且,除非当事人明知其处于责任特免的情形,否则,即便他作出了一个并无指向性的陈述,也当承担风险。设有一人,自以为在喃喃自语,言语中却将一个罪名安在邻人之身,而法律否定其无责,那么,这种否定并没有大幅减损自由度。不过,法律会否走到这一步,似不明朗。

接下来一个涉及责任承担的诉讼形式,其意义相对较小。我此处指代恶意诉讼之诉。如有一人,怀揣恶性,缺乏合理原因[2],基于虚构的指控,而对另一人提起刑事或民事诉讼,则受损害的人可以对该人提诉,以填补损害。当然,所谓缺乏合理原因,指代的

---

〔1〕［译者注］charge。

〔2〕［译者注］原文是 probable cause。在刑法中,probable cause 指代怀疑某人犯罪或某场所存有与犯罪行为之关联物的合理理由。在侵权行为法中,该表述指代合理相信诉讼主张所依赖的基础事实是存在的。

仅仅是被告的认知状态,而非其意图。此处的含义是,被告提起诉讼之时,他本人所认知之事实,缺乏合理原因。但适用于被告之意
141 识的判断标准,也是外在的。问题不在他是否认为(他所掌握的)事实构建出合理原因,而在于法院是否如此认为。

接下来考察恶意。被告的行为,是提起了一个基于其陈述的诉讼,而该陈述实际上是虚构的,且不会被采信。此乃问题的根源。假如该陈述为真,或者,假如原告(在该恶意诉讼中)被判罪名成立,即便时过境迁,他又拿出证据,表明自己被错判有罪,则被告无论当时的恶性有多大,其陈述多么无根无据,都没有风险。

但还要假设陈述为假,且不会被采信。人会不假思索地认为,所谓恶意,其原初的含义,指被告动机不正,意图通过虚假陈述来陷害原告。就此,法律上的救济方式再一次从道德基础出发。这一情形无疑近似于惩治共谋之律法的久远发轫期。当于彼时,一人图谋摧毁其敌,偶尔会动用刑法来对付他;若是合谋图之,(对于这般构陷)法律上是可罚的。世人惴惴不安地下结论说,与共谋的论罪基础相似,若是单人动了恶念,如法炮制其手段,该人亦当领责[1]。我必须完全承认,迄今为止,海量的判例表明,一般意义上的恶意,均须证明为明确的事实,且均须由陪审团判定。

但在接受如上观点之前,须予以斟酌。一般认为,仅有恶意尚
142 不足[2],还须有合理原因(的缺位),可是,“案情不仅须对于本案当事人为充分,还须充分到足以诱导一个清醒、理智而审慎的人据而行事,不然,该(恶意诉讼之)诉就丧失了一般基础,而其正当性须予以否定”。[3] 一方面,仅凭借恶意之理由,不能使人因提起无

---

〔1〕 Cf. *Knight v. German*, Cro. Eliz. 70; s. c. , ib. 134.

〔2〕 *Mitchell v. Jenkins*, 5 B. & Ad. 588, 594; *Turner v. Ambler*, 10 Q. B. 252, 257, 261.

〔3〕 Redfield C. J. in *Barron v. Mason*, 31 Vt. 189, 197.

合理原因之诉而得咎；另一方面，评价他的辩解理由，不能只依赖其自身对于事实的理解，还要依赖法院的理解。将其真实的道德状态排除到此地步，就不会轻信和重视不当动机的存在性。无论恶意在其他场合指代何意，本类案件中的恶意，应当作此理解[1]。因为，如其在恶意诉讼中顺利提诉，其恶的效果当然就等于其意图加给被诉方的。我只能如此理解，陪审团评判恶意，其决定性证据是，陈述人在作出虚假陈述时即认为或知晓其陈述为假。如我理解不差，则不需要再重复（前文阐述的归责）基础。恶意不是关键，而被告所掌握的事实才是。

显然，为启动常规的法律程序，当事人得时时精心迈步和落脚。不过完全有此可能，即（恶意诉讼之诉）当限定于针对那般怀揣不当动机的恶意诉讼，至少应当限定于被告自以为具有合理原因（但法院却认为其缺乏）的诉。这般限定仅适用于有关民事责任的法。可是，不法行为的本质尤为特殊，且与本书所推演的归责理论具有如下的一致性，即应当将道德意味浓厚的具体侵害行为限定在给定的情境下（进行法律评价）。

就被告之意识的道德性，还剩下一个重要的诉讼理由，即合 143
谋。在旧时代，以合谋之名的诉，当属恶意诉讼，它明确指代若干人等出于邪恶动机而合谋构陷某人。而到了现代，如人被指控为合谋，该诉的法律意义仅仅在于，两个以上人士有合作行为的，其中任意一人行为的效力及于全体。一般而言，其归责基础不在乎行为人的合作或合谋，因该行为在性质上须被假定为单人所完成，换言之，在此情形下，调查单人还是多人完成无关宏旨。显然，此种效果有时并不能取得，要证实行为的侵害性，须得将各个单人之

---

[1] *Mitchell v. Jenkins*, 5 B. & Ad. 588, 595.

行为予以合并,如在学校理事会将一名教师予以革除的情形。合谋通常能够左右审判,但也有例外。不过,也可以如此提问,即便校理事会有权开除教职人员,但如有证据显示此举乃是出于恶意,该证据会否成就诉由。人或会说,政策不可步入司法判决的身后,但是,在有真实恶意却无诉由的情形,可以撤掉这层防护,因为,虽说政策不要求判决必须承担政治正确的风险,但要求其诚诚恳恳地基于实体法而作出[1]。

就真实恶意如何影响行为人的责任,还能在其他法律中找到类似如上诉讼形式的零星范例。我们再次讨论不法占有或处分[2]他人动产的请求返还动产之诉。在该诉中,何谓行使所有
144 权,其本质既缥缈,又混沌,但有判例认为,该等侵占行为应具有"行使所有权的、与实际所有权人的占有权相矛盾的意图"[3]。这庶几同于偷盗罪[4]之原理的模糊掠影,无须深入,无须展开。与偷盗罪原理类似,一般认为,请求返还动产之诉的范畴,在原告的财产为剥夺。当然在实践中,只要是占有人,都有诉权,并且,一言以蔽之,夺回不法占有最为简洁的方法,就是提起请求返还动产之诉。

侵权行为法多少与其他法律不同,其一般宗旨,是要保障人的人格、名誉或财产不受来自其邻人的各样侵害。如此防护,不是因为其有错,而是因为其有害。我已阐明,侵权行为法中的责任往往涉及道德标准,其真实原因不在提升民智,而在提供一个公平的机会,不令人为侵害行为,以免其自身承担责任。社会政策任凭事故发生而消极无为(并一概令行为人承担后果),而合理的自由理念

---

〔1〕 See *Burton v. Fulton*,49 Penn. St. 151.

〔2〕 [译者注]原文是 Conversion,其包括"不法占有或处分"两种侵害行为。

〔3〕 Rolfe,B. in *Fouldes v. Willoughby*,8 Meeson & Welsby,540.

〔4〕 [译者注]原文是 larceny。

保护他人不受行为人的侵害。侵权行为法有意识地对社会政策和自由理念予以融合。

但法律没有打算保障人免受一切侵害。一个人百无禁忌,为所欲为,会干扰邻人同等重视的无限权利。有时候,法律明知行为人预见到其行为会对他人造成侵害后果,还是许可他如此行为。他可以起诉一个真实的罪行〔1〕。他明明预见到,如自己参与竞 145
争,会削减其他店主的收入,甚至断其营生,但他还是可以开业揽客。他可以起一座高楼,挡住别人的好山好水。他可以汲取地下水,抽干人家的井。此处还可以举大量的例子。

实施如上行为的,明显预料到了恶果。似可以推测,这般行为的实施和完成,就是出于故意,甚至是恶意。本讲之论证以及前文倾向于得出这般结论。倘使归责制度的要旨,只是要阻止或预防侵害,以与事故制造者当自负其责的极端政策看齐,鉴于法律心照不宣地放任侵害加之于他人之身,则可以表达一个强烈的观点:侵害人决意为恶的,恶意是否彰显于外,根本无所谓。这种情况有可能发生,且不会动摇本书的基本观点。我不希望它发生,判例也大多也阻止其发生。

因为,法律一方面不顾施害人的道德状态,放任其施加若干侵害,另一面却以社会政策为基础,毫不顾及归责制度,令人自甘商贸活动的全部风险。此类情形在上一讲已有提及〔2〕,对此还将予以阐释。

侵权行为法上的责任在如上两端之间游走,其归责之基础,是视被告在作为或不作为的当口,有无合理之时机避免其所施加之

---

〔1〕［译者注］公诉人故意让犯罪行为人受到制裁和伤害。

〔2〕同上,第 115 页以下。［译者注］原书中,前注是 Rolfe, B. in *Fouldes v. Willoughby*, 8 Meeson & Welsby, 540. 作者在本句中指代有关商法利用占有制度破除了所有权之绝对性的论述。见边码 100。

146 侵害。可是,归责之细则,只粗略参照一个具有平均认知力的人的行为,故归责之细则将其自身与公共政策之细则并排摆放,而丧失了自己的基础。于是,一眼就能看出,那般无关侵权责任的规则,与过错之间有时存在遥远的联系,而同样浅显的是,以过失之一般观念为起点的规则,则外在地关联了公共政策的基础。

讨论了前述两个极端,人应当在一般意义上的哪个起点开始自己背负行为风险,就方便确定了。我们理解,该起点在原则上由侵权行为法来决定,同时,鉴于传统并未令法律与我们所坚信的理论相偏离,我们可以取得起分点的共同基础,可以握住解决总命题的钥匙。经过前文的阐释,我发现了该基础,即对行为之情境的知情,而该等行为的善恶只能在该情形下进行评价。

此前已完成从意图和预见力沉降下来的推演阶段,并或许已取得一个共同基础,故此,在探讨该起分标准之前,有必要对之予以记述。在恶意和过失的两造,所有不法行为的共同分母,可能就是预见力。只要与前文所述之法律容忍蓄意害人的情形不冲突,法律的宗旨在于防范和保障人免遭邻人的毒手。倘若一人预见到自己的行为会造成侵害后果,则免责条款不再适用,而他应当承担
147 责任。不过,前文已述,此人应当如同一个具有平均审慎力和认知力的人一样,在行为前已经预见,因此,如该审慎能力人应当已经预见侵害后果一样,此人也应当承担责任。

相应地,可以如此表述,所有的过失案件,其归责基础都在行为人预见或应当预见侵害后果。甚至还可以运用如下粗糙的法则,对预见力开展进一步挤压:可以如此推定,每个人自身的行为所产生的自然后果,都是他所意图的。已经偶有人运用该表述方

式[1]。在刑法领域,如以意图为立论基础,该表述运用得尤其频繁[2]。比起前一个拟制,后一个拟制更不可捉摸,但少了一些哲学意味,不过,它们都是拟制。过失并不等于预见力,而恰恰是缺乏预见力;而若预见力的有无是推定出来的,于是,要使得预见成为可能,推定之基础当在于对事实的知情,而这就成为核心要件。

接下来,欲将知情作为真正的起分点,下一个问题是,在给定之情形,如何确定行为之情境,以令行为人为行为之后果负责。该情境当足以令一个具有平均审慎力的人感知到危险,而未必要求他明确知晓行为的具体侵害后果。可是,这一标准还是模糊。究竟是哪些情境?答案必须从经验中获得。

不过,上一讲和本讲还遗留了一个含糊的问题,而行文至此,
必须着手予以解决。我已经提出,如果一个具有平凡认知力的人 148
预见到其行为在特定情境下具有危险性,而着手该行为的,该行为就具有可归责性。但这个也有例外。设有十二名武装大汉,以害某人之性命相恐吓。慑于此等淫威,此人进入他人之地界,牵走了一匹马。此人当然料想得到,其行为之后果就是一种侵害。不过,该行为既不具有可归责性,又不具有可罚性。但其却具有可诉性。在审理基尔伯特诉斯通案[*Gilbert v. Stone*[3]]时,首席大法官罗尔就提出了该观点。如其观点为恒法,就能衡量和决定,被告是否存在避免侵害的良机。可以充分认为,被告使用最为巧妙的方式赎了自己的命,却没有理由蓄意而一劳永逸地将自己的厄运转移到其邻人的肩上。

不可以仅仅因为某些行为具有可诉性,而推论认为,法律对其

---

〔1〕 See e. g. ,Cooley,Torts,164.

〔2〕 *Rex v. Dixon*,3 Maule & Selwyn,11,15;*Reg. v. Hicklin*,L. R. 3 Q. B. 360;5 C. & P. 266 n.

〔3〕 Aleyn,35;Style,72;A. D. 1648.

存在负面看法,且要对之加以防范。据请求返还动产之诉,一人侵占邻人之财产的,当予赔款。据同等思路,我国的磨坊法规定,磨坊主淹没邻人之农田的,当予赔款。可是,新建磨坊的,该法又许可和鼓励磨坊主淹没农田。

(对现象)进行法律区分时,不可让道德优先论扰乱心智。倘若只将可归责性认定为唯一标准,如何区分请求返还动产之诉与磨坊法?如何区分应予禁止和应予征税的行为?我只区分这两类行为所伴随的不同后果。法谚云,双方皆有过错的,应予被告更大
149 赢面[1]。在判定合同无效时,或会参考该法谚。其表明相关行为不受法律保护。此外,其他行为受法律保护[2]。若要将行为区分为应予禁止的和应予课税的,势必要用到该法谚。这一孤例证明了我的观点。

但如果该观点是正确的,人对行为承担责任的,未必意味着其行为具有不法性。承认这一点丝毫不会削弱上一讲提出的观点,即人若无法避免意外,则无须领责。

不过,行文至此,是否要支持首席大法官罗尔的判词,尚有疑虑。爆竹案,即斯科特诉谢泼德案[3]以及若干教科书中,多少都提出了一些相反的观点[4]。倘使后者才是恒法,则行为不仅要具有危险性,且具有能让一个平庸认知力的人领责的可归责性,如此才能归责于行为人。不过,且将遗世独立的基尔伯特诉斯通案放置一边,前述两套检测标准毕竟已经达成了一致,如下内容也不再

---

〔1〕[译者注]原文是 *in pari delicto potior est conditio defendis*。也有"双方皆有过错的,应予占有人更大赢面"之意。

〔2〕1 Kent(12th ed.),467,n. 1;6 Am. Law Rev. 723-725;7 id. 652.

〔3〕[译者注]见边码 92。

〔4〕2 Wm. Bl. 892, A. D. 1773; *supra*, p. 92; Addison on Torts(4th ed.),264, citing Y. B. 37 Hen. VI. 37, pl. 26, which hardly sustains the broad language of the text.

探讨它们之间的差异。

由此,我再说一次,就特定情境下的给定行为,危险度须达到何等程度,方足以将风险置于行为人之身,这应当由经验来判定。

比方说,经验表明,存在大量的枪支,我们以为它们已经卸了膛,结果却走了火,伤了人。任何一个具有平凡认知力和审慎度的社会人都能预见到,即便有人告诉他,该枪已经卸膛,如果他事前 150
不作检查,而将枪支举对人群,并扣动扳机,这种举动也有其危险性。由此,干犯此事的人,当自甘行为的风险,而倘使危险随之降临,行为人当负其责。如此认为不无道理。举枪、扣动扳机,这两个相互呼应的动作,以及由该等呼应所表彰的意图和知情,如果不与其他情况相呼应,则完全没有可归责性。如没有其他情况相衔接,则这般行为不会对任何人构成侵害之威胁。可是,再添加一个情形,如有人站在枪支前方,且在子弹射程之内,在任何已知该情形的人看来,这个行为都是危险的。没有必要再参考具有平凡审慎力者的审慎力,也没有必要再去参考一般经验。事实已经给他们上了一课,也已经生成了一个具体而外在的归责之律条。一人掀开枪管的护盖,把枪支指向在场的另一人,就要对后果负责。

一个具有审慎力的人在给定情形下该当如何行为,这个问题就等同于,根据经验的教导,在此等或彼等情形下,此行为或彼行为的危险性质是什么;经验的教导属于事实问题,这就难怪法官为什么要寻求陪审团的意见。不过,这些事实问题的功能既有特殊性,又有针对性。它们唯一倚仗的,是这个问题的答案:在案件的给定情形下,应当何为,应当何不为;不能这么问:被告是如何行为的?故这类事实事项的功能在于,它们能给行为立法。

有时候,法院会被若干更为特殊的事实所引导,而制定出法则;仿佛立法机构专门出台了某制定法,而摆在审判庭面前的某个 151

案件,恰恰落入其文意;仿佛特殊利益集团或最广泛民众在实践中已经生成了一套法外之法,并盼望法院能够认可之、适用之。这是事实领域的事项,(在司法实践中)有时也是如此诉求的。其唯一的重要性在于,这些事项据信能够引导和启发法院制定行为规则,或曰法律规则。一旦这种启发落到实处,这些事项便趋于消散[1]。如事实事项只是法律决定——意即立法基础——的动机,而地位待定,法官会以一定方式将之确定下来,以平慰自己的良心。由此,法院在司法实践中认可了有权机关的制定法,而对于由其他有权机关制定的智商可疑的制定法,则交由陪审团[2]。在司法过程中,法院或会认可商人习惯法[3]。较早之前,(如有一诉,)在当事人提出诉求不充分抗辩之后,法院至少要审查其是否存在行为上的不容否认[4]。在曼斯菲尔德勋爵及其继任者的时代,法院这般操作,或是基于特别陪审团的陈述,或如我国如今的实践,是基于普通陪审团对证人证言的调查结论。不过,教科书上能找到相当多的实例,表明一旦得到确认,事实问题瞬时就变得门庭冷落,让位于法律规则。

152 (与程序法中事实问题转换为行为法则一样)就经验的教导,我们还能看到相同的转型。毫无疑问,在大量案件中,法官都会侧过身子,寻求陪审团的帮助;但还有大量的案例,经验的教导已经

---

〔1〕 Compare *Crouch v. London & N. W. R. Co.*, 14 C. B. 255, 283; *Calye's Case*, 8 Co. Rep. 32; Co. Lit. 89 *a*, n. 7; 1 Ch. Pl. (1st ed.), 219, (6th ed.), 216, 217; 7 Am. Law Rev. 656 *et seq*.

〔2〕 But cf. *The Pawashick*, 2 Lowell, 142.

〔3〕 *Gibson v. Stevens*, 8 How. 384, 398, 399; *Barnett v. Brandão*, 6 Man. & Gr. 630, 665; *Hawkins v. Cardy*, 1 Ld. Raym. 360.

〔4〕 原文是斜体的法语术语 *in pais*。其指代 estoppel in pais,等于 equitable estoppel(衡平法上的不容否认)或 estoppel in conduct(行为上的不容否认)。这与 legal estoppel(普通法上的不容否认)相对应。普通法上的不容否认,主要指文书上已有的承诺不容后来反言。

写入特别法。有些行为本来无所谓善恶与否，但一旦其自然地与周遭之情形联结起来，行为人就得自甘行为的风险。鉴于此，该等特别法彼此之间存在差异。周遭情形越来越繁复，法官斩断求助陪审团之环节的态势就越来越强烈。可以通过枚举的方式，一路追踪同类案件从单纯到繁复的上升路线。尤其要留心，较之于过失领域内创建的法律规则，基于其他社会政策而制定的法律规则，这二者区分起来有其难度。

我们发现，在前述全部案件中，被告的动作乃出于自愿。关于为何要做这般要求，上一讲已经给出了理由。不要求行为人一定追求或预见到行为的恶果，但要求他一定是出于自己的选择而行为和致害。可是，不仅光有自愿的动作不够，有了前后呼应的动作或行为，也还不够。但是，比起孤立的动作，前后呼应的连续性动作更能彰显意图，有时候也能切实地证明行为人对一个或多个周遭情形的知情。由此，就出现了这般判例，乃仅仅通过必要论证得出了默示的意图或知情，就足以将行为之风险置于行为人之身。

设有一人，施展名为步行的连续性动作。可以负责任地推断， 153
此人应当知晓土地就在其脚下。该行为本身无所谓善恶。如该人以锻炼身体的目的而在私人跑步机[1]上持续行走，确无法律风险；但如其在地面上开展同样的动作，他必定知晓土地就在其脚下。因了该等知情，这人在某些层面就得自甘行走之风险。如其穿逾邻人的地界，就是侵权。该等规范何以严厉至此，上一讲已有说明。历史或更为厚重，公共政策之古今观或更深远，而我不介意进一步为该等规范正名。不过，其实这是可领悟得通的。该人知晓其在地面上行走，知晓周遭都是私人土地，他无权步入，也知晓

---

〔1〕［译者注］19世纪的跑步机乃以人力代水流开展碾磨，实为一种刑罚。

如不加适当引导,其步履会将其带入其中。由此,这人已收到警示,而行为之负担将扛于自身。

但行走之后果并不总是降于这人之身。如这人在街市上撞倒一人,除非他有过失,否则不应领责。法律身处传统的光芒交汇之处,令人疑惑。法律已经上升为赏心悦目的一般理论,而吾人很难察觉。尽管如此,给定的周遭情形所附随的不同风险各有其本质和程度,故这等法律是人力所能辨明的。

行走的例子很浅显。我们来探讨财产权的有形客体,这个难
154 度大了一些。可以认为,一般而言,人当自甘冒险去干犯此类物。这人可能真心相信,自己享有该物的所有权,或该物是无主的,或所有权人已经许可他动用,或在他本人的情形,法律已经限制了所有权的范畴。这人在赌真相,如果真相与臆断相左,则其当为其行为担责。前文已述,这人明知自己正在对该财产行使所有权,或明知自己正在侵害所有权,是故,其权利受到质疑的,只能奋起捍卫。

正如上一讲所述,无论这条严格法是否基于可归责性的一般原理,或古今之政策的专门研究成果,社会政策已圈定了其适用范围。

另有一种行为,只要行为人对行为本身知情,便须自甘冒险。此乃蓄养虎熊之类的猛兽。此类畜生逃走为害的,只要证明物主有蓄养行为,他就得担责。要特别留意,在这类情形下,在对涉案之侵害后果进行归因时,有责的选择行为处于一个相对提前的时刻。在一般情形下,侵害行为被选定为侵害后果的最直接原因。但在此处,豢养野兽一般并无过失问题,在绝大部分情形,物主选择饲养,这本身就足以认定其责任。经验已经表明,虎与熊无时不刻不在寻找逃生手段,而一旦逃走,会暴虐为害。危险性的大与
155 小,具有同等的致害可能性,由此,就此等冒险行为,谁将此等风险

引入社会,法律就将风险甩给谁。

一般而言,行为人须得审慎行为和承担风险,而前述选择行为的侵害可能性被提前考虑,这表明,将风险甩给物主,是出于其他原因。有证据表明,该行为的归责基础,是行为人在久远之前存在疏虞[1]。可是,法律并不禁止展览野生动物,完全不认为其具备可归责性。不仅如此,相较于野生动物的展览行为,法律更制定严格法,助力社会保护相关之交易。

此类案例中,法律责任的基础不在行为人的可归责性,即该人本应如一个普通人那样,有机会避免为侵害之行为。此类案例的责任基础,当在与传统相伴而生的社会政策中寻得。前述行为人在久远之前所存在的疏虞,也证明了此前的观点,即要判定一条法则的制定和存活,是特殊土壤所致,还是制定者在过失领域中培植了它,这有其难度。

还要注意,假如被告对于老虎的本性不知情,我们不能说,他出于理性而为的选择行为给社会带来了危险,但是,他毫无疑问是知情的。就此,法律在知情的层面上再次采用了平庸理论。虎熊性猛,人所共知。饲养虎熊者,被预设为已知其特性。换言之,对于所豢养之动物,这人真切地知道其爪牙之锋利度,也应当如同一 156
个平凡人一样,自甘冒险,查出动物身上其余的致害性。

猛兽的致害性有多真切,家畜的特定致害性就有多真切,如在侵害他人土地的情形。由于前文的讲义已有讨论,故此处没有必要展开,只须回顾和注意,要基于经验和社会政策,以区分行为人所期待的和不期待的损害后果。家畜身处耕地的,会四处游荡,糟蹋庄稼,而极少伤人。

---

[1] *Card v. Case*, 5 C. B. 622, 634. Cf. Austin (3d ed.), 513.

我没有必要将如上形貌各异的责任一一与交出侵害体原则进行法律史上的对应,因为,不管该原则的溯源工作有没有落实,人已纳之为一条好政策,而近年英格兰更是发展出一条法则:任何动物,如其一旦逃走即可能致害,则饲养人当自甘冒险进行饲养[1]。在不同的司法辖区,该条法则的松紧度并不相同,原因是,公共便利性和行为对个体之危险性的平衡度并不相同。前文已述,行为的危险性并非唯一考虑。法律有时会许可故意伤害行为,而某些风险会先验地随行。在西部一些州,牲畜可以不圈养。某些法院并不遵循赖兰兹诉弗莱彻案[2][*Rylands v. Fletcher*]的先例。可
157 是,话又说回来,该判例却适用于人造水库与污水池、据屋顶的形貌而任由建筑物积雪与结冰以及分界墙的情形[3]。

在这般情形下,与饲养猛兽相同,被告不能找借口说,对于危险物具有逃遁即致害的缺点,自己并不清楚,也无从查清。故选择行为的认定进一步得以提前,而即便他无须领责,也有义务自甘冒险去了解到,该动物会对邻人构成持续的威胁。该等知情已经足以令其承担该等事务的风险。

在前述讨论的基础上,现在将案件的复杂性再增加一个刻度。在这些案件中,除开通过行为自身就能充分和专门论证出的当事人所知晓的情形,当事人还额外知晓一个附加情形。这些案件也与动物相关。经由英格兰法所解释,经验已经表明,在总体上,狗子、公羊、公牛或同类动物脾性驯顺,如它们显出撕咬、头顶或角顶的势态,这种现象将是不同寻常的。因此,法律虽然并不要求饲养人自甘冒险,对狗子、公羊、公牛或其他驯顺动物造成的人身伤害

---

〔1〕 *Rylands v. Fletcher*, L. R. 3 H. L. 330; *supra*, p. 116.

〔2〕 [译者注]见上一条作者注。

〔3〕 Gorham v. Gross, 125 Mass. 232; *supra*, p. 117.

担责,但他知晓或留意到其所饲养的个别动物偶现异态的除外。不过,在许多司法辖区,制定法会拉近法律与真实经验的距离。

再深入一步。一人养有一马,明知其桀骜不驯,难以驾驭。这等知情尚不足以令其承受马匹的行为后果。(养马人)已知马匹具 158
有野性,这种态势不具有一般危险性,而只在特定情形下有。即便加上饲养以及试图驯化马匹(的情节),仍不足以掷公众于危险之境。但若马主驯马之地实为一条通衢,人头涌动,再加上,据普遍经验,这一行为在某种额外情形下具有危险性,而马主知晓该情形,由此,他得担负可能侵害的风险[1]。但换一个角度,设有一名马术高手,他买了一匹貌似驯善的马,登上马背,骑回家去,然后马匹开始发狂,造成侵害后果。骑手的行为并无明显危险性,故不应承担责任[2]。经验已然在两种可能性中做了权衡,并在两种情形之间划定了线条。

就猛虎之饲养,无论对其法律规范的解读何者为真,也无论如何解读赖兰兹诉弗莱彻案,在如上的案例中,我们已进入过失侵权的领域。假设我们在如上两个案例的中间地带选取一个情形,将具有若干复杂性的因素额外考虑进去,当会得出结论,就如下之宏大议题,即在同等情形下,关于行为人是否如一个平凡审慎人那般行为,陪审团分不出行为和行为标准的区别。

至于那般所谓恶意或蓄意的不法行为,没有必要二次分述,将其摆放至如此班列。正如前文所述,这般行为所处之情境虽千姿百态,却理应为行为人所知。口头诽谤的风险主要归于诽谤者,因 159
为,口头诽谤所涉之侵害,带有明显的侵害后果,而在实践中,争执的主要问题在于真相或权益。欺诈案虽然要求更高,但所要求的,

---

〔1〕 *Mitchil v. Alestree*,1 Vent. 295;s. c. ,3

〔2〕 *Hammack v. White*,11 C. B. N. S. 588.

也只是简单事实。除非当事人在那般会自然引起诉讼的情境下做出陈述,且其陈述没有充分依据,否则,其陈述不会构成侵害威胁。

但是,有些不法行为的命名包含行为意图,却是不无意义。在此情形,侵害的造成,多属故意,而且,假如造成此等侵害的意图已经得到证实,就无须再去证明该事实,即行为人早已知道其行为可能造成侵害之后果。再者,直接证实了意图,就没有必要再去证实当事人的知情,而且证实意图要简单得多。

就给定之侵害后果,将行为人认定为侵害原因,这种情形在一方面还得以扩大适用,即由于该人对其行为的选择即表明了其对后果的期待,故可以认为,侵害后果是他选择造成的;但在另一方面,却不能将该情形一概延伸至“侵害后果乃是单单由其早前的选择行为所造成”的全部情境。一般而言,当事人的选择被视为单独动作的延展和深入,是动作与动作的协同,直至其被视为行为。不唯如是,人们还在普遍继续深究,直至一个外在后果的出现。但同样普遍的是,如没有争议后果的产生,人们就不再深究。

普遍的问题在于,行为人的选择或曰其所期待之结果,是否足以贴近争议后果,以将风险放置在行为人之身。

160 到目前为止,在大部分情形下,损害皆直接由被告所意图造成。不过我们会发现,当事人在不同时间点的选择行为,可以造成相同的后果。打一个比方,一人致其邻人之房屋为焚毁,故而被提诉。假设案情非常简单,他具有焚毁房屋的真实意图,则自然起因的延续链是长是短,就无关紧要,也不会影响案情。

可是,选择行为可能提前一步而驻足。被告或许有在自家土地上放火的意图,但或许没有焚烧邻人之房屋的意图。由此,自然起因的延续和伴随,其性质如何,就显得至关重要。问题就变成,在已知情境中,被告实施的行为和期待的[由此,也是其选择的]后果会带来多大的危险。假设其行为平直而重大，打个比方，行为人引燃了干草堆旁的麦茬，而干草堆贴近该房屋，而行为之情境又是，房屋乃是木质，麦茬相当干燥，风向也很危险，则法院有可能判行为人有责。如被告身处被焚毁之房屋的邻屋，在壁炉里正常生火，并不知晓壁炉的构造并不安全，则法院有可能判其无责。如案情处于两造的中间地带，千缠百结，疑点重重，则可能交由陪审团判断。

但是，被告的本意可能不是点火，其行为和意图可能仅仅是开枪，或更间接一点，被告路经一座房屋时，不意打翻了一瓶酸液。此案将交由陪审团来判断，因为，当于这一连串的事件中，选择行为（与损害结果之间）存在一定的距离，且动作或行为所伴随的情形过于复杂。或许，这其中的差异与其说是实质性的，倒不如说是戏剧性的。 161

不过，从哲学角度，分析每一个不法行为，其起点在于认定被告的真实选择，意即，何者为其自愿的动作或行为，何者为行为所流露的、行为人所真切期待的后果。下一步则认定，在给定的情境下，行为蕴藏了何等凶险，或得出，在行为人所期待的情境下，行为人所期待的后果蕴藏了何等凶险。

借沃尔特·蒂勒尔爵士[1]的跑偏之箭来举例。若神箭手期待能射中特定的人，则**法律论证完毕**[2]。如其期待其箭簇会偏向而射中另一人，而并无其他期待，那么，为了认定其责任，我们须得穷尽该人的预见力，假想其所预见之事果真要发生，并进一步考量何者为直接危险。但如预见不到该事件，要想评判神箭手的责任，

---

〔1〕［译者注］Sir Walter Tyrrel。据说此人逐鹿时用箭误杀威廉二世。

〔2〕［译者注］斜体的拉丁语 *cadit quaestio*。作者是说，假如蒂勒尔本就意图射死威廉二世，用哲学的分析方法，其法律责任就十分明确。

则要判断,在射箭的刹那,神箭手所知晓的情境是哪般。

可用寥寥数语总结侵权行为法理论。处于该法两个极端的规范,皆由社会政策所制定,道德起不到参考作用。就某些侵害后果,人甚至可以心怀恶意地造就(却可以逍遥法外);而对另一类后果,行为人尽管心怀审慎,造福社会,但依然要承担责任。

可是,法律所首先调整的,是故意的不法行为,是最简单、最明显、最贴近复仇之情和自我救济的案件。由此,法律自然会去吸收
162 道德的话语和一定的道德标准。法在生长中一直在仿造道德标准,但即便如此,其自身的标准依然是外在的,因为法律所思考的,不是某个具体被告所遭逢的实际境遇,而是,相较于社会的一般群众,被告的行为是不是错的,该人有无自甘冒险如一般群众一样去行为。

一般而言,这个问题的认定,取决于行为人的动作或行为在给定情境下具有多大的危险度。假设该行为伴随着害人的危险,法律一般会认为它是错的。

但是,在有些情形下,被告的行为在道德上也许是对的,该人出于性命之忧,而选择施加侵害行为。在这般情形下,如法律认定其在道德上具有可归责性,则该人要承担责任;反之,如其在行为之前进行了合理的示警,并法律由此认定其行为具有充分性,则该人无须担责。法律要认定其在道德上的可归责性,应限定于前述归责基础之上。然而,这种区分大抵无关痛痒,行为在给定情境下致害的已知态势,可当作检验行为的一般标准。

给定情境下的行为是否会致害,这种态势只能透由经验来判定。经验或直接得来,或通过听取陪审团的声音而得来。经验一直在创制具体的法规则。具有一般审慎力的人该当如何行为,这一行为检验标准造成了法律与道德的首次分离。跟被告的道德状

态相比，经验的法创造更具有外在性，与一般审慎人之行为标准的
距离也更加长远。经验在故意的侵权行为法领域所开展的法创 163
造，如其在过失领域中一样具有典型性。

可是，虽说法律在持续细化其规则，却没能采纳这条粗粝而不讲政治的原理，即人当自甘冒险而实施所有的行为。与此相反，从陪审团所面对的法律规则和一般问题中，可以看出，被告对行为后果负责，是因为他本可以有合理时机，以避免施加侵害。当然可以认为，错过了避免发生侵害的合理时机，尚不足以表明法律将风险置于行为人之身，除非换一个理由：如用一般审慎人的行为标准来评判，该人还是要为其行为担责。

第五讲　普通法上的受寄人

164 行文至此，我只论述了一般归责原理，以及用何等模式来固定行为人自甘冒险的起点。可是，除非行为导致侵害，且侵害发生之前，须得已有另一人处于行为后果的射程之内，否则，就没有必要探讨行为人应否该当自甘冒险。现将本观点予以延展和深入。有几种侵害，唯有与行为人或第三人或物存在特定关系的人能遭受，也只能由他们主张救济。唯有鱼塘为人占有或所有，在鱼塘里取得鱼虾的行为才是侵害行为或不法行为，而受到侵害的人，只能是占有人或所有人。唯有作出了一个交付一捆羊毛的有拘束力的允诺，不为交付才是侵害行为或不法行为，而该不法行为只能对受诺人作出。

接下来，要分析前述特别关系中生发的权利和义务。所谓的“关系”仅仅指代事实关系，以占有和合同为主。我将逐一讲解。

在任何法统中，只要占有理论有其适用性，则检验该理论的试金石，是采用何等方式对待如
165 下这一类人士：他们将物保有在自己的控制力之

内,但没有所有权,也不主张所有权的地位。简言之,这一类人就是受寄人[1]。于是,为了对普通法上的占有进行初步了解,就有必要先研究普通法上的受寄人。

在英格兰与苏格兰的交境地带,有关物的社会地位,近代曾兴起一种普遍观念。通过歌谣《混战苏泊特》[2]的生动唱段,其记忆得以重拾。上溯百年,该观念仿佛日耳曼和英格兰民俗法遗留的骸骨。家畜是已知的主要财产,而不当取得他人财产的主要方式,则是偷取家畜。法律很是匮乏,苦主全靠自己执法。5世纪的萨利克法和阿尔弗雷德大帝主政时期的盎格鲁-萨克森法,大量而紧密围绕庭审而展开。家畜丢失三天以内即找到的,找寻人只须宣誓其丢失违反了他的意志,即可取回家畜。如丢失三天以上方才找到的,被告可以宣誓某某情事为真,以证明原告关于家畜丢失的指控不成立。

实际上,这个过程就是一个审判程序。不过,其启动和运作,都有赖于当事人的指控。从该程序的"运转"性来看,它的启动,离 166
不开照看责任人。宣誓要达到的效果是,家畜的丢失,违反了当事人的意志。可是,假设誓言的内容仅仅是占有之丧失违背了宣誓者的意志,自然可以得出结论说,宣誓权和审判程序启动权皆以占有为基础,而不是以所有权为基础。占有本身不仅是充足的,而且是紧要的。能够宣称财产之丢失违反其意志的人,只能是占有人。

---

〔1〕［译者注］原文是 bailee。《元照英美法词典》将之译为"受托人"。本书为了将其与委托关系中的受托人以及信托法意义上的受托人一体区别开来,并与寄托人(bailor)相对应,将该词的汉语表述为"受寄人"。

〔2〕［译者注］原文是 Fray O' Suport。苏泊特(Suport)是英格兰一个地名。歌谣讲述了一群苏格兰人来到此地,盗走家畜,杀伤奋起抵抗的客人。各个要塞动员起来,阻击苏格兰人,防止他们将家畜运到苏格兰。

同理，能够寻找家畜的人，只能是照看责任人[1]。

财产之丧失违背意愿的，吾族之古法提供了此种追回方法。一言以蔽之，该程序以自我救济为模板，也是从其处自然生长而来；此乃唯一救济权，只适用于占有人，而不对所有权人开放，除非所有权人同时也是占有人。

这条法律在古代社会中的草蛇灰线，沉积于往后的岁月，并壮大为一个更具文明高度的程序：物主将家畜委托受寄人看护，而第三人不当取得的，适格之诉讼当事人不是寄托人，而是受寄人。该
167 程序又衍生道，受此托付的受寄人将其占有之商品售卖或赠与他人的，所有权人只能向受寄人主张，而不能控告该陌生人；这并非出于维护经贸关系之原则，也不是为了保护从占有人处善意购买商品的人，此法的创设是因为，当于所有形式的诉状中，没有哪一个是给所有权人而开设。可是，鉴于全部的救济手段都掌握在受寄人手中，他就有义务免于寄托人受到侵害。商品丢失的，受寄人不能托辞商品失窃，而自己没有过错。只有他本人可以索回丢失的财产，因此，他就有义务去索回。

---

[1] Laband, Vermögenscretchlichen Klagen, § 16, p, 108, *et seq.*; Heusler, Gewere, 487, 492. These authors corrected the earlier opinion of Bruns. R. d. Besitzes, § 37, p. 313 *et seq.* adopted by Sohm in his Proc. d. Lex Salica, § 9. Cf. the discussions of *sua* in writs of trespass, &c. in the English law, at the end of Lecture VI. [译者注：霍姆斯在此提示读者参看第六讲结尾部分关于英格兰法上侵害之诉中的用语“他的”(sua)的讨论，见边码 210 页下注。] Those who wish short accounts in English may consult North Amer. Rev., CX. 210, and see Id. CXVIII. 416; Essays in Anglo-Saxon Law, p. 212 *et seq.* 我们对诉讼形式的原貌知之甚少，主要依靠推论。列出一些最古老的文献：Ed. Liutpr. 131; Lex Baiw., XV. 4; L. Frision. Add. X.; L. Visig. V. 5. 1; L. Burg., XLIX. 1. 2. 就交人看守的民宅，如有人擅闯并盗窃财物，普朗德曾经颁布谕令规定，屋主只能指控看守人，而看守人可指控强盗擅闯民宅和盗窃财物。该谕令说明立法理由道，我们不能因为一个原因，而提起两个诉讼。这条理由仿佛美国法，在不动产中取走动产并为侵占，不可分割为两个不同的侵害行为。Compare, further, Jones, Bailm, 112; Exodus xxii. 10-12; LL. Alfred, 28; I Thorpe, Anc. L., p. 51; Gaii inst., III. § § 202-207.

随着时光的演进，此条理由不复存在。丧失占有的所有权人可以诉不当取得人，也可以诉占有人。但是，受寄人的严格责任保留了下来，这条法律保留了下来，即便经过了漫长的时光，如此立法的原因已经消失，最终，我们发现，原因和结果调换过来了。在博马努瓦[1]（的著述）[公元1283年]中，我们查阅到，租赁物失窃的，诉权属于受寄人，因他要对出租人负责[2]。最初，受寄人对所有权人有责任，因为他是唯一能够提诉的人。而在此处，他有诉权，是因为他要对所有权人负责。

诺曼征服之后生活在英格兰的诺曼人，他们的法律中重现了以上之独特现象。各个类别的受寄人都在法律意义上被视为占有人。我现在对此进行讲述。

我希望将普通法上的寄托的本土起源讲清楚，如此，现代德国学者的观点[3]，其价值就不会虚高。这个题目下，唯一盛行的学说即从德国而来。德国哲学家在进行法律著述时，只了解罗马法， 168
而德国法学家在哲学化自己的思想时，他们的身份都是罗马法学者。我们认为一清二楚的，却与德国的罗马法学家[4]奉为圭臬的原理互相抵牾。为了检验这般原理的价值，为了防止世人轻率认为他们的原理是放之四海而皆准的——英美法学者中间已经产生了这种轻微的态势——就得认识到，我们采用的，乃是一个哲学从未涉足的新体系。

首先我们查到一个失窃财产的索回案，与萨利克法上的程序相仿，该诉的基础是占有，而非所有权。布莱克顿说，家畜失窃的，

---

〔1〕［译者注］原文是 Beaumanoir。霍姆斯指代法国法学家博马努瓦的菲利普（Philip de Beaumanoir）于1283年的著作《薄韦兹习惯法》（Coutumes de Beauvaisis）。

〔2〕XXXI,16.

〔3〕［译者注］见下一讲霍姆斯对德国学者之占有理论的综述。

〔4〕［译者注］civilians。该词有“罗马法学家”之意。

无论其为某人所有或为他人所有，只要其失窃前处于某人占有之下，那么，通过提供善良人的证词，占有人可以诉讼索回[1]。

不能忘却，特别的要点在于宣誓。从布莱克顿的信函来看，**善良人**[2]的证词内容应当是物已丢失[3]。1294 年的一份判例汇编向我们讲述了这个明显事实。“兹录，如有人丢了家畜[4]，他可以大声说，他[拾得人]不当扣住了该家畜，如此如此，行为不当，而当他于某日丢了该物，如此如此，有一天，他[丢牛人]来了，如此如此[5]发现牛在这人的家里，就跟他讲，如此如此，求他返还该物，
169 但他不还，如此如此，给他造成了损失，如此如此；并且，假如他如此如此。在此情形之下，被告必须证明[他自己的手排位在第十二[6]]**他丢失了该物。**”[7]

在论证的第一步，假定我们已经察访到与日耳曼民俗法相近的程序。更重要的问题在于，我们能否找到与上述讨论相近的原理。要记住，其中一个议题，是受寄人不当转移所有权。我们在法律年鉴中查阅到，如我将货物交付受寄人替我保管，而他将之售卖或赠与给一个陌生人，且通过此等赠与，所有权归于该人，则我不

[1] “Poetrit enim rem suam petere [civiliter] ut adiratam per testimonium proborum hominum, et sic consequi rem suam quamvis furatam. ... Et non refert utrum res quae ita substracta fuit extiterit illius appellantis propria vel alterius, dum tamen de custodia sua.” Bract., fol. 150 *b*, 151; Britton (Nich. ed.), I. 59, 60 [23 *b*], *De Larcyns*; cf. 67 [26 *b*]; Fleta, fol. 54. L. I. c. 38 § 1.

[2] [译者注]原文是斜体的拉丁文 *probi homines*。

[3] [译者注]原文之后又加了一个拉丁语单词 admirata。

[4] [译者注]原文后又加了一句同义的法语 ou la chose de un home est endire。

[5] [译者注]原文后又加了一句法语 la vynt yl e en jour，是对“某日，他来了”的重复表述。

[6] [译者注]原文如此。可能需要 12 个善良的邻人来证明占有之事实。

[7] Y. B. 21 & 22 Ed. I. 466-468, noticed in North Amer. Rev., CXVIII. 421, n. (So Britton [26 *b*], “si il puse averreer la perte.”) This is not trover. The declaration in detinue per inventionem was called “un new-found Haliday” in Y. B. 33 Hen. VI. 26. 27; cf. 7 Hen. VI. 22, pl. 3; *Isack v. Clarke*, 1 Rolle, R. 126, 128.

能对该人主张侵权;但是,针对受寄人,我有一个有效的救济手段,即[就其未能返还货物]提起请求返还动产之诉[1]。有人如此高屋建瓴地解读道,该等诉讼不仅否定(受寄人)对寄托人侵权,并且否定寄托人的任何诉权。不过,现代理论家又添加颇具现代特色的限制条件,称该等购买行为不仅须为善意,而且须为不知情。我的回应是,前述命题不仅扩大适用于受寄人的售让,也适用于赠与;古书中没写这些限制条件;这些条件相左于普通法的严格责任原则。没有必要跟法律人喋喋不休地说,限制条件如此之多,已经不是法律的原貌了[2]。前述为法律年鉴所阐述且当下依然具有 170
适用性的原则,一定要解读为古法的残迹,除非我们准备去相信,比起现今,在15世纪,法律人对善意买受人(制度)有着更为清晰的认知。

按照逻辑顺序,下一个要点在于,受寄人对于寄托人的责任度有多大。但为了便宜行事,我想先分析,第三人不当侵害受寄人所占有之商品的,受寄人对该第三人有何诉权。前文已述,受寄人是唯一有诉权者,所以他对寄托人承担严格责任;博马努瓦把因果关系颠倒过来解释,称受寄人有诉权,是因为他要对寄托人负责。我们查阅到,这一思维方式在法律年鉴中反复出现。从彼时而至如今,该思维方式一直就是法律共识。正因如此,时任民诉法庭的汉福德法官有言[约于公元1410年][3]:"如有陌生人取得了为我所占有的牲畜,我当有权对该人提起侵害之诉,并追回牲畜的价款,原因是,牲畜之所有权为我的寄托人享有,我要对他负责。"还有不

---

〔1〕 Y. B. 2 Ed. IV. 4,5,pl. 9;21 Hen. VII. 39,pl. 49;Bro. *Trespass*,pl. 216,295.

〔2〕 Notes to Saunders,*Wilbraham v. Snow*,note(*h*).

〔3〕 Y. B. 11 Hen. IV. 23,24. See,further,Y. B. 8 Ed. IV. 6,pl. 5;9 Ed. IV. 34,pl. 9;3 Hen. VII. 4,pl. 16;20 Hen. VII. 1,pl. 1;21 Hen VII. 14 *b*,pl. 23;13 Co. Rep. 69;1 Roll. Abr. 4(I),pl. 1;F. N. B. 86,n. *a*. *supra* p. 167.

止一个案例,以同等思维方式得出结论道,如根据信托条款,受寄人对于物品失窃不必领责,则受寄人对盗物者不享有诉权[1]。这种推理方法至今一直得以重复使用。在一本大名鼎鼎的教科书
171 中,可以读到这一段:“受寄人是要对寄托人负责的,如出于他的过失而令财产遗落或损毁,或者,如他并非在合法要求下进行交付,则应合理地赋予他以诉权”,诸如此类[2]。一般而言,在当代法上,违反借用人和租用人的意志,从其处取得财产的,借用人和租用人没有责任。如沿用前述法律年鉴中的理由,就要得出如下结论:既然受寄人没有责任,则其无权起诉不法行为人;再进一步,不法行为人须得实施一个尤其严重的不法行为,如此方令到受寄人脱责,并如此方能剥夺其诉权。我将在下一讲的结尾明确说明,真相是,无论占有人是否基于信托关系而有保管义务,无论其是否为财产之拾得人并因此成为受寄人,但凡其占有受到侵害的,除非该人是物主,占有人对占有侵害人一律享有诉权。

从较为远古的时代起,寄托人对不法侵害人也有诉权。爱德华三世执政期第48年,有皇家猎场牲畜看守人提起了一个侵害之诉,出庭律师发表观点认为:“本案中,物主可以提起侵害之诉,而占有人可以提起另一个侵害之诉。无须多言:大人,是这样的。但
172 是,大量情形之下,先追回财产权的人排除了另一个人的诉权,仿

〔1〕 Fitz. Abr. *Barre*, pl. 130; Y. B. 9 Ed. IV. 34, pl. 9; 12 Am. Law Rev. 694.

〔2〕 2 Steph. Comm. (6th ed.), 83, cited Dicey, Parties, 353; 2 Bl. Comm. 453; 2 Kent. 585. 既然受寄人索回了财产的价款,那么,“他要对寄托人负责”这一条古代法上的原因,就在某些情形下转变成一条新法,(这其中似乎发生了误会)即就超出受寄人自身所遭之损害的部分,受寄人得成为寄托人的受托人[译者注:此句中的受托人是信托法意义上的trustee。]Cf. *Lyle v. Barker*, 5 Binn. 457, 460, 7 Cowen, 681, n.; *White v. Webb*, 15, Conn. 302, 305; in the older cited. (从该等判例出发,该条新法又得以延展适用,受寄人得索回保险利益)。1 Hall, N. Y. 84, 91; 3 Kent's Comm. (12th ed.), 371, 376, n. 1(*a*). 以此方式,人不再用这种推理方式解释受寄人享有诉权的原因。

佛持有占地执行令的封臣[1]被排除一样，本来人人都可提诉，但其中一个先追回财产权的，其他人的诉权即弱化。本案也是如此。”

其他著述或认为，前文是对寄托关系的注解，尤其指寄托人有任意解除权的情形。如此，爱德华四世执政期第22年，有出庭律师提出观点：“我将商品寄托给你，而第三人侵犯你的占有的，我明确可以提起武力和暴力侵害[2]之诉。”[3]罗尔在其著述中持同解，在现代司法实践中，其观点经常作为判断依据[4]。

起初，法律倚仗占有人呼朋唤友，夹枪带棒，紧追不舍。当法律机制建立起来，赋予寄托人以诉权的需求就呼之欲出了。允许寄托人提诉，和赋予其以侵害之诉的诉权，是彼时之法院所面临的同一局面。通过研究古代法上的诉状，人们发现，在其演进之早期，侵害之诉的轮廓并不清晰。正如布鲁克在其删节本著述的页边注里所总结，法律年鉴反复提到一个要点：就一个行为，两个人可以提起一个诉讼——这并非在说，两个人都可以提起侵害之诉，而只认为两个人都有诉讼理由[5]。要附加说明，该人所引之法律年鉴，并未超越那般不当取得受寄人之占有的情形，即远古民俗法

[1]　[译者注]原文是 tenant of *elegit*。在英格兰古法，通过法院签发的占地执行令，债权人可先执行败诉人的动产和牲畜（除开耕牛）。该动产之价值仍不足清偿债务的，债权人可占有败诉人的自由保有土地（freehold）并收取租金直至债务清偿。此种地位下的债权人叫作“持有占地执行令的封臣”（tenant by elegit）。见《布莱克法律大辞典》elegit 词条。

[2]　[译者]原文是 trespass *quare vi te armis*。对人身或财产的故意侵害行为，可用此诉状。

[3]　Y. B. 22 Ed. IV. 5, pl. 16.

[4]　2 Rolle, Abr. 569, *Trespass*, 5. Cf. Y. B. 20 Hen. VII. 5, pl. 15; 21 Hen. VII. 39, pl. 49; Clayton, 135, pl. 243; 2 Wms. Saund. 47 *e* (3d ed.).

[5]　Bro. *Trespass*, pl. 67 in marg.; cf. Ed. Lintpr. 131, cited *supra*, p. 166, n.

173 的情形[1]。这就是(寄托人的诉权)被限制的情形,至此,即便寄托人可以任意解除寄托关系作为一条原则得到反复强调[2],但就租赁和留置的商品,侵害之诉为受寄人排他地享有,而寄托人则被排除[3]。无论如何,跟这种修正的法则相比,还是古代的法则与本议题具有更大的相关性,因为它不加除外条款,一律赋予受寄人以占有救济权。从古法的法则与修正的法则之关系中,可以看出这一点。前引曼德斯诉威廉姆斯案[*Manders v. Wiliams*]也能说明问题。在审判该案时,巴伦·帕克暗示,如非有戈登诉哈珀案[*Gordon v. Harper*]之先例在前,他已做好准备,要适用古代之法则。再有,前引判例中的明文判词,证明了一个更明显的事实:就侵害之诉和请求返还动产之诉,受寄人与寄托人具有同等宽泛的诉权。

埃伦伯勒勋爵在审理罗谭诉克罗斯案[*Lotan v. Cross*[4]]时,将争议交由陪审团审理[5],并明确判定,借入人所占有之动产遭到损害的,出借人可提起侵害之诉。该案为后人囫囵吞枣地反复援引。偶有一些名头响亮的教科书笼统地断言,无偿的寄托并不改变占有,占有人依然是寄托人[6]。还有观点称,无偿受寄人乃是寄托人的准佣人,是故,其中一人的占有就等于另一人的占有;

---

[1] 但有一个案件,法院不顾布赖恩的意愿,而同意寄托人对伤害家畜的陌生人提起了诉讼。这似乎是实情。Y. B. 12 Ed. IV. 13, pl. 9; cf. the margin of the report.

[2] *Nicolls v. Bastard*, 2 C. M. & R. 659, 660; *Manders v. Williams*, 4 Exch. 339, 343, 344; *Morgan v. Ide*, 8 Cush. 420; *Strong v. Adams*, 30. Vt. 221, 223; *Little v. Fossett*, 34 Me. 545.

[3] *Gordon v. Harper*, 7 T. R. 9; *Lord v. Price*, L. R. 9 Ex. 54; *Muggridge v. Eveleth*, 9, Met. 233. Cf. Clayton, 135, pl. 243.

[4] 2 Camp. 464; cf. *Mears v. London &fc South- Western Railway Co.*, 11 C. B. N. S. 849, 854.

[5] [译者注]原文是拉丁语 nisi prius,指争议问题需要交由陪审团确定的一审民事案件。

[6] Addison, Torts(4th ed.), 364.

正因如此,尽管受寄人基于占有而享有诉权,寄托人亦得享同 174
权[1]。此属混谈,前文我已作了部分说明。后文讲到佣人时,我当继续阐明,佣人与受寄人之间,有一条清晰而周知的界线。但无论罗谭诉克罗斯案的判断基础是什么,都无法否认,受寄人可以提起侵害之诉和请求返还动产之诉。在无偿寄存,寄存人纯获利益,这是一个具有较强说服力的例证,证明保管人并无占有救济权;但埃伦伯勒勋爵还曾参与过一个案子,法官一致判定保管人享有诉权。判决的推理方式显示,法官倾向于认为,(既然无偿寄存关系中的保管人可以起诉)借物人更有理由提起侵害之诉。法律向来如此[2]。吾人已查访到,从日耳曼的古程序中,一条近似的法则自然而必然地衍生了出来;而前文所引述之诸多案例能够证明,无论从哪个角度观察,英格兰都因循了日耳曼民族的传统。

所有类型的受寄人都有占有救济权,这条法则意味着,据普通法理论,每一个受寄人都是真正的占有人。如拾得人一样,受寄人的索回权基础就是占有。同理,甚至是不当占有人也得就特定物而向陌生人主张全额赔偿,或主张返还所有权。此外,就寄托人的占有之诉权,如前文所阐释的,该人同属占有主体,这或许是法律史的残迹,而在现代法上,此乃异象[3]。人经常解释道,直接占有 175
权就是充足的——这个解释就排除了“其实寄托人才是占有人”的观念。

---

〔1〕 Wms. Pers. Prop. ,26(5th ed.),27(7th ed.).

〔2〕 *Rooth v. Wilsmi*,1 B. & Ald. 59;Y. B. 48 Ed. III. 20,pi. 8;11 Hen. IV. 17,pl. 39;11 Hen. IV. 17,pl. 39;11 Hen. IV. 23,24,pl. 46(The. “ou d'apprompter”);21 Hen. VII. 14 *b*,pl. 23;Godbolt,173,pl. 239;*Sutton v. Buck*,2 Taunt. 302,309;*Burton v. Hughes*,2 Bing. 173;*Nicolls v. Bastard*,2 C. M. & R. 659,660;*Manders v. Williams*,4 Exch. 339,343,344;2 Wms. Saund. ,note to *Wilbraham v. Snow*;2 Kent,585,568,574;*Moran v. Portland* S. P. Co. ,35 Me. 55. See,further,lecture VI. *ad fin*.

〔3〕 Cf. *Lord v. Price*,L. R. 9 Ex. 54,56,*supra*,p. 172.

要理解普通法上的占有理论,其要点至此就确定了:自无从记述的年代起,英格兰法就已经认可受寄人为占有人,并享有占有救济权。严格来说,没有必要再进一步,并完整地论证,英格兰法上的寄托关系乃是日耳曼法的纯种后裔。但有一条法则还要留待讨论和继续挖掘,一部分原因是出于好奇,另一部分原因是,它对当代法的影响十分厚重。这就是,如受寄人占有之商品为他人不当地取得,受寄人当对寄托人承担完全责任〔1〕。

在罗马法的笼罩之下,古英格兰的教科书作者中,似少有启蒙人,不过,格兰维尔除外。他说,借入人所占有之出借物以任何方式毁损或遗失的,借入人一体该当返还合理价款〔2〕。布莱克顿持同解,在涉及借物、保管、质押时,他部分重复而部分修正了优士丁尼的法言法语〔3〕,还说,承租人应尽到勤勉家父的注意义务。

176 法院的用语和判决明确无虞,从中我们看到,日耳曼传统鲜活地延续了几百年。我从爱德华二世主政时期开始讲。大概在1315年,有人提起了一个请求返还动产之诉,起诉状称,原告将一只货箱上了锁,交付给被告;又称,货箱里有自己的动产;还称,有人抢了被告占有的货箱,连带抢了自己的动产。被告答辩称,动产交来时,是在上了锁的货箱里。菲茨赫伯特说,当事人怀着必胜的决心,作出否认答辩〔4〕。他这句话就暗示着,动产如非在这只货箱里,而为被告所占有,则被告该当领责。在裁断**柯格思诉伯纳德案**

---

〔1〕 *Supra*, p. 167.

〔2〕 Lib. X. c. 13; cf. ib., c. 8.

〔3〕 "Is qui rem commodatam accepit, ad ipsam restituendam tenetur, vel ejus precium, si forte incendio, ruina, naufragio, aut latronum, vel hostium incursu, consumpta fuerit vel deperdita, substracta, vel ablata." Fol. 99 *a*, *b*. 据说此并非善本(GÜterbock, Bracton, by Coxe, p. 175; 2 Twiss, Bract. Int. xxviii.),但与前注格兰维尔著述的观点相同, and with Fleta, L. II. c. 56, § 5.

〔4〕 Y. B. 8 Ed. II. 275; Fitz. *Detinue*, pl. 59.

[*Coggs v. Bernard*[1]]时,霍尔特勋爵提出反对意见,认为这只货箱(是否上锁,对于认定占有的有无)无关紧要。话虽如此,有古书却认为,货物上锁的,不视为交付;现代刑法上的承运人盗窃寄托物品罪[2],罪与非罪、此罪与彼罪的界限,源头乃在此[3]。爱德华三世主政期,有一个质押诉讼。世人常常认为,质押乃是一种特殊寄托,受寄人应将质物如自有之物一样严加保管。在该案中,被告抗辩称,质物连同他的自有物一体失窃。在窃案之前,原告急于回复议价,故在质物失窃之前,质押关系已经消灭,被告已变成一般受寄人[4]。该问题很快就得以解决,并给其他案件确定了法则,即在此情形下被告应承担责任。

接下来,我要说一个亨利六世执政期的案件,它发生在纪元1455年[5]。因有人越狱,王室内务法庭监狱的典狱长,即宫廷法吏,被提起了金钱债务诉讼[6]。在当时,看管人犯的狱警和看守家畜的受寄人,乃由同一法律管辖。人犯的身体移交给狱警的,狱警要承担的责任,同于看守奶牛和商货[7]。被告辩称,国王的敌人违反了被告的意志,攻破了监狱,劫走了人犯。其辩护理由是否成立,这是个问题。法院认为,假如是境外敌对势力比如法国人前来把人犯救走,或放火烧了监狱,使得人犯趁机逃狱,则该辩护理由成立,"因为,[被告]无法针对任何人施展救济手段"。但假如前 177

---

[1] 2 Ld. Raym. 909.

[2] [译者注]原文是 carrier breaking bulk。这是一个罪名。

[3] Y. B. 13 Ed. IV. 9, pl. 5. 见第六讲。

[4] Cf. *Ratcliff v. Davis*, Yelv. 178; Cro. Jac. 244; Noy, 137; 1 Bulstr. 29.

[5] Y. B. 33 Hen. VI. 1, pi. 3. This case is cited and largely relied on in *Woodlife's Case*, *infra*; *Southcot v. Bennett*, *infra*; *Pickering v. Barkley*, *Style*, 132(24 Car. I., covenant on a charter-party); and *Morse v. Slue*, *infra*; in short, in all the leading cases on bailment. [译者注:霍姆斯说,在寄托领域,该案为其他重要判例所引证和倚仗。]

[6] [译者注]见合同法史部分。

[7] Cf. Abbreviatio Placitorum, p. 343, col. 2, rot, 37, 17 Ed. II.

来劫狱的是国王的臣民,则被告应当承担责任,因为劫狱者并非敌人,而是叛国者。这就意味着,被告尚有权对之提起诉讼,而正因如此,被告本人应当承担责任。在本案中,法院的观点非常贴近受寄人责任的原理,因此具有其独特性。受寄人有权针对不法行为人采取救济手段的,即对寄托人负责[最初,只有受寄人享救济权];问题的另一面是,失去救济权的,即不再担责。狱警无权对来犯的法国武装分子提起诉讼,而在理论上,他可以对劫狱的不列颠臣民提诉,当然,照此操作的实际胜算并不大。

没过几年,鼎鼎大名的李特尔顿重述了该条法则。他说,如货
178 物交付给一人,而后为他人劫走,则该受付人有权提起侵害之诉,因他要承担责任[1]。这就意味着,他有义务弥补托付者的损失。

爱德华四世执政期的第九年[2],有此一案,丹庑法官认为,在受寄人收到货物,并如自有之物一般认真保管的,抢劫应成为免责事由,除此之外,其责任不得免除。后又有一案[3],认为抢劫并非免责事由。如不能查知抢劫者,受寄人无法行使救济权,关于抢劫是否还成为免责事由,司法机关似感踟蹰[4];他们甚至对抢劫事由一体摇摆,因在重罪之情形,受寄人既不能针对抢劫者的人身,又不能针对其财产提出主张,因为,其身体上了绞架,其财产又为籍没[5]。可是,殊无可虑,一般的不当取得并非受寄人的免责事由。"如货物为侵权人取得,而受寄人可以查明[6]该人,则受寄人

〔1〕 Y. B. 9 Ed. IV. 34, pl. 9; 2 Ed. IV. 15, pl. 7. 要额外说明,在本注的后一个判例中,李特尔特似乎不怎么区分佣人与受寄人。

〔2〕 Y. B. 9 Ed. IV. 40, pl. 22. So Brian, in 20 Ed. IV. 11, pl. 10, *ad fin*.

〔3〕 Y. B. 10 Hen. VII. 25, 26, pl. 3.

〔4〕 Cf. L. Baiw. , XV. 5; Y. B. 33 Hen. VI. 1, pl. 3.

〔5〕 Y. B. 6 Hen. VII. 12, pi. 9; *Bro. Detinue*, pl. 37; 10 Hen. VI. 21, pl. 69.

〔6〕 [译者注]原文是 conusance。该词似是作者从 connaissance 变形而来。

当对寄托人承担责任,并对侵权人提起诉讼。"[1]法律年鉴的其他篇目也触及同等要点[2],并明示了该条法则,而其理由,与如上援引之判例中受寄人享有诉权的理由相同。

古代法上有一个很出名的案例,**索斯科特诉贝内特案**[*Southcote v. Bennet*[3]]。这是一个请求返还动产之诉。原告将货物交付给被告,嘱其好生保管。被告承认有过交付,但又辩称,货物被一位名叫 J. S. 的抢走了。"于是,法庭上发生了争执。之后,**其他人都没有表态**[4],而高迪与克伦奇两位则发言认为,应当赔偿原告的损失,**因为他们不存在特殊寄托**[5];又认为,被告答应如自有物一样保管货物,但[6]**货物确有移交**,故被告应当自甘冒险而尽到保管义务。被告有关货物被抢的答辩,并非针对**请求返还动产之诉**。被告有救济途径,可以提起侵害之诉,可启动诉状程序[7],并索回货物。"本段引自克罗克所总结的判例,而柯克勋爵更是直言不讳:"保管,好生保管,这两种用语具有相同的含义。"故,这两份判例汇编一致认为,交付行为本身就设定了义务。克罗克的判例总结明确提到这一点。柯克勋爵在本人的判例总结中附言:"如有一人,同意保管货物,并同意采取特别方式进行保管,**这就意味着**,该人当如自有之物一样用心保管此等货物……但(他附加条件说)如货物意外失窃或被不当取得,他将不承担责任。阅读君,敬请留意,这是一个有效条款。该人同意以何等方式接收货物,就应 179

[1] Y. B. 3 Hen. VII. 4, pl. 16. Cf. 10 Hen. VI. 21, pl. 69.

[2] Y. B. 11 Hen. IV. 23, 24; 6 Hen. VII. 12, pl. 9.

[3] Cro. Eliz. 815; 4 Co. Rep. 83 *b*; Co. Lit. 89; 2 Bl. Comm. 452.

[4] 原文是斜体的拉丁语 *ceteris absentibus*。

[5] [译者注]即该物并非质物。

[6] [译者注]"但"字的逻辑是,允诺最初并不独立构成立约,但交付即立约。见作者在后文的阐述。

[7] [译者注]原文是 appeal。见边码 39 的解释。

当采取这种方式。否则,笼统同意接收的,就要承担责任。”

时光下溯至此,法律已经明确规定,如有一人,即便出于惠助之心而同意占有和照管货物,而货物为他人不当取得,且占有人并无过错,该人也得弥补损失,除非他在接受占有时明确说明其不担负该等责任。霍尔特勋爵在裁断**柯格思诉伯纳德案**[1]、威廉·琼斯勋爵在著述寄托关系时,均力图证明索斯科特诉贝内特案并未产生判例法的效果。可是,我们可以亲自研习法律年鉴,并发现二位爵爷的努力是徒劳的。前溯七年,裴雅木在判决**德雷克诉罗伊曼**
180 **案**[*Drake v. Royman*[2]]时,已然定下同样的原则。不仅如此,**索斯科特诉贝内特案**作为先例,引领了后世的百年时光。

由此,英格兰法与古日耳曼法之间的相似度之环得以闭环。财产追回的程序是一样的,都取决于一个问题,即令原告丧失占有,这是否违背了他的意志?二者的原则也是一样的,即财产如已托付给某人,而后又与该人相分离,则物主无法追回,只能从其受寄人处获得保障。对于该原理之由来,也同样颠倒解释为,因为要对寄托人负责,所以受寄人有诉权。但二者都没有意识到,这条因果关系颠倒了的法则都缺失了一个实在的内核,即,如无诉权,受寄人无须对寄托人负责。最后,二者还有一个共同的原则:财产丢失的,即便受寄人没有任何过错,也得承担严格责任。这条原则最重要,且晚近至伊丽莎白女王执政时期,它一直持续有效。现在,我们须得追寻其内藏的宝藏。

除开天灾或公敌行为,公共承运人得对照管之货物的失窃或丢失承担严格责任。有关这条法则的由来,有两种观点:一是罗马

---

〔1〕［译者注］见边码178。

〔2〕 Savile,133,134. Cf. Bro. *Accion sur le Case*,pl. 103;Dyer,161 *a*,*b*.

法[1],二是伊丽莎白和詹姆士一世执政期作为普通寄托法之例外的民间习惯[2]。

我将努力证明,以上观点都不对。该严格责任乃是前文所述之普通寄托法的残片。旧法的变革,有三个原因:一是当事人在诉讼中误用了请求返还动产之诉,这属于认知混淆;二是霍尔特勋爵在解读先例时添加了公共政策观念;三是霍尔特勋爵往后在作出判决时再次注入了崭新的政策观念。 181

索斯科特诉贝内特案的判决年份,是伊丽莎白女王执政期第43年[纪元1601年]。我认为,与本话题相关的承运人字样,其第一次**出现**,是在**伍德莱夫案**[*Woodlife's Case*[3]]。该案比**索斯科特诉贝内特案**早判了四到五年[伊丽莎白女王执政第38年或39年,纪元1596年或1597年]。诉讼请求是要求被告为已经交付的商品承担责任,且被告被当作行纪人[**"为商人服务的"**[4]]——很显然,没把他当作承运人。被告的抗辩理由,是在海上遭遇了洗劫,连自有的货物也被抢走了。高迪法官认为抗辩不成立。他也是**索斯科特诉贝内特案**的法官之一[5]。首席法官波帕姆却发言认为,如他作为一个承运人,如此抗辩,当然是不成立,因为承运人的承运是有偿的,但是,就此而言,承运人与佣人和其他行纪人还是有所区别。

在**索斯科特诉贝内特案**的庭审中,该幕得以重现,似乎进行了双重区分——先将被告区分为有偿和无偿的受寄人,后区分为受寄人和佣人。假设被告被划归为没有实际占有货物的佣人之列,那他就不受寄托法的规制;再说,在古代法上,行纪人也被当成佣

[1] *Nugent v. Smith*, 1 C. P. D. 19, Brett, J., at p. 28.
[2] *Nugent v. Smith*, 1 C. P. D. 423, Cockburn, C. J., at p. 428.
[3] Moore, 462; Owen, 57.
[4] [译者注]原文是 *pur merchandizer*。Pur 是法律法语,表达"为、替"等含义。
[5] [译者注]见边码179。

人看待。

对价原则进入寄托法领域,更令其具多样性。对价的原初含义,是**一物对一物,一事对一事**[1],这个容后再解。在对价原则的稚

182 嫩期,《神学家与法学徒问答录》[2]一书曾对之予以讨论。首席法官波帕姆或许借用了该书关于有偿和无偿受寄人的二分法。在该书中,公共承运人被划归到有偿受寄人之列。而时光前溯的,世人对于酬劳之有无并不区分[3]。

但在伍德莱夫案,为了回应首席法官的以上观点,高迪法官援引了前文引述的**王室内务法庭典狱长案**[4]。在审理该案时,一方面,波帕姆援引古老的二分法作为支撑,即狱警针对乱臣贼子有诉权;另一方面,波帕姆又认为该案的被告并没有司法救济途径。

我所能依托的其他案例都与一般寄托理论有关,已经一概收集如上;而它们的判决基础,皆由**索斯科特诉贝内特案**所奠定。这些案例体现的原则与**索斯科特诉贝内特案**并无不同,唯一要考虑的问题是,被告能否落入该案(的既判力)。对于不列颠王国习惯法,这些案例一字不提。更甚者,截至当代,判例汇编对之也无只言片语。我相信,此乃首例区分承运人与其他受寄人者。古籍之中并不涉猎承运人的特别义务。当然不能说本案为承运人设定了某项特别义务。结合如下论述,我们会留意到,波帕姆所论说的不是公共承运人,而只是承运人。

接下来考察**索斯科特诉贝内特案**[5][伊丽莎白 43 年,公元 1601 年]。该案老实呈现了旧法全貌,不区分有偿无偿,没有现代

---

[1] [译者注]原文是 *quid pro quo*。

[2] Dial. 2,ch. 38,A. D. 1530.

[3] Keilway,160,pl. 2(2 Hen. VIII.);cf. ib. 77 *b*(21 Hen. VII.).

[4] Y. B. 33 Hen. VI. 1,pl. 3.

[5] 4 Co. Rep. 83 *b*;Cro. Eliz. 815.

法的创新。在本案及更早的失窃案,都是请求返还动产之诉。我们可以推想,案由都仅仅包括交付和不当占有。

但必须要说明,本朝所采之程序法发生了重要转变。如果动 183
产可以用种类物返还,请求返还动产之诉就不够,不足以完全填补因受寄人疏于照管而带来的损害[1]。在本朝,对这类损害的救济方式,自然就是提起类案诉讼。但如要令当事人完全满意,尚有若干难点需要克服。在受寄人疏于照管而带来损害的情形,该等疏于照管可能就是不作为。那么,本案中的类似侵害与不作为的侵害[2]何以共存? 此外,欲诉某人不作为,得证明其有作为的义务。前人在解读各个诉状时发现,原告尚不足指控货物受损乃由被告过失造成[3]。通过广为人知的他允诺在先,该等障碍得以逾越。关于该表述,后文再解释。在很长一段时期,违反简约之诉都没有发展为独立的合同诉讼,而仅仅是侵权诉讼的诉由。其归责基础是,被告允诺在先,而后出于过失而不作为,并造成损害后果,故此,该等过失性的不作为与其对物的照管行为发生了联系[4]。我们在评论**柯格思诉伯纳德案**时会发现,霍尔特勋爵体味到了违反简约之诉的这般原初意蕴。当然,其意蕴不止于寄托类诉讼。

但令受寄人承担义务和责任,除了以上情形,还有一个通道。 184
虽然法律人对之不甚熟稔,但该通道对后世之承运人法施加了其特别的影响力。如损害乃由被告在履行更具有公职性质的某项作为或不作为所造成或引发,如在马掌工的情形,则似可宣告该人的

---

〔1〕 Keilway,160,pl. 2.

〔2〕 [译者注]后者是 trespass in nonfeasance。

〔3〕 Y. B. 19 Hen. VI. 49, *ad fin*. Cf. *Mulgrave v. Ogden*, Cro. Eliz. 219; S. 0., Owen, 141, 1 Leon. 224; with *Isaack v. Clark*, 2 Bulstr. 306, at p. 312, Coke, J.

〔4〕 见第七讲。

工作是“公共”马掌工[1],并支持原告的请求,而无须以其允诺为基础。后世的法原则更脱离了寄托法,手艺人在承揽业务和施展才华时,如其工作具有“公共”职业性质,则要背负一般义务。菲茨赫伯特有言:“严谨和诚心施展才华,乃每个手艺人的职责所在。”[2]

如损害乃由被告不作为所引发或其作为而造成,则原告的诉讼请求就可能得到支持。既然这一点已然确立,就没有必要再予以否认,即便在占有过失致财产灭失的情形也当如此[3]。以此为起点,同类格式的讼案跨越了一步,扩大适用至受寄人丢失寄托物的全部情形,如此能够阻却受寄人行使其法定权利。请求返还动产之诉是古老的救济,保留了古老诉讼格式的印记。最后一次扩
185 大适用,大约发生在**索斯科特诉贝内特案**之时刻[4]。但是,就被告之责任基础与本质,在受寄人过失致寄托物受损或灭失的,以及因侵权行为人造成损失,而令受寄人对其有救济的,如以同样的诉讼格式提诉,则掘开了一个混沌之源。

其实,(受寄人)有两套义务——第一套是如前所述的,被告违反允诺或公共职责,这并不专门针对受寄人;第二套是专门针对受寄人的古老义务,**索斯科特诉贝内特案**就是一个例子。不过,当违反简约之诉转化成契约诉讼,并对价理论发展起来[二者都发生在

---

〔1〕 Paston, J., in Y, B. 19 Hen. VI. 49. See, also, *Rogers v. Head*, Cro. Jac. 262; *Rich v. Kneeland*, Cro. Jac. 330,后文还要提到本案。客栈经营人一定是公共客栈的经营人,Y. B. 11 Hen. IV. 45. See further, 3 Bl. Comm. 165,其中提到,“从身份到契约的转型”已经发生。

〔2〕 F. N. B. 94 D; *infra*, p. 203.

〔3〕 Y. B. 7 Hen. IV. 14; 12 Ed. IV. 13, pl. 9, 10; Dyer, 22 *b*.

〔4〕 可通过如下顺序阅读该扩大过程。Y. B. 2 Hen. VII. 11; Keilway, 77 *b*, *ad fin*. (21 Hen. VII.); ib. 160, pl. 2 (2 Hen. VIII.); *Drake v. Royman*, Savile, 133, 134 (36 Eliz.); *Mosley v. Fossat*, Moore, 543 (40 Eliz.); 1 Roll. Abr. 4, F, pl. 5; *Rich v. Kneeland*, Cro. Jac. 330 (11 Jac. I.).

柯克勋爵时代]，受寄人的前述义务都被看作寄托合同下的义务，就没有必要再去泾渭分明地区分前述两套义务。进一步说，为指控被告侵权，证明该人违背公共职责与证明他违背允诺，这二者在从前具有同等效果；而到了此刻，为了向其提起违反简约之诉，被告具有公共职责这一诉讼理由就有效地替代了特别允诺。**罗杰斯诉海德案**[*Rogers v. Head*[1]]的判决理由是，若以违反简约之诉来指控他人，你须证明，该人或者在交付之时有其公共职责，或者收取了足额对价，并作出了特别允诺。该种判决理由认为，受寄人在履行公共职责时，比如他是一个公共承运人，如他违背了上述任意 186
一套义务，则对方可以利用本诉状指控他违背公共职责，或指控他收取了报酬，并作出了特别允诺。在该案之前的年代，或从该案的判决开始，世人可能已经承认或反复判决认为，受寄人如不是公共承运人，则可以用特别的诉讼来指控他交付不能；换言之，可以对他提起有别于违反简约之诉的其他诉讼。

接下来，我们假定原告因侵权事项而提起类案诉讼。一如往昔，被诉的义务违反事项，要么是财产受损，此类事项经常适用此类诉讼方式，要么是失窃，这一般会提起请求返还动产之诉。而如果要诉受寄人，须得有寄托关系。货物失窃的，受寄人的担责基础，既非违背公共职责，又非违背允诺，亦非存在过失，而应在于一个赤裸裸的事实，即该人受理了交付，而货物失踪了。在此情形下，在起诉状中申明这般事实的存在，便已足够[2]。不过，尽管类

---

[1] Cro. Jac 262 (8 Jac. I.). Compare Maynard's argument in *Williams v. Hide*, Palmer, 548; *Symons v. Darknoll*, ib. 523, and other cases below; 1 Roll. Abr. 4, F, pl. 3. *Mosley v. Fosset*, Moore, 543(40 Eliz.)，这是纳入汇编中的一个晦暗案例。该案似针对英格兰皇家林场的弼马温提起了一个违反简约之诉，指控由他负责照管的一匹马失窃。汇编顺手写道："如无特别允诺，则无诉讼基础。" See, further, *Evans v. Yeoman*, Clayton, 33.

[2] See *Symons v. Darknoll*, and the second count in *Morse v. Slue infra*. [后一个判例表明，声明被告存在过失，这只是形式要求。] Cf. 1 Salk. 18, top.

案诉讼的诉讼范围变大，但经过时间的沉淀，其诉讼理由受到的限制更多，且应列明于诉状。我们在后文中再行探讨，**索斯科特诉贝内特案**所确立的原则有没有反向扩大适用于那般不具备同样案情的诉讼。在高迪与克伦奇出生的几百年前，受寄人占有并丢失财产的，所有权人已经取得了诉权，而这条法则，即类案诉讼的起诉
187 状应列明诉讼理由，其立法原因在这几百年间已经被遗忘。该法则本身是一个僵化的先例，人只守其文意，因其精神已脱离。判例汇编人发出警示，称受寄人应当附条件接受该法则，以摆脱其束缚[1]，此时，该法则就已摇摇欲坠。

索斯科特诉贝内特案一直是主流的先例，持续百年之后才有**柯格思诉伯纳德案**。我们发现，在这个百年期，只要受寄人被设定一个特别的义务，要么有时法院会围绕违反简约之诉而判出一个先例[2]，而要么在更多情形下，原告不会纠缠涉诉侵权行为的特定本质，而会提出认为，受寄人属于公共摆渡人、公共承运人或诸如此类的人物；此外，在这个百年期，该诉讼理由的真意已经被遮蔽。不过，起初只有一到两个讼案的判词用语稍显含混，而被告之义务落入**索斯科特诉贝内特案**之法则适用范围的，原告并不指控被告的行为具有公职性质，他们认为没必要[3]。不过，他们会从类案诉讼的先例中吸取一些其他的思辨工具，或重点表述被告本应承担的若干义务，尽管他们并未充分理解（这般义务的根源在哪里）。首席法官波帕姆就曾认可将受寄人区分为有偿和无偿，他似乎以为，以受寄人收受酬劳为基础，就能作出正确的判决。指控和证明被告有过失的，法院当然就予以认可。最后且最常见的一点是，原

---

〔1〕 *Supra*, p. 179.

〔2〕 *Symons v. Darknoll*, *infra*.

〔3〕 *Boson v. Sandford*, Shower, 101; *Coggs v. Bernard*, *infra*.

告指控认为被告存在法定的和不列颠王国习惯法上的义务。关于这最后一点,可以观察得再深入一些。

诉讼格式登记册上找不到这种令状,用以指控公共承运人应根据不列颠王国习惯法而承担特定义务。不过,确有令状给客栈经营人设定义务,令其"恪守英格兰法律和习惯"。采纳此种用语 188
并无难处。此类主张并不意味着彼时存在特定的原则,因在诉讼表格中表述一个法命题,这在当时是常有之事。还有人在侵害之诉的诉状里指控被告存在普通法上的义务。还有诉状指控被告存在制定法上的义务〔1〕。故"各位法官有义务遵照誓言,要按英格兰的法与习惯,秉公执法"〔2〕。

就古代法上的证据所示知的,公共承运人的义务其实等同于一般受寄人,且伴随着因行使公共职责而普遍附加的责任。前文已论述,"公共"之字眼的表述,仅具有"公共职责"之意。还有如下事实与之印证:当如此规定公共承运人的义务时,该义务不唯为公共承运人所独有,还包括海岸短航程独桅小船的公共承运人、驳船所有人,等等,据当事人所从事的业务而定。要注意,在**柯格思诉伯纳德案**,就行使公共职责的有偿受寄人应当适用何等责任,霍尔特勋爵将海岸短航程独桅小船的公共承运人以及船舶所有人与公共承运人并列表述,而不是将它们包容于公共承运人(的概念)之下。还要注意,在更早于该案的时代,对于公共承运人应当承担何等义务,并无既定之模式,但每一个判例都阐明,被告在特定情形下有

〔1〕 Reg. Brev. 92 *b*, 95 *a*, 98 *a*, 100 *b*, 104 *a*; cf. Y. B. 19 Ed. II. 624; 30 Ed. III. 25, 26; 2 Hen. IV. 18, pl. 6; 22 Hen. VI. 21, pl. 38; 32 & 33 Ed. I., Int, xxxiii.; Brunner, Schwurgerichte, 177; id. Franzäische, lnhaberpapier, 9, n. 1.

〔2〕 12 Co. Rep. 64.

过如此作为或如此不作为,并因此而承担了责任[1]。

189 现在回到判例的承受过程上来。按顺序,下一个是里奇诉尼兰案[*Rich v. Neeland*[2]][詹姆士一世11年,公元1613年]。这是一个类案诉讼[侵权],诉的对象是海岸短航程独桅小船的公共承运人。克罗克将本案纳入判例汇编时,完全没有提及习惯法之事。但起诉状却宣称,被告乃是一个公共驳船所有人;又说,原告交付给他一个大货箱,交其承运,如此如此,给他付了款;又说,但被告疏于照管,大货箱被陌生人取走。——其指控与如下要讲的莫尔斯诉斯卢案[*Morse v. Slue*]第二条诉讼理由丝毫不差[3]。被告没有对诉讼请求提出反对,判决支持了原告。判决导致了复审调卷令的签发,令中陈述道:"本案的诉讼基础并不在原告对无特别允诺的公共驳船所有人有诉权。全体司法官和男爵一致认为,诉讼基础在于,原告对本国之公共承运人有诉权。"顺着判例汇编的思路,粗看下来,法院所着重的,似是被告的公职性质。本案关于损失的责任认定,明显没有脱离索斯科特诉贝内特案的判案法则。该案适用该法则时,既不要求被告作出特别允诺,又不要求其履行公共职责,而该案之法则已经维系了75年,无人提出质疑。鉴于此,本案之法院所参照的,是当事人的诉讼格式[类案诉讼],而并非被告在某些特定诉讼格式下的责任大小[请求返还动产之诉]。复审令的异议内容,是"本案的诉讼基础并不在"(某处),而不是被告"未有特别允诺",不应担责。但即便如此解读,复审令还是附和

[1] See, besides the following cases, the declaration in *Chamberlain v. Cooke*, 2 Ventris, 75(1 W. & M.), and note especially the variations of statement *in Morse v. Slue*, set forth below, in the text.

[2] Hobart, 17; Cro. Jac. 330. See also *George v. Wiburn*, 1 Roll. Abr. 6, pl. 4(A. D. 1638).

[3] [译者注]见边码192–193。

了如下观念，即人人皆知，自古以来，欲以某个诉讼格式起诉一人赔偿损失，须主张损失系由该人之过失造成；而既然该诉讼格式如此要求，在该诉讼格式本次扩大适用至不同种类的侵权行为时，亦 190
当如此主张。本案很显然是以被告未尽义务为基础，故前述观念有误，而我们将发现，后世之判决直接对之予以否定[1]。

霍巴特收编了一案，原告声称，被告是一个海岸短航程独桅小船的公共承运人，可租用其船取水路运货，如此如此，据英格兰习惯法，这一类承运人应当保管货物，如此如此，这类人及其佣人不能出错，而令货物丢失，如此如此。“故本院决议认为，尽管此乃英格兰王国之习惯法，实为普通法。”该决议所具有的唯一意蕴，是该国习惯法就等于普通法。更早之前涉及某客栈经营人时也有提到本观点的[2]。语涉客栈经营人应恪守习惯法的令状[3]，有超越寄托法而设置特别法的意味，客栈经营人不占有店内的物品，却要对之负起责任。就本案而言，法院身处特别法和寄托法的普通法或曰共同法之间，似有意提出一个反题。

无论克罗克的汇编用语滋生了何等疑云，孤立地看，有一个事实却是无可非议的，此即，不管（当事人）有无提出王国习惯法或公共职能等方面的主张，自伍德莱夫案起算而下溯一百年，判例都试图以**索斯科特诉贝内特案**的判案法则为基础，而划定承运人丢失货物的责任。

西蒙斯诉达克诺尔案［*Symons v. Darknoll*[4]］［查理一世 4 年， 191
公元 1628 年］就精准契合以上要点。起诉书称，据普通法，驳船所

---

〔1〕 后世对本案的运用情况表明，要区分比本案年代更远古之典籍中的实体法和程序法，难度极其巨大。

〔2〕 Y. B. 22 Hen. VI. 21, pl 38; *supra*, p. 188, n. 1.

〔3〕 ［译者注］前句表述不明显，更明显的是在边码 187。

〔4〕 Palmer, 523.

有人皆应照管其驳船,而不令船上的承运物灭失。“而即便并无允诺,法院也倾向于认为原告有权追索;而原告未指控被告乃是公共承运人的,亦当无虞。首席法官海德认为,交付即为签约。”这句话并非是说,交付乃是允诺的有效对价,而是说,一如**索斯科特诉贝内特案**,受寄人未有特别同意将货物如自有物一般照管的,交付(之事实)即给受寄人设定了安全照管义务,是故,没有必要主张允诺或被告的工作具有公职性质。惠特洛克法官也留心到该事实,即该案是侵权案,而非违约案。“**是故,在此情形下……索斯科特诉贝内特案应予适用。**”[1]

同一年的**威廉诉海德案**[*Williams v. Hide*[2]],判决执行官梅纳德为了表达对判决的异议而陈述了一般寄托法的相同法则。该人也援引了**索斯科特诉贝内特案**。

肯里格诉埃格尔斯顿案[*Kenrig v. Eggleston*[3]][查理一世24年,公元1648年]是“对一名乡间承运人提诉,其未能交付一只货箱”。如此如此,因为有人从他手上把货箱抢走了。(汇编里)找不到有关习惯法或公共承运人的表述。以上用语也没有暗示他是公共承运人。但如**索斯科特诉贝内特案**一样,该案也认为,承运人如要减轻他作为受寄人的责任,“应当在受理交付时作出特别声明”[4]。

尼科尔斯诉穆尔案[*Nicholls v. Moore*[5]][查理二世13年,公元1661年]诉一名从赫尔到伦敦之间的“水路承运人”,称被告本

---

〔1〕[译者注]原文是 *Et en cest case... Southcote' s Case fuit cite*。似乎夹杂了英语、法语和拉丁语。

〔2〕Palmer,548.

〔3〕Aleyn,93.

〔4〕[译者注]声明如货物意外失窃或被不当为他人取得,他将不承担责任。见边码179。

〔5〕1 Sid. 36.

应在约克郡接收货物。被告提起了判决对基本事实认定错误并应中止执行的动议，称被告并未承诺会将货物从约克郡运输到赫尔。“尽管全体法官一致（同意被告的主张），但是，正如**索斯科特诉贝内特案**所判定的，从约克郡一体接收货物起，被告仍应承担责任。” 192

此处提及**马修诉霍普金斯案**［*Matthew v. Hopkins*〔1〕］［查理二世 17 年］，不失公允。起诉书以英格兰习惯法为由，控告一名公共承运人。被告提起了判决对基本事实认定错误并应中止执行的动议，因为原告对英格兰习惯法有误读，在接收货物时，被告还不是承运人，还因为原告的诉讼理由中加入了被告侵占其动产，而就此，应运用英格兰习惯法进行解释。法院基于后一条理由而中止判决的执行，但又认为，“正如霍巴特所言，起诉书不解读英格兰习惯法，这固然是好的，但对之予以解读，这个方式却更优秀”。

现在来看一个大案，**莫尔斯诉斯卢案**［*Morse v. Slue*〔2〕］［查理二世 23 和 24 年，公元 1671 和 1672 年］。被告是泰晤士河上一条船的所有人。该人丢失了所托之货物，因此被诉。货物乃为一伙贼人抢走，而经查实，船舶的守卫工作一如平常。诉讼理由有二：一是英格兰法与习惯〔3〕规定，“只要船舶尚在泰晤士河上航行”，船舶所有人应当“谨慎整理、保管和守御其所承运之货物”；二是“承运之货物经泰晤士河入海的”〔4〕，要安全保管，“不为丢失或减

---

〔1〕 1 Sid. 244. Cf. *Dalston v. Janson*, 1 Ld. Raym. 58.

〔2〕 2 Keb. 866; 3 id. 72, 112, 135; 2 Lev. 69; 1 Vent. 190, 238; 1 Mod. 85; Sir T. Raym. 220.

〔3〕 1 Vent. 190.

〔4〕 2 Keb. 866.

损,即便货物有瑕疵,也不至损害"[1]。"货物交给他们承运的,他
193 们要安全保管,除非海上有险情。"[2][该除外情况的陈述,或由判例汇编人从控诉人语涉之提单的通行格式中引述。]该第二条诉讼理由经常为人所忽略,而在本案中,这是一个特殊的理由,"有交付在先,而因其过失,致物失窃在后"[3]。

本案经两次论争[4],而有关汇编对原告所坚持的要点都予以认同。

霍尔特支持原告的主张:第一,通过援引**索斯科特诉贝内特案**(可以得出),船舶所有人已经一体接收货物,而"可以免责的只有两种人,一是法律规定为占有的农役保有土地看守人;二是行纪人。他们是佣人,由货主处分,没有照管能力"。第二,船舶所有人照管货物,收了酬谢,故他是适格的被告。第三,通过援引王室内务法庭典狱长案(可以得出),船舶所有人有其救济手段[5](故他要对物主承担责任)。可以得出,如船舶所有人不担负责任,将出现大恶果;如提单所显示的,商人已将货物托付给船舶所有人,故无须证明船舶所有人存在过错;最后,船舶所有人的确存在过失。

但是,也有观点认为船舶所有人没有过失,又认为,船舶所有人不过是物主的佣人。故如有人须承担责任,该人须得是物主[6]。还认为,假设货物是在海上被抢,或将无人担责,而本案将沉没于海商法之中。果真如此的话,将出现一件荒唐事:航程的起

---

[1] 1 Vent. 190.

[2] 2 Levinz,69.

[3] 2 Keb. 866. See 3 Keb. 74;1 Mod. 85;Sir T. Raym,220.

[4] [译者注]从后文看,应当是经过上诉,原审和上诉法院经过论争都支持了原告。

[5] Y. B. 33 Hen. VI. 1;*supra*,p. 177.

[6] 3 Keble,73.

始段由一部法律管辖,而余段由另一部管辖〔1〕。

第二次论争的结果,法院通过援引**索斯科特诉贝内特案**再次支持了原告的主张,判定被告应“据一般寄托关系的普通法”而承担责任,并认为,据罗马法和海商法,被告应作为公共承运人和船舶所有人而担责。 194

法院的意见由首席法官黑尔做出。他认为,(案发时)船舶身处郡县辖区,故不能适用海商法:“船舶所有人无法使用罗马法为自己辩护,称自己不为**不可避免的损害**〔2〕而担责。”〔3〕他认为,船舶所有人取了酬谢,就该担责。又认为,“船舶所有人本应心生警觉,但他没有,只顾一体收管货物,故应当对后果负责”〔4〕。(黑尔的法律意见)隐约提到了**肯里格诉埃格尔斯顿案**〔5〕。还认为,船舶所有人不是佣人,而是公职人员,商人支付运费,相当于船舶所有人从其处领受了薪水。最后一点,意见认为,配备常规数量的货物守备人员,这是不够的,而守备人员不充足,此乃过失。意见援引**王室内务法庭典狱长案**,认为除非存在公敌〔6〕之情形,否则过失不可免。吾人未忘,该案与**索斯科特诉贝内特案**法理相同,而与普通寄托法唯有外形不同而已〔7〕。

此案并未遵循公共承运人或船长的特殊习惯法,全部观点包括法院判决都认为,如本案受普通法管辖,而非依赖罗马法作出不 195

---

〔1〕 Cf. 1 Mod. 86.

〔2〕 [译者注]原文是 *pro damno fatali*,等于英文中 for unavoidable damage。这是罗马法上的术语。

〔3〕 1 Mod. 85, note *a*.

〔4〕 1 Ventris, 238, citing *Southcote's Case* in the margin. Cf. 3 Keble, 135.

〔5〕 Aleyn, 93; *supra*, p. 191.

〔6〕 [译者注]法国人作为英格兰的公敌掳走囚徒,使得典狱长无法向英王提诉,行使占有救济。

〔7〕 See also 1 Hale, P. C. 512, 513.

咸不淡的辩解，并且，如能视被告为受寄人，而不仅仅为货主的佣人，则普通寄托法得以适用，且被告将因其“一体收货”而承担责任，一如**索斯科特诉贝内特案**。

然而，如被告纯粹为了施惠原告而接收财物，没有对价，不取一文，而财物遭遇洗劫，则该案呈给马修·黑尔爵士的，睿智如他，断会摆脱法律年鉴。首席法官彭伯顿真正审理过此类案件，他非常清醒，拒绝将柯克勋爵时代的法适用到如此极端的判决上，并裁断道，原告的诉讼理由不成立[1][查理二世 33 年，公元 1681 年]。

大约在同一时代，被告具有公共职责这一性质开始承担新的重要功能。此时的诉由变换为违反允诺，该诉由具有更强大的厚重度，最终具备了一个效能，引入了一条原理，即全部寄托关系上的义务都以合同为基础[2]。这条原理有其内在固性，不容反驳。当此之时，尽管该诉由兴起了一个特别的诉状，但还不常用，因该诉状尚为侵权之诉，而其他诉由的使用频率却越来越大。此一观
196 念土壤正在攻城伐地：公共承运人丢失货物的，无论原因何在，其归责原理都尤其专属于他们自身，并不能适用于一般受寄人。前文已经阐释了有关公共承运人独立义务的认知混乱。该等认知混

---

〔1〕 *King v. Viscount Hertford*, 2 Shower, 172, pl. 164; cf. *Woodlife's Case*, *supra*.

〔2〕 *Boson v. Sandford*, 1 Shower, 101 (2 W. & M.). See above, pp. 183, 185; below, p. 197. Modern illustrations of the doctrine will be found in *Fleming v. Manchester, Sheffield, & Lincolnshire Railway Co.*, 4 Q. B. D. 81, and cases cited. In *Boorman v. Brown*, 3 Q. B. 511, 526，读者当发现，违反简约的原型，是当事人提起侵权诉讼的一个理由，只在现代被解释为具有合同法上的意义。霍尔特勋爵明确提出不同见解。请注意他对王室内务法庭典狱长案的分析方式。33 Hen. VI. 1, in Aleyn, 27.

乱,其行迹初见于**里奇诉尼兰案**,而其全貌即将展现[1]。霍尔特后成为首席法官。上一条脚注中,由其判决的案件有三个。此君在判断**莱恩诉克顿案**[*Lane v. Cotton*[2]]时[威廉三世 13 年,公元 1701 年],表明自己不认可**索斯科特诉贝内特案**,并认为普通寄托法源自罗马法。又说,**索斯科特诉贝内特案**以及古老的普通法被推翻的年份,应当上溯至**柯格思诉伯纳德案**[3][安妮女王 2 年,公元 1703 年]。在判断**柯格思诉伯纳德案**时,霍尔特勋爵出具的意见振聋发聩,他大量援引了经由布莱克顿过滤下来的罗马法;不过,无论其主要观点受哪方面的影响更大,当触及公共承运人时,他所决意的观点,和所做出的要点识别,均体现了英格兰法的生长态势。

该案视之不类合同。案由是货物受损,原告以违反简约之诉的诉状指控被告存在过失,通过这种方式,他提起了侵权诉讼。在亨利六世执政时代,这是常规操作。被告答辩称自己无过失。法官作出有利于原告的判决,但又动议叫停判决的效力,"原因是,原告在诉讼主张中并没有声明被告乃是公共承运人,也没有提出其因自身损害而获得任何补偿"[4]。就古代法上的违反简约之诉,当事人不会主张对价,亦无此观念,而在现代法的合同诉讼中,采用该诉讼形式的,须提此主张。由此可以推论,尽管伊丽莎白女王 197
执政时代作出过相反的判决[5],凡举呈递违反简约之诉诉状的,

---

[1] See *Lovett v. Hobbs*, 2 Shower, 127 (32 Car. II.); *Chamberlain v. Cooke*, 2 Ventris, 75 (1 W. & M.); *Boson v. Sandford*, 1 Shower, 101, citing *Southcote's Case* (2 W. & M.); *Upshare v. Aidee*, 1 Comyns, 25 (8 W. III.); *Middleton v. Fowler*, 1 Salk. 288 (10 W. III.).

[2] 12 Mod. 472.

[3] 2 Ld. Raym. 969.

[4] [译者注]允诺人受损或受诺人受益,是为有对价。故霍姆斯在下一句提到对价。

[5] *Poutuary v. Walton*, 1 Roll. Abr. 10, pl. 5 (39 Eliz.). Cf. Keilway, 160.

均须主张合同成立,且得证明允诺有对价,但该动议未能占优,判决还是支持了原告。选用违反简约之诉诉状的,不限于合同纠纷,对此,霍尔特勋爵了然于胸。他也确实言及,“物主将货物托付[给被告],该行为足以构成被告背负妥善管理或返还义务的对价”,但不足以构成被告背负承运义务的对价,原告也认为被告并无此义务。顺着这个思路,霍尔特勋爵明确认为,“此案并不相同,因为,存在简约并不表明双方在将来会缔结合同,可是,本案存在简约,表明被告已经接手事务,接受托付”;(本推理)沿袭了法律年鉴中的先例〔1〕。可是,下溯至本朝,因其公职性质,公共承运人的义务或已拓展至防止各方各面的损失,**索斯科特诉贝内特案**所确定的原则或已拓展为填补各方各面的损害,故有必要对两套法则予以中和,或二者选其一。

198 由此,这位首席法官着手区分两组受寄人,一组是行使公共职能的有偿受寄人,如公共承运人、海岸短航程独桅小船公共承运人、船舶所有人等,另一组是其他受寄人;**索斯科特诉贝内特案**对第二组不适用;严格责任原则只适用于第一组,理由是公共政策;行纪人可以免于担责,理由不在于普遍判定的、行纪人仅仅处于佣人的地位[不论其余,他本人就如此判定,见莫尔斯诉斯卢案],而在于,他们就没有处于本法则的逻辑之内。

顺着该论证过程阅读下来,至此可以认为,该论证无涉裁判官告示〔2〕的采用。如有必要,可以从手头拿出更多证据。

首先,我们已经得知,在**莫尔斯诉斯卢案**之前,相关先例已历百年。霍尔特勋爵本人参与了该案的审理。据该案,船舶所有人、承

---

〔1〕 2 Ld. Raym. 919. 见第七讲。在现代法上,我们认为交付表明物主受损,故交付乃是对价。据法律年鉴,霍尔特勋爵受理此案时,其审理思路表明,他没有采取该观点。

〔2〕 [译者注]见下一条译者注。

运人、海岸短航程独桅小船承运人等都被认定应当承担责任。**莫尔斯诉斯卢案**受到信赖,得到援用,且其他讼案对之不仅毫无微词,反而均以行使公共职能的有偿受寄人作为例证。将有偿受寄人与其他受寄人予以区分,这是首席法官波帕姆的创举;后世之限定语[行使公共职能],也是英格兰式的,在前文中,其形貌已半露,而后文还要对之进一步阐释。

其次,严格责任不限于**海上承运人、客栈经营人和家畜饲养人**[1],甚至还不仅限于公共承运人;其适用于所有履行公共职能的有偿受寄人。

再次,一如前述判例所规定,(公共承运人的)责任大小,不多不少,恰恰等于一般受寄人;已有人注意到,其归责方式绝不类于罗马法的设定,也远比罗马法严格[2]。 199

最后,天灾或公敌行为可免责,此乃英格兰法之特色。容后再证。

不过,本讲已经部分论证,相比法律年鉴的时代,在当代法中,承运人所承担的责任要更严格。**索斯科特诉贝内特案**以及前引的其他案例均有提及,因盗窃、抢劫或侵害而致货物受损的,但凡受寄人在(针对侵害人)有救济权的情形,应一概(对寄托人)领责,哪怕该等救济权只是理论上的。如前所见,正是该等判例烘托出该等法则。当然,该等法则曾经适用于前文没能释明的其他损害,亦不是不可能。在针对客栈经营人之时,裁判官令状的用语为**无论有**

[1] [译者注]原文是 *Nautae*, *caupones*, and *stabularii*。这是一条裁判官令状,其全文是 NAUTAE, CAUPONES, STABULARII, QUOD CUJUSQUESALVUM FORE RECEPERINT, NISI RESTITUENT, IN EOS JUDICIUM DABO。海上承运人、客栈经营人和家畜饲养人受托保管财物的,当就财物损害承担责任。

[2] 2 Kent, 598; 1 C. P. D. 429.

无过失，损失发生在你的保管范围内[1]。到了后世，该法则可能从盗窃致损延展至灭失致损。前文在探讨**索斯科特诉贝内特案**的既判力时，援引过**西蒙斯诉达克诺尔案**[2][查理一世 4 年]。在该案中，货物并非失窃，而是灭失。至于货物**以何等方式灭失**，该案可能并未查明。但在该案之前的时代，该先例所立之法则，其适用范围已伸缩不定，人在遵循先例时，只遵照其外壳，却不去思考其本意。

柯格思诉伯纳德案的判词写道，“除开天灾以及国王之敌的行为，在一切情形下，受托照管货物者均当承担法律责任”。曼斯菲尔德勋爵时代，人在司法判决中郑重采纳了该法则，不仅如此，本朝已经确立该法则，即“即使在意料之外的情形，公共承运人也当
200 承担一切损失”[3]。这就意味着，在这个层面上，公共承运人已经成为保险人，除开上述例外情形，他不仅要为货物灭失担责，还要为一切形式的货物损害负责。

以上是对演变过程的追述，再多说几句。即便在受寄人占有之动产灭失[此别于动产侵占或不法处分]的，《法律年鉴》在述明其责任时，别看其用语是出于另一个视角[4]，其实时常以过错为基础来处理。在爱德华三世时代，行纪人似可用“暴风雨时投弃货物”作为有效抗辩[5]。不过不能以此为类比。王室内务法庭典狱长案[6]中的抗辩更强。彼时或认为，监狱着火，囚犯逃之夭夭，这

---

〔1〕［译者注］原文是 absque subtraction seu amissione custodire。

〔2〕 Palmer, 523. See too Keilway, 77 *b*, and 160, pl. 2, where the encroachment of case on detinue, and the corresponding confusion in principle, may be pretty clearly seen taking place. But see p. 175, *supra*.

〔3〕 2 Kent, 597; *Forward v. Pittard*, 1 T. R. 27.

〔4〕 Cf. Y. B. 7 Hen. IV. 14; 2 Hen. VII. 11; Keilway, 77 *b*, 160, pl. 2, and other eases already cited.

〔5〕 Y. B. 41 Ed. III. 3, pl. 8.

〔6〕 Y. B. 33 Hen. VI. 1, pl. 3.

个脱责理由之良好,仿佛外敌前来劫狱。说理时,须用失火之字眼,或还须暗指,在此等情形,如自身并无过错,则无须领责。在规制受寄人时,诉讼格式登记册所载之诉讼格式一般要求起诉人指控受寄人在照管或承运时存在过失。就我所体察到的,再往前溯,无论起诉人是否宣称以英格兰王国之习惯为依据,起诉书的模板[1]亦提出同等要求[2]。可是,货物为不法占有的,受寄人无论是否存在过失,一概要领责;同样,物品在客栈失窃的,客栈经营人无论是否存在过失,也一概要领责[3]。

其实,在提及叛军释放囚犯之时,典狱长已经涉及过失问题, 201
[虽然该结果几无可能乃由过失造成]而经过柯克勋爵之时代,即便在货物之丢失乃由不法取得所造成的情形,当事人也普遍提出过失之主张。故此,起诉客栈经营人的诉讼格式,是“假如这类客栈经营人怠于……”[4]在这般情形下,所谓过失,不过是指事实上未能安全照管。遥远的后世有这样一段话,“就承运人或海岸短航程独桅小船承运人,事事皆过失,却无一事逃离法网”[5]。该种主张不过是寻常的类案诉讼中所提出的主张;在类案诉讼取代请求返还动产之诉并得以普遍适用之后,当事人的请求范围已经从古老的损害赔偿上得到扩张。自首次引入类案诉讼起,它就有其重大意义。有人不信古代法上的受寄人对(寄托物的)损害承担了保险人的角色,他们的理由并不充分,说似乎不存在令受寄人在此情形下担责的判例,又说,令受寄人为货物失窃负责,这似乎超出了

---

〔1〕 [译者注]原文是 precedents of declarations。

〔2〕 Reg, Brev. 107 *a*, 108 *a*, 110 *a*, *b*; entries cited 1 T. R. 29.

〔3〕 See above, pp. 167, 175 *et seq.*; 12 Am. Law Rev. 692, 693; Y. B. 42 Ed. III. 11, pl. 13; 42 Ass., pl. 17.

〔4〕 [译者注]原文是 *pro defecto hujusmodi hospitatorum*。

〔5〕 1 Wilson, 282; cf. 2 Kent(12th ed.), 596, n. 1, *b*.

古代法的精神。

以上追述了受寄人如何变成保险人的历程,唯遗风险承担原则之例外情形的起源问题。对此多说一两句。我已经展示首席法官霍尔特是如何靠近和提起公敌致损之话题的。正是王室内务法庭典狱长案[1]进行了这一古老的划分,称典狱长(在公敌劫狱的情形)并无救济权(是故无责)。

202 就天灾而言,有一条基本原则,天灾致履行不能的,义务得解除。此条不光适用于承运人,也不光适用于受寄人。柯克勋爵提到格雷夫森德[2](港口)一条驳船的货物投弃案[3],还涉及另一案,有一方当事人有义务构筑和加固海堤,以免海水倒灌,而其义务的极限与前理相同[4]。法律年鉴还作过关于一般合同法的类似陈述[5],它展列了一条在当代换了新颜、而法学家大费唇舌再度对之开展了论争的原则,即,如合同当事人既未作出保证,又无过错,当情势变更并因此合同基础不复存在时,即便当事人将会因合同标的物的消失或情势变更而违约,也将不再负有履约义务。言及于此,天灾是否赋予公共承运人以特别的含义,留待他人去斟酌。

前文探讨了裁判官令状,也探讨了**海上承运人、客栈经营人和家畜饲养人**等拉丁文词句,而这般论据不足以确信哪一组受寄人可以适用公共承运人的严格责任。关于前文的先例,存在一个疑问,即古代的寄托普通法在多大程度上依然得以沿用。我们只能枚举那

---

[1] Y. B. 33 Hen. VI. 1, pl. 3.

[2] [译者注]泰晤士河流经肯特郡的港口。

[3] *Mouse's Case*, 12 Co. Rep. 63.

[4] *Bird v. Astcock*, 2 Bulstr. 280; cf. Dyer, 33 *a*, pl. 10; *Keighley's Case*, 10 Co. Rep. 139 *b*, 140.

[5] Y. B. 40 Ed. III. 5, 6, pl. 11; see also *Williams v. Hide*, Palmer, 548; Shep. Touchst. 173.

般适用了该法的判例。要将判例拢合,接受一条普遍原则的管辖,这有其难度。如今,一般受寄人的规制已经抛弃了**索斯科特诉贝内特案**所定之法则:这是清楚明白的。但在首席法官霍尔特首创的公共政策限度内,该案之效力本来就没能自我延续,这同样清楚明白。到如今,并非所有行使公共职能的有偿受寄人都是保险人。 203
本法则也不能适用于粮仓看守人和寄存物保管人[1]。

以上已展列霍尔特勋爵如何区分有偿受寄人与其他受寄人。此处有个相关事项要注意,他有个进一步的限定条件,即(有偿受寄人还须得)履行公共职能(如此方能追究他们的严格责任)。这一保护机制现已失效。有人或会逆向思维,认为此事以及大量其他迹象表明,法的运行代表了上层阶级的利益。前文已述,如有一人,是一名公共马掌工,即便在未有简约的情形下,也可因过失被诉。同一个法官如据其他判例而暗称,假设这人收到合理要求而拒绝安装马掌,则可以诉他[2]。在类似情形,公共承运人和公共客栈经营人也得担责,而其原理,由霍尔特勋爵如此阐明:"如有人谋取公共职务,则有义务在该职务的限度内为公众服务,如其抗拒,则构成诉由[3]。"在当代,要适用这一总则,会被视为怪胎。不过,它部属于一个系统性框架,能敦促世人笃行善职。该框架的另一个部属,乃是对人在履行公共职能时所造成之损失或损害(所搭建)的归责法则;该归责法则已为索斯科特诉贝内特案法则之余部夯实至寄托法中。该框架虽已让位于自由主义理念,但其观念残片依旧鲜活如昔。

在表述其对公共政策的意见时,曼斯菲尔德勋爵所使用的术

---

〔1〕 See *Safe Deposit Company of Pittsburgh v. Pollock*,85 Penn. 391.

〔2〕 Paston,J. ,in Y. B. 21 Hen. VI. 55;Keilway,50 *a*,pl. 4;Hardres,163.

〔3〕 *Lane v. Cotton*,1 Ld. Raym. 646,654;1 Salk. 18;12 Mod. 484.

204 语,与霍尔特勋爵在判断**柯格思诉伯纳德案**时殊无二致,但其限定了公共政策对公共承运人的适用范围。"可是,英格兰王国习惯法中,也就是普通法中,还有一类更深度的义务;承运人在本质上是保险人……为防止缠讼、冲撞以及陷入无解之局面,法律预设承运人有责,除非"[下略][1]。

在当代,世人认为该原则有其限定条件,故转而讨论公共承运人的主体问题。故有人暗示,这般讨论就是妥协,即霍尔特勋爵所立之法则已被蠲弃。但有一个麻烦,伴随该法则消殒的,不仅有霍尔特勋爵所倡导的前述整体框架,还有霍斯菲尔德勋爵所重复的特别理由。该般理由适用于公共承运人,也同样适用于其他承运人。进一步说,海岸短航程独桅小船的承运人以及驳船船主最初担责,并非因为他们被认定为公共承运人;虽说在**柯格思诉伯纳德案**中,他们只被降格归于行使公共职能的诸多受寄人之列,可是法官依然视他们三种人为同属。若将所有待解释的案例统一而简便命名,吾人据此亦无从获得一个崭新而简洁的原则。如世上存在如此优良的公共政策法则,能给当代语境下的公共承运人和其他人设定特定义务,这般法则还没有人能宣之于口。从另一个角度,如世人要思量将某一类特定人群纳入该法则的适用范畴——比方说,能对个体进行生杀予夺的铁路运输从业人员,或对公共利益具
205 有过大处分权的人员——吾人并不能证明,法则适用于客轮和应答出租车,比之适用于前述三种承运人,其适用性有何扩张之处。

假设并不存在一个统一的政策性法则,而前述承运人的归责法则不过是某项基本原则的历史性例外,则法院大可以踟蹰不前,不对前述论断的意义作扩大解释。再者,公共政策不欲令当事人

[1] *Forward v. Pittard*, 1 T. R. 27, 33.

自由协商，这一理念多少为广大法律部门所诟病[1]。由此或能作结道，倘若再有新案要升堂审断，有关责任的严格程度、任何形式的寄托合同的效力和解释等议题都应敞开怀抱，迎接基本原则的质问；还能作结道，既然涉猎远古的先例，此事项已得到妥善处理。

对于承运人的法，我的探讨篇幅已经大大超长，因为它是一个兴味浓郁的例证，展示出普通法自我生长的方式，还因为它淋漓尽致地证明了第一讲结尾所总结的原理。对寄托法予以介绍，其目的是讨论下一个主题，而初步掌握寄托法有其必要性。接下来，我继续讨论该主题。

---

〔1〕 *Printing and Numerical Registering Co. v. Sampson*, L. R. 19 Eq. 462, 465.

第六讲　占有

206 占有概念之厚重,仅次于合同。人对占有理论的兴趣,并未止步于其之于英格兰法统的经世意义。该学说已落入哲学家之手,并经他们建造,而化作一块基石,撑起好些座华厦。占有概念将助力吾人全面思辨和证明,有一个法统,其文明程度远迈罗马法,而其架构之基础,却是一张与康德和黑格尔之先验理论水火不容的草图。先验理论颇费思量,做到了与罗马法的德国化互相照应。不唯如是,从萨维尼到耶林,德国大多理论法学家都曾任职罗马法教授,即便没有为康德哲学或后康德哲学所控制,也受到了深刻影响。由此,尽管德国式学说割舍了对普适性的求索之心,万千学说却也归于一途,别出心裁地对其折腰听命。

在占有人并非所有权人之情形,缘何法律要保护占有？这是德国理论家苦苦思考的总问题。众所周知,康德关于道德与法的观点深受卢梭理论的影响。康德、卢梭以及麻省的《权利法案》同
207 声应和,人生而自由并平等,而该宣言处处回答,

为何从古到今都要保护占有。康德和黑格尔以自由为其论述的起点。康德说,意志自由是人的根本,是内在于其自身的目的;自由意志无须深入解释[1],须予以十足的敬重;一切的政府,都应意识到这一点,对之进行认证,以之为目的,为目标。之所以要保护占有,乃是因为人通过占有外在物而将之纳入自己的意志范畴[2]。他已经将自己的人格扩张至外在物之内或之上[3]。如黑格尔所说,占有乃是自由意志的客观实现。康德推断道,任何个体所宣之于外的意志,均有权得到其他所有个体的敬重,唯有普遍意志能将其压制或取消,而其方式,是通过国家,通过其法院机关来行使。

萨维尼不同意康德此论。此人曾说,一切的暴力行为,均属非法,并认为,保有占有部属于保护人格[4]。不过,可以回击他的观点道,占有保护不仅用来应对暴力,也应对欺诈。此人之论,不足为信。曾有一派以功利主义为浅薄根基,并怡然自得,如今,该派或改弦更张,或大倒胃口,总之已然式微。

主流还是沿着康德指明的方向前行。布伦斯是一名受人敬仰的思想家,他希望从占有本质中得出其内在的法律必然性,因此摒弃了经验理性[5]。他苦苦求索,并在人类的意志自由中寻得了这种必然性。惜乎,以法统之广大,并不认可和实践之。在康德哲学 208

---

[1] [译者注]在康德,自由是二律背反的内容之一,无法证实,也无法证伪。自由一定是可能的,这是人类理性在机会均等下的信念。就这句话而言,霍姆斯似对康德有误读。

[2] [译者注]此句只是黑格尔的观点。康德关于占有的基本观点是,占有外在物(如有体物和他人的允诺)一定是可能的,故权利(如物权和契约权)一定是可能的。这里的"一定是可能的",以实践理性关于正当权利的假定为前提,即我的先占一定可能为其他人承认,并人类一定可能从自然状态进入文明状态。从这个意义上说,康德的先占可能性可以被解读为一种社会契约的必然可能性。

[3] [译者注]此句也是黑格尔的观点。

[4] Possession, § 6, Eng. tr., pp. 27, 28.

[5] R. d. Besitzes, 487.

之面纱的笼罩下,约束意志自由是不对的,不论意志自由是否服从法律上的意志,一概须得将之正当化[1]。于是乎,黑格尔所偏心的一个门徒,唤作京斯的,就说,“意志就其自身而言是需要实在保护的事物,而个体意志只屈从于更高一级的普遍意志”[2]。正因如此,一代宗师普赫塔认为,“对自我能动的意志,即对于自身人格予以认知的意志,要加以保护”[3]。

时下流行温德莎伊德的学说,他对如上观点进行了大幅修改。此君更喜《权利法案》宣言中的另一支脉。他认为,保护占有之基础,同于抵御不法侵害,此即,国人地位相等,无人可凌驾于他人之上[4]。还有一位天之骄子耶林,其论述起点可谓遗世独立,他说,占有乃是防御状态下的所有权;又说,为所有权人之利益而行使事实所有权的人[即占有人],并无必要向处于非法地位的人证明其所有权。对此,布伦斯的另文回应令人称绝,他说,耶林臆断道,相比被剥夺占有人,剥夺占有人的所有权普遍更孱弱,这是想当然耳,实情并非如此[5]。

从康德一脉往下可以推导出,法律对占有的认可和维持,仅限
209 于无人以(主张所有权的)目的对占有人提起诉讼。除开以上之叙述,另有一个事实或对该等推理方式产生了影响,即欧陆国家的程序法或对回复占有之诉与确认所有权之诉进行了精准区分[6]。鉴于在回复占有之诉中,被告无权设定所有权,于是乎,理论家轻

---

[1] R. d. Besitzes,490,491. [译者注]此句与康德关于权利的观点不符。不知道是霍姆斯还是布伦斯对康德有误读。

[2] Bruns, R. d, Besitzes, 415; Windscheid, Pand. § 148, n. 6. Further Hegelian discourse may be found in Dr. J. Hutchison Sterling's Lectures on the Philosophy of Law.

[3] Institutionen, § § 224,226;Windscheid,Pand. § 148,n. 6.

[4] Windscheid,Pand. § 148,n. 6.

[5] Besitzklagen,276,279.

[6] Bruns,R. d. Besitzes,499.

松发现了占有的神奇意义。

可是,人在何等条件下得享此种绝对占有？据康德之理论,仅仅占住一物,这是不够的。要保护占有,须基于占有人的人格神圣不可侵犯,而这就要求,该物应当已经被纳入占有人的人格范畴,且自由意志应当已经无拘无束地定在于该物之上[1]。由此,须有取得之意图,即须有将物纳入自身的部属或纳为己有之意图[2]。

为加强该理论,他们就适时引入时髦的罗马法以及实例。他们教育我们道,当于实际保管或占住物体的各类人之中,罗马法承认为占有人的,只有所有权人,及以所有权人之身份占有该物、经过一定期间而得实现所有权的人[3]。再往后,罗马法从实际出发,认可了几种破例。问题是,除了质权人和讼争物保管人[法院指令的接收人],其他几种破例无关痛痒,且饱含非议[4]。有几位罗马法学家认为,保管人和借入人尽管受人之托,却并未占有[5]。德国学者是否对这些资料进行了过度解释,须用德国理论予以考查。

通过否认一般受寄人的占有,哲学狡黠地自我校正,与罗马法同向,并由此做好了准备,以支撑该法的理论主张,即受寄人的规制模式仅仅是附带而为之。由此我有话要说,有一套法统,比罗马法远为发达、远为理性、远为遒劲,它并不与康德及其徒子徒孙的哲学命题或结论同声应和。对此,要开展重要论证。 210

[1] [译者注]这不是康德的理论,而是黑格尔的。

[2] [译者注]这不是康德的理论,还是黑格尔和萨维尼的观点。黑格尔和萨维尼的占有观具有巨大的亲缘性,见拙文《〈法的形而上学原理〉与"占有"相关的几个表述》,载《中国法律评论》2019年第2期。

[3] [译者注]可导致时效取得的占有。

[4] Bruns, R. d. Besitzes, § 2, pp. 5 *et seq.*; Puchta, *Besitz*, in Weiske, Rechtslex.; Windscheid, Pand. § 154, pp. 461 *et seq.* (4th ed.).

[5] D. 41. 2. 3, § 20; 13. 6. 8 & 9. Cf. D. 41. 1. 9, § 5.

首先，英格兰法具有很强的意识，在占有诉讼中，一直认可当事人设置所有权防护措施。新近剥夺占有之诉[1]是一个真正意义上的占有诉讼，在该诉中，被告可以凭靠所有权进行对抗[2]。即便若干剥夺或保卫占有的行为可招致刑事处罚，如武装侵入和守御占有，被告证明自己有所有权的，不仅可以保留占有，而且在许多情形下还能作为侵权诉讼的抗辩。故在货物盗抢的侵权诉讼中，被告可以自身享有所有权为守御。似有迹象表明，前述一般法则不适用**侵入他人土地之诉**的审理。但该破例有其普遍基础，即判决无法如同动产侵害诉讼或请求返还动产诉讼一样改变权属[3]。在占有诉讼中，你无法进入所有权的中心，这已成一条法则，故形成一种预设，即拿出所有权之证据，其难度之大，等于教会法上撒旦的证据[4]，于是，这条法则拖慢了临时占有制度的形成进度，也
211 限制了其意义，——而这一现象一体勾勒出人类早已跨越了的社会阶段。（在当下，）一百个案子中，倒是有九十九个，证明表面所有权与证明占有同样简便和轻松。

其次，上一讲关于本题之讨论的重要性得以体现，普通法向来都不分轩轾地向所有受寄人提供占有救济。占有救济中体现的权利，不仅延展到质权人、承租人以及排斥寄托人的留置权人，还包括那般对动产无权益、也无权针对所有权人对动产予以留置的所

[1] ［译者注］assize of novel disseisin。这是亨利二世为与领主法庭争夺管辖权而发明的诉状。

[2] 霍伊斯勒（Heusler）认为，此事表明英格兰法追求的只是形式主义，且在解释“剥夺他的占有”令状（*disseisivit de tenemento suo*）中的“他的”（suo）时，进行了狭义解释。Gewere，429–432. 但在处理侵害之诉中的术语“我的牲畜”（*catalla suo*）之时，英格兰法的解释并非狭义解释。See below，p. 242.

[3] See，further，Bracton，fol. 413；Y，B. 6 Hen. VII. 9，pl. 4.

[4] ［译者注］原文是 *probatio diabolica*。一般指要证明不动产所有权，要一直倒查到君王。

谓单纯受寄人,不论有偿无偿[1]。

现代德国制定法也亦步亦趋,给予承租人和其他人以占有救济。布伦斯有言,应康德学派的精神,作为原则之祭品,此举乃权变[2]。可是,如果学理与权变术互相抵牾,与立法上的真实行程步调不一,学理何以自封为学理。法律理论的第一要义,乃要匹配事实。要解释标志性的立法行程。很显然,人类会与自己方便而为立法,也不会自找麻烦去费尽思量,立法将与何等学理狭路相逢。由此,原则如与权变术相冲撞,而其要在现实中得到永生,须得留待好一段年华。

接下来要在《权利法案》或《独立宣言》之外,去找寻那般与现代法观念大抵相互吻合的占有保护基础。

关于此题,法院所言甚是寡少。曾有一个判例规定道,法律利 212
用占有制度将人身保护的范畴予以拓展,基于此,判决认为,财产受让人[3]破产的,不得对其提起**侵入他人土地之诉**[4]。有鉴于此,参考"政策和便宜从事的基础",破产人破产后就陌生人占有之动产提起返还动产之诉,而法院否认其诉权的,"相当于遍邀全人类,请来争夺占有"[5]。此外,我另欲参考捕获例,并在后文再次参引其中一部。据英格兰之惯例[6],在格陵兰岛的捕鲸业,捕鲸者一击失手,而该鲸旋为另一人击中的,第一人无权取得该鲸;不过,鲸鱼挣脱第一人之鱼叉,而该人紧追的,即便该鲸后为他人击中,第一人依然得享该鲸之全身。而据科隆群岛[7]之惯例,第一人即便

---

[1] *Infra*, p. 243.

[2] R. d. Besitzes, 494.

[3] [译者注]assignee。

[4] *Rogers v. Spence*, 13 M. & W. 579, 581.

[5] *Webb v. Fox*, 7 T. R. 391, 397.

[6] [译者注]原文如此。

[7] [译者注]原文为 Gallipagos,疑为 Galapanos 之误。

未能握住叉线,也得享一半鱼身[1]。英格兰法院恪守和践行前述两种惯例。洛维尔法官甚至据第三种惯例判案,即大凡第一船之钢叉留于鲸鱼之身,而其在他人抢占之前提出主张的,该鲸即属于该船[2]。曼斯菲尔德勋爵的判案理由朴实无华:若非该类惯例,冒险者之争锋,将永无宁日[3]。在前述几种情形下,世人基于占
213 有而起纷争,而法院对类似之事实,却采用了不同的法则,这就显出一股世相,动摇了占有的先验性。

若将法律史视为社会发展所传述的皮相,世人当认同,即便政府普遍实在地坚守某套理念或理论,法的直接基础,必是经验。法是经验的事物,必须在真实的精神力量中寻获自我。人类如家犬一般具有保卫占有的本能,不令自身因暴力或欺诈而为剥夺占有并放弃夺回占有的努力[4];海洋动物(捕获例)就是该本能的鲜明例证。由此,存在如此法律,便足矣。哲学或能找到一百个理由,将该本能正当化,但假设哲学竟然谴责它,令吾人放弃它,并不许微词,那这种哲学就全部丧却了真实根基。既然该本能一直存在,那么,法律抚慰它,令其置身于一套秩序,这要优于法律对世人的纵容。而法律如果走向另一面,则将不免教条化,完全脱离现实。

行文至此,我们可以分析占有了。首先,对一个初步问题予以简单应答。德国学界投入大量精力,对之展开了论战。占有是事实还是权利?不论哲学家或伦理学家如何解读占有和权利,该问题须得如此解读,即在法律上,占有和权利的含义是什么。我们法律家与哲学家或伦理学家毫无瓜葛,而只有法律思维。假设我们

---

〔1〕 *Fennings v. Lord Grenville*, 1 Taunt. 241; *Littledale v. Scaith*, ib. 243, n. (*a*); cf. *Hogarth v. Jackson*, M. & M. 58; *Skinner v. Chapman*, ib. 59, n.

〔2〕 *Swift v. Gifford*, 2 Lowell, 110.

〔3〕 1 Taunt. 248.

〔4〕 Cf, Wake, *Evolution of Morality*, Part I. ch. 4, pp. 296 *et seq.*

的意志一向如此坚定，这个问题就不会提出。

法律上的权利别无他物，仅指在公权力的帮助下，人可以行使 214
若干自然权能，或在若干情形中获保护、复原[1]或赔偿。但凡公权力助他，他就享法律上的权利。不论其主张是善是恶，权利并无差别。所有权获保护的，即为法律上的权利之源；同理，只要占有获保护，占有就是法律上的权利之源。

法律界定事实，并将后果加于一项或多项事实之上。该后果就是权利。某特定权利不为世人均沾，可法律却将之派发于一人的，其理由无非是，某特定事实于世人为伪，于该人却为真。如法律圈定一组存乎于特定人周遭的事实，该人即享有相应权利。由此，法律助该人限制全体邻人。如该组事实只有部分为真，则法律只帮助该人限制部分邻人。由此，那般表明该组事实的用词，即透过法律后果而表达加于事实之上的权利，而类似地，表明加于事实之上的权利，即表达该组事实[2]。

用词"占有"，即表明该组事实。由此，言及某君占有的，即确言某组事实于此君全部为真，并因而直接表达或暗中表达道，法律会将优势派发于此君。合同、财产或法律上的其他实在观念，亦可
纳本法并采同序而剖析。唯一的区别在乎于，占有表明事实而表 215
达后果，财产却表明后果而表达事实。合同与财产类似，不过偶然性和摇摆性大一些而已。言及某物为某君所有的，即确言，就加于某组事实之上的若干后果，此君享有权益，并即暗中表达，该组事实于此君为真。要抓住要义，要将占有、财产和合同等每一个法律成分都采类似方法，而剖解为事实和权利，前因和后果。其中一个

[1] ［译者注］原文是 restitution。该词含有返还不当得利、返还原物、恢复原状甚至是复婚、赔偿等含义。

[2] ［译者注］原文的"表明"和"表达"分别是动词 denote 和 connote。霍姆斯斟酌用词，故意使之对称，以令事实和权利对称。

成分为另一个成分强调,另一个成分为另两个成分强调的,完全不必在乎。吾人所研究的,不是词源,而是法律。永远要探求两点:第一,哪些事实可以同为一组;第二,法律将哪些后果加于该组。一般而言,难度只在第一组。

于是可以合乎逻辑地说,法律通过设定后果而保护占有,故在法律意义上,占有保护就是权利,这相当于在经过一定时效的对立占有之上附加后果[1],也相当于在存在对价或经过盖印的允诺之上附加后果[2]。若要给该论点平添一些戏剧性的力道,我可以多说一句,占有权可通过法定继承、遗嘱继承和不动产权益让与等方式而转移[3],而在某些州,占有权如财产一般,是课税的对象[4]。

至此,我们做好了准备,来解析普通法意义上的占有。为发现
216 其中的事实成分,最优之法,在研究占有取得之时的事实。因为,接下来要将这般事实予以陈列,仿佛在合同订立之时,须得一体陈列对价与允诺。不过,转向占有权的保持,即通称之占有保持,各个学派都会同意,为保持该权利鲜活有效,无须全部事实全体持续为真。

要取得占有,占有人须与占有物和外界分别建立外在关系,并须有一定的意图。我们所探寻的事实,就是这两种关系和这种意图。

与外界的外在关系,即为一种表彰于外的力道关系。它与意图外延相同,意图的本质定在的,无须对该种关系多费口舌。语涉

〔1〕[译者注]时效取得的效果。

〔2〕[译者注]合同成立的效果。

〔3〕*Asher v. Whitlock*, L. R. 1 Q. B. 1.

〔4〕*People v. Shearer*, 30 Cal. 645.

后者时,无须比照作为可归责性之要件的意图[1],进行类似的分析。由该等意图开发出来的原理,却与本题无关。此前顺理成章的分析,只不过讨论了一种证据。此处将要探究的意图,须得直白而彰明,而作为占有保护之基础的全部理论似都同意,占有意图须得真实,唯该等真实应处于法律调查的限度之内。

除开针对世人的力道和意图,对物亦须展示一定程度的力道。假设世上仅另活一人,即便该人深陷锁钥齐备的牢笼,绝无脱逃之虞,钥匙掌管人也并未占有飞过牢笼上空的燕子。关于此点,捕获例也有阐明。当然,要考虑对抗其他人以及施加于占有物时分别 217
产生的力道,而这就对拉扯叉线的时点产生影响。罗马法和普通法都认为,对野兽开展紧追,并不代表紧追人取得占有权。除非紧追人设法令野兽无力挣脱,否则他人但凭本领可以介入,杀死或活捉野兽,并取得该猎物。有一人新发现一只狐狸,于是起步追赶。其后,他亲眼看见另一人追赶此狐。后第三人赶来,杀死和取走了此狐。有观点认为,(第一人和第二人)对该第三人没有胜诉权[2]。王座法庭甚至在另有相反判决的情形下更进一步。案情是,渔网合围,几乎围住了鱼群,两端之间尚有一个宽达 12.81 米[3]的缺口。一众渔船泊在缺口,渔人出声恐吓,不令鱼群游出。此时一名陌生人从缺口划船进入,自顾自地捞鱼。王座法庭认为渔人不够逼近鱼群,不足以形成占有,故不能对抗该陌生人[4]。施于占有物的力道是否足以构成占有,可以力道是否相差一度为

---

〔1〕［译者注］行为人低于一般预见力并造成侵害后果的,即被认定为有不法行为的意图,并要**承担民事或刑事责任**。见前文。

〔2〕2 Kent's Comm. 349, citing *Pierson v. Post*, 3 Caines, (N. Y.) 175; *Busler v. Newkirk*, 20 Johnson, (N. Y.) 75.

〔3〕［译者注］原文是 7 英寻。

〔4〕*Young v. Hichens*, 6 Q. B. 606.

明显区分。前文已提及,在不同时间和不同地点拉扯叉线,其意义各个不同。由此,我们得知,据纽约(州)1844年的一项立法,在该州的若干县起步逐鹿的,只要其紧追不停,得占有猎物[1]。在此意义上,该项立法修正了前引的纽约判例。正因如此,优士丁尼认
218 为,野兽伤势非常严重,极易得手的,要想得之,须得抢在捕兽者之前下手[2]。洛维尔法官基于同理而判决维持了北冰洋上美国捕鲸人(与英格兰)相反的惯例,如前所述,即一船之钢叉留于鲸身,而在他人抢占之前提出主张的,该鲸即属于该船[3]。

就与占有物的外在关系,我们举了如上少量的例子,先告一段落,因为,除非是活的野物,不然人类很少思考此题。现在来谈意图。该题颇为棘手。就此,德国法学家的解释并不令人满意,理由我已解释。名声最响的理论,是对罗马法予以德国式框定和解读的那般理论,它们在某种形式上受到康德哲学或后康德哲学的浸染。在德国学者看来,罗马法上的占有,只有所有权人和将要成为所有权人[4]者的占有。英语读者所熟知的唯一占有著作,来自萨维尼。此人接着如上观点谈道,要将纯粹外在的占有变为法律上的占有,以自有心素,即据为已有之意图为普遍必要[5]。吾人可以不停拷问,以下二者之中,哪种表述更精准,是前述现代化了的

---

〔1〕 Kent's Comm. 349, n. (*d*).

〔2〕 Inst. 2. 1, § 13.

〔3〕 *Swift v. Gifford*, 2 Lowell, 110.

〔4〕 [译者注]霍姆斯在前文已述,此处指取得实效尚未届满但具备时效取得其他要件的人的占有。

〔5〕 Savigny, R. d. Besitzes, § 21.

自有心素[animus domini],还是西奥菲勒斯[1](作品中[2])以及相关希腊文献中的控制意图[Ψνχη δεσπσζοντs(animus dominantis,animus dominandi)]?该两种表述都将多种受寄人和定期地产权保有人排除出占有人之列[3]。罗马法学家和教会法学家也做如此排除法。德国理论家更是义不容辞。 219

经由康德哲学阐释,如上排除法使德国法学家认为占有以自益之意图为必要。德国哲学教导德国法学家说,要保护人对占有物施加的外在力道,因为该人有取得的意志,并该物已经因此成为该人本身的一部分,已经变成其自由的外相[4]。既然占有人的意志被解读为自益之心,其占有之意图,一定已经昭然若揭:他必须是为了自身的权益而为占有。再进一步,自益之意图须得上升为独占之意图,否定这一点,便似为一种暗示,占有物并未真正纳入占有人的人格[5]。

拒纳罗马法之尺度的原因,已在前文给出。此处从头再论一次。逻辑上,先有法律义务,后有法律权利。我们不去考虑它们与道德权利的关系,如果世上存在道德权利的话。也不考虑道德权利是否产生于道德义务,正如法律权利产生于法律义务一般。这些问题留给哲学家,他从无相中来,认定法律从属于一组恢宏无以的世相。法学家的工作,是要查清法律的内涵,要由内而外,或合

---

〔1〕 II. 9, § 4;III. 29, § 2. 此处使用自有心素[animus domini]之表述,是为了简略表明意图的一般特征。即便是那些认为该表述失之恰当者也需要使用它。还有一个特别的理由,是因为使用英语做学问的人已经采用了萨维尼的该等表述。

〔2〕 [译者注]西奥菲勒斯是希腊语,意为"受上帝眷顾者",据说他是《路加福音》和《使徒行传》的作者。

〔3〕 Cf. Bruns, R. d. Besitzes, 413, and ib. 469, 474, 493, 494, 505; Windscheid, Pand. § 149, n. 5(p. 447, 4th ed.); Puchta, Inst. § 226.

〔4〕 *Supra*, p. 207; 2 Puchta, Inst. § 226(5th ed.), pp. 545, 546.

〔5〕 [译者注]这还是黑格尔的观点。

乎逻辑地说，要细分其种，整理其属[1]。接下来讨论法律义务先
220 于法律权利的问题。可以大视角论法的运行。可避免使用“使命”一词，因为极易招来驳斥。法的运行方式，在于以某样特定的方法，对或大或小之人群的行为自由或曰选择自由予以直接限定；如此，针对其他的特定私权主体，便无普遍对应之必要，而去除或施加该等限定力；换言之，无须因（特定人群的）义务而相应地授权（其他的私权主体）。再说一次，权利人所享之优势，多非出于法创造。一部典籍置于我眼前，我有权用之毁之，这并非出于法的驱动。无须法的助推，我本来就有外在力。法的作为，仅在于预防他人干涉我用之毁之。本分析方法和本例证对占有和所有权均可适用。

倘若如此便是占有律的直接运行方式，那么，与该运行方式最是平行的心素或曰意图，即为吾人所探问者。倘若法的作为，仅是排除他人干涉我的占有物，那么，法所必要的意图，就是排他意图。我相信，该意图乃普通法认定为必要的全部意图，而原则上也不该多要。

或有人要问，该意图是否并不能简单视为自有心素的背面。但即使其正确无误，最好还是检查此盾的正面，而不去看其背面。但德国学者否认一般受寄人的占有，故我们和德国学者所赋予自有心素的意思，并不是同一个意思。含有取得之意图者，或以自有
221 之意而占有者，不能没有排他意图，且可能更甚于排他；但在受寄人占有之情形，具有排他意图却能够自洽，而不需要含有自有意图。在期限届满前，定期地产权保有人具有排他意图，甚至具有排除所有权人之意图，但他并未产生德国学者所阐释的自有心素。

---

[1] ［译者注］种与属的原文分别是 *summum genus* 和 *infima species*。

受寄人留置占有物时，更无此意，而只为追回欠款。但进一步而言，在可随时终止的其他寄托关系，尽管普通法不保护受寄人免受所有权人之侵扰，却保护他免受陌生人之侵扰，如在寄存的情形。于是可以认为，即令意图的排他范畴，也无须如自有心素一般大。即便受寄人已经做足了准备，要随时将占有物返还给所有权人，假设他意图排除一个陌生人对所有权的染指，只须其占有受到法的保护即可；两相比较，德国学者的核心观点是，仅有相对意图尚且不足，该意图须为取得占有物之权益的绝对自益。动机、愿望甚至是意图，乃是占有人头脑中最真切的存在，如其完全是自益的，自不能得出结论说，相对意图没有研究意义。可是，正如前言，保管人作为普通法理论所保护的占有人，他并非怀有自益之意图，却只为所有权人的权益而占有。

既然是考察排他意图或自有心素，在各种受寄人以及定期地产权保有人之外，尚有诸多判例，它们未必会绝对指向此种或彼种意图，但从中可能会得出一定结论。以**布里奇斯诉霍克斯沃斯案**［*Bridges v. Hawkesworth*[1]］起笔。有一位主顾将钱袋遗失在店铺 222
的地上，店家并不知情。另一名主顾将之捡走。普通法的法官和罗马法学家会一致认为，拾得人比店家先为占有，故可以对抗店家。因为店家对此物并不知情，并不存在取得意图，而且他已经邀请公众前来光顾，不可能存在排除公众的意图。但假设钱袋遗失在私人空间里，该当如何判案？除非有人查知该物，不然，自有心素无从谈起。而同样在无人查知的情形，排他意图却可以包容于一个更大的意图之中，即排除他人进入钱袋所在空间的意图。

来看**麦卡沃伊诉梅迪纳案**［*McAvoy v. Medina*[2]］，一个钱袋遗

［1］ 15 Jur. 1079；21 L. J. Q. B. 75；7 Eng. L. & Eq. 424.

［2］ 11 Allen，548.

失在理发师的工作台。该案虽认为理发师的权利大于拾得人,其理由却令人费解。该案区分主动放于工作台上的物和遗失在地上的物。以此为基础,该案进一步认为,所有权人以此方式与物分离的,即对店家提出了默示的照管要求,而这就赋予店家一个更大的权利,大于先行拾得钱袋的主顾。这(种推理方法)用力过猛,似乎认为,主顾离店的,店家旋即取得了占有。没过多久,又有一案,所有权人将钱袋遗忘在银行出纳专柜外的客户用桌,然后起身离开,而钱袋为拾得人发现。拾得人向同一家法院诉请获得悬赏酬谢。
223 法院认为,“就该遗失物,作为先占人的银行机构才是适格的保管人,而拾得人不是”[1]。判词似在暗示,被告遗失钱袋后,取得占有的并非原告,虽然银行的地面与街道相连,但除非特别获得许可,否则公众应当视为被排除在办公桌、柜台和客户用桌之外。不过,也许该院唯一(值得称许)的判决是,在悬赏条款之下,钱袋并未遗失。

这般残破案例发生在英格兰,夹带着时效取得和其他权利问题。从中得不出什么经得住质疑的结论。但至此为止,精确的要点问题已经得到了评判。已有判例认为,如有一段木料被冲刷上岸,落入一人之土地,则该人取得“占有权”,可对抗以搬走木料为目的而进入土地的拾得人[2]。按说占有权足以应付不法侵害,但在表达占有时,法院以为,如无实际占有行为,则无占有权,故用了如此表述,如首席大法官肖[3]将问题表述为,哪一方当事人“在没有其他权属之情形下,仅借裸权占有而提出更有利的主张”。

---

〔1〕 *Kincaid v. Eaton*, 98 Mass. 139.

〔2〕 *Barker v. Bates*, 13 Pick. 255, 257, 261; *Proctor v. Adams*, 113 Mass. 376, 377; 1 Bl. Comm. 297, Sharsw. ed., n. 14. Cf. *Blades v. Higgs*, 13 C. B. N. s. 844, 847, 848, 850, 851; 11 H. L. C. 621; *Smith v. Smith*, Strange, 955.

〔3〕 [译者注]麻省最高法院的首席大法官莱缪尔·肖(Lemuel Shaw)。

有一个刑案,涉陌生人从运河的河床取走钢材。法院认为,无论运河公司是否对钢材的存在知情,也无论其是否对其享船舶优先权〔1〕,其所有权均属于运河公司〔2〕。

就前例中的可发现物,其意图同于土地占有人排除公众进入土地的一般意图,因此就是排除公众进入可发现物所在地的意图。 224

对这般案例,罗马法学家或有不同的判定。当然,也无法对他们提出如此要求,因为建设在罗马法残迹上的修正理论,他们自身也未参透〔3〕。

我要回顾装箱上锁和捆包货物交付案〔4〕。刑法上有条法则,如受寄人将整箱或整包货物不当出售的,不犯偷盗罪,但如他破坏箱包,则成立偷盗罪。在前者,他未实施侵害,在后者,他却有实施侵害〔5〕。偶有人如此解释原因为,受寄人破坏箱包的,为支配寄托物,货物旋即复归寄托人占有。这种解释或是一种必要性不大、准确性不高的拟制〔6〕。本规则源于《法律年鉴》,《法律年鉴》给出的理由是,货箱虽然交付给了受寄人,但货箱中的货物并未交付,此一思路同用于刑事和民事案件。寄托人施展了力道,也展示出如此意图,要排除受寄人染指货物,是故,可以认为寄托人对抗受寄人占有货物〔7〕。

---

〔1〕 [译者注]lien。

〔2〕 Reg. V. Rowe, Bell, C. C. 93.

〔3〕 在他人之地下发现埋藏物的,参见 D. 41. 2. 44, pr. ; D. 10. 4. 15. 不同观点见 D. 41. 2. 3, § 3.

〔4〕 [译者注]见边码 176。

〔5〕 3 Inst. 107; 1 Hale, P. C. 504, 505; 2 Bishop, Crim. Law(6th ed. , § § 834, 860 Cr).

〔6〕 *Reg. V. Middleton*, L. R. 2 C. C. 38, 55. Cf. *Halliday v. Holgate*, L, R. 3 Ex. 299, 302.

〔7〕 Cf. Y. B. 8 Ed. II. 275; Fitzh. Abr. *Detinue*, pl. 59; Y. B. 13 Ed. IV. 9, pl. 5; Keilway, 160, pl. 2; *Merry v. Green*, 7 M. & W. 623, 630. 不必走得过远,不可赖如此判例为立说之依据。也有错解该等判例的,参见 2 East, P. C. 696.

225 发生在罗德岛州的一案[1],却与如上所持观点相反。一人购得一个保险箱,又想卖掉,便交给被告,允许他在出售之前存放账簿。后被告在保险箱的夹缝中发现了钞票,原告听闻,便来索要保险箱和钞票。被告退还了保险箱,却拒还钞票。对被告拒还钞票的行为,法院表示支持。我斗胆认为该案判错了。关于被告是作为受寄人而非佣人或代理人接收保管箱,关于许可他存放账簿的授权是否为一般授权,判例汇编语焉不详,但即便表达得明白无误,我的观点也不会改变。法院的判决基础是,原告并非钞票发现人。假设保险箱是在所有权人之手,而被告偷得了钞票,很难相信钞票所有权不归保险箱所有权人[2],而假设保险箱所有权人在此情形下提起返还所有权之诉,很难相信他不会胜诉。在判决卡特赖特诉格林案[*Cartwright v. Green*]以及梅里诉格林案[*Merry v. Green*[3]]时,詹姆斯·斯蒂芬爵士似得出过类似结论;不过,我认为其结论并不严密,而其解释更甚。

然而可以认为,德菲诉琼斯案[*Durfee v. Jones*[4]]与此处关于
226 必要意图的一般性理论高度一致[5],而该案仅仅触及以下问题之边角:排他意图须得指向特定物,还是可以无意识地包容于一个更宽泛的意图。我倾向于后者。

行文至此,尚未论及佣人的保有。刑法上有一条广为人知的法则,家主将财产托付给佣人并由其保有,而佣人在刑法意义上以自有之意非法占有或处分的,成立盗窃罪,理由是,他的行为相当

---

[1] *Durfee v. Janes*, 11 R. I. 588.

[2] Reg. V. Rowe, Bell, C. C. 93, stated above.

[3] 8 Ves. 405; 7 M. & W. 623; Stephen, Crim. Law, Art. 281, 111. (4), p. 197. 他认为,"因为当他发现该物时,不能认定[保险箱所有权人]有据为己有的意图,"——这是从萨维尼理论中来的解释,我已经证明,其不适用于英格兰法。

[4] [译者著]即霍姆斯此处批评的罗德岛案,见本边码的作者页下注。

[5] [译者注]霍姆斯只是说占有意图的一般性理论适用于评价该案。

于取得了家主占有的财产。这种观点就相当于说,佣人替家主保有财产的,该佣人并未占有。《法律年鉴》持同解[1]。

古代法上有判例说,佣人帮助家主,从另一人手中接收物品的,该佣人占有该物,故不可能成立盗窃罪[2]。两相区分,很不寻常。此类判例更有道理,因为这类判例区分情形道,若佣人住家,或随侍家主,则家主为占有,但如家主将马匹交予佣人,令驭之市肆,或将口袋交予他带到伦敦,则家主脱离占有,而转由佣人占有[3]。该外观更显见,故前述法则不予适用。但还有一种情形处于中间地带,法律对此也有规定:在酒馆给食客上菜的,食客并不占有餐盘,因为,食客在法律关系中一般可类比于佣人[4]。 227

在刑法之外,英格兰法有少量判例,回应了佣人是否占有的问题。不过《法律年鉴》并不区分民案刑案,而法院以及被广为认可的法律专家一致恪守传统,认为佣人在任意情形下均不占有。佣人被使唤售卖布料,而以自有之意非法占有或处分的,家主得享侵害之诉的救济[5]。美国法上的判例遍采该古法,并认为应当区分佣人与受寄人。

可问题是,法律不认可佣人的占有,这该如何与本书命题相统一? 佣人的对世排他意图,与借用人并无不同,这也是实情。毫无

---

[1] Y. B. 13 Ed. IV, 9, 10, pl. 5; 21 Hen. VII. 14, pl. 21. Cf. 3 Hen. VII. 12, pl. 9; Steph., Crim. Law, Art. 297, and App., note xvii.

[2] Steph., Crim. Law, Art. 297, and App., note xvii. p. 382. 古代法是否认可这种形式的法则,有可疑之处。F. N. B. 91 E; Y. B. 2 Ed. IV. 16, pl. 7.

[3] Y. B. 21 Hen. VII. 14, pl. 21; 13 Co. Rep. 69.

[4] 在此特定情形下[*pro hac vice*],他们被视为家庭的一分子。*Southcote v. Stanley*, 1 H. & N. 247, 250. Cf. Y. B. 2 Hen. IV. 18, pl. 6.

[5] Moore, 248, pl. 392; s. c, Owen, 52; F. N. B. 91 E; 2 Bl. Comm. 396; 1 H. Bl. 81, 84; 1 Chitty, Pl. 170(1st ed.); Dicey, Parties, 358; 9 Mass. 104; 7 Cowen, 294; 3 S. & R. 20; 13 Iredell, 18; 6 Barb. 362, and cases cited. 在美国法上,有一些判例不认可此法则,因为法官认为保管人不是佣人。Cf. *Holiday v. Hicks*, Cro. Eliz. 638, 661, 746; *Drope v. Theyar*, Popham, 178, 179.

疑问,佣人法偏离了本命题;毫无疑问,在设法调和之时,基于罗马法构建其学理的人,受到了这般实情的引导,也受到了罗马法上一般受寄人规则的引导。其实,佣人之所以是例外,有其纯粹的历史原因。于家主或其他人而言,佣人对物的意图是异样的,正因如此,佣人与保管人得以区分开来。但佣人的保有不被认可为占有,
228 并非因为其意图异样,这是由其身份附带而来的观念。佣人曾经为奴,该等身份长久留下时光的印记。家主要为奴隶的侵权行为担责,此乃一例。本处又是一例。在实践中,家主对奴隶享有支配力[1];奴隶没有自身的法律地位,这是事实。基于该实践和该事实,奴隶的占有等于其家主的占有。尽管奴隶已经得到解放,但在残留的观念里,奴隶的人格已为家长所吸收。

我在第一讲中已经阐明,罗马法上古老的(主仆)关系**特别**扩大适用和继承给观念上的自由人,代理制度由此而来[2]。我认为,普通法受到罗马法的深刻影响,这种扩大适用也同样真实发生在普通法的演进过程中。晚近至布莱克斯通的时代,佣人已经普遍认为自己是代理人。第一个引用代理人法的判例,就是一个主仆讼案。可以援引布莱克斯通的判词:“可以说,还有第四类佣人,他们明明具有很强的代理能力;他们可以与执事、行纪人、执行管家并列:但当他们对家主或雇主的财产行事时,法律看待他们,却像临场的佣仆一样。”[3]

---

〔1〕 Bracton, fol, 6 *a*, § 3, 12 *a*, 17 *a*, Cap. V. *ad fin.*, 25 *a*, *b*, etc.; Puchta, Inst. § 228.

〔2〕 [译者注]边码 15。

〔3〕 1 Comm. 427. Cf. Preface to Paley on Agency. 在古书里,行纪人常常被称作佣人,如 *Woodlife's Case*, Owen, 57; *Holiday v. Hicks*, Cro. Eliz. 638; *Southcote's Case*, 4 Co. Rep. 83 *b*, 84 *a*; *Southern v. How*, Cro. Jac. 468; St. 21 Jac. I., c. 16, § 3; *Morse v. Slue*, 3 Keble, 72. 关于执行管家,参见 Bract. 26 *b*, "*Restituat domino, vel servienti*," etc.; Y. B. 7 Hen. IV. 14, pl. 18。

在现代法上，主与仆或委托人与代理人的任一种关系都被认为具有主人自身实施行为的效果。如有一人，让他人以其名义订立合同或实施侵害，则前者应当承担后果。解释理由时，不需要特别的认知。但即便在中间人是自由人的情形，也需要法律发育成熟，才能得出如此结论。但是，要牢固确立代理制度的法律地位，一定是因为在代理关系之事实上附加了特别的后果。如代理人受权订立之合同对委托人的约束力已足够，则对代理人篇章的阐述，便会仿佛叙述墨汁与用纸的关系一样（直观）。但这等约束力是不够的。即便在合同法的领域，也存在如此鲜明的法则，即未经披露的委托人可享有权利，仿佛受约人应承担义务——基于代理人所订立的合同，委托人能被诉；更鲜明的是，他也有诉讼能力。判例法上提出过如此之命题，即对代理人做出之允诺，如同对委托人做出。首次援引该判例的，乃是一个主仆讼案[1]。 229

此时之目标，乃是阐释为何其法理与占有理论具有同一性。既是如此，再进一步，去阐明委托人对代理人之侵权行为的担责原理，或再去讨论，假设行为人的身份已经审慎确定为佣人，是否应当适用其他合理的法则，如此长篇大论，就会偏题。我放开谈了几句，是因为后文不能再回论本题。 230

就家主为佣人之侵权行为担责，倘若法院将其归于正在消散的古法残迹，那么，其适用范畴仅限于古判例所设定的情形，这就不奇怪了。然而实情并非如此。该法则通过类比而扩大适用于其

---

〔1〕 Paley, Agency, c. 4, § 1, citing Godbolt, 360. See, further, F. N. B. 120, G; Fitzh. Abr. *Dette*, pl. 3; Y. B. 8 Ed. IV. 11, pl. 9. 即便是涉及佣人，该判例所树立的法则也多少具有现代意义。在早远的《法律年鉴》中，佣人立约欠债的，家主的责任极其有限。

他的新型关系[1]。当委托人并不处于家父之于不法侵害人的关系中时，该法则依然得以适用。当两个人的关系具有排除身份观念的过渡性时，一人可能依旧要为对方的行为担责，比方说，对方的仆人代理被告实施具有金钱利益的行为并具有过失，或对方是该人的邻居，主动为其提供帮助[2]；再有，据我们所知，代理人因被使唤而尊严受损的，委托人从未脱责[3]。法院一贯发声，以为行纪人和其他代理人与真正的佣人适用的是同一套法则[4]。其
231 实，虽说在绝多讼案中，家仆无力履行严厉判决，并由雇主领责，但是，雇主领责的情形并不限于佣人[5]。

我相信，代理关系表明，佣仆身份的观念尚未消亡，尽管它日趋淡薄；而从反面论证，假设代理关系是一种异象，社会常识就会拒绝运用它，将其扩大适用到极致。代理人以欺诈为目的而做出虚假陈述，而委托人对此知情，如康富特诉福克案[*Cornfoot v.*

---

〔1〕 我认为，这一扩大适用是深受罗马法影响的结果。See Lecture I. p. 20, n. 1，并请注意具有启发性的相关判例[如 Y. B. 2 Hen. IV. 18, pl. 6][译者注：该案认为酒馆食客的法律地位类似于佣人]，类似判例奠定了现代主仆关系法。*Tuberville v. Stampe*, 1 Ld. Raym. 264[在该案中，霍尔特勋爵使用的例证均源自罗马法]；*Brucker v. Fromont*, 6 T. R. 659；*M'Manus v. Crickett*, 1 East, 106；*Patten v. Rea*, 2 C. B. N. S. 606. In *Southern v. How*, Popham, 143，该案提及《神学家与法学徒问答录》一书，目的是要说明一般的归责原理。《神学家与法学徒问答录》对罗马法有阐释，另参见 *Boson v. Sandford*, 1 Shower, 101, 102。

〔2〕 Bac. Abr. *Master and Servant*, K；Smith, Master and Servant（3d ed.），260, n.（t）.

〔3〕 See, e. g., *Patten v. Rea*, 2 C. B. N. S. 606；*Bolingbroke v. Swindon Local Board*, L. R. 9 C. P. 575.

〔4〕 *Freeman v. Rosher*, 13 Q. B. 780, 785；*Gauntlett v. King*, 3 C. B. N. S. 59；*Haseler v. Lemoyne*, 28 L. J. C. P. 103；*Collett v. Foster*, 2 H. & N. 356；*Barwick v. English Joint Stock Bank*, L. R. 2 Ex. 259, 265, 266；*Lucas v. Mason*, L. R. 10 Ex. 251, 253, last paragraph；*Mackay v. Commercial Bank of New Brunswick*, L. R. 5 P. C. 394, 411, 412. So asto partners, 3 Kent's Comm.（12th ed.），46, notes（*d*）& 1.

〔5〕 *Bush v. Steinman*, 1 B. & P. 404, 409.

Fowke[1]],如何给委托人定性? 或换言之,在英格兰司法实践[2]中,代理人欺诈的,如何归责于委托人? 从这个问题中我们能够察觉,传统与司法直觉之间起了冲突。委托人之所以要担责,其根本原因在于(委托人和代理人具有人格同一性的)拟制。只要这一拟制观念不死,前述错位就在逻辑上无解,仿佛圆形无法变为块状。

我在《美国法评论》写过一文,援用了戈德福鲁瓦[3]对代理关 232
系的表述;主人和代理人,相差仿佛[4]。最近出了一本具有参考作用的著作,认定前述人格统一的拟制观念已经模糊了认知[5]。亨利·梅因爵士却认可这种观念[6],而我也相信,其在法律上具有举足轻重的地位。欲令现代法显得充分而周到,只有一个解释,正如我已经说明的,当代理法则的客体丧失奴隶身份时,世人继续实践该法则,而遗忘了其真意。奴隶没有法律地位,他已为家庭所吸收,而家庭的法定代表就是家主。这句话好理解。同样也好理

---

〔1〕 6 M. & W. 358. Cf. *Udell v. Atherton*,7 H. & N. 172,184,for a comment like that in the text. Other grounds for the decision are immaterial here.

〔2〕 *Mackay v. Commercial Bank of New Brunswick*, L. R. 5 P. C. 394; *Barwick v. English Joint Stock Bank*, L. R. 2 Ex. 259; *Western Bank of Scotland v. Addie*, L. R. 1 H. L. Sc. 145;2 Kent(12th ed.),616,n. 1;*Swift v. Jewsbury*, L. R. 8 Q. B. 301, overruling s. c. *sub nom. Swift v. Winterbotham*, L. R. 8 Q. B. 244; *Weir v. Bell*, 3 Ex. D. 238,244. 布拉姆韦尔男爵曾经反对一人为另一人的欺诈行为担责[L. R. 9 Q. B. 315],这相当于反对在一般主仆关系上附加特定后果。可是,正是这同一位渊博的法官,在更抽象意义上敦促附加特定后果。12 Am. Law Rev. 197,200;2 H. & N. 356,361. See 7 Am. Law Rev. 61,62.

〔3〕 [译者注]评注法学家,1549 年生于巴黎,1622 年逝于斯特拉斯堡。著有《罗马法大全》。该书据说有 20 个版本,其中以阿姆斯特丹的爱思唯尔版(1633 年)和莱布尼兹版(1740 年)最具价值。

〔4〕 D. 44. 2. 4, note 17, Elzevir ed. [译者注:霍姆斯在此处援用了戈德福鲁瓦对《学说汇纂》的评注。]

〔5〕 Hunter's Roman Law, 431.

〔6〕 Ancient Hist. of Inst. 235. [译者注:梅因在《古代法》中对法律上的拟制进行了综合阐释。他认为,法律上的拟制、衡平法和直接立法是推动法律演化的三个工具,拟制在古代法上发挥过促进实在法进步的巨大作用。当法律落后于社会进步时,在有意识并能够修律之前,世人会拟制事实,以迎合法律。梅因同时认为,现代法应当好生修剪拟制观念。参见拙译梅因《古代法》第二章"法律上的拟制",法律出版社 2016、2019 年版。]

解,在类似关系中,一名具有自由身的佣人被法律在诸多方面类比为奴隶[并顺理成章地没有视其为自担后果的自由人]。下一步,其他关系中一般意义上并非佣人的人也被径直视为佣人。此乃历史向吾人展示的观念演进过程。代理制度从委托人的法律独立性中,特地消耗了代理人的法律独立性,而正因该等鲜明特征,代理制度在法律上取得了独特地位。

假如代理制度如此合乎逻辑地得到运用,则可以得出,在(人为的)构建下,代理人以委托人名义为保有的,无法律上的占有,也无权提起侵害诉讼。可是,经过如上论述,可以说,除非另有先例〔1〕,否则无从发表意见,认为法律会深入到如此地步。我将考
233 察该情形。正是出于考察占有理论的要点和要旨,才提到代理人的构建情形。出于其他目的,可以视受寄人为代理人。也可以将作为自由人的佣人构建为受寄人。虽然我们也说,据罗马法,佣人和代理人不以自己的名义为占有,可是,受寄人占有的,却是以自己的名义。

即便篇幅允许,也不必查阅典籍,因为会发现大量的用语混乱。譬如,有人如此关联道,承运人就是佣人〔2〕,可是,再清楚不过了,货在谁手上,谁就占有〔3〕。正因如此,出卖人保有货物,以

---

〔1〕 Cf. *Gillett v. Ball*, 9 Penn. St. 13; *Craig v. Gilbreth*, 47 Me. 416; *Nickolson v. Knowles*, 5 Maddock, 47; *Williams v. Pott*, L. R. 12 Eq. 149; *Adams v. Jones*, 12 Ad. & El. 455; Bracton, fol. 28 *b*, 42 *b*, 43. And compare with the passage cited above from Blackstone: Possidet, Cujus Nominee Possidetur, Procurator Alienae Possessioni Praestat *Ministerium*. D. 41. 2. 18, pr.

〔2〕 *Ward v. Macaulay*, 4 T. R. 489, 490. Cf. as to factors *supra*, p. 228[译者注:此注说,可参考前文边码 228 有关行纪人的表述].

〔3〕 *Berndtson v. Strang*, L. R. 3 Ch. 588, 590.

合同和承诺为限而占有的，就与交付相混淆了[1]。普通法吸取了此条罗马法上的规则[2]，即出卖人变换角色而保有的，即发生交付，即占有改定，但普通法没有模仿罗马法专家而警示角色变换的后果。世人时常以为，受寄人是占有的代理人——受寄人的确常 234
常因为其他目的成为代理人，而正因如此，人更容易误会。还有若干案例，不区分中间人是以自己名义还是以买受人的名义保有货物，就一概判定占有归于受让人[3]。这些判决结果一般是正确的，但却也给本题平添了思维的混乱。

德国学者稍微流露出如此倾向，以为各家占有理论的价值大小，决于法律上的占有和事实上的保有的区分度宽窄。可从本文所采之观点可看出，否定佣人和代理人占有以及占有救济——假设代理人完全没有占有救济——其理由完全是历史性的，而一般理论只能将这种否定解释为异象。还有观点将佣人与保管人相类比，其理由是，这两类人都在为他人而非为自己的权益进行占有。这一理由完全没有影响普通法。在普通法上，保管人一向被视为占有人。不仅如此，拿该理由来阐释罗马法也不正确。在认定这两类人是否占有人时，罗马法一概没有采纳该理由，并且在认定每一类人时，罗马法上的理由互不相同。

---

〔1〕 D. 41. 2. 18, pr. "Quod meo nomine possideo, possum alieno nominee possidere: nec enim muto mihi causame possessionis, sed desino possidere et alium possessorem ministerio meo facio. Nec idem est possidere et alieno nomine possidere: nam possidet, cujus nomine possidetur, procurator alienae possessioni praestat ministerium."[译者借 S. Scott 的英译了解此条大意为：凡我能以自己名义占有的，就能以他人名义占有：因为，通过他人保有的，并不改变我占有的名号，可是，我通过我的行为，而让他为占有人，于是，我不再占有财产。亲自占有和通过别人来占有，这不是一回事，因为，以谁的名义占有的，谁就保住了占有。通过他人占有的，委托人就将其代理权借出。]这就表明，出卖人以买受人的名义并作为其代理人而保有，就改变了占有。Cf. Bracton, fol. 28 *b*.

〔2〕 Windscheid, Pand. § 155, n. 8 *a*; 2 Kent (12th ed.), 492, n. 1(*a*). 要谨记，罗马法不承认受寄人的占有。

〔3〕 See, e. g., *Farina v. Home*, 16 M. & W. 119, 123.

行文至此,可以开始讨论作用于第三人的排他力。自然可以得出,该等力道与意图的作用范围一样大。但我们要谨记,法律只评价表彰的事实,故,当我们讨论排他力时,其意义不大于表象。

235 一名儿童看到一个钱袋,也看到钱袋边上有个持械的恶汉。儿童将钱袋捡了起来。假设恶汉没有采取任何行动,则儿童所展露的必要力道之大,仿佛身后有一百名警务人员在戒备。讨论范围如此缩小之后,排他力的彰显,其重要性只与意图的彰显相当。不过二者具有明显差异,并且,当多个意图同时存在且互相冲突时,前者就具有决定性。对于一片玉米地,两方都没有所有权,而针锋相对,各主张权利,并各选地段耕种。原告收割捆扎,就地堆放。过了一个星期,双方同时开始搬运。基于前述理由,法院认为原告并未取得占有〔1〕。不过,倘若原告捆扎之后,被告才首次干犯,则原告有可能已经取得了占有〔2〕。受信托人〔3〕令一名教员占有一间教室,而该教员随即被解职。第二天[6 月 30 日],教员动粗,重入教室。7 月 4 日,受信托人通知他离开教室。7 月 17 日,教员被驱逐。基于如上理由,法院认为,教员从未针对受信托人取得占有〔4〕。

如因取得占有而取得权利,则存在持续性问题。以上之要点可以与该问题相联系。经考察,要取得占有,须存在特定外在关系以及特定意图。有个问题留待解决:如前述事实于某人为真,则其

---

〔1〕 *McGahey v, Moore*, 3 Ired. (N. C.) 35.

〔2〕 *Reader v. Moody*, 3 Jones, (N. C.) 372. Cf. *Basset v. Maynard*, Cro. Eliz. 819, 820.

〔3〕 [译者注]应尽量避免使用"受托人"之汉语表述,因它同时含有受信托人(trustee)、代理人(agent)、受寄人(bailee)之意,而这些表述在普通法中含义很不相同。作者用了复数的 trustees,在此可能指代校理事会全体或多数成员。

〔4〕 *Browne v. Dawson*, 12 A. &E. 624. Cf. D. 43. 16. 17; ib. 3, § 9; D. 41. 2. 18, § 3; Clayton, 147, pl. 268.

需要持续多久，那般附随占有的权利才能归属该人？萨维尼的观 236
点占主流，这人认为，须有与取得占有时相同的心素，须有一股持续的力道，可以随心所欲，与占有物重新建立原初的外在关系。人人都同意，没有必要对占有物时时施力，否则除了手上的物，什么都占有不了。可问题是，我们是否还能刨除更多因素。那般构建为占有的事实，在本质上就能够表明其自身持续存在，并于占有人终身为真。但正因如此，才引发了用语上的含糊，并导致大量的思维混乱。我们使用“占有”时不需要区分场合，该词已经表达出，取得占有之全部必要事实已经存在。并且，该词表达出占有人的全部占有状态，即便其中某些状态不复存在，占有人依然受到保护，仿佛该等状态没有消失一样。某些德国学者认为，事实不复存在的，权利得丧失[1]。这个结论下得太轻巧。

为设定附随于占有的权利，须有特定事实的共同作用，但不能从该单一情境得出结论说，为保持权利的效力，前述事实须得持续存在。这就好比，为了设定合同上的权利，须有对价和允诺，但不能从该等必要性得出结论说，为了能够履约，前述对价和允诺须得在当事人之间持续地运动。只要特定事实已经表彰一次并赋予了权利，要护住该权利，直至其耗尽，在法律上就不需要其他普遍的
原因，只须一个：某些事实的彰显与延续没有前后一致，哪怕在很 237
大的权重上，这类（没能前后一致的）事实乃由赋权的理由所决定。与占有物的原初外在关系被消灭，恐怕就属于此种（因其发生和延续不一致而需要法律保护的）事实。只有在无序暴力相较如今更为猖狂的时代，该等事实才存在[2]。重新建立原初外在关系之力道消失的，是否会影响权利延续？基于同等原理，这不过是个传统

[1] Cf. Bruns, R. d. Besitzes, 503.

[2] ［译者注］才需要动用法律保护占有人与占有物的原初外在关系。

或政策问题。与另一人对立地取得新占有相比,此处的逻辑还不一样。普通法尽管吸收了罗马法上有关野生动物的法则,却更倾向于拥护占有。将没有所有权或占有权的物视为无主,普通法厌憎这种认知。有一人拾得浮木,遂系泊之。浮木松缚,漂流而去,而为另一人拾得。判决认为,第一个拾得人基于其取得占有而享有权利,第二个拾得人拒绝交出的,第一人可以赢得返还动产之诉[1]。

设有一人拾得一袋黄金,放入乡间别墅。此时此刻,别墅无人看守,门户虚掩,而拾得人在一百英里之外坐监。别墅方圆二十英里之内空无一人,只有一个全副武装的夜盗犯站在门前。该人从窗外窥探,发现了钱袋,遂起意进屋盗取。此时,黄金拾得人与钱袋重新建立原初外在关系的力道是受限的,但尽管如此,我相信没
238 有人会认为,他的占有被夜盗犯终结,以为该犯通过外在的行为以及表彰于外的力道和意图,而排斥了任何人对钱袋的占有。此处的理由,与取得占有时的排他力相同。法律在绝大部分情形下所调整的,只是可以感知的外在行为与事实。他只要没有取得钱袋,就没有彰明其意图。门户的存在,外在地证明占有人施加了力道,将他排除外。他没有突破门户,就没有彰明其自身的力道。可以进一步论证认为,据本讲内容所采之方法,在最严格意义上说,尽管屋主没能施加萨维尼认为必需的力道,但因为其力道和意图是持续彰显的,故其占有是持续存在的。

可以如此构想,普通法应当更进一步,将占有当作所有权的同类予以调整,应当持有如此立场,取得占有的,即取得除所有权之

---

〔1〕 *Clark V. Maloney*, 3 Harrington (Del.), 68. 出于务实的权变考量,布伦斯[R. d. Besitzes, 503, 507]得出同样结论,但他同时又用学说对权变术进行彻底批判。就学说和权变之间的冲撞,我必须援引自己的前述观点[译者注:边码 211]。

外的对世权,而有事发生足以剥夺所有权的,取得对世权。

关于权利占有,欧陆已经论战了几百年。德国学者进一步认为,还真正存在债的占有。这对他们来说很正常;其契合了(德国式的)一般理论,即在意志施加于普遍外在物[该外在物为物体或另一人的意志],如该意志与普遍意志相符,并相应为合法的,则称作权利,而如其单单是事实上的,则其称作占有[1]。虽然前文开 239
展了占有是权利还是事实的分析,但关于占有和权利的对称概念不能被认定为具有法律上的可分性。尽管纯粹占有者的权利不如所有权人宽泛,但构建出占有并衍生出权利的事实,就是那般构建出所有权的事实。

反过来说,某君应享有某项权利的,如特定事实于他为真,则权利诞生于该事实。而若该等事实被设定为具有这般性质,即能于不同人物相继为真,如在土地占有之情形,则相应权利可为相继享有。而当事实已成过往,已为消散,如对价已给,允诺已收,则世上唯有一人可以主张由该事实产生的权利,在本情形,即为原初的受约人,因为,除开原初的受约人,无人符合孕生权利的情势。

普通法读者确信,那般作为权利构件的事实,包含了与物质意义上的占有对象的关系。而该占有对象可以是奴隶,也可以是马匹[2]。以此方式创设的概念,可由观念残迹而扩大适用至自由人的役务。可以发现,即便是布伦斯在运用其学说时,也未能超越身

---

〔1〕 Bruns, R. d. Besitzes, § 57, p. 486. 更早之前,有一位渊博的学者提问,你解雇一名神学家,为什么他就不享有占有诉权? 他自答道:"Sentio actionem non tenere, sed sentio tantun, nec si vel morte mineris, possum dicere quare. Tu lector, si sapis, rationes decidendi suggere."Hommel, Rhaps., qu. 489, cited, Bruns, 407。

〔2〕 *Gardiner v. Thibodeau*, 14 La. An. 732.

240 份与附加役务之土地的情形，如租役[1]。迄今为止，即便在普通法上，自由人的役务也被当作奴役对待，而主人对此享有对世的财产权，只不过因划线位置不同而分了大小。可以认为，人能够在无所有权的情形下占有奴隶，故人能够不签约而占有自由人的役务。家长与其年满 21 岁的闺女没有签署有关役务的合同，但该闺女被诱拐的，家长可以诉请损害赔偿[2]。从中可以看出端倪。故此，贯穿教会法的整个历史，以及根据英格兰古代法，租役都被视为一种可以占有和剥夺占有的地产，也能够像土地一样，通过亨利二世所发明的占有令状得到救济。

不过，与罗马法的情形相同，普通法中最重要的权利占有，发生在地役权领域。在一定意义上，地役权可以占有。人可以以一定方式使用土地，并存在排除任何与其使用不一致者为使用的意图，但无进一步的意图。假设这真的是占有，应当是对土地有限度的占有，而不是其他人所谓的权利占有。无论其创设是通过时效取得还是通过合同，当地役权真正创设之后，需役地的占有人在行使权利时得到保护，这一点毫无疑问，但在旧时代，他受到保护的原因不是对地役权进行占有，而是因为先例遗留了观念的残迹。
241 就此，后文的讲义将予以阐释[3]。有鉴于此，要检测这一类为法律保护的占有是否存在，我们将使用一个事实上行使通行权长达四年却未能取得地役权的案例，并将提问，法律是否应当保护这位准需役地占有人，以对抗第三人而使用土地。说他应当得到保护，

〔1〕 Bruns, 483.

〔2〕 2 Kent(12th ed.), 205, n. 1. Cf. Y. B. 21 Hen. VI. 8, 9, pl. 19; American note to *Scott v. Shepherd*, in 1 Sm. L. C. (Am. ed.).

〔3〕 见第十一讲。

也在情理之中,但我认为他无法得到保护[1]。

从表面上看,反对前述地役权占有学说的主要理由是,一人就土地存在对世的一般力道和意图,而另一人展现出以特定方式使用土地的力道,并展现出排除所有权人的意图,二人的主张互相矛盾。要调和二者,多少需要人为开展推理。然而,要谨记,在每一种情形下,问题不在于当事人的真实力道,而在于他们所表彰的力道。如果后者能站稳,法律可以承认一种分裂的占有。可是,假设法律直至取得权利才开始保护它,还是可以对行使地役权的剥夺占有人予以保护,在为他辩解时,可以参考本讲所论证的事实[2]。

我在前文提出了占有权的持续问题。如果该问题能得到解决,则可以说附加于占有之上的后果,实质上等同于附加于所有权之上的后果。即便对动产的占有是不当的,如有陌生人以自有之 242
意侵占动产,不当占有人也可以就所有权主张全额损害赔偿金,或可以请求返还原物[3]。

一直以来人都认为,要提起动产占有回复之诉[4],或请求返还动产之诉[5],须得有一样“特别财产权”。不过,现代的判例法已经确立,占有便已足够。经考察普通法的法源,所谓特别财产权,其含义并不比占有丰富。布莱克顿以及他的前任欧洲法学家们都已经记录和证明,动产违背当事人意志而丧失的,当事人可以

---

〔1〕 Cf. *Stockport Water Works v. Potter*,3 H. & C. 300,318. 1 Sm. L. C,300,318. 英文第七版的行文过于宽松。如果法律应当保护土地占有人享有水流流入的权利,原因应当是,用水权从属于该片土地使用权。不应当以任何方式暗示道,就他对另一片土地享有如正文所引之通行权的情形,法律也会基于同样的理由而保护他。

〔2〕 [译者注]表彰的力道和意图。

〔3〕 *Jefferies v. Great Western Railway Co.* ,5 El. & Bl. 802. Cf. *Armory v. Delamirie*,1 Strange,505,1 Sm. L. C.

〔4〕 Co. Lit. 145 *b*.

〔5〕 2 Wms. Saund. 47 *b*,note 1,to *Wilbraham v. Snow*.

基于占有而提诉要求返还或赔偿。不过,当布莱克顿做出如此描述时,在行文中同时使用了一个表述——他仅为了阐释而用,却似乎表达出所有权的意思,“不能索要他的东西”〔1〕。后世的令状也反复使用该表述。当受寄人提诉,称有人侵占了他的货物和动产,其诉讼总是被驳回,理由是,受寄人本应在诉状中称货物持续处于他的占有之下。当事人总是如此回应,说衡平法院可从没有以这等格式起草过诉状〔2〕。

事物的本质就是,在前述诉状的意蕴中,当某君占有货物时,货物就是他的。但是,要在这个正经词汇和实情之间进行调和,却是一件自然而然的事情。可以这样说,尽管原告对动产并不享有
243 一般意义上的财产权,对陌生人却享有财产权〔3〕。此事真实发生过,而且,有趣的是,我在远古的两个先例中找到了对后者的表述,一个是保管人的讼案〔4〕,另一个是借用人的讼案〔5〕。布鲁克表示,不当取得人“享有对世的所有权,除了针对真正的所有权人”〔6〕。在此意义上说,特别财产权表述为“占有财产权”更佳。据一份针对偷盗罪的大陪审团起诉书,判决认为,财产权当归于遭受侵害的受寄人〔7〕。

我已解释过这个反转过程,即世人以为,受寄人对第三人的诉权建立在他应当(对寄托人)负责这个基础之上,而其实,他享有诉

---

〔1〕 Bract. ,fol. 150 *b*,151;*supra*,p. 168;Y. B. 22 Ed. I. 466-468.

〔2〕 Y. B. 48 Ed. III. 20;11 Hen. IV,17;11 Hen. IV. 23,24;21 Hen. VII. 14. The meaning of *sua*[译者注:“他的”]is discussed in Y. B. 10 Ed. IV. 1,B,by Catesby. Compare Laband,Vermögensrechtlichen Klagen,111;Heusler,Gewere,492 *et seq.* ,correcting Bruns,R. d. Besitzes,300 *et seq.* ;Sohm,Proc. d. L. Sal. ,§ 6.

〔3〕 Y. B. 11 Hen. IV. 17,pl. 39.

〔4〕 Y. B. 21 Hen. VII. 14 *b*,pl. 23. ta.

〔5〕 Godbolt,173,pl. 239. Cf. 11 Hen. IV. 17,pl. 39.

〔6〕 Bro. Abr. *Trespass*,pl. 433,cit. Y,B. 13 Hen. VII. 10.

〔7〕 Kelyng,39. See,further,Buller,N. P. 33.

权才是其担责的基础,并且,其诉权直接来源于占有。整个步骤并不复杂:从受寄人有诉权,是因为他们要担责[1],到受寄人对陌生人享有财产权或特别财产权,因为他们要担责[2],再到他们有诉权,是因为他们有特别财产权,并且要担责[3]。正因如此,特别财产权的含义比占有更丰富、特别所有权是诉权之前提条件等(错误)观念才走进了法律。

在不同关联关系中采不同表述的,更易犯下前述舛错。不管受寄人是否对货物享有留置权,货物丢失的,他一般得担责。可 244
是,在质权人将质物与自己的物品存放一起,并都丢失时,法律却并不如此规定[4]。至少在柯克勋爵时代,该等差异体现为下述说法,说在一定意义上,质物等于质权人的自有物,他对质物享有特别财产权,因此普通的寄托关系不复存在,或说,质权人所承诺的,只是将质物当作自有物照管[5]。在涉及质权人有权转让质物时,又用上了同样的表述[6]。在此意义上,这一术语只适用于质押,但在使用时,容易将其在特定关系中的意义带入其他领域,并导致这样一个结果:特别财产权本是占有诉讼的一个前提条件,却被认定为动产的限定物权。

就占有的法律后果,还有一个问题留待论证,即适用于动产的相关规则,也适用于土地。因为,如原告被剥夺占有的,尽管他在回复占有时须得凭靠自己的产权来对抗被告的占有,但行文至此,

---

[1] Lecture V. ;Y. B. 20 Hen. VII. 1,pl. 11.
[2] Y. B. 21 Hen. VII. 14 *b*,pl. 23.
[3] 1 Roll. Abr. 4,5(I),pl. 1. Cf. *Arnold v. Jefferson*,1 Ld. Raym. 275.
[4] 29 Ass. ,fol. 163,pl. 28.
[5] Southcote's Case,4 Co. Rep. 83 *b*.
[6] *Mores v. Conham*,Owen,123. Cf. *Ratcliff v. Davis*,1 Bulstr. 29.

问题已经解决,只要原告先占,即可对抗被告侵害自己的占有[1]。占有确定足以对抗侵害[2]。不仅如此,尽管在古代法上,亨利二世发明的占有令状[3]限用于特定的占有,但正是出于这个原因,该例并没有动摇本文的一般理论。

245 在作结之前,须对所有权和相关概念说上一两句。循着占有问题的分析顺序,第一个问题须得是,作为法律后果的所有权,附加于何等事实之上?最为熟知的所有权取得模式是前一个所有权人的让与,但该模式预先设定为,所有权已经存在,而此处的问题是要考察所有权如何形成。

能导致该效果的第一个事实,是先占。捕获野兽,在海洋中捕捞鱼类,不仅取得了占有,更无瑕疵地取得了对世的所有权。而取得初始独立所有权最普遍的方式,是通过具有对世性的程序,无论是法庭内还是庭外。其中最为极端的情形,是海商法上的对物诉讼。该程序决定性地以一己之力为处分财产。当其将财产出售或充公。它并不在处分此人或彼人的财产,而在创设一个相比此前任何权益更为高大的全新所有权。另一更熟悉的情形是时效取得,当公开对立占有达到一定年限,即取得相似效果。经时效取得而来的所有权,非因假定此产权人或彼产权人会让渡给他,非但如此,它消灭了此前一切的所有权和一切相反的权利主张。在古代法上,前述情形两相结合,即与如下宣言鸾凤和鸣:法院裁判以及一年又一天的时光流逝,这二者叠加,将产生对抗一切权利主张的效果[4]。

---

〔1〕 *Doe v. Dyball*, Mood. & M. 346 and note; 2 Wms. Saund. 111, and later notes; 1 Ad. & El. 119; *Asher v. Whitlock*, L. R. 1 Q. B. 1.

〔2〕 Graham v. Peat, 1 East, 244.

〔3〕 [译者注]如新近剥夺占有之诉、祖宗土地回复之诉等。

〔4〕 As to this period see Heusler, Gewere. Cf. Laveleye, Propriété, 166.

是故，其他特定组合之事实于某人为真的，可通过立法赋予他类似于所有权的权利，比方说专利权人或政府向之出具专利权文书的人，以及事实上完成了可获得专利之发明的人。

可所有权是什么权利呢？实质上，它与附随于占有的权利是一样的。在政策规定的时限内，所有权人可以不受干扰地对权利客体施加自然力，也可以得到保护，排除世人的干扰。所有权人可以排除一切，无须对任何人担责。不算所有权人，占有人可以排除一切，无须对任何人负责。财产权问题显得如此庞大，如此重要，主要是因为让与问题，而不必然普遍取决于所有权。这些问题并不讨论初始和独立所有权的取得效力，而讨论既有所有权的传来效力。换言之，财产权问题主要是对初始所有权予以分割和部分让渡何以可能。这些问题将在对应的权利承受讲义[1]予以处理和阐明。

〔1〕［译者注］第十讲和第十一讲。

第七讲　合同法—Ⅰ.合同法史

247 为满足现时之需，合同法原理已得到彻底改造，因此，相较其他领域，进行历史研究的必要性不大。对合同法原则的讨论，已经妙笔生辉，因此，相较其他领域，开展全新分析，空间已经不大。但对现代合同法原理的成长进行简述，不管有无必要，总是有趣的。对其主要特征进行分析，也不能省却，或许能发现新特点。

通说认为，已知最古老的合同形式，是盖印契约和以金钱债务诉讼确立金钱债务关系。这两种形式无疑是古老的。不过，如今还有几类其他合同尚在使用，尽管穿上了现代的外衣，但它们是不是更年轻，却令人生疑。

其中一种是宣誓，它如今已经不再是任何私权的基础。今人用之，主要在履行公职时为气氛庄重计。法官宣誓依法审理，陪审团成员宣誓依照法律和证据而查清事实作出裁断，入籍公民宣誓就其选择向政府交出真心、诚心和忠心。

248 可还有一种合同，扮演了重要角色。讨论保证合同，似体现一种自我矛盾。在如今，第三人保证是一种附随义务，以主债务人之承诺为前提。就该合同的本质而言，它与其他合同殊无二致。但拉费里埃[1]和其他古代理论家认为，古代法上的第三人保证就是人质担保，而提供人质绝不限于跨国事务。

据格律体的罗曼史《波尔多的胡昂》，胡昂杀了查理曼大帝的皇子。皇帝刁难胡昂，令其完成各项任务，如此付出代价和获宥。胡昂启程前，留下十二名骑士作为人质[2]。后胡昂凯旋，但起初皇帝偏听偏信，以为胡昂不奉诏。于是，查理曼大帝咆哮道："给朕宣召胡昂的人质，朕要吊死他们，不许赎买。"[3]后来胡昂投入决斗，以令判定指控事实的真伪。基于同等观念，决斗开始之前，双方各提交若干友人作为人质。

用决斗判定指控事实的真伪，并提供人质，这一勾当近似于审理讼案时提供担保。此乃日耳曼程序法中的一般过程。人或能记得，法律的雏形，就是一个替代方案，以解决家族之间或氏族之间长期私斗的问题。被告不愿和平提交法院管辖的，或会失去法律的保护，是故，任何人碰见了他，可当场取其性命。但即便如此，起 249
初，原告并不能得到其本应有权得到的保障[4]，除非被告选择如此提供担保[5]。

我们所沿袭的英格兰习惯法，多少要先进一些，但程序上也有其鲜明的特征，其中一个是，每一步程序，都要求提供担保。在对约翰·多伊和理查德·多伊[6]的拟制中，法律人都察觉到这一迹

---

[1] 2 Hist, du Droit Franç. , pp. 146 *et seq.* , 152.

[2] Anciens Poètes de la France, (Guessard,) p. 71.

[3] Page 283; cf. 284, cxviii. *et seq.* , 44, Ixix.

[4] [译者注]被告不一定会服从法院管辖。

[5] Sohm, Proc. d. Lex. Sal. , § § 15, 23-25, tr. Thévenin, pp. 80, 105, 106, 122.

[6] [译者注]这些命名是代称，指身份不明的活人或尸体，或某些语境下的"任何人"。

象。原告给他们提供担保,以保证其全程参加他的诉讼[1]。古代法中到处都能寻获如此法则,被告被诉侵害的,必须提供担保,否则就去坐监[2]。起初,这种担保就是以人为质,而迄后,当寻求惩罚和寻求补偿的诉讼相分离,人质就变成了刑法上的保释保证人。当保释保证人以己之身投入被担保方的控制力之下时,保释保证人承担责任的方式被认为(与犯人)相同。

查理曼大帝给《萨利克法》添加的内容中,有一条提到,一名自由人投身于他人的控制力之下,以为第三人保证[3]。亨利一世时期的英格兰法照搬了同等表述[4]。我们已经通过小说《波尔多的胡昂》知道了其含义。《审判之镜》[5]提及,在主债务人不到庭时,克努特王曾将按期到庭保证人当作主债务人来审。对克努特王所立的该条法则,英王亨利一世予以限定,只适用于对事实予以认可的按期到庭保证人。

下溯至爱德华三世时代,一位名叫沙德的英格兰法官释义道,
250 法律没有改变,保释保证人等于是人犯的看管人。人犯潜逃的,保释保证人应当被追责。该法官注意到,有人说,就此,保释保证人应当代替人犯上绞架[6]。该法类于狱卒失责的情形[7]。就为重罪罪犯提供保释的保证人,有现代学者如此描绘他们的义务,为

---

〔1〕[译者注]据说这个拟制诉讼来源于英格兰,地权人的诉讼程序过于繁复,于是拟制一位封臣约翰·多伊作为原告,诉另一名拟制的人理查德·多伊作为被告,以便查明地权人的产权。

〔2〕 Essays in A. S. Law, p. 292.

〔3〕 Cap. VIII., Merkel, p. 48.

〔4〕 Cap. LXXXIX. § 3, Essays in A. S. Law, p. 291.

〔5〕 Chap. IV. § 16.

〔6〕 Fitzh. Abr. *Mainprise*, pl. 12(H. 33 Ed. III.); Staundforde, P. C, 65.

〔7〕 Abbr. Plac., p. 343, col. 2, rot. 37, 17 Ed. II.

"以己之身,担保彼身"[1]。可以从该形象中寻获前述古老观念的踪迹。现代的法学著作作出如下必要声明:如被保释的罪人没有按期到庭,保释保证人不必因为前述义务而接受刑罚,而只须缴纳罚款[2];合同之签署方式,也不同于现代观念。只须当着受权衙官郑重许下责任。保释保证人无须签字[3],被保释人也不必成为签约方[4]。

不过制定法已涂改了这般怪相。我驻足张望,与其说是因为该类合同异于常类,毋宁说是因为其起源史佐证了普通法上合同的雏形。其中一个迹象是,假如形格势禁,需要召唤人质,而人质带着荣光投身,则世人对其的信赖会与日俱增,于是,收监的实践就越来越松动。人犯的(演进)模式与之平行,从中也可以一窥端倪。人犯本当投身保释保证人,保释保证人可随时随地抓他,而在
抓他之前,却允许他云游四海。可以看到,这类合同仿佛《十二表 251
法》调整的金钱之债。罗马法只是过程不同,动机是一样的,也是将合同当事人的肉身当作最后的清偿对象。

还可优先遴选受众度更高的金钱债务诉讼(作为考察对象)。自萨维尼时代以降,人都将合同法归源于买卖关系。这种认识令人意外,它一直都是片面的。这一问题并不具有哲学上的重要性,因为,要解释人类如何学会作出允诺,我们得寻求形而上学的帮助,查明允诺转化成将来时态的途径[5]。而在一个给定的法统中,特定允诺的首次作出,其本质却无法指向具有普通意义的真

---

〔1〕 Jacob, L. D., "Bail." Cf. 1 Bulstr. 45; Hawkins, P. C, II. ch. 15, § 83; Abbr. Plac, p. 343, col. 2, rot. 37, 17 Ed. II.

〔2〕 Highmore, Bail, p. 199; Jacob, L. D., " Bail." Cf. 2 Laferrière, Hist. du Droit Franç., p. 148.

〔3〕 Highmore, p. 195.

〔4〕 Ibid., p. 200.

〔5〕 [译者注]貌似在讲《道德形而上学》。

理。不过,金钱债务诉讼却具有启示性,虽说这种启示性不如哲学那么高贵。对之确有必要做一些了解,以便我们掌握当代合同法中具备启发性的法则。

在格兰维尔的著述中,金钱债务诉讼已经成为熟稔的救济手段之一。可是,彼时的法,多少依旧处于原始状态,可以想象,古老的诉讼格式并无细分的观念基础。我将直接予以证明,它就是主张金钱债务的一般格式。不过,这种一般格式不包括因暴力侵害而主张的数额不定的损害赔偿金,而关于此,也已经同样定好了侵害之诉的一般格式。

252 人以为该诉讼格式源于彼时文明程度更高的罗马程序法。既然所有英国法学者都采用罗马式遣词造句和分门别类的方法,出现这种看法很自然。但即便如此,该诉更有可能是纯种日耳曼后裔。据拉班的说法,它与生根于欧陆的古代程序法具有相同的特征[1]。

实质而言,据金钱债务诉讼的起诉格式,原告的诉求等于在说,被告对原告有大笔欠款,却非法扣住不还。在如此诉求格式下,关于被告的义务是如何产生的,这并不要紧。该格式也不限于合同义务。它可以满足基于任何支付原因的提诉。该格式只陈述法律结论,不陈述其事实基础,不说明归责事由。日耳曼古法中也有类似的告诉方式:"某甲欠我好多钱。"

正因为日耳曼程序法具有如此特点,被告可以同样笼统的格式如此应诉,说自己对原告并无欠款。要防止被告以此方式在法庭上脱身,原告不仅得主张金钱债务存在,还须想更多办法。在英格兰,假如原告拿不出金钱债务的证明,被告否认该债务的,即可

---

〔1〕 Vermögensrechtlichen Klagen.

摆脱诉讼。即便原告拿出了证明,也有可能败诉,支援被告的一群友人可以誓证,称其对原告没有欠款。几百年后,金钱债务诉讼能够被违反简约之诉所取代,主要就在于此等古风残迹。

最后一点,在英格兰和日耳曼,前述以非法扣留金钱为理由的诉状,与非法扣留其他动产的诉状是一胎双生的兄弟。主要诉求也不无不同。

这般浑然天成的古代法产品有何当代法上的意义,貌似有些 253
奇怪。不过,每当我们将实体法上的主要原则回溯到远古,总能在程序法的源头查访到若干被遗忘的情形。前文已经揭示过此类真相。金钱债务诉讼以及合同法上的其他诉讼还将提供更多证据。金钱债务诉讼对对价原理启发最多。

在普通法上,人作出允诺的,并不总要履行。用口头或以简约作出 100 个允诺,99 个都无拘束力,除非允诺有对价,意即,取通说的观点,除非受诺人给予允诺人一定利益,或受诺人在允诺的引导下遭受一定的损害。

有人以为,这一法则是衡平法院从罗马法中借来的,又以为它在衡平法中几经变身,传入了普通法。

这种解释至少是值得推敲的。就相关术语的使用情况而言,我不清楚在伊丽莎白王朝以前,有谁用约因径直表达"对价"之意。在早远的判例汇编里,经常用一事对一事,一物对一物来传达此意。据我所知,该用语的首次采用,是弗莱特[1]在解释金钱债务诉讼时[2]。尽管我倾向于认为弗莱特的话不足采信,但在以年代为顺序细细查证《法律年鉴》收录的判例之后,我认为,在衡平法的

---

〔1〕［译者注］Fleta,一说他又名 Fleda。据说此人 1290 年左右在狱中用拉丁文写就英国普通法专著。

〔2〕 II. c. 60, § 25. Glanvill's "*justa debendi causa*" (Lib, X. c. 4) seems remote from consideration.

相关记录出现之前，对价制度已经在金钱债务诉讼中得到了充分
254 的发展。关于允诺人因为作出允诺而应当收到什么样的回报，最为久远的线索，是在违反简约之诉中[1]。但对价制度并非发源于该诉。据我考察，首次将对价与衡平法关联起来表述，是以一事对一事，一物对一物这一表达方式而为之[2]。此事之发生，晚于该原则被充分确立为金钱债务诉讼的前置条件之时[3]。

世人从不要求盖印契约存在对价。这一项事实的出现，与弗莱特所处之时代相差仿佛。面对分量如此之重的证据，除非采信弗莱特的观点，否则它就能进一步证明，作为实体法上的一项重要法则，对价制度不可能脱胎于社会政策。而反过来说，对价制度巧遇程序法上的特定模式，这就强烈指向一个可能，即该等特定要求与该特定程序具有相关性。前述为数不多的若干事实何以聚合在一起？会产生什么自然效果？前述巧遇或能启发我们解决这些问题。因此，我就想再进一步考察金钱债务诉讼。但首先，我须得老实承认，在阐释过程中我会有些踟蹰不前，而如果收到质疑之声，我也当充分理解。

刚才注意到，被告不认欠款的，为向被告求偿，原告须得再有动作，肯定欠款存在，不然，会被交给带有神学色彩的裁判庭，由其行使其有限的管辖权[4]。这并非令其提供现代意义上的证据，而只是表明原告须得以彼时法律认可的其中一种方式，维护其诉由。
255 共有三种：决斗审、书面审和证人审。决斗审无须多言，它很快就从金钱债务诉讼中消失，与我要论述的问题也没有关系。书面审和证人审却须得认真研究。为方便计，先考察后者，查明是何等

---

〔1〕 Y. B. 3 Hen. VI. 36.

〔2〕 Y. B. 37 Hen. VI. 13, pl. 3.

〔3〕 Y. B. 37 Hen. VI. 8, pl. 33.

〔4〕 Glanv., Lib. X. c. 12; Bract, fol. 400 *b*, § 10; 22 Ass., pl. 70, fol. 101.

证人。

首先我们了解,此处的证人不是我们熟知的证人。证人制度的创设,不为接受陪审团的盘问和交叉盘问。所供之证词,也不为求法院信赖之效果。在当代法中,判案依靠的不是证据,而是先由陪审团查清事实作出裁断,后由法官作出判决。除非陪审团相信证人,否则他宣誓也没有用。而在亨利二世时代,没有陪审团。只要证人被允许誓证,其誓言即告有效,而无论其是否得到信赖。不会有第二个组织体进行筛查。在适用证人审的情形,当事人被传到庭的,可找来三五个好友,以特定方式誓证,此事就算了结。

至此,与其说证人审表明被告书面认领债务,毋宁说它以一种原始方式确立金钱债务关系。找到其源头至关重要。

在古书和判例汇编中,但凡提及证人审情形的,其诉请大抵起于买卖或借贷。一个问题紧跟而来:由格兰维尔笔述而为我们所追查的机制,是否已属古制。因为,在诺曼征服好几百年之前,盎
格鲁-萨克森法[1]已经要求遴选若干名钦定的证人,并规定,其中 256
二三名证人须得亲临所有交易现场。确立前述证人的目的,不像通说所认为的,是要证明金钱债务关系的成立。如因为盗窃或类似犯罪行为而起诉,则须再次召集这些证人。故钦定这些证人,其目的是判断被指控盗窃财物者是否为正当占有。被告可以宣誓,称自己乃是购得该物,或乃以法律规定的方式公开接收该物,从而洗脱重罪。

如当事人起了争议,证人因为曾经到访交易现场,故可以就其所见所闻而誓证。相应地,证人宣誓的作用,就不限于查清重罪指控。但该功能却与萨克森时代的交易见证相重合。如今我们已然

[1] Essays in A. S. Law, 187.

知晓,诺曼征服并没有影响证人机制的使用。在征服者威廉的律法中,还可找到它[1]。格兰维尔的著述似乎表明,亨利二世的人对此依旧很熟悉。他写道,如果买受人无法找来出卖人保证他享有所有权并为诉讼支持者[2]进行辩护[因为,如果他做到了,证明责任就转移给出卖人],那么,假如买受人充分证明其合法地购得财物,则他可以洗脱重罪。而假如其诉讼支持者不够充足,则他就处于险境[3]。这一条还是征服者威廉的律法。由此认为,买受人此时依旧在使用交易见证机制。

257 不过格兰维尔似也承认,证人机制的使用,是为了确立金钱债务关系[4]。鉴于交易证人此前曾承担过此功能,故我没有理由去怀疑它在格兰维尔时代依旧存在,也不怀疑格兰维尔也语涉于此[5]。不唯如是,亨利二世之后,又经过了很长的岁月,每当提起金钱债务诉讼,而原告无法应要求提供书面证据时,他总说,"诉讼支持者够多",于是传召证人。法院偶尔也盘问他们[6]。后世判例汇编中的"诉讼支持者够多"即自萨克森时代的交易证人中沉降

---

〔1〕 I. 45;III. 10.

〔2〕 [译者注]此处的"诉讼支持者"原文是 suit,是霍姆斯从格兰维尔的拉丁语原文 *secta* 转译而来。可以结合下一条作者注理解该词含义。

〔3〕 Lib. X. c. 17. Suit, *secta*, was the term applied to the persons whose oath the party tendered. [译者注]霍姆斯此条说,诉讼支持者这一术语,适用于当事人传召的宣誓人。

〔4〕 Lib. X. c. 12(Beames, p. 262); c. 8 & c. 5(Beames, pp. 256, 251); cf. Lib. IV. c. 6,此文献写道,证人因其所见所闻[*de visu et auditu*]而被传召。Cf. Bract., fol. 315 *b*, § 6; Fleta, II. c. 63, § 10, p. 137. 不用怀疑,格兰维尔说得对,Lib. X. c. 17,他说,通常的模式是书面审和决斗审,而王座法庭只保护在王座法庭达成的私权合同,其他场合达成的,一概不予保护(Lib. X. c. 8). 从布莱克顿而上溯的文献来看,在格兰维尔时代,金钱债务关系不可能以书面方式确立。

〔5〕 但请参考 Brunner, Schwurgerichte, 399。我并未更进一步认为该机制在格兰维尔时代依旧普遍适用。无论适用性的大小,它曾经是官办的机制,该传统至少应当有过自我复制。

〔6〕 Bract., fol. 315 *b*, § 6; Britt(Nich.) I. p. 162; Magna Charta, c. 38; Y. B. 21 Ed. I. 456; 7 Ed. II 242; 18 Ed. II. 582; 3 Bl. Comm. 295, 344. Cf. 17 Ed. III. 48 *b*.

而来,而格兰维尔引述的诉讼支持者也是如此[1]。我认为可以如此推论,而不算对引证内容的过度解读。

这一步论证就算跨过去了。正好可以回顾证人誓言最初的本质。它没有超过证人所见所闻的事实认知。但是,鉴于设置证人机制的目的,只是为了让他们见证财物换手,则当事人因为交易起了纠纷的,他们能够提供服务的主要情形,就是因财物交付而提诉 258
的情形。设置证人机制的目的,不可能为双务合同计,因为在此情形下不可能产生盗窃问题。而且格兰维尔也证明,在他所处的时代,王座法庭并未赋予此类合同以效力[2]。在此时,假如运用诉讼支持者的誓证,在于确立金钱债务关系,一如彼时交易证人所誓证的目的,那么行文至此,已经可以充分掌握,程序法上的偶发事件如何造就实体法上的重要规则。

证人只能就其知晓的实情誓证:这属于证人机制。运用证人机制,不为创设金钱债务关系,而只为见证一个特定事实,即财物交付:这属于偶发事件。该交付行为遵循一事对一事,一物对一物之原则:这属于偶发之上,再有偶发。三者相加,相当于创设了一条法则:证人能够证明金钱债务关系的,当事人肯定遵循了一事对一事,一物对一物之原则。因此,这种经由证人而非契据予以证明的金钱债务关系,我们称之为简约之债。它始于金钱债务诉讼,并由此拓展至其他合同,并创设了普通法上独特而厚重的原理,即每个简约必有对价。从前的法并未规定,通过被告的用印,通常就能

---

〔1〕 Cf. Glanv. ,Lib. IV. c. 6.

〔2〕 Lib. X. c. 18. 此处行文的含义不应超出格兰维尔所反复陈述的意思,即王座法庭一般不承认私权合同。或许实体法恪守了从法律幼稚期沿袭下来的传统。See pp. 248,251,259,260. 如取该命题的广义,其基础在于,除非另有明确规定,否则王座法庭没有审判此类任何合同的管辖权。Cf. the requirement of *aliam diracionationem* and *aliis probationibus*,in Lib. X. c 12. But cf. Ibid,with Essays in A. S. Law,pp. 189,190.

证明金钱债务关系或合同的成立。一个适用范围有限的程序法曾经确立了一种义务，而该义务由金钱债务关系所调整，此乃实情。
259 但从前没有这种事，说这就能进一步证明金钱债务关系与程序法的关联关系并非偶发。

虽说证明模式很快发生转变，但晚近至伊丽莎白女王时代，我们才发现这种原始关联性的迹象。说是“不过，普通法要求存在新的约因[即对价]，有了它，国人才具备审判此案的智慧或知识，故此，这有益于公共福祉”[1]。曼斯菲尔德勋爵展示出对普通法之历史基础的直觉，他说：“我相信，古代观念渴望对价，唯一的目的是寻求证据。当它缩窄为书面形式，如在盖印契约、承诺函、保函等情形，缺乏对价的，却无人反对其效力。”[2]

如有人提出反对意见，称前文观点只适用于金钱债务关系，并称一切简约不分彼此，均须有对价，则我要反击认为，一切的可能性都表明，对价制度源出于金钱债务诉讼，并延展至所有的合同。

但又有一个问题，除开前述情形，是否已经没有其他形式的合同需要证人来证明。在缺乏对价的偶发情形，其他合同就不需要以此方式为证明了吗？就此也可以简单回应。即便晚近至亨利二世时代，为民事法院认定有效的合同，品种依旧稀少，形式依旧简陋。毫无疑问，在古代法律史上，证人程序的运用之广，囊括了所有合同。除了前文所述之买卖和借贷，我还查阅到另外两种合同
260 义务。它们分别是买卖合同中的当事人保证以及本讲开篇所述的第三人保证。就前者而言，所有权瑕疵担保义务与其说派生于合同，毋宁说派生于买受人和出卖人的法律关系。在萨克森时代，当

---

[1] *Sharington v. Strotton*, Plowden, 298, at p. 302, M. 7 & 8 Eliz.

[2] *Pillans v. Van Mierop*, 3 Burrow, 1663, 1669.

事人明示的其他保证,都属交易证人予以知晓和誓证的事项[1]。

但在诺曼征服时代,鲜有听说当事人保证的,只在涉及土地时有,而它通过决斗审解决了。当事人保证消失得无影无踪,除了在文契中存在。故此,它对对价制度毫无影响。不必考证就可以料想,它与本题没有关系。

然后来说人质或曰第三人保证。除非有特例,否则该保证人不再以身偿债,他的担责方式转化成金钱,其保证效力在金钱债务诉讼中认定。经过岁月的认可,如格兰维尔时代其他的金钱债务关系一样,这类合同即便没有采用书面形式,也能被证人所认证[2]。在此情形下,无所谓对价,不存在允诺人获益,一如该制度首次得到系统性表述且法律作出如此要求。可是,它同样无关紧要,因为随着证人的宣誓,第三人保证以及当事人保证的责任便得以告终。此时,对价制度的基础还没有形成。我们马上会看到,法律很快就开始要求合同具备书面形式。

论证至此的结论是,截至格兰维尔时代,唯一的合同诉讼方式是金钱债务诉讼;在所有金钱债务诉讼中,唯一不需要书面形式就 261
能求权的,就是上述一类情形[3];而当于其中,唯一一种不需要遵循一事对一事,一物对一物之原则的[4],到爱德华三世执政时期便不再具有救济性[5]。

但在亨利二世时期,巨变开始发生。很快,越来越多形态各

---

〔1〕 1 Thorpe, Anc. Laws, 181, Oaths, 7, 8.

〔2〕 Glanv, , Lib. X. c. 5(Beames, p. 251); Y. B. 7 Ed. II. 242; Novae Narr. *Dette-Vers plege*, Rastell's Law Tracts, p. 253, D, 2 Finl. Reeves, 376.

〔3〕 [译者注]买卖、借贷、当事人保证和第三人保证,它们都能通过誓证来证明权利义务关系。

〔4〕 [译者注]第三人保证。

〔5〕 [译者注]具有人质或第三人保证性质的保释保证人制度被证人宣誓制度取代。

异、结构复杂的合同被认可具有法律效力。人或要问，证人宣誓制度的适用范围为何没有扩大？或问，证明手段越来越多，为何没有取消诉讼支持者机制，并认可其他形式的口头证词？亨利二世时代的法律与对价制度到底有什么关系，为什么好多个世纪之后我们才听说？

在证人宣誓制度下，只要考虑有无誓证这一简单事实即可结案，故作为一种证明模式，它不令人满意。在庭上出示金钱债务关系的书证，并充分认定其由被告所签发，这种方式显然更优。使用书证的唯一缺点是缺乏认定其源于被告的手段。在盖印手段得以普遍使用后，这一难题马上就化解了。此事大约发生在格兰维尔时代，于是，当事人的做法，就是向法院出示书证，并就蜡印是否与对方当事人的印章相吻合进行核验，以此说服法院[1]。诉讼支持者的誓词经常遭遇誓证裁决，意即，被告传召同等甚或两倍于原告宣誓人数量的人进行反誓证。但出示一份被证明由被告出具的书
262 证，则不会出现抵牾之事[2]。因为，当人说自己受合同拘束时，他便受合同拘束。不存在对价问题，因为对价原则还没有出现。如他对自己的某项义务知情，而在天涯海角有一份记录，证明他的知情，比如记录存在高级法院，则他也要受拘束。其实，如今设定担保很简单，只须当着法院书记员口头表示认可，让他记录在文书里就行。书证的好处，不仅是在过去的审判中提供了更优的证据，而且在根本没有证据的情形下能够确认义务的效力。

前文内容表明，书证优于老派的誓证。关于后者为何不能超越其古老的限度，其实还有很好的其他理由。交易证人丢掉了法

---

〔1〕 Glanv. ,Lib. X. c. 12(Beames,p. 263);Bract. ,fol. 398 *b*, § 1. 法院最爱决斗审，也允许如此操作。但没人采用这种方式了。当陪审团调查成为通行手段时，合同的签署等事实也使用本法列入审理范围。

〔2〕 Glanv. ,Lib. X. c. 12(Beames,p. 263);Bract. ,fol. 100 *b*, § 9.

定和官办的特色。在格兰维尔时代,要证明金钱债务关系,决斗或书证已经成为通用的手段[1]。一百年之后,布莱克顿证明,诉讼支持者已经沉沦为当事人的佣仆和食客。他又说,这些人的誓证,可信度极低[2]。

不唯如是,一种新的审判模式正在长大。尽管它在一段时间内还不能用于此处的情形[3],但按它的发展趋势,一定能此消彼长,减弱誓证的分量。这一模式就是普通法上的陪审团审判。它始于对邻人的调查,可能主要为了掌握事实的争议事项。陪审团 263
基于自己的认知而发言,但遴选陪审团成员的,却不是当事人,而是法院的职位担当人[4],所以故意显得立场偏颇。没过多久,他们就开始召集证人,其目的不是如古制那般用誓证结案,而是协助调查,以便陪审团基于证词查清事实并作出裁断。这一程序兴起之后,很快就停用诉讼支持者来断案。

英格兰法具有保守主义特征。在书面合同面世之前,在所有金钱债务关系中,唯一能获得救济的金钱债务,就是能为交易证人所证实者。考虑到前述两点,就不会惊讶地发现,人在同类案件中坚持召唤诉讼支持者。但还有一个更具必然性的原因。在金钱债务关系中,没有书面合同的,抗辩方法是誓证裁决[5]。人将《大宪章》其中一条解读为,原告有自我陈述而无适格证人的,不得迫使他人采用誓证裁决[6]。由此可以说,该部制定法要求,在每一个

---

[1] Glanv. ,Lib. X. c. 17(Beames,p. 272).

[2] Bract. ,fol. 400 *b*, § 9.

[3] Cf. Y. B. 20 Ed. I. 304,and 34 Ed. II. ,150,152;ib. 330,332;35 Ed. I. 546.

[4] [译者注] officer of the court,指法官、书记员、法庭执达官(bailiff)、郡长(sheriff)等。郡长最初不具行政职能。

[5] Cf. Y. B. 20 Ed. I. ,304.

[6] Cap. 28;32 &33 Ed. I. 516;18 Ed. II. 582;Fleta,II. c. 63, § 9;Coke,2d Inst. ,44;3 Bl. Comm. 344.

金钱债务关系中，原告未依赖书证的，须提供证人——诉讼支持者。于是，在讼案采旧格式的[1]，人继续召集诉讼支持者，而在此情形下，被告如不承认存在金钱债务关系，则在陪审团调查还没有立足生根之前，一如既往地采用誓证裁决。

古程序法没有提供相应的审判模式，仅有允诺或同意的，如要
264 提请确认金钱债务关系，须得提供书证。这是法律所引入的全新证明方法。法则有言，“空口无凭，当事人不受拘束”[2]。可是，世人并不以为形式古老的金钱债务关系因允诺而建立。金钱债务关系是一项肇始于原告接收财物的“义务”，而这是一个可以见证和誓证的事实。对此类讼案，古代法因循守旧，而仅通过严格类比，稍有扩大适用。

可是，保证人作出承诺的，却并不依赖该等事实，无论其承诺的形式如何。它很快就与其他种类的允诺具有相同的性质，人们很快就斟酌是否可以采用同等证据以证实保证人承诺[3]。截至爱德华三世王朝，有案件裁定，[欲证实保证人承诺的]须提供书证[4]，除非若干城市在惯例上依旧保留古代法的效力[5]。

本朝具备代表性，因为沿袭至今的各个部门法和程序法得以建立。由此，本朝的法律境况，就值得重述和总结。

金钱债务诉讼没有出示书证的，仍须传召诉讼支持者。同样基于如上其他理由，以誓证为基础的诉讼类型，其适用范围并没有实质性扩大。既然保证合同不再是此诉之属，此诉转而严格适用

---

〔1〕 Y. B. 18 Ed. II. 582; 17 Ed. III. 48 *b*, pl. 14.

〔2〕 Y. B. 29 Ed. III. 25, 26; cf. 48 Ed. III. 6, pl. 11; Fleta, II. c. 60, § 25; Glanvill, Lib. X. c. 12.

〔3〕 Y. B. 18 Ed. III. 13, pl. 7.

〔4〕 Y. B. 44 Ed. III. 21, pl. 23.

〔5〕 F. N. B. 122, I, in margin. Cf. F. N. B. 122 K; Y. B. 43 Ed. III. 11, pl. 1; s. c, Bro.
265 *Pledges*, pl. 3; 9 Hen. V. 14, pl. 23.

于符合一事对一事,一物对一物原则并提供书证的情形。在本朝,尽管要出示书面合同,但盖印契约并未因为盖印契约诉讼而被确立为具有法律效力的合同类属。与此同时,尽管依旧有人认为诉讼支持者在合同中的作用比其他场合重要,但它已经收缩为一种形式。他们不再出庭接受询问[1]。这成为一个残迹,而交易证人制度也停用。由此,以简约为基础的金钱债务诉讼有其局限性,而召唤证人作出誓证这种必要操作并未解决局限性问题,它只能依靠传统突破。于是,考察出这一点就不奇怪了:与格兰维尔时代相比,该诉仅通过类比而存在轻微的扩大适用。

但是,金钱债务诉讼维持住了前文所述的实质功能,并且在这一百年间,对于简约,没有引入新的诉讼格式。与此同时,我在前文阐述的事件倒错却实在发生了,程序法上的偶发事件演变成实体法上的制度。双方并无书面合同的,金钱债务关系本来并没有法律效力,但其效力一概从债务人受益之事实中迸发了出来,这个转变并不难发生。

毫无疑问,罗马法的影响也帮助催生了这一结果。在亨利二世时期,随着教会管辖权的扩张,那般不存在书证或誓证的简约和金钱债务关系,其效力由教会法庭确立[2]。或许正在此情势之 266
下,格兰维尔及其徒子徒孙将罗马法学家的话术带入普通法上的金钱债务关系中。而格兰维尔无论是向教会法取经,还是直接取其源头,总之,他在其著述的第十卷,通篇采用了《国法大全》的分类方法和法言法语。

罗马法中有几样特殊合同,名为要物契约。在租赁或借贷的

---

〔1〕 Y. B. 17 Ed. III. 48 *b*, pl. 14. Cf. Fortescue (Amos), 67, n.; 3 Bl. Comm. 295.

〔2〕 For limit, see Constit. of Clarendon, c. 15; Glanv., Lib. X. c. 8, 12; Y. B. 22 Ass., pl. 70, fol. 101; 45 Ed. III. 24, pl. 30; 19 R. II., Fitzh. Abr. Dett, pl. 166; 37 Hen. VI. 8, pl. 18; 14 Ed. IV. 6, pl. 3; 15 Ed. IV. 32, pl. 14; 19 Ed. IV. 10, pl. 18; 20 Ed. IV. 3, pl. 17.

情形,受约人交付特定物的,要约人有义务返还原物。而借出物为粮、油或货币的,则有义务返还种类物。这一分类与普通法上的金钱债务关系没有任何对应性。可是格兰维尔采用了这一命名,而后世的理论家在此基础上径直进行总结。弗莱特无师自通,追随先贤,运用罗马法说,要建立金钱债务关系,不仅须有允诺在先的特定物,还须有允诺返还的特定物[1]。

如弗莱特的论述仅限于因简约而设立的金钱债务关系,则当代法可作其佐证。可是,他不仅要求有交付的或允诺的实物,还要求有书证和盖印,于是他所创设的理论就无法适用于任何时代了。或许他从布莱克顿处借用了罗马法,以此凭空演义。

267 接下来的工作,是在司法判决里展开追踪,看对价制度如何慢慢露出真容。对以下两种情形而引起的口约,爱德华三世时期似有一案[2]作了区分:一是受诺人自愿付款,二是在允诺人要求下付款。该案也讨论了因付款而产生的金钱债务或“义务”。后朝也开展了类似论述[3]。亨利四世 14 年,此观点又现新思路:“如一人允诺他人付款,以令其释权[4],而该人释权的,则对此事有充分理由提起金钱债务之诉。”后朝[5]又有判例认为,在此情形下,原告欲主张权利的,应先签署释权文件。判例汇编人如此解释判决理由,简约不是诉讼基础[6]。但最重要的一个事实是,除非对价已为实际接收,不然,在爱德华一世至亨利六世期间,查阅不到求

---

[1] *Repromittatur*, but cf. *pro servitio tuo vel pro homagio*, Fleta, II. c. 60, § 25.

[2] Y. B. 29 Ed. III. 25, 26, But cf. 48 Ed. III. 3, pl. 6.

[3] 19 R. II. , Fitzh. Abr. *Dett*, pl. 166.

[4] [译者注]release。租赁和释权(lease and release)是绕过领主和政府登记私下转让地权的方式,据此,租赁保有地产(leasehold)这种地权得以设定。

[5] Y. B. 9 Hen. V. 14, pl. 23.

[6] [译者注]ex nudo pacto non oritur actio。对应的英语大概是 from nude pact arises no action。

偿成功的案例。

但还要注意一个事实,到了爱德华三世,人开始认为,交易无书面记录而创设金钱债务关系的,该金钱债务的基础就是合同,并开始认为,这种金钱债务与因法定义务而创设的金钱债务不一样[1]。于是,当要求有对价时,总是针对无盖印的合同,而不管是否存在金钱债务关系。在亨利六世统治期,所有这类(无盖印)合同都必须符合一事对一事,一物对一物原则。本朝3年[2],有人因 268
磨坊没有修建而提起违反简约之诉。法院驳回诉讼请求,称在本案中看不出被告修建磨坊能享有何等权益。本朝36年[公元1459年],对价制度得以长成,成为常识[3]。

曾有一案,人争论了几百年才得出结论。被告允诺,只要原告迎娶他的闺女,就付原告一笔钱。该笔金钱是否成立金钱债务关系?其实,论争的要点起初在于,该允诺是否并不附随于这桩婚事,而应落入教会法庭的专属管辖?在本朝,这个论题貌似引起世俗法层面的踟蹰:被告有否遵循一事对一事,一物对一物原则?

不要忘了,交易证人所誓证的事实,即所售之物已经交付给被告,或款项已借给被告,该事实对被告有利。而且这种情形明确无误地表明一种对价。这就自然引发一个问题,允诺人因为作出允诺而能获得什么权益[4]?以纯粹思辨的观点,会以为,在受诺人受损的情形,法应当基于社会政策而同样认可对价的存在。法官造法,认为合同应当体现一事对一事,一物对一物原则。而对于受约人受损是否同样满足前述要求,其态度是迟疑的。在前述案件,

---

[1] (Cf. 13 Ed. II. 403; 17 Ed. III. 48, pl. 14; 29 Ed. III. 25, 26.) 41 Ed. III. 7, pl. 15; 46 Ed. III. 6, pl. 16; Fitzh. Abr. *Dett*, pl. 166.

[2] Y. B. 3 Hen. VI. 36, pl. 33.

[3] Y. B. 37 Hen. VI. 8, pl. 18.

[4] E. g., Rolfe in Y. B. 3 Hen. VI. 36, pl. 23.

某些法官自然而然地倾向于认为，被告虽然作出付款的允诺，成为债务人，但他打发走了自己的闺女，这是对他有利的；甚至还有观
269 点暗暗地认为，迎娶这位女士，这本身就是对价，因为受诺人是吃亏的[1]。不过在一段时间内，另一观点占了上风：被告从原告处一无所获，这不足以形成金钱债务关系[2]。

同理，虽说有人提出过反对意见，且该意见一度定为先例，但是，被告允诺支付报酬，原告在被告要求下为第三方提供了服务的，尚不足以成为对价[3]。于是，如下规则确定为法律：在金钱债务之诉中，须义务方收到对价，或须存在一种能够为义务方增益的对价。

以上观念的形成，并非因为金钱债务诉讼或金钱债务合同有何别样之处。能够形成该观念，是因为从亨利六世到伊丽莎白执政时代，对价理论曲折演进，最终成为通识。在违反简约之诉[4]和衡平法[5]中，都存在相同的理论。凡提及对价的，该对价一概遵循一事对一事，一物对一物原则，正如要约人要想合同成立，也须满足此项要求。

此外，在对价制度出现之前，除因侵权行为导致的损害赔偿责任，对于具有法律效力的偿付义务，唯一经过时光认证的救济方法，就是金钱债务诉讼[6]。前文已述，在爱德华三世之前，在保证人和主债务人没有订立书面合同的情形下，即便保证人没有获益，依然可以金钱债务诉讼的格式来诉他。比方说，一人售卖谷物给

---

〔1〕 Y. B. 37 Hen. VI. 8, pl. 18. Cf. Bro. *Feoffements al Uses*, pl. 54; Plowden, 301.

〔2〕 Y. B. 15 Ed. IV. 32, pl. 14; (s. c, 14 Ed. IV. 6, pl. 3;) 17 Ed. IV. 4, pl. 4.

〔3〕 Cf. Y. B. 37 Hen. VI. 8, pl. 18; 17 Ed. IV. 4, 5; Plowden, 305, 306.

〔4〕 Y. B. 3 Hen. VI. 36, pl. 33.

〔5〕 Y. B. 37 Hen. VI. 13.

〔6〕 有关特定偿付数额的要求，cf. Y. B. 12 Ed. II. 375; Fleta, II. c 60, § 24。

某甲,某乙说:“如某甲不付款,我会支付。”从合同条款上看,某乙 270
从该项交易中并未收到好处。如当代法出现此情形,基于这个理由,则不能对保证人提起金钱债务诉讼。

从前并不总是如此。从古至今,假如一项义务出现在盖印文书之中,就没有如此规定。在此情形下,无所谓义务因何而来,无所谓有无对价。在格兰维尔时代,要确立金钱债务关系,更通行的做法不是誓证,而是文书。倘使只考虑其中一组金钱债务关系,就能决定金钱债务诉讼格式下的受案和认证范围,这实属荒唐。还有,在很长一段时间,虽说书证更具有决定性,但它不过是证明手段之一。无论以何等方式加以证明,受案理由并无差异。只要查阅远古的《法律年鉴》就会发现,对原告有“义务”[1],其字面意思,就是对原告有欠款[2],没有人在乎这欠款是怎么来的。由此,金钱债务关系因判决而不分轩轾地成立[3],而判决的作出,或者依赖书面记录,或者依赖以书面方式记录的被告之自认[4]。

总结如下:金钱债务诉讼经历了三个阶段。第一阶段,除开因侵权行为引起赔付责任的情形,此诉是收回欠款的唯一救济手段。其颇类于被告因合同义务或其他义务而应向原告交付各种动产的诉讼——其实就是它的类属[5]。假如存在一个付款合同,唯一的
问题就在于证明其存在性。任何形式的合同,只要其存在性能为 271
古代法所认可的任何方式加以证明,都能确立金钱债务关系。彼时不存在对价理论,因此,任何诉讼格式或合同都不限以当事人收

〔1〕 Y. B. 29 Ed. III. 25,26;40 Ed. III. 24,pl. 27;43 Ed. III. 2,pl. 5.

〔2〕 [译者注]此处霍姆斯用了 duty 和 duity 两个单词来表达“义务”。他认为《法律年鉴》中 duity 和 due(拖欠)词形接近,具有观念演进上的关联性。

〔3〕 Y. B. 43 Ed. III. 2,pl. 5;46 Ed. III. 25,pl. 10;50 Ed. III. 5,pl. 11.

〔4〕 Cf. Glanv. ,Lib. X. c. 8;Fleta,II. c. 60, § 25.

〔5〕 Y. B. 35 Ed. I. 454;12 Ed. II. 375.

到对价为基础。

第二阶段，就允诺人之获益，古人在其权益原形中引入对价制度。对价观念成为主流之后，能适用于一切未用印的合同。但当时，就这类合同请求返还欠款，只能提起金钱债务诉讼，而正是在此情形，对价制度才得以确立。有关对价是否成立的判例，大多是金钱债务诉讼的判例。

第三阶段，对价观念扩大和见述于受诺人受损的情形。这一演变，只是实体法上的演变。从逻辑上说，演变本应是通盘发生的。可是，它却起于后世出现的另一个诉讼格式。有关该诉的特殊情势，容后阐述。结果就是，新制度适用新诉，老制度适用老诉。两套理论互相脱节，却并行不悖，这已属吊诡，而真正诡异的是，这种脱节和并用现象伪装成对金钱债务诉讼适用范围的限制。该诉不再如从前一般适用于一切有效合同下的欠款，而由于口约的关系，仅限于对价为允诺人受益的情形。至于因其他原因产生义务的，该诉照旧适用。

有关普通法上其他证明模式的效力，我须投入精力讲几句。我是指盖印合同。简单地说，盖印合同就是书证。由于会写字的
272 不多，绝大部分人采用其他方法来认证文书的真伪，比方说做标记。其实，在诺曼征服带来新的习惯法以前，这种操作在英格兰很普遍〔1〕。诺曼征服者带来了蜡印。但据英格兰首席法官说，一直晚近到亨利二世，蜡印专属于英王和显贵使用〔2〕。在那个时代，一份契据如果是真迹，却没有盖印，如果要认为其效力比盖了印要小，我认为这是没有道理的〔3〕。古时候有大量案例认为，盖不盖

---

〔1〕 Ducange, "Sigillum"; Ingulph. 901.

〔2〕 Big. Pl. Ang. Norm. 177.

〔3〕 Big. Pl. Ang. Norm. 177; Bract., fol. 100 *b*, § 9, "scriptura." But cf. Y. B. 30 Ed. I. 158; Fleta, II. c. 60, § 25.

印,它都是一种证据[1]。当事人也有不使用盖印契约,而召唤诉讼支持者的[2]。其综合效力不在于印章,而取决于对其证明力的满意度[3]。

但蜡印的传入,确实明显增大了契据的证明力,比起伪造笔迹,伪造蜡印的难度更大。由此,蜡印赢得了相当重的分量,以至于人一度必须服从蜡印,即便用印未经其同意[4]。最后就变成,契据要取得原先的效力,必须盖印[5]。

至此,在契据或合同书上盖印,这不再如从前一般,是对允诺的证明,而变成允诺存在性的直观特征。诉讼的形式也变得直观化,要求提供盖印契约[6]。我已经论证,对对价的要求如何演变 273
成实体法制度,也已经论证,为何对价制度没能插足盖印契约领域。作为对价制度的破例,盖印契约不需要对价,这也变成实体法制度。某君在契据上以手作迹,就受到拘束,曾经的理由是,因为他同意了契据的条款,手迹就是证据[7]。至此,理由就变成,因为有蜡印,有契据,不需要其他书证。于是,有人为了给自己残破的学说打圆场,就说,蜡印之中蕴含对价。

如今,还有人提出更具哲学性的观点,说盖印契约是形式上的合同,它的沉淀过程,仿佛寻常的诺成契约如何从罗马法中沉淀。这种思考方式也不具有指导意义。欲令允诺超越允诺人的意志并

---

〔1〕 Y. B. 33 Ed. I. 354, 356; 35 Ed. I. 455, top; 41 Ed. III. 7, pl. 15; 44 Ed. III. 21, pl. 23. Cf. 39 Hen. VI. 34, pl. 46.

〔2〕 Y. B. 7 Ed. II. 242. Cf. 35 Ed. I. 452.

〔3〕 Cf. Bract., fol. 100 *b*, § 9.

〔4〕 Cf. Glanv., Lib. X. c. 12; Dugdale, Antiq. Warwic. 673, cited Ducange, "Sigillum"; Bract., fol. 396 *b* &, § 3; 1 Britt. (Nich.) 163, § 17; Abbrev. Plac. 8 Job., Berk. rot. 4, pp. 55, 56; ib. 19 Ed. 1., Norf. & Suff. rot. 7, p. 284; ib. Index "Sigillum."

〔5〕 Y. B. 30 Ed. I. 158; Fleta, II. c. 60, § 25, p. 130.

〔6〕 45 Ed. III. 24, pl. 30.

〔7〕 Bract., fol. 100 *b*, § 9.

具有拘束力,法律会要求凡事都具有形式性。对价和蜡印一样,都是形式。不同之处在于,其中一种是现代人引入的,具有清晰的观念基础,至少符合普通的思维习惯,也正因如此,我们都没有留意。而另一种乃旧法之状况的残迹,故更不易感知,或曰,更不见于寻常巷陌。还要多说一句,受后一种对价制度的影响,有关盖印契约的法律规定正在崩陷。美国很多州都认为,以笔圈线或标记的,足以认定为用印。以此出发,要抹掉用印和未用印契据的区别,只剩一步之遥。西部若干州已经走完这一步。

274 盖印契约在风烛残年中苟活,而金钱债务诉讼已然消殒,唯在身后空遗一种若隐若现的干扰性影响。现代合同法从违反简约之诉中成长起来。现在来对该诉进行阐述。

诺曼征服之后,一切普通诉讼,都始于英王签发令状,命令被告经传唤到庭和应答原告。令状签发于不同的诉中,故自然而然地以诉名来命名。有金钱债务诉讼令状,也有盖印契约之诉令状。暴力侵害原告人身或其占有之财产的,有侵害之诉令状,不一而足。但法律上存在某个诉讼形式的,才能签发令状。没有令状的,法院无权审理案件。在爱德华一世时代,只有少数几种诉讼形式。你向他人主张款项,这种案件只能适用于少数几个种类,每个种类都有起诉和陈述诉讼主张的特殊格式。

这些格式已经不够充分。由此,有大量案件无法落入侵害之诉定义的范畴,可是,应当为这些案件提供良好的救济。要想提供救济,首先就得提供令状。相应地,爱德华一世 13 年出台了一部声名赫赫的制定法,其第 24 条说,在案件与现有令状的创设原则相近,该案件需要类似救济但又不能完全落入现有令状的范畴时,授权现有令状的签发职能部门创设新令状。

275 由此开始出现了侵害之诉的类案诉讼令状。在这些令状中,当事人可以陈述那般近似于侵害之诉、但据既有之先例却够不上起诉的诉讼理由。设在开端之情形,有一人将马匹交给铁匠,由其给马匹安装蹄铁。铁匠不小心将一根铁钉钉入了马掌。在既有的令状中,马主可能挑不到任何令状,因为损害发生时,他并未占有马匹。严格来说,某人必须占有财产,才能说自己遭受财产侵害。不可以说占有人侵害了该人的财产〔1〕。可是,无论马主是牵着辔头,还是将马匹留在铁匠处,铁匠弄瘸马腿的,一概是侵权行为。而既然该侵权行为高度近似于侵害行为,虽然还不全是,法律就在此案中为马主签发一个侵害之诉的类案诉讼令状〔2〕。

理解前例毫无难度。这就是针对那种等同于侵害行为的侵权行为的诉讼。没有提到合同。无须讨论法理。但这并不是此刻应当考察的情态,因为本题要对合同诉讼中的违反简约之诉进行溯源。然而,违反简约之诉最初是作为侵害之诉的类案诉讼令状出现的。由此,要解决的问题就是,侵害之诉的类案诉讼令状是如何能用于纯粹违约行为的。

我们来认真审查最远古的案例,看原告如何主张存在承诺[简约]。《法律年鉴》所汇编的第一案,发生在爱德华三世执政期〔3〕。
原告主张,被告曾经承诺将其马匹平安渡过亨伯河,却过载船只, 276
并因此淹死马匹。被告抗辩说,原告本应因违约行为提起盖印契约之诉,要不然,他本应提起侵害之诉。而原告回应说,被告超载船只,此乃侵权行为。被告的抗辩因此被推翻。此案虽然指控被告有过承诺,但还是没有创设新的法则。侵害并未直接由被告施动,乃由其过载船只和摇船入水(两个动作)结合而成。

---

〔1〕 Cf. 5 Co. Rep. 13 *b*, 14 *a*, with 1 Roll. Rep. 126, 128; Y. B. 43 Ed. III. 30, pl. 15.

〔2〕 Y, B. 46 Ed. III. 19, pl. 19; s. c. Bro. *Acc. sur le case*, pl. 22.

〔3〕 Y. B. 22 Ass. , pl. 41, fol. 94.

本朝又有一案，讨论得更加深入[1]。令状载明，被告答应医好病马[答应 W 君治愈上述马匹][2]，却在工作中存在过失，导致马匹倒毙。本案与铁钉弄瘸马匹案存在两方面的区别。被告并未施动侵害，甚至没有任何行为，只存在不作为。此外，本案声明了承诺(的存在性)，而前案并没有。(前案的)被告曾抗辩认为，该案诉由是违反承诺，原告本应提起盖印契约之诉。原告回称自己并无契据，无法提起该诉，又称，该案的诉由，乃是被告存在过失，导致马匹死亡，这是侵权行为，而非违约行为。然后被告说，你本应提起侵害之诉。可是原告回答，正因为我说，马匹并非因施动侵害而被杀，它死于被告的医治[3]，法官才裁定签发有效令状；索普法官说过，以前他亲闻一案，某人答应医好病人，但未尽注意[医疗过程中违约]，致病患死亡，所以才被控诉有罪。

277 可以看到，在这两个案例中，原告都指被告答应在先，但法院依然将案件当作侵权诉讼。但也可以看到，这两个案例一前一后，与普通的侵害之诉渐行渐远。尤其是后一案，被告完全没有施动侵害力。由此我们遭遇一个难题：一个致害的侵权行为，和一个不作为，这二者之间有何相近之处？

尝试作答之前，先再进一步，展示后世的几个例证。设有一人，答应去别人家里帮工。这人笨手笨脚，毁坏了雇主用来盖房子的木材。该行为不是侵害行为，但近似于侵害行为，所以雇主可以提起侵害之诉的类案诉讼。亨利四世执政期，某位法官写得明明白白，法律就是这样规定的[4]。但假如这名木匠没有毁坏物料，而是在雇主的屋顶遗留一个大洞，然后天降雨水，穿过该洞，造成

---

[1] Y. B. 43 Ed. III. 33, pl. 38.

[2] [译者注]拉丁语 *manucepit equum praedicti W. de infirmitate*。

[3] [译者注]法语 *per def. de sa cure*。

[4] Y. B. 11 Hen. IV. 33, pl. 60.

损失。这种情形类似于前案,不过却背朝侵害之诉迈开了一步,因为侵害力非由被告施动。然而,在此情形下,法官依然判定,原告有权提起侵害之诉的类案诉讼[1]。在亨利四世执政期,如被告拒绝按照约定的方式盖房子,原告不能提起(侵害之诉的类案)诉讼,但法院又认为,假如令状已经阐明,“本来已经开工了,但因为(被告有)过失而没能完工,则应另当别论”[2]。

回到这个问题:不作为和足以令(原告)申领侵害之诉的类案 278
诉讼令状的行为,这二者有何相似之处? 要找到答案,须知在古代判例法中,不作为一定是在处理原告的人身或财产过程中发生,并一定要对其人身或财产造成损害。正因注意到该事实,索普曾提到一份大陪审团起诉书,某人因为未尽注意义务并医死病人而被控诉有罪,以及后世对过失是发生在工作开始前还是开始后予以区分,这都显得意味深长。不要忘了,前者乃是首次对本题进行论述或类比,它更具启示意义。

这种类比的意义其实很浅显。一个人享有完整的权利,可以伫立一旁,目睹其邻人的财产为毁损,也可以袖手,眼看邻人死在眼前。但该人一旦出手,便丧失该等自由。他不能但凭适意,半路缩手。举一个具体的例子,设有一名外科大夫,倘若他出于仁心而动手去剪一名新生儿的脐带,就不可以停手,眼睁睁看着病患流血而亡。以此方式允许死神降临和路过,这就是蓄意谋杀,相当于在剪脐带时已经起了犯意。恶意是始于作为,还是始于后续的不作为,在所不论。

同等推理方式也适用于民事责任。木匠不是必须去邻人家帮工,但一旦他接受了别人的信赖之心并决定出手,就不能恣意停

---

[1] Y. B. 3 Hen. VI. 36, pl. 33.

[2] Y. B. 2 Hen. IV. 3, pl. 9; 11 Hen. IV. 33, pl. 60. Cf. 3 Hen. VI. 36, pl. 33.

手,将屋顶开放给老天爷。同理,在船夫案中,船夫已经接手马匹,
279 就不能在紧要关头停手,将后果留给幸运之神。说得更明确一点,船夫本已答应将马匹渡过亨伯河,尽管是河水淹死了马匹,但是,船夫过载船只和摇船入水,这种先行为导致了损失的发生,因此他要承担责任。

在前述案件中,至少断案的法官认为义务独立于合同。甚至刑法也认为,该义务来自人类行为的一般法则。涉讼之损害,其直接原因可能单纯就是不作为,并由此让自然力发挥作用。不过,如果你客观地将自然力与前述人际活动关联起来,从整体上把握行为和动作的全过程,你就能把握,是哪个行为造成了该后果。

有人或会反对,认为某甲虽然阻止自己的行为致害,但其行为依然致害,则他可能要承担责任;某乙并未介入自然力的运动,既未施动之,又未为其致害大开方便之门;欲令某乙如某甲一般承担责任,这还有好大一步需要跨越。还会认为,在屋顶留一个大洞,任凭其敞开,或剪开脐带,任凭人流血,这是一回事;蹄铁工接手一匹病马,未尽注意,这是另一回事[1]。

可以做两点回应。第一,在前述案件中,法院有没有作出如此区分,我们不知道。原告指控说,被告在进行治疗时,过失如此之
280 重,以至于马匹倒毙。法官可能没有意识到,被告的行为,可能仅仅在于没能采取一系列有力措施。或许法官认为,被告的行为,乃应是动作和过失的结合,它们作为一个整体,不合时宜地与外在物发生了联系。

第二,前述区分有没有从实际出发,这是值得商榷的。但凡承接他人之托付,即便没有立约,也当尽到力所能及的注意。也有这

[1] Cf. 19 Hen. VI. 49, pl. 5 *ad fin.*, Newton, C. J.

个自由,可以合理方式拒绝他人的托付。这一观点在法院对当事人争议点的审判中得到了支持,审判认为,被告在进行治疗时,已经知道治疗方法;如果他并不知道,对马匹的倒毙就存在照管[“医疗”?][1]过失[2]。

但也不能否认,原告指控被告曾经答应(要处理),这既蕴含了允诺的意思,又包含着接手事务的意思。即便不含允诺,包含后一要件已经足够。于是,人或要问,当时的允诺是否尚不足以引发履行义务。既然这个问题与(名为侵害之诉的类案诉讼,)实为违约诉讼的判决结果相互交缠,那么,答案已经呼之欲出,并且,大量的判例已经维持了该答案[3]。后文会商榷这些判例。欲令被告受到合同的拘束,须有盖印契约。前文已经论证,即便在金钱债务诉讼这种古老的氛围下,也没要求允诺在先。在爱德华三世执政期,契据的存在,就能拘束保证人。既然古代法并未确立允诺的效力, 281
就更没有理由将法律责任带入允诺的领地。然而,这种古老的类案诉讼,以通过指控被告存在缺乏适当的注意,来证明被告存在过失,并指控被告通由一定的诱因作出了承诺,这种类案诉讼其实就是合同诉讼。

前述过失医马案五年之后,又有人以类似的诉讼格式起诉一名外科大夫[4],称他已经答应医好原告的手,但由于存在过失,原告的手残废了。不过原告的解释产生了如此偏差,说被告曾因为肺结核而伤了手。看起来,无论治疗手段多么恶劣,无论情况如何

---

〔1〕[译者注]霍姆斯怀疑判决书将医疗(cure)误写为照管(care)。

〔2〕Cf. Y. B. 48 Ed. III. 6, pl. 11.

〔3〕Cases *supra*; Y. B. 2 Hen. IV. 3, pl. 9; 11 Hen. IV. 33. Cf. 3 Hen. VI. 36, pl. 33; 20 Hen. VI. 34, pl. 4; 2 Hen. VII. 11, pl. 9.

〔4〕Y. B. 48 Ed. III. 6, pl. 11. Cf. Fitzh. Abr. *Ace. sur le case*, pl. 37, 11 R. II; 14 Hen. VI. 18. But cf. 43 Ed. III. 33, pl. 38.

叠加，手的残废是肺结核导致的，而原告却起诉了他。被告不能确定原告是否有权提起侵权诉讼，这也许是被告采取如此辩护手段的原因。他认为承诺问题乃是原告之诉由的要害，于是针对承诺提出争议点，并抗辩认为，该令状并没有体现承诺的内容，因此是无效的，因为根据该令状，无法组成陪审团对此发声。法院似乎同意被告的观点，并因此裁断令状为无效。有一个法官认为，该诉其实属于盖印契约之诉，又说“即便没有盖印契约，也应支持诉求，因为人不可能因为此等小事而随时带着书记员起草契据”[为了准备
282 盖印契约]〔1〕。与此同时，法院也提到前文所援用的判例，以为裁判的依据。很明显，法院并没有打算超越前述判决，也不打算排除被告的技术抗辩，并根据案件自身的性质支持原告的诉求。另一种关联逻辑，是似乎把此案当作侵害之诉来考虑〔2〕。

无论该案引发了何等疑问，在爱德华三世之后很长一段时期内，这一类指控被告存在在先承诺的案件，都继续被当作侵权案件来处理。被告的责任，限于其开工之后对人身或财产造成的损害。后文会看到，这类案件的归责之法，首先是在侵权法中进行推演，后来再拓展开来。

到了亨利六世初年，如果仅仅指控被告未守允诺，可能还是得不到法院支持〔3〕。不过，正如前文多次论证的，假如被告在履行过程中存在不作为或过失，并造成实质损害，法院的观点又不一

---

〔1〕［译者注］pur faire specialty。可能是夹杂了法语变形 pour faire(为了操作)和英语 specialty(盖印契约)的结合用语。诺曼征服之后贵人多用法语。

〔2〕 Cf. Candish's reasons for allowing wager of law with Y. B. 32 & 33 Ed. I., Preface, p. xxxvi., citing the old rules of pleading printed at the end of the tract entitled, Modus tenendi unum Hundredum sive Curiam de Recordo, in Rastell's Law Tracts, p. 410, E, F, G.

〔3〕 Y. B. 3 Hen. VI. 36, pl. 33.

样[1]。亨利六世初年,在法院援引木匠屋顶留洞案后,前述观点大放异彩[2]。法院已经走到这一步,就很容易再迈一步,认可任何阶段不作为并致害都能产生相同效果。

铁匠答应给马匹安装铁蹄,但并未安装,因此马匹瘸了脚。律 283
师答应帮你辩护,取得了你的信赖,却因过失未能出庭,你因此输了官司。——数年后,有人提问,前述情形和有诉权的情形,他们有何原则上的区别[3]?说是在古代判例法上,义务决定于或附随于盖印契约,那么,如果能依据附随义务提诉,也能依据主义务[4]。该案在对诉由抗辩[5]进行审查时认为,被告答应会释权[6],而原告未获得释权,则原告有权提诉。

五年之后,又有一案[7]。它与爱德华三世执政期的铁蹄工案近似。原告指控说,被告承诺要医好原告的马,但用药时存在过失,导致马匹倒毙。如前案一样,本案也讨论了允诺问题。本案明确区分作为和不作为。诉状适度指出,被告存在不作为,称被告若非作出允诺,也不会负担作为的义务。由此,关于被告存在允诺的指控就是实质性的,而争议点的提出也就有了基础。

根据本案判决,被告之义务乃源于其允诺。在本案判决下,这一特质与此前大量判例截然不同,它转换为一种崭新而独特的合
同诉讼,这只是时间问题。对价制度也在此时发出了强音,它无疑 284
也得到了运用。一旦发生前述转换,法院一定会要求允诺体现一

---

[1] Y. B. 2 Hen. IV. 3, pl. 9; 11 Hen. IV. 33, pl. 60; 3 Hen. VI. 36, pl. 33.

[2] 3 Hen. VI. 36, pl. 33.

[3] Y. B. 14 Hen. VI. 18, pl. 58.

[4] Ibid. Cf. 48 Ed. III. 6, pl. 11.

[5] [译者注]demurrer。

[6] [译者注]见边码 267 的译者注。

[7] Y. B. 19 Hen. VI. 49, pl. 5. See, further, Y. B. 20 Hen. VI. 25 pl. 11.

事对一事,一物对一物原则[1]。但侵权观念也没有被抛弃。在不与先例相冲突的前提下,亨利七世初年(通过判决)制定了一条法则,(被告)不守允诺的,并不存在诉讼基础,但是,被告已经履行自身之允诺,却存在过失的,原告可以提诉[2]。

只要该诉还没有突破侵权法的真正边界,允诺之中有没有对价都并不要紧。但是,如果误以为,只要诉讼主张了简约,管它是不是侵权案,该案的基础一定是允诺,那么,会自然而然地得出如下一个或者两个错误结论。人或会错误认为,既然一事对一事,一物对一物原则在先例中的存在性并不明朗[它们都是纯粹的侵权诉讼],那么简约不需要遵循该原则[3];或会错误认为,先例都判错了,每一案都应提出该原则。很久以前,人就已经或多或少明白了(侵权法的)真正边界,但还是认为,假设案件的要点在于因过失造成财产损害,则不需要有对价[4]。晚近至查理一世,还能查访到这种观念,认为在这类案件中,对价实属多余。

285 本朝有一案,被告聘请一名律师代理第三人出庭,允诺向他支付全部律师费和开销。律师提供了服务,后提起金钱债务诉讼。被告抗辩说,原告没有金钱债务诉讼的基础,因为诉讼当事人之间没有订立合同,且被告没有根据一事对一事,一物对一物原则而获益。法院采纳了被告的观点,认为当事人之间没有合同,没有对价,故没有诉讼基础,但原告有权提起违反简约之诉[5]。

---

[1] Cf. Y. B. 3 Hen. VI. 36, pl. 33.

[2] Y. B. 2 Hen. VII. 11, pl. 9. Cf. 20 Hen. VI, 34, pl. 4.

[3] Cf. Y. B. 14 Hen. VI. 18, pl. 58; 21 Hen. VII. 41, pl. 66, Fineux, C. J.

[4] Keilway, 160, pl. 2(2 Hen. VIII.); *Powtwary v. Walton*, 1 Roll. Abr. 10, pl. 5(39 Eliz.); *Coggs v. Bernard*, 2 Ld. Raym. 909(2 Anne, A. D. 1703). *Supra*, p. 195.

[5] *Sands v. Trevilian*, Cro. Car. 193, 194(Mich. 4 Car. I., A. D. 1629).

前述认知长久盘踞世人的脑海,再加上对简约非合同[1]之观念的不断重复,导致对价理论从金钱债务诉讼中扩大出来,并拥有了更大的普遍适用性。本案确立(一条法则),即违反简约之诉可适用于不作为或不履行的情形。前述亨利六世的这些案件又为亨利七世执政期末年的一些案件所遵循[2],再也无人(对其适用范围)提出质疑。存在不作为或不履行而申领该诉状的,诉由明显是因为被告违背允诺——违背允诺这一点,人在爱德华三世就已经注意到了。如果提起这类诉讼,则须有对价[3]。尽管偶有不按常理断案的情形,但在伊丽莎白女王执政期,大量审判都理直气壮地将这一点奉为常法。由于该诉状来历不明,这就引人生疑,对价制度要适用到何种田地。可正是这一出身,让对价成为自足的制度,尽管金钱债务诉讼一度拒认其存在性。

还有一个情况,也造成影响。看起来,在对价制度刚刚长大成 286
人的时期,存在一种微弱的倾向,认为对价与罗马法上的约因——取其最广义——是同一个东西。将"约因"一词当作对价来使用,是在伊丽莎白执政初年,用来讨论一份据以占有用益的盖印契约[4]。在同等含义下,它也用于违反简约之诉[5]。前引判例汇编的主要内容,是陈述了一个判例,其所确立之法则为后世所援用,但该部分内容也陈述了另一个籍籍无名的判例。解读该案的含义,可以认为,如当事人并未以任何方式作出允诺,但经要求而履

〔1〕 Bro. Acc. *sur le Case*, pl. 5; s. c, Y. B. 27 Hen. VIII. 24, 25 pl. 3; *Sidenham v. Worlington*, 2 Leon. 224, A. D. 1585.

〔2〕 Y. B. 21 Hen. VII. 30, pl. 5; ib. 41, pl. 66.

〔3〕 Y. B. 3 Hen. VI. 36, pl. 33.

〔4〕 *Sharington v. Strotton*, Plowden, 298 (Mich. 7 & 8 Eliz.); ib. 309, note on "the civil law."

〔5〕 *Hunt v. Bate*, 3 Dyer, 272 *a* (10 Eliz., A. D. 1568).

行和开出了对价，则该对价就能令其随后作出的允诺生效[1]。从该判例以及“约因”一词出发，马上就可以得出结论，合同和简约大为不同。对合同而言，“所有的要件都须一致，须对应，意即，既要有对价，又要有售卖行为或允诺……而以简约提诉的，则无此要求，因为，在当事人之间流动的约因或在先的对价已经很充分，该约因或该对价的存在，表明允诺已经作出”[2]。

287 正因如此，被告以十先令的周薪，聘请原告到其姑母的磨坊去当帮工，法官认为原告可以提起违反简约之诉，因为他提供的服务没令被告受益，却令原告受损，或说，给他增加了负担[3]。老问题引发了新争论，而在亨利六世执政期之金钱债务诉讼中[4]几乎胜出的观点，在伊丽莎白和詹姆士执政期之违反简约之诉中胜出了。

尽管已不再能以金钱债务诉讼起诉保证人，但可以对之提起违反简约之诉[5]。原告允诺迎娶被告的闺女，该允诺有对价的，原告也可以该诉寻求救济[6]。此前还有人存有幻念，以为简约扩大适用后，依旧不是合同，至此，这种幻念也破灭了。人已经认可简约即合同，相关先例已经存在，但法律还在这条允诺人受益是对

---

〔1〕 见第八讲。兰德尔先生[Mr. Langdell]在其著述《合同法》第 92 - 94 节[Contracts, § § 92,94]中为本条法则做出了精妙的阐释，说那时候的人认为，其实从(受诺人的)要求中看不出默示允诺。也许我掌握的证据不够多，不过，判例汇编在这段陈述中所援引的案件[*Bosden v. Thinne*, Yelv. 40]直到纪元 1603 年才得以判出。而据前引的亨特诉贝特案[*Hunt v. Bate*]，却存在默示允诺——该案将作为判例，为我即将阐释的另一案所遵循。

〔2〕 *Sidenham v. Worlington*, 2 Leon. 224, A. D. 1585.

〔3〕 *Read v. Baxter*, 3 Dyer, 272 *b*, n. (26 & 27 Eliz,). Cf, *Richards and Bartlet's Case*, 1 Leon. 19(26 Eliz.).

〔4〕 [译者注]见边码 285。

〔5〕 Bro. *Acc. sur le Case*, pl. 5; s. c, Y. B. 27 Hen. VIII. 24, 25, pl. 3; 3 Dyer, 272, n.

〔6〕 *Marsh v. Rainsford*, 3 Dyer, 272 *b*, n.; s. c, 2 Leon. 111, and Cro. Eliz. 59, *sub. nom. Marsh v. Kavenford*.

价之精髓的道路上徘徊良久[1]。但法律毕竟还是保留了其他观点,是故,实体法得以改造。得以在亨利六世执政期认可为具有法律效力的简约,都以债务人受益为基础;到了如今,以受诺人受损为对价的,该允诺也具有法律效力。可是,根据古老的法律精神,法则与创建法则的救济手段须臾不可分离或有所区别,所以,金钱债务诉讼变换了一副形貌,而仅适用于一种情形,即存在某种特别对价的,当事人得承担义务。

可以简单讲述违反简约之诉在后世的命运。它创建了双务合同,因为,既然允诺意味着受损,于是它就足以成为另一个允诺的 288
对价。违反简约之诉取代了金钱债务诉讼,因为付款义务的存在性足以构成支付之允诺的对价。或者还有一个原因,即在法律要求有对价之前,或在违反简约之诉适用于当事人不履行之情形的当口,使用该诉可以避免被告提出誓证裁决。该诉大幅扩大适用,原先存在大量合同,只能提起盖印契约之诉和金钱债务诉讼,至此也在违反简约之诉下具有可诉性。该诉还创设了一个影响现代法的理论——合同是受寄人的担责基础[2]。该诉由此赋予合同一个重要地位,令其成为法律权利和义务的基础。合同法在政治学假说中也迅速获取了这般地位。至于这二者有何关联,就不是我的研究领域了[3]。

---

〔1〕 *Smith and Smith's Case*, 3 Leon. 88, A. D. 1583; *Riches and Briggs*, Yelv. 4, A. D. 1601; *Pickas v. Guile*, Yelv. 128, A. D. 1608.

〔2〕 见上,第 195 页[译者注:边码 195]。柯克勋爵警告,要正确研究对价演化史,不要依赖节本。这一警示有其必要性。节本将对价理论运用到一切案例,而有些案例对之只字未提。这些案例宣判时,世人尚未听闻对价理论。

〔3〕 [译者注]霍姆斯可能拒绝拥护自然状态下立约的假说。

第八讲　合同法—Ⅱ.合同要件

289 前文已阐明,分析合同的方法与分析占有应当相同。但凡法要赋予一人以特定权利,或给另一人设定特定义务,其基础一概在于,某项事实于该人为真。就此,要完成一个双向展开的任务:第一,要查清该特定后果附加于何等事实之上;第二,要认清该后果。法律论证的主要领域在第一项。涉及合同的,事实并不总是相同。该事实可以是某君将某份具有特定含义的文书予以签字、盖印和交递,也可以是某君口头做出一项允诺,而受诺人向其提供一个对价。

有观点认为,一切合同的共同要件都在允诺。可是根据前文的理解,金钱债务关系也可引起法律责任,而其中并无允诺。鉴于马上就不能再深入讨论盖印契约,而上一讲的主题是对价,我准备先讲一讲这些话题。金钱债务诉讼和违反简约之诉中的对价存在历史性差异,我将集中讨论违反简约之诉中的对价问题,因为它出现得更晚近,在外观上也更具哲学性。

有观点认为,受诺人给予允诺人的任意权

益,或允诺人所受之任意损失,即为对价。还有观点认为,可在广 290
义上使用“损失”一词,将对价缩限为后一种情形。

为阐明对价的一般原理,设有一人,想将一桶白兰地从波士顿运到剑桥,而有一名马车夫,出于好心或其他动机,说让他来运送。于是这一桶白兰地就交给了他。假设他不小心打破了酒桶,或许(原告)不需要主张他曾经作出过允诺,而原则上,在适用古法的情形,主张(被告)曾经有过允诺的,无须在违反简约之诉中阐明对价[1]。在此情形下,诉讼基础将是侵权,而无关乎合同。但是,假设诉由是被告未能如约运送,则其难点将在于,如马车夫的允诺无对价,则其没有义务为运送。那么,假设说他允诺为运送,其对价是(原告将这桶酒)交给了他。这个对价充分吗?最古老的判例坚守允诺人受益的观念,认为此事不是权益,而是麻烦[2]。那从损害角度来分析。要令允诺人能够行善,须得将这桶酒交给他,而交给他之后,既然受诺人受损,那么允诺人明显受了益。

但这一观点实属谬论。很显然,交付就是充分的对价,物主有
权据此提起违反简约之诉,主张允诺人曾允诺处理事务,而他违背 291
了允诺所生之义务,无论其是否为合同义务[3]。即便允诺不涉事务的处理,如允诺支付一千美元[4],交付也能作为允诺的充分对价。法律从未根据允诺有效无效来评价对价的有效无效,允诺的效力基础是对价。交付可以是任意允诺的充分对价[5]。

---

〔1〕 Y. B. 46 Ed. III. 19, pl. 19; 19 Hen. VI. 49, pl. 5; Keilway, 160, pl. 2; *Powtuary v. Walton*, 1 Roll. Abr. 10, pl. 5; *Coggs v. Bernard*, 2 Ld. Raym. 909.

〔2〕 *Riches and Briggs*, Yelv. 4, A. D. 1601; *Pickas v. Guile*, Yelv. 128.

〔3〕 *Bainbride v. Firmstone*, 8 Ad. & El. 743, A. D. 1838.

〔4〕 *Wilkinson v. Oliveira*, 1 Bing. N. C. 490, A. D. 1835; *Haigh v. Brooks* 10 Ad. & El. 309; ib. 323; *Hart v. Miles*, 4 C. B. N. S. 371. A. D. 1858.

〔5〕 *Wheatley v. Low*, Cro. Jac. 668, A. D. 1623. Cf. *Byne and Playne's Case*, 1 Leon. 220, 221 (32 & 33 Eliz.).

此外,以上观点还遗漏了对价在哪个时间节点为充分。对价一经提供,就为充分。严格来说,交付酒桶时,损失就产生了。物主本有权保有酒桶,他放弃了占有,而其所得之回报,并不是允诺人的履行——交付是履行的前提条件——而仅仅是一个关于履行的允诺。履行是将来的事[1]。

交付虽是允诺的充分条件,但不是必要条件。如对作出之允诺表示认可,并承认允诺人只是帮忙,这就不构成对价,而允诺不具有拘束力。在此情形之下,如前例一样,由交付带来的损失,其发生原因还是允诺,但该损失的唯一目的,是令允诺人能够如约运送。

292 在我看来,就交付是否为对价之事项,诉讼当事人未必总能保持清醒头脑。通过对**柯格思诉伯纳德案**[2]进行解析,通说认为交付就是平安地运送酒桶之允诺的对价。我的分析已经给出如上。在第五讲,也解析了霍尔特勋爵的观点[3]。不管这些观点是否反映了真相,都要对通说给予严正驳斥,相关判例本身并未提出交付即对价。

考察合同条款之要件时,也要注意这一点。将开展服务而显露或导致的损失解释为对价,很难说这就合乎常理,除非当事人以此为出发点开展往来。很多时候,受诺人受损,但也没有因此构成对价。有时候,损失只是兑现允诺的前提条件,比如,一人允诺另一人,只要他打断他的腿,就向他支付五百美元[4]。

然而法院往往走得过远,从而抹去了这种区别。平心而论,某

---

〔1〕 *Wilkinson v. Oliveira*,1 Bing. N. C. 490;*Haigh v. Brooks*,10 Ad. & El. 309;*Hart v. Miles*,4 C. B. N. S. 371;6 Am. Law Rev. 47,Oct. 1871.

〔2〕 [译者注]见边码 120 和边码 176。

〔3〕 见前文,第 196-197 页[译者注:边码 196-197]。另见第七讲。

〔4〕 Byles. J. ,in *Shadwell v. Shadwell*,30 L. J. C. P. 145,149.

些行为明明只是为了满足某项先决条件,却被认为是允诺的对价[1]。在一份协议中有一个反允诺,它明确说明了其他事项,却也被认为是对价[2]。正出于此,应当提及如下一事。人都认为, 293
转让租赁保有地产的,不能主动援引伊丽莎白执政期27年之制定法的第4条,因为受让人步入了封臣的义务范畴[3]。当然,还需要考查这个问题是否出于特殊情况,可是,不能认为受让人遭受的损失是由该转让行为所造成,在许多情形下,它的数额等同于从受让人所获之权益的扣减项,类似于通行权的情形。假如受让人的义务只是支付地租,这个解释就更合理了。在法律理论上,地租是土地的孳息。

虽说法院因为急于确立合同效力而走得稍微有点远,但我所总结的法则却毫无疑问是正确的。同一个事物,可能是对价,也可能不是,这要看当事人如何对待该事物。这就引发了一个问题,即当事人如何对待该事物,它才构成对价。

有观点认为,不能将对价与动机相混淆。确实不能将对价与压倒性的或主要的动机相混淆。某人或会为了五百美元而允诺创作一幅油画,而其主要动机可能是想出名。对价的开出和接受,可能仅是为了让允诺具有拘束力。但尽管如此,通过合意条件来看,对价的开出和接受,其实质就在给对方提供一个动机,令其作出允诺。而反过来说,允诺的作出和接受,就是为了给对方提供一个达成合意的动机,令其开出对价。这一整体态势的根本,是在对价和 294
允诺之间,建立了彼此相互促成合意的对应关系。

该命题的前半部,可以麻省一案为例证。被告在口头上对原

---

[1] *Shadwell v. Shadwell*, *ubi supra*; *Burr v. Wilcox*, 13 Allen, 269, 272, 273.

[2] *Thomas v. Thomas*, 2 Q. B. 851.

[3] *Price v. Jenkins*, 5 Ch. D. 619. Cf. *Crabbe v. Moxey*, 1 W. R. 226; *Thomas v. Thomas*, 2 Q. B. 851; Monahan, Method of Law, 141 *et seq*.

告的一块土地出价,并留下一封支付承诺函。原告不同意被告移走地上的一片林木,(林木的)买主遂与原告一起去找被告,而被告在承诺函上签了字。据此,原告让买主尽伐林木。可是证词显示,被告以签字为表意时,根本不知道原告想要他改变立场。被告还主张,如要相信原告的说辞,那就(相当于证明原告)没有开出对价[1]。

命题的后半部,可用如下情形来阐释。设某人为某事开出赏金。后有一人,对赏金不知情,却做成了该事。在此情形下,该人不能主张赏金,因为就悬赏之真意,该人所宣称之对价并未开出。悬赏之允诺,并未引来对价的开出。允诺并未确立为达成合意的动机,因为该人在其主张之对价已经履行完毕后,方对允诺为知情[2]。

可用酒桶案阐释对价与允诺之关系的两端,并阐释这一关系
295 的合意性。假设马车夫愿意运送酒桶,而在不讲价的情形下,物主也愿意让他运送。又设双方互知对方的心态。又设马车夫察觉自己占据优势,于是对物主说:"以你将酒桶交付给我并允许我运送为对价,我允诺为运送。"再设物主基于此而为交付。我认为允诺有拘束力。作出允诺的,意在诱使对方交付;进行交付的,意在诱使对方作出允诺。交付的进行,很有可能收不到允诺,而作出允诺的,倘若对方不以开出对价表示同意,则很有可能徒劳无功。但这一切都只是(当事人的)揣摩。物主不做出选择的,不需交付;而作为合同条款,当他交付时,允诺人就不能拔高可能发生过的事情,以摧毁实际发生过的事情。由此,客观存在和主观构想的同一个

---

〔1〕 *Ellis v. Clark*, 110 Mass. 389.

〔2〕 *Fitch v. Snedaker*, 38 N. Y. 248, criticising *Williams v. Carwardine*, 4 Barn. & Ad. 621. 不过,从表面上看,原告并非对悬赏之开出不知情,而是陪审团认为她存在其他的行为动机。这个调查结果存疑。

交易,可能是自愿性的,也可能是强制性的,要以当事人选用之言辞的外观,来判定他们想达到的法律效果。

如前述原则能够成立,则可以预见,能用它来解释某一条法则。法院在适用这条法则,曾遇到过阻力。即,已履行完毕之对价,不能令事后之允诺产生效力。有人确实认为,如果(允诺人)提出(履行)要求在先,则该对价是充分的。但也可以直白地反驳这种观点。假设(允诺人提出的)要求即便未付诸言辞,却也合理地暗示,他人将收到酬谢,如它具有如此这般的性质,那它就是明确的允诺,而且该允诺的作出,乃与对价的开出时间相同,而不算事 296
后作出。而反过来说,假设其话语之中没有保证(允诺人)答应为他人履行事务而付款,则他人对事务之履行,就算是一个赠与,而已经发生的赠与,不是对价,这就仿佛,受诺人施展的其他行为,如不由允诺所引导,则也不是对价。

如对前述错误认识进行溯源,至少一部分可归因于历史。上一讲已经就此事项进行讨论。此处可以多说几句。在古老的金钱债务诉讼中,每当问原告是否已经拿出足够证据支持其诉求,原告好几次提及“在先的合同”,认为足以引起债务。故有此一案,某人放话说,因为其佣人的劳作,他有义务在某日付他一百个先令,又说,佣人可以去他账上支取。可该人(在诉讼中)辩称,他们之间没有在先的合同,而口约对于当事人没有拘束力;该人又进一步辩称,该笔款项乃是佣人自行支取,非经被告要求而为,故此,该支取行为并不能引起债务[1]。

故还有个金钱债务诉讼,原告出示一份文契称,假如他迎娶被告的闺女为妻,被告就付他十个马克[2]。被告抗辩认为,原告应

---

〔1〕 Y. B. 29 Ed. III. 26,26.

〔2〕 [译者注]古英格兰货币单位,1 个马克的币值等于 13 个先令加 4 个便士。

该提起盖印契约之诉。原告回应说,他们之间有在先的合同,这足以引起债务[1]。

以下援用第一个违反简约之诉[2],目的仅为展示这种长久而熟悉的(错误)观念。某君有一个朋友,其佣人被抓,某君前去保
297 释。事后,主人允诺将保释金补偿给某君,但没有照付,于是,某君对之提起违反简约之诉。被告认为,除非佣人被保释之前,主人先作出补偿某君的允诺,否则不存在对价,故不应当起诉被告;"因为主人从未要求原告为佣人付出如此巨大,其行为出于他的自愿"。这完全是常规的论证方式,没有超出《法律年鉴》载录之案例的意蕴。可是判例汇编也记下另一案的观点,说在被告的特别要求之下,原告迎娶了被告的表亲,则此乃对价,而被告在事后作出的允诺有拘束力;又说,迎亲之事"就是有效的约因……因为它是在原告的要求之下发生的"。无论此案是否意在确定一项普遍原则,也无论判决的作出是否涉及婚姻这种特殊对价[3],世人很快就在更加宽泛的意义上阐释了此案。就此,上一讲已经有过说明。好些案子判决说,当且仅当事项在允诺人的要求之下完成或提供时,已经发生和履行的事项可以作为事后之允诺的对价[4]。

行文至此,可以开始分析允诺的本质。它在简约中的重要性排名第二,但却是最闪亮的要件。1872 年《印第安纳州合同法案》第 2 条[5]规定:

298 (甲)某人向他人表意为或不为某事,并表意就该作为或不作

---

〔1〕 19 R. II. ,Fitzh. Abr. *Dett*,pl. 166.

〔2〕 *Hunt v. Bate*,Dyer,272,A. D. 1568.

〔3〕 See *Barker v. Halifax*,Cro. Eliz. 741;s. c. 3 Dyer,272 *a*,n. 32.

〔4〕 *Sidenham v. Worlington*,2 Leonard,224;*Bosden v. Thinne*,Yelv. 40;*Lampleigh v. Brathwait*,Hobart,105;Langdell,Cas. on Contr. (2d ed.),ch,2, § 11,Summary, § § 90 *et seq*. See above,Lecture VII p. 286.

〔5〕 Pollock,Contr,(1st ed.),p. 6.

为征得其同意的,可视为发出一个要约[1];

(乙)受要约人表意同意如上的,可视为承诺和认可[2]要约。要约得到承诺和认可的,变成允诺。

据此定义,允诺之范畴,限于允诺人之行为。如它传意的,只是允诺人仅仅背负允诺所创设之法律义务,则该定义是正确的。可这并不是允诺的含义。该定义谈论的是允诺,而非具有法律拘束力的允诺。我们并非在考查合同的法律效力,而是,就法律可能确立或可能不确立其法律效力的允诺,其内容应当是什么。由此,我们应当思考这个问题,即人要作出什么允诺,才可能具有法律意义,而不应当去思考,一个具有拘束力却未能履行的允诺,其次要后果是什么。

一人信言第二天有雨[3],或信言第三人会创作一幅油画。这就是允诺,仿佛允诺人信言受诺人会从某个渠道收到一百大包棉花,或信言会向受诺人支付一百美元。这些情形有何区别?区别只在允诺人对事件掌控力的大小。在第一种情形下,其掌控力为零。同样,此人几乎不具有如此大的法律权威,以令他人作画,只不过,与令上天降雨相比,他多了一些劝服的手腕。此人也许有办法让受诺人收到棉花。此人如是富人,则除非出了什么小概率的 299
意外,他有本事支付一百美元。

不过法律具有概括性,对这种触碰未来的信言,其成就度可以触碰多远,法律不会去过问。在道德世界里,允诺的义务,限于允诺人意志所能达到的范畴[除非该范畴不为一方所知,而又为另一

---

[1] [译者注]proposal。该词也有 offer 之意。见韦氏词典。

[2] [译者注]accept。尽管该词不能随意表述为"承诺",但汉语世界里一般作此表述,故译文在必要时也采纳通行的说法,并同时照顾作者本意,而译为"承诺和认可"。

[3] *Canham v. Barry*, 15 C. B. 597, 619; *Jones v. How*, 9 C. B. 1, 9; Com. Dig. *Condition*, D. 2; 1 Roll. Abr. 420(D), pl. 1; Y. B. 22 Ed. IV. 26, pl. 6.

方曲解]。可是,除非法律出于公共政策的考虑而来插手,我认为,无论人允诺未来将发生何事,都应受到法律的拘束。故此,在法律意义上,人可以允诺任何事。可以这么说,如人立下字据,载明第二天有雨,或某甲会创作一幅油画,则简言之,这人等于在说,如天不下雨,或某甲没有作画,那我就付钱。其实没有必要如此(花费心思进行解读)。允诺的范畴很容易框定:晴空万里,某甲没有作画,发生这些事,就打碎了边框。于是,允诺不过就是信言某特定事件或事物状态一定会来临。

如若所言为真,则其关联性比扩大允诺一词的范畴还要重大。这涉及合同法理论。在普通法上,具有法律拘束力的允诺,其后果不为允诺人对允诺之事件的掌控力大小所左右。如允诺之事件并不来临,则就其不来临而致受诺人的损害,原告[1]之财产将在一定限度内予以变卖,以抵为损害赔偿金。不管允诺内容是天要下雨,他人将创作油画,还是允诺人将交付一大包棉花,在性质上,后果并无不同。

300 假如所有种类的允诺都具有相同的法律后果,则似乎可以从同一个法律角度来分析所有的合同。鉴于在允诺人和受诺人之间存在法律规定的限度,其直接的法律效果就是,就第二天会下雨这一具有拘束力的允诺,允诺人承担了该事件的风险。如其允诺交付一大包棉花,其承担的风险也不会大于前者。

就普通法上的允诺和合同,假设如上阐释并无不当,则取得一个优势,可以将这个话题从如下多余的学说中解救出来,即合同是意志对他人的有限臣服,是一种有限的奴隶制。如法律强制人履约,或法律赋权受诺人强制执行,则该学说倒是有理。假设一人允

[1] [译者注]原文如此。

诺为他人劳动,而法律因此强其为之,则该人与受诺人之间的关系,可以称为特别人役权。真有过这种情况。可法律绝不做这种事情。只有允诺被违背,且在一般情态下不可能履行,法律才介入。确实,衡平法也有强制人特别履行的,可是,第一,我在讲普通法,第二,这只意味着,就允诺之整体组成中依然可以履行的若干部分,衡平法强制人为履行。比方说,有人允诺在一定的时点让与一片土地。衡平法院习惯于在该时点已经经过且允诺人不能按照允诺履行之后才介入。可是,假如让与本身比让与时点更为要紧,而受诺人认为晚履行总是好于不履行,则法律可能会强制人履行。 301
但即便在此情形下,法律也不执行字面意义上的强制,而是在允诺人不履行时将其投入大牢。此乃一种绝无仅有的救济方式。具有法律拘束力的允诺,其唯一普遍的法律后果乃是,如允诺之事件并未来临,法律会要求允诺人支付损害赔偿金。在任意情形下,法律都远离允诺人,不来干涉,直至事件来临时点经过。而经过时点之后,该人还是可以自由选择违约。

像看待风险一样看待合同,(这种分析方法)具有实用的优点。在损害赔偿金之(认定)方法的启发下,此法的实用性就更突出。如从同一角度看待违约行为和侵权行为,则似乎可以得出,在履约过程中,如允诺人获知,其不履行会导致特定后果,那么,他就应当为不履约而担责。已有人提出了该观点[1],只不过法律还没有认可这一点。与此相反,一位业务水平很高的法官认为,除非风险承担事项被视为已经合理纳入合同内容,否则,即便允诺人注意到违约会引起一定的损害赔偿金,甚至即便他在签约时就已经注意到

---

〔1〕 *Gee v. Lancashire & Yorkshire Railway Co.*, 6 H. & N. 211, 218, Bramwell, B. Cf. *Hydraulic Engineering Co. v. McHaffie*, 4 Q. B. D. 670, 674, 676.

这一特定情形,也不足以引发损害赔偿[1]。该观点似乎得到普遍认同。承运人允诺将锯木机件从利物浦运送到温哥华岛,却没能
302 做到。承运人明知,如不将机件运送到英格兰[2],机器将无法组装,但除非法院合理认为,他已经接受"附加了特别条款的合同"[3],否则,就该人延误期间产生的机器租用费,他可能还是不承担责任。

其实,世人在缔约之时,一般想的是履约,而不是违约。合同之用语,一般都止步于合同义务履行完毕之后将如何处理,不会超出这个约定范围。如制定法对备忘录提出书面之要求,而当事人只对允诺进行了书面陈述,这已经能满足制定法的要求。一个原因是,如制定法提出更高要求,将是对人类一般习惯的背反。还有一个原因,该陈述具有承担未来风险的合同效果,但这并不意味着其包含第二个附随的允诺,以承担该风险,而是意味着,作为一种后果,所允诺的风险承担自身就会因法律直接对之赋予效力而生效,而无须允诺人的合作。正因如此,可用口头上的证据来扩大或缩小因不履行而引起的责任,但不可用它来确立允诺的内容。

不过,前述折中之言并不影响我的观点。既然立约人和受约人的关系是自愿的,那么这种关系所附加的后果也是自愿的。允诺之内容,其所考虑的事件是什么,或换言之,何等事件意味着违约,这个问题关乎于如何解释和解读。与此相似,违约之后要承担
303 何等后果,这个问题关乎于如何结合缔约时的情态而进行解读。其中一个情态是,对何等事情托赖于履行,允诺人是知情的。这种

---

〔1〕 *British Columbia Saw-Mill Co. v. Nettleship*, L. R. 3 C. P. 499, 509, Willes, J.; *Horne v. Midland Railway Co.*, L. R. 7 C. P. 583, 591; s. c, L. R, 8 C. P. 131.

〔2〕 [译者注]殖民地也算英格兰的一部分。

〔3〕 *British Columbia Saw-Mill Co. v. Nettleship*, L. R. 3 C. P. 499, 509.

解读并非结论性的,但能起到扩大风险承担范畴的作用。

这种解读的功能,是就当事人曾经思考过但没有明确构思的事件,从他们过去的言行之中,分析出他们可能有过什么口头允诺。当事人根据商事合同支付价款的,一般不能从该行为中解读出当事人有为意外事件承担风险的意思。法院从实践和善意出发,已经达到了这个地步。相信这个理论果实能够符合普通法上真正的合同理论。

因为讨论允诺之本质,我也思考了合同和后果的关系。合同总是或远或近地站位于后果的前方。就构成允诺的各种事实,须多说一句。人多说一端有信言或要约的,另一端须有承诺和认可[1]。这有一定道理。可是,还可以用其他的理由来证明简约的成立,即信言或要约与对价之间存在着相互利进的关系。当事人一般都是通过暗示开出对价,来对要约进行认可。根据普通法,如果一份已得到认可之要约或曰允诺缺乏对价,则其法律地位与一份未得到认可的要约并无不同,这二者都可以在同意之前撤销,而二者的效力,都可以延续到其期限届满或为撤销;有鉴于此,对要 304
约进行同意,这个问题并无实际价值。

读者应当已经掌握了允诺和对价的一般特征。双务合同中还有些特殊问题留待讨论。这些问题涉及对价的充分性以及合同成立的时间。

允诺可以成为允诺的对价。当然,不是每个允诺都能成为其他允诺的对价。可否通过接受一百美元赠与的允诺,来主张赠与一百美元之允诺的效力,这是值得怀疑的。但如果两个相互的允诺分别表意转让和受让铁路公司未兑现的股息,曾有判决认为这

---

〔1〕［译者注］关于这个表述的说明,见边码 298 的译者注。

构成有拘束力的合同。在此案中,一方当事人同意剥离某种有价物,而另一方同意承担价值畸高的责任[1]。

可是,现在来假设世事已定,唯有当事人不知情。试举一例,有二人为已经举办的赛马打赌。有观点认为,一方作出了绝对允诺,而另一方根本无允诺[2]。但我认为这个看法有问题。合同是人与人之间的事务,他们通过合同对未来做出安排。在做出安排时,客观真实的情况不要紧,要紧的是当事人所知情的内容是什么。在当事人做出安排之时的外在事实,如不为当事人所知,则就安排之目的而言,这般事实是未定的。因此,一方允诺,如某事件
305 未按其料想而发生,则该人将赔付,那么,该允诺就是损害。因此,如原告认为自己存在有效的诉讼主张,而被告明知其无效,且事实上也无效,则原告允诺不起诉的,该允诺就存在对价。这个解释有道理[3]。若要认为它没道理,那么,为未来事件而打赌,除非该事件乃是神迹,不然打赌人的诉讼请求都很难得到支持。因为,倘若事件发生与否取决于因果律,则其不确定性就都在我们的洞察之中,而不在其发生与否。

还有一个问题,如以信函订立一份双务合同,合同何时成立?是在反允诺投邮之时,还是在其收到之时?这一点殊为可虑。任何好用的理由都将是充分的,只要它能打败前面任意一个观点。仅就逻辑上的理由而言,在支持后一个时点的观点中,兰德尔教授的观点最具创新性。据他说,(合同在收到反允诺时成立,)这个结论的得出基于一个事实,即令要约生效的对价乃是允诺。他认为,允诺在成为允诺之前都是要约,而要约的要义,在于须能商讨[4]。

---

〔1〕 *Cheale v. Kenward*, 3 DeG. & J. 27.

〔2〕 Langdell, Contr., §§ 89, 28.

〔3〕 Langdell, Contr., § 57.

〔4〕 Ibid., §§ 14, 15.

不过这个推理过程好像也没道理。正如前例所假设的,在反允诺之对价置于受要约人的掌控力下,且反允诺已经提前得到认可时,无论是在时间上还是在逻辑上,都找不到如此一个时点,以认定该反允诺为要约。你可以认为它是任何概念,但它一定是允诺,也一定是有拘束力的合同条款。要约可以撤销,在协商允诺意向的过程中,可以对要约不予认可和承诺。在一方当事人就某特定双务 306
合同发出要约时,另一方就该合同所发出的,不可能也是要约。这份所谓的要约既不能撤销,也不能拒认。它一旦发出,合同就成立。

兰德尔教授的观点是,无论是否走过要约之流程,允诺的要义都在其可以协商,意即,唯在协商之后,受诺人才对允诺真正知情。如其所言为真,则法律将要面目全非。盖印契约经寄送和收件的,无论当事人是否阅读,合同即具有拘束力。基于同等原理,可以相信,一旦当事人用真实签字对债表示了认可,正如前例所假设的,当事人用信函做出了反允诺,并对允诺已经开出了对价和表示了认可,则将唯剩一个问题,即该等真实签字在何时充分落入受诺人的掌控力之内。我很难相信,信函邮寄给受诺人,受诺人尚未拆阅,便为人从其手中夺走的,合同竟然没有成立[1]。如果我所言有理,则邮局是否可以被认定为要约人的代理人或受寄人,甚至该机构是否可以被认定为要约人可随时打开的邮箱,这已经不重要了。当受要约人将含有反允诺之内容的信函投入邮筒时,他就施展了一个外在的、通常可以如此解读的行为,即他据此宣布放弃了对信函的控制,并为了要约人的权益而将函件置于第三人之手,而要约人从此时开始便享有一个自由权,可以随时取用该函。

[1] But see Langdell, Contr., § § 14,15.

而撤销制度完全不同。受要约人有权推定,除非他明确知情,
307 否则要约的条款都可以商讨。协商的效力,须为反协商所灭。可是,合同的成立并不决于当事人的心态,而决于他们的外在行为。在反允诺上签字画押,这就变成一个有体物。有体物之所有权转移的,合同即告谈完。

第九讲　合同法—Ⅲ. 无效合同和可撤销合同

前文已经讨论合同成立的事实要件以及法律后果。一个具有承接性的问题留待讨论，即合同在什么情形下无效，以及在什么情形下可撤销——就是说，在什么情形下，合同在形式上已经成立，但却未能成立，而在什么情形下，任意一方可以撤销已经成立的合同，仿佛其从未成立。我先讨论第一组情形。 308

如一般流程都已走完，而合同还是未能成立，不成立的理由一般被认为是存在误解、虚假陈述或欺诈。但我将试图去证明，这都是戏剧化情景，真正的理由是合同中缺少前文所述之要件，或说，我们在论证中将一望而知，合同缺少若干重大要件，而这些要件对于合同之成立是必不可少的。

设某君与某甲的代理人某乙走完全部流程，而与某甲缔结合同。实际上，某乙并非某甲的代理人。该合同未能成立，因当事人只有一方。向某甲作出之允诺，并未得到某甲的认可，而对价

亦未从某甲处发出。虽然通说认为,在此例中,一方存在误解,另
309 一方存在欺诈,(故合同不能成立)但我明确认为,不需要寻求前述特别原理,因为上一讲所述之要件是缺失的。

接下来再举一例。被告同意买入而原告同意卖出一船棉花,"从来自孟买的皮尔利斯号上卸货"。两艘船都从孟买驶来,都叫皮尔利斯号,一艘是十月,而另一艘是十二月。原告意指十二月,而被告意指十月。法院认为被告没有收受棉花的义务[1]。通说认为该合同无效,理由是双方当事人之间对商谈事项存在误解,因此未能达成合意。我认为这一看法存在误导。法律并不评价当事人的真实心态。法的运行,只关乎外在,只通过行为来评价当事人。合同法如此,其他领域亦如此。倘若世上只存在一艘名为"皮尔利斯"号的船舶,而被告本意是要说"皮尔"号,却误说成"皮尔利斯"号,则他还是要受合同约束。该案判决的真正理由,并非如前文阐释之理由所暗示的双方本意不同,而是表意不同。原告就一事发出要约,而被告对另一事表示认可。

人在处事或提诉时[2]所慎用之名词,只能指一物,而不指另一物。此乃常识。由此,向他人用词的,应当自甘冒险,知道自己
310 所意指的对象。在双方均无欺骗的情形,就己方所用之词,任意一方都有权坚持于己有利的词义,任意一方都无权坚持对方所用之词的词义。在我看来,与作为断案基础的误解不同,误解的唯一意义,在于没有一方知道,任意一方在使用"皮尔利斯"一词时,都以为对方将之理解为己方赋予该词的意思。而在那种情形下,有可能已经成立了一份有拘束力的合同,因为,某君在使用某词之时,知道对方对该词经常赋予某个特定含义,且知道他将会赋予该词

[1] *Raffles v. Wichelhaus*, 2 H. & C. 906. Cf. *Kyle v. Kavanagh*, 103 Mass. 356, 357.
[2] Cf. *Cocker v. Crompton*, 1 B. & C. 489.

以该含义,那就可以认定某君就有这个意思,且某君不能赋予其他任何含义[1]。

接下来,设有一案,要约和承诺没有差异,而双方当事人都在同一意义上使用了同等表述。假设某甲同意买入而某乙同意卖出"该种木桶所盛装的鲭鱼",可木桶的种类未经查实,且桶里盛装的其实是海盐。对于桶装品,双方存在同样的误解,且都无欺诈。我认为该合同无效[2]。

通说认为,此案中的合同不成立,原因在于当事人所商谈的真实事项,与其意图指向的事项之间,存在本质差异。但这样说或许更有启发性,即当事人所协商的合同条款虽然表面上不冲突,但深入合同的底层,则存在抵牾之处。因为从其中一个核心条款来看,双方合意的事项,乃是某种特定木桶的桶装品,而非其他;从另一个同等重要的条款来看,这种桶装品乃是鲭鱼,而非其他;实际上, 311
这两个条款不可能全都正确,因为桶装的是海盐。既然两个条款都可被弃用,因它们不能令合同拘束当事人,而当事人也没有达成合同,则可以得出,某甲不必接受且某乙不必交付这种桶所装的海盐或那种桶所装的鲭鱼;还可以得出,若不删减其中一个条款,该允诺就没有意义。

但如果出卖人有欺诈,或他已经知晓桶里盛装的是什么物品,则买受人就可能有权利坚持要求他交付该等较低价值的货品。出卖人的欺诈,也许给予买受人一个选择权,令合同为有效。因为,人知道有些真意不明的话语在适用时缺少辨识性,但当他使用具有辨识性的文句对之进行限定时,相当于允许受诺人坚持要求履行允诺中能够履行的部分内容,假设受诺人愿意放弃余部的话。

---

〔1〕 *Smith v. hughes*, L. R. 6 Q. B. 597.

〔2〕 See *Gardner v. Lane*, 12 Allen, 39; s. c. 9 Allen, 492, 98 Mass. 517.

再阐释一个类似案例。保险公司为承保某个特定建筑而出具了一份保单,据保单的描述,该建筑是一个机械销售门店。其实该建筑不是机械销售门店,而是风险更大的一家机械制造工厂。该合同无效,原因不是虚假陈述,而是与如上相同,是两个基本条款互相抵牾,而结合起来解读,他们就失去了意义〔1〕。

如上释明的矛盾原理,当然可以扩大适用至不同合同条款的冲突性上。比方说,将一块黄金当作十八克拉黄金出售,而实际上其纯度并没有那么高,或出售一头奶牛,称其日产十二夸脱的奶,
312 而实际上它的日产量是六夸脱,那么据如上解释的理由,可以这么认为,这些情形与将桶装海盐当成鲭鱼售卖的情形并无逻辑上的区别。可是,这些合同并非无效,而买受人最多可以选择撤销。

法律基于经验(对无效和可撤销情形)予以区分,而非基于逻辑。因此,法律并不强制人与人之间的往来具有数学上的准确度。无论允诺了什么,只要不履行,受诺人都有权收款。但不能由此进一步认为,如允诺中缺失了无关紧要的细节,受诺人就可以撤销合同,更不能说,缺失了这些细枝末节,合同就不能成立。此处讨论的就是这个话题。该等互相抵牾的条款,须得是重要条款——其重要性要大到这个地步,足以令法院认为,删减其中任意一条,合同就会跟当事人表现于外的用词具有实质差异。

那般涉及能以感官辨识之对象的条款,就具有如上重要性。如允诺的作出,是要出售一头奶牛或一桶鲭鱼,或是针对某人,则无论合同涉及多大内容,其要生效,均须涉及前述物品或人物。倘若当事人存心欺诈,将这桶海盐当作一桶鲭鱼售出,则买受人可以选择接受该桶海盐,但他不能选择接受另一桶鲭鱼。如有人将出

〔1〕 *Goddard v. Monitor Ins. Co.*,108 Mass. 56.

卖人介绍给买受人,说这是某乙,而买受人先入为主,以为他是同名的另一人,遂作出书面允诺,称将从某乙处买入,则收到书函的这位某乙君,如果此君当真收到信函的话,就是受约人。不管有观点如何认为买受人应当用对名字,我坚持认为,该合同已经成 313
立[1]。因为,可以进一步说,假设据合同的某个条款,允诺之内容以及受诺人能够用眼耳为辨识,且该条款因此而压倒了合同的其他条款,那么,缺少其他成分之描述的,也不能阻却合同成立[2]。如果重表不重里,就会错以为这条法则有其例外,最为明显的情形是当事人发生了实际辨识错误,而只辨识到了其覆盖物或包装物。

当然,对方当事人恪守全部合同条款的,履行允诺也可以讲条件。但要考虑给履行附加条件的,须得合同已经成立。就此,首先是合同是否成立的问题。

此前还未考虑另外一种情形,其也有参考意义。此前讨论的是,要约与承诺不一致的,或合同条件互相矛盾,且在外观上无法辨识的,将阻却合同成立。与之不同的是,合同的某个条款与当事人此前虽有陈述后来却没有明确纳入合同的事实互相抵牾。该陈述可能是合同的主要诱因和基础。它可能比明文条款还重要,可 314
合同却缩限为文字,我们从中无法恰当解读出包含该陈述的意思。出卖人可能陈述说,那些盛装了海盐的特定木桶里,也盛装了鲭鱼,但在合同书中却可能只涉及特定木桶及其盛装物。保险申购人可能错误陈述了影响风险判定的核心事实,但保单却仅仅承保

---

〔1〕 See *Cundy v. Lindsay* 3 App. Cas. 459,469. Cf. *Reg. v. Middleton*, L. R. 2 C. C. 38,55 *et seq.* ,62 *et seq.* ;*Reg. v. Davies*,Dearsly,C. C. 640;*Rex v. Mucklow*,1 Moody,C. C. 160;*Reg. v. Jacobs*,12 Cox,151.

〔2〕 “依外相用错名。”[Praesentia corporis tollit errorem nominis.] Cf. Byles, J. , in *Way v. Hearne*,32 L. J. n. s. C. P. 34,40. But cf. the conflicting opinions in *Reg. v. Middleton*, L. R. 2 C. C. 38,45,57. 看来,审慎使用人名的,或对特定物或特定人作了其他辨识的,取得实际的感官辨识效果,因为它虽然不够直接,但毕竟涉及这种感官辨识。

某栋特定的建筑物或某个特定的人。可能我们要问,这些合同是否也属无效。

这种情形是可能的,即考虑到合同的本质,某些解构出来的条款会被以为包含当事人陈述的内容。比方说,一份保险合同,从条款的文义上看,双方当事人都完全理解,合同的真实目的,不在承担火损或海损的风险,无论该等损失是大是小,而仅仅在承担地震损失的风险。从被保险人的陈述来判断,他对风险大小已经进行了数学运算。保单中没有写明风险的承担额度,因为古老的经验和通行的实践已经对之予以明确,但双方当事人对保单的含义却心照不宣。

如采这种推理方式,则无论风险来源是写在保单中,还是在出具保单之前的描述中商定,合同条款都会出现(与前文所指之性质)相同的矛盾。这一类的情形当然也存在例外,但是,合同似乎可以成立,而当事人最能主张的权利就是撤销权。当事人有其处分力,可以对其行为进行自我拘束,并用恰当文句创设债的关系的,我认为债的关系就建立起来了。假如合同遗漏了某项事实,这
315 种事实遗漏的错误只能归因于立约动机。如当事人若是知道了实情,可能就不会立约。但也不能仅凭这一点而阻却合同成立。事实遗漏错误会在何等情形下左右立约动机,这是避免合同生效的理由,这一点在此不论,因为在本题之下,合同已经成立,且在此情形下避免合同生效或曰撤销合同,是以合同已经成立为前提。

我在想,行文至此,可以认为,尽管人们认为欺诈、虚假陈述或误解可令合同无效,但这种看法并没有创设一条全新法则,以能够将有效的债予以黜废,前述每一种情形不过是缺少了上一讲所阐释的要件。要么不存在第二个当事人,要么各个当事人所说的不是同一件事,要么重要条款之间表面一致、但实质上互相矛盾。

所谓合同可撤销，是指合同虽已成立，但一方当事人可以选择撤销。可撤销的原因，一定是合同成立时或明或暗地附加了特定条件，且发生了违背该条件的事件。

如对合同成立附加条件，则合同并未成立。在条件成就之前，任意一方当事人可任意为撤销。尽管存在要约或曰允诺，但债的关系并不成立，因此当事人之间并未建立此处正要讨论的那种关系。有一些形式上属于从已经成立之合同里产生的条件，就是此类。假如这些条件能为允诺人自身的意志所控制，即属于该情形。比如，有人允诺道，如裁衣效果令顾客满意，则会为该服装付款，麻省法院认为，该允诺可让允诺人本人做最后的裁判官[1]。尽管有 316
该院的解读，在我看来，在允诺人表示满意之前，合同并没有成立。该人仅允诺在自己觉得合适时付款，本允诺并不能视为合同，因其不承担任何义务[2]。如允诺的内容表意为，假设服装应当是令允诺人满意的款式[3]，并应当让陪审团进行争议裁决，则允诺人须为该服装付款，那么合同可能成立，因为允诺人放弃了对该事件的控制权，而任凭其取决于我们正在此处解析的条件。

理论家们将合同条件分为先决条件和嗣后条件。人多以为这种二分法具有重大意义。应当承认，如拿司法程序来衡量，它是有意义的。有时候，为使被告败于自己的答辩意见，原告有义务指出，条件已经得到履行。有时候法律放手让被告强调，条件没有得到遵守。

在某种意义上说，所有的条件都是嗣后条件；而在另一种意义上，所有的条件都是先决条件。在债的第一阶段，所有的条件都是

---

〔1〕 *Brown v. Foster*, 113 Mass. 136.

〔2〕 Leake, Dig. Contr. 13, 14, 637; *Hunt v. Livermore*, 5 Pick. 395, 397; Langd. Contr. (2d ed.), § 36.

〔3〕 Leake, Dig. Contr. 638; *Braunstein v. Accidental Death Ins. Co.*, 1 B. & S. 782.

嗣后条件[1]。试举一例,如有允诺称,如工作的完成令建筑师满意,则对之予以付款。很明显,人将这种情形下的条件称为先决条
317 件。建筑师满意的,才会产生付款义务。但在该时刻到来之前,合同可能已经成立。因为允诺人是否应当付款,决定权已经不在其控制之内。由此,这是债成立之后的嗣后条件。

话又说回来,每个嗣后条件又先决于法律负担的承载。设有一人,他百无禁忌,其所作所为不会引起任何法律后果,又设我们看待法律的目光与此人看待法律一样,很明显,法律给合同所附加的后果,就是支付金钱之义务的存在可能性。纯粹从法律角度来看,问题就变成允诺人是否有支付义务。何时能确定这一点,何时就是重要时刻。该时刻之前的条件,就都是先决条件。

先决条件不仅在此极端意义上是先决的,而且先决于原告的诉权。举一个很有说服力的例子。设有一份保单,上面写明一个条件,如款项未能如约支付,一年内不就此提诉的,保单失效。要令该条件生效,须得有损害发生,且有付款义务的怠于履行,并有诉讼理由。然而,这还只是原告具有诉权的先决条件。当事人在起诉之时,问题不在他是否曾经有过诉权,而在他起诉时有还是没有。这人起诉时就没有,除非一年期还未届满。但如果法律任由被告强调一年期届满而原告怠于行使诉权,原因可能是发生了该种情形,即被告提出的请求撤销诉讼动议并未要求原告对被告的辩护意见全部予以回应,也未要求原告提出一个令被告无法答辩,而只能否认的诉由。法律在哪一个时点会要求被告答辩,这根据
318 不同情形而有所差异。有时候,法律就为了符合证据规则,而令提出主张的当事人进行举证。有时候,法律似乎将事件的一般发展

---

[1] But cf. Langd. Contr. (2d ed.), § 29.

过程以及答辩意见所涉之事项纳入考量，因为其真实性十分罕见。

最有逻辑的分法，似是将条件可分为如其不成就则可以违背允诺的条件，以及如上例那种出现违约事件则可以免除责任的条件[1]。不过这种分法毫不重要，而且上例之情形会不会发生，也值得怀疑。

有一种约定，其唯一功能是将允诺之效力限定于特定情形，故更有意义的区分方法，是在此类约定和严格意义上的条件之间划一条分界线。允诺附条件的，该条件即对允诺生效，这是对的，因此，无论诉讼法如何规定[2]，如事关约定行为的条件未能成就，而允诺人即使什么都不做，也实在地恪守和履行了允诺，则这个效果，仿佛条件得以成就，且允诺人也相应实施了自己的行为。不过，倘若这就是全部的真相，又假设能通过合同明确那般未经允诺人允诺的全部内容，则合同的每一个条款都将成为一个条件，合同中的文句就变得毫无作用。实际上，条件自有其鲜明而别样的特征。

严格意义上的条件就是一个事件。事件发生的，为自益而保留该条件的当事人就相当于得到了授权，他可以视合同为自始不成立——这就是通常说的撤销合同——也就是说，他可以坚持认 319
为双方当事人原路返回到了合同成立之前的站位。倘若条件如此运作，相当于它允许外来力量摧毁事物的现状，因为，虽说条件的创设经过当事人合意，其运作却取决于其中一方的选择。违背条件的，有权主张该等违背的人可凭自己的选择毁灭现状。可是，该人如果愿意，也能令合同继续有效。合同给了该人撤销合同的权

〔1〕 Langd. Contr. (2d ed.), § 29.

〔2〕 Cf. Bullen & Leake, Prec. of Plead. (3d ed.), 147, "Conditions Precedent".

利,但撤销行为却由该人做出。

由此,区分如下两种约定,就非常重要。一种是产生前述极端效果的约定,另一种是解释允诺之范畴或限定允诺适用之事件的约定。如前文所表明的,当事人可以不主张条件不成就。有鉴于此,我们还应当进一步区分其功能,一种是自专的,即撤销合同,另一种是附随的,即(对允诺予以)解释和限定,该功能与非属于条件的其他条款具有共性。

最好通过例证来解释。设某甲和某乙订立了一份双务合同,在合同中,某甲之允诺的践行,以某乙践行其允诺为条件。某甲完成部分工作之后,某乙违背了自身的一部分允诺。比方说,某甲是某乙聘来的一个文秘,在某个季度过半的时刻,某乙不当地将他开除。根据合同,某甲履行合同,要以某乙恪守雇佣某甲之允诺为条件,这对某甲是有利的。在此情形下,某甲无论是否主张该条件,都没有义务继续上班[1]。到此为止,该条件的运行,仅仅以限定为方式。它确认的效力是,假如发生前述情形,则某甲没有允诺要
320 有(上班的)行为。但是,如把此事放在一边,假设没有必要解读为某甲的允诺设了条件。某甲有两条路可以选。第一条,撤销合同。此时,双方当事人所站之点位,仿佛合同就没有成立过。某甲并非无偿为某乙工作,这是存在共识的。就这部分已完成之工作,赔偿额并没有定数。某甲可以按陪审团主观认为合理的数值得偿。法院不再依照合同判定当事人有无遵循一事对一事法则。可是,某甲伫守在合同身边,还有另一条路可以选。只要他愿意,可以起诉某乙违约。就其已完成之工作,他可以按照合同约定的数值得偿其薪水,这是其损害赔偿金的一部分。此外,他还可以就完成全部

〔1〕 Cf. *Cort v. Ambergate, Nottingham & Boston & Eastern Junction Railway Co.*, 17 Q. B. 127.

工作之机会的丧失而获得赔偿。不过,就我们此刻正在讨论的问题而言,其核心点在于,这两种救济手段是相互排斥的[1],一个继续依赖合同,另一个却将之摒弃。而核心点还在于,无论某甲选了哪条路,在某乙违约之后,某甲的做法是一致的,他都停止了手头的工作,并不再继续。实际上,某甲的做法跟(条件的区分)之事并无关系。

为免理解偏差,还要多说一句。当我们说某甲在前述情形发生时已经完成其所允诺的全部工作,这并不意味着他将可以获取超过其实际工作量的赔偿。前例中某乙的允诺内容是就某甲一个季度的工作支付薪水。虽说该允诺的对价,乃是某甲之允诺,称要完成一个季度的工作,但是,该允诺之范畴,应当限定在实际履行期限的情形。故此,某甲不能干脆就等到聘用期届满,然后主张全额薪水,仿佛其聘用期一直在延续,而他也能领到足额薪水。即便 321
某乙真正存在过错,并导致某甲未能提供劳务,某甲也无权如此主张。对于此类主张,某乙的答辩意见可以很完美。他可以说自己只对允诺的内容承担责任,而允诺所针对的情形,后来没有发生,不过,他确实允诺过要聘某甲,因此对没有聘用的期间要承担损害赔偿责任。

为助于理解,还可以举一二例。就某特定时间和地点的某特定货物,某甲允诺交付、而某乙允诺接收和付款。到了约定时间,双方都没有行动。在诉讼中,任意一方当事人都不应承担责任,且据允诺的内容,假如某某情形已经发生,则任意一方当事人所允诺之事都已履行完毕,可是在该当事人看来,什么情形都没有发生。可以如此反驳说,假如某甲已经履行了他的义务,那他就有权诉某

---

〔1〕 *Goodman v. Pocock*, 15 Q. B. 576(1850).

乙,因为他已履行或做好履行的准备,而这就赋予他本人以诉权;反过来说,同样的理由也适用于某乙。此外,考虑某乙或某甲是被告,同样的事实也可以作为完整的辩护意见。这个难解之谜很大程度上是话术的选用。

在当前阶段,某甲和某乙确实已经履行了各自的允诺,因为他们各自都只允诺,在对方已经做好准备并愿意同时履行时,己方会履行。虽说做好准备和愿意履行并不必然导致任意一方之允诺的实际履行,因此不是义务,但是,一方做好准备和愿意履行,这确实提供了一个情境,以令对方关于履行之允诺得以适用。因此,虽然某甲和某乙已经各自履行允诺,但是他们都没有履行某条件,该条件乃附加于己方的权利之上,而据该权利,他可要求对方采取更多行动。己方可以通过实际履行而将该条件置于对方的允诺范畴
322 内,而在此之前,该条件的履行是选择性的。不过,这种履行是后一种意义上的履行,即让全体条件得到满足,并信守允诺。这就给了某甲或某乙以诉权。

条件可以经由合同用语来创设。这一情形没什么可以分析的,因为当事人可以选择达成如此合意。但合同条款没有约定撤销情形的,也可以解读出条件来。就法律能够吸纳的这般条件,其本质需要阐释。一般而言,可以这么认为,这种条件指向撤销方在合同成立时所依赖的外在基础,或指向合同的外在目标。但这还不够。一般而言,撤销方的失望之情,总由对方的不当行为所引发,而这种不当行为最为明显者,或是欺诈,或是虚假陈述,或是未能履行合同中应由其履行的内容。

在此种逻辑相关性之下,有必要再次讨论欺诈和虚假陈述。先说后者。在讨论虚假陈述时,第一个问题是,陈述是否属于合同的一部分。假如合同是书面的,而陈述就写在纸面上,那么它或许

很关键,或许不重要,但如果陈述为假,则其所产生的效果,等于该方允诺之事没有做到。由同一个法则规制这二者。如合同是口头的,则各方享有很大的自由权,将口头陈述与后来的口头允诺联系起来考虑。而当它们都被视为合同的部分内容时,还是要适用同 323
一条法则,仿佛其整体就是书面的。

但我们眼前的问题,不是作为合同内容之虚假陈述的效力,而是,当合同之签署以虚假陈述为基础时,该虚假陈述的效力是什么。假设合同是书面的,但没有将虚假陈述予以体现,那么,合同签署之前存在虚假陈述的,另一方可以任意撤销合同吗?如答案是肯定的,该虚假陈述在任意情形下都必须毫无例外地上升到欺诈的高度吗?允诺人可能会认为,你或许对你的陈述的真假并不知情,但我并不关心你是否知情,我只关心该陈述是真是假。对我来说,一旦陈述为假,无论你知情与否,我所遭之损失是一样大的。不过,前文的讲义已经论证,法律并不总是遵循这条原理,即人要为其全部行为之后果担责。行为本身无所谓善恶。行为的品格,取决于行为人在行为时所知晓的、与行为伴存的事实。据法律的推定,人应自担陈述之真伪的风险,但如一人陈述一事,并有合理理由相信自己知晓该事为真,则其后果就与法律的推定相反,除非该人同意承担该风险。可是在本例中,该人并没有同意,因为陈述之内容没有写入合同。

但存在欺诈的,就大为不同。因欺诈而成立的合同,欺诈性的陈述,可能在合同之外,也可能成为合同内容。不过法律会同样基于诚实信用原则认为,这两种合同(的效力)都是附条件的。

可以举一个极端的例子来说明。某甲对某乙说,这些木桶里装的是上好鲭鱼,只是我还没有打开看。我花了好大的价钱从某某那里买的。某甲所指的某某,是个名头很响的货商。随后,某甲

致函某乙说,我可以以如此这般的价格,将你见过的这些木桶以及
324 桶装物都卖给你。某乙表示同意。经查,木桶里盛装的是海盐。我认为,假如有关桶装物的陈述是出于真心,则该合同有效,如出于假意,则可撤销。

看起来,欺诈性陈述如在合同之外,则其唯一意义,在于能够确立欺诈的动机。如其在合同之内,则一般不影响对其进行解读。具备一定言辞的允诺,有其特定含义,且要推定允诺人理解其含义。假设某甲对某乙说,我向你承诺买入这只木桶及其桶装物,他的言辞就指向能用五感辨识的一个物和一个人,除此无他。此处并无抵牾之处,假设被指向的人做好了交付的准备,买受人就不能说该人并未遵守合同本身中的任何条款。或许他受了欺诈性的诱导,相信此某乙君是另一位某乙君,且相信木桶里盛装的乃是鲭鱼。不过,无论某甲对前述要点的信任对其作出允诺的意愿造成了多大影响,鉴于该种情形,如说他的言辞别有所指,这就有些夸大了。"你"指代的,乃是面向说话人的人,而"桶装物"指代的,乃是海盐,以及鲭鱼。

毫无疑问,只能解读为合同内设了一个条件,唯其如此,欺诈才是撤销的理由。当事人可以选择同意,任意一方在合同之外有陈述的,无论其为真为伪,合同都为有效。

不过,正如前文几篇讲义所阐明的,虽说法律肇始于对道德与不道德进行区分,并使用道德用语,但在其终点,法律却采用了外
325 在标准,不考虑个体的实际意识状态。欺诈的境况也是如此。人在陈述事实时,该事实已经通过社会一般标准而对他提出了充分警示,该事实可能为伪,且该事实果真为伪,如此,无论该人是否相信其陈述是真是伪,法律理论都认定他存在欺诈。至少麻省法院更是远迈一步。该院认为,一人就其知情或他人以合理方式认为

该人知情之内容作出重大陈述的,如其陈述为伪,则该人存在欺诈,此处不论其理由为偏听偏信,还是自以为知情[1]。因此,这就清楚了,一项陈述内容在道德上也许是无辜的,但在法律理论上却是欺诈性的。英格兰衡平法院曾经立下一条法则,前面的讲义对之进行了批评[2],因为在绝大部分情况下,(当事人)对所陈述之事实予以正面认定的,有助于陪审团查清和认定,该陈述确然是在当事人自身之合理认知下所作,基于此,该陈述被证明为伪的,可能有助于(另一方)撤销合同。麻省法院似并未因英格兰衡平法院制定了前述法则就欲言又止。道德话术不再适用,而责任的外在标准已经确定。但即便合同始于欺诈,除非合同的基础就是法律所认定之欺诈,我还是认为,就算合同直接因为欺诈而达成,其效力却并不受欺诈所影响。但合同和所谓默示条件都不要求必须存在当事人进行虚假陈述之事实,而只要求一定不能存在虚假陈述。条件的内容并非说,受诺人不可以是另一位特定的某乙君,也并非说,桶装物须得是鲭鱼,而是说,受诺人并未就重大事实对他撒谎。 326

这就引发一个问题,如何判定何者为大事?既然合同并未要求这般事实,唯一的判定方法就是,当事人信其为真,而可能正是因为这股信念,导致了合同成立。

人有时候会认为,法律并不关心立约动机。基于以上行文,这种观点是不正确的。与此相反,就合同之外的欺诈而言,其全部意义就在于,它创生出虚假的动机,而转移了真正的动机。这一思考能够提供一个合理的标尺,以检验当事人在何等情形下可以撤销合同。有人说,要达到这一效果,欺诈性陈述须得为重大。但我们将如何判定何者为重大?假如我的以上观点是正确的,那么,我们

---

〔1〕 *Fisher v. Mellen*, 103 Mass. 503.

〔2〕 *Supra*, p. 136.[译者注:边码136。]

要求助于一般经验,用以判定,当事人相信陈述之事实为真的,该信念是否自然而然地导致合同成立,或是否自然而然地阻却合同成立。

假设该等效果并非由该信念自然而然地造成,则无论在一般情形下,还是在特定情形下的给定情境之中,欺诈与否都无关紧要。设有一人,因为信了另一人的虚假陈述,称自己是托马斯·杰弗逊的曾孙,而与该人签署了一份合同,我并不认为这是一份可撤销合同,除非受约人在立约之前就得知,基于特定的理由,该人的谎话会导致合同成立。

行文至此,那般阻却合同成立的条件或理由,都与当事人在合
327 同之外的行为相关。我还是将自己的讨论范畴限定于那般能为法律所解读的条件——所谓该条件是解读出来的,意思是说,这些条件并没有直接体现在允诺附加条款所表达出来的字面意思里。现在我来分析那些涉及某些事实且该事实又多少为当事人签署合同所参考的条件。

这种条件可见于只有单方允诺的合同。有观点认为,比起双务合同中的相同用语,在合同为单务且因此合同用语皆由允诺人作出时,那般对允诺人有利之条款,更容易被解读为允诺人所开立的条件;必须如此解读,原因在于,既然如此假定,该允诺并非由对方作出,那么,如这些条款并未创设条件,允诺人就不会获益[1]。这种观点虽能自圆其说,但它实际上能对合同法原理贡献多大的效果,殊为可疑。

在双务合同中,双方均有允诺。对其中一方有利的默示条件,是对方践行允诺。如果对双务合同进行一般研究,则以上观点是

---

〔1〕 Langd. Contr. (2d ed.), § 33.

自足的。

合同所允诺之内容可以是现在或未来存在某事实。允诺可以仅针对后一种情形。但前一种情形下的允诺,在合同中同样是重大条款。

由此,我们再一次面对陈述法则,只不过在这里,角度是全新的[1]。无论有无欺诈,作为合同的一部分内容,陈述的真实性总是可以作为合同的条件。实践中也经常如此。不过,就一方之用词,其所蕴含的陈述并不总是成为对对方有利的条件。设某甲同 328
意卖出、某乙同意买入"某甲享有所有权而为某乙占有用于赛马的一匹马,它名叫艾克利普斯,年方七岁,红褐色"。其实该马的肤色是红棕色,而非红褐色。我并不认为某乙可以基于这个理由而拒绝为该马付款。假如法律竟然如此呆蠢,竟然仅仅追求形式上的一致性,那么该合同的条款之间绝对存在抵牾,这就仿佛在前述情形下,双方就特定桶装鲭鱼达成了合同,可实际桶装物是海盐。如能采用这种观点,则世人不会签署附带条件的合同,甚至不签署任何合同。但世人签署了合同,甚至签署了不带条件的合同。前文已述,并非每一种条款间矛盾都会导致合同无效,也并非每个条款中缺少反允诺都导致合同可撤销。在此例中,可以直观地看到,买受人确切地知晓其要买入什么,因此肤色之误解对于合同并无影响[2]。

话又说回来,如果合同内容中包括欺诈性陈述,而该陈述曾经误导过收听陈述的当事人,则合同可以撤销。这一法则,仿佛该陈述是在合同成立之前作出的。但合同在描述陈述时,常常将之等

---

〔1〕[译者注]前文所阐发的,是合同之外的陈述。

〔2〕See the explanation of *Dimech v. Corlett*, 12 Moo. P. C. 199, in *Behn v. Burness*, 3 B. & S. 751, 760.

同于保证一类的用语，而这就去掉了与欺诈的逻辑相关性。这些用语是否混淆，由法院依照常识来判定，如对其文义进行参详、考
329 虑合同用语所传达之事实交换的重要性，不一而足。但在合同用语之描述被判定为保证时，该判定的意蕴不仅在于当事人受到陈述内容之真实性的约束，还在于这种真实性成了合同（可撤销与否）的条件。

以一个显眼的案子[1]作为例证。合同书中称，在合同订立之时，原告之船舶停泊在阿姆斯特丹港，该船应当全速前往英格兰纽波特，并在彼处装载整船煤炭，运之香港。在租船合同[2]签署日，该船并不在阿姆斯特丹，她[3]四天之后才到。原告此前就注意到，被告认为时间非常重要。法院认为，船舶须在合同订立日现身阿姆斯特丹港，此乃合同的条件，违背该条件的，被告可以拒绝装船，并撤销合同。有观点认为，条件须得为将来发生的事件，而允诺旨在以过去或现在发生之事件为条件的，视为允诺未能作出[4]。如采此种观点，则本案之被告绝对没有作出允诺，他的允诺只在某情形发生时作出，而该情形并未发生。对此类案例所发表的这种观点，我已经提出过反驳[5]，而且还须说明，就我所知，法院并未采纳这类观点，针对本案当然更没有采纳。

有人提出另一个理由，认定租船合同自始无效，而不认为这只是一个可撤销合同。此观点同样与判决相悖，而我虽然回应过，但
330 一直不是很满意。在本案中，船舶出租人的陈述，语涉船舶本身，而其正好落入承租人同意在合同中所描述者。我不是很明白，为

---

[1] *Behn v. Burness*, 3 B. & S. 751.

[2] [译者注]charter-party。

[3] [译者注]霍姆斯多次将船舶拟人化。

[4] Langd. Contr. (2d ed.), § 28, p. 1000.

[5] 见第八讲。

何此合同条件之间的抵牾，不如将桶装海盐表述为桶装鲭鱼的买卖合同那么要命。为何这两个条款的矛盾之处——前面一条称，当事人所售卖的，乃是桶装物；而后面一条称，所售卖的乃是鲭鱼——会大到影响合同本身的存在性？原因在于每一条都触及该合同的根本和核心〔1〕；在于，强令买受人接受某物，以使其符合其中一个条件，但同时又不符合另一个条件，等于强令做一件有违允诺的别事；原因还在于，允诺买入同一个物并同时符合两个条件，这是基本事项上的矛盾体。前文已论证，法的运行基础不在逻辑，且不会认为细微的不一致可令当事人有权撤销合同。但话又说回来，假如两个重要条款之间出现了抵牾，这对合同的延续性是致命的。而我们将如何判定一个给定的条款是否重要呢？最佳解决方案当然就是去看当事人彼时是如何对待该条款的。倘若当事方并未表述此内容，我们可以参考日常生活中的用语和处理方式〔2〕，并可以认为，前述未能表述之内容足以让商谈事项面目全非的，该内容的体现就对合同延续性至关重要。不过当事人也可以达成合意，任何事项，无论其多么琐碎，都应当体现在合同中；也可以合 331
意，任何事项，无论其多么重要，都可以不体现。如重要事项成为合同表述的一部分，且其表述的，又是能为五感所辨识的特定对象，合同中缺失该事项的，难道不是没有成立吗？如事项在世人口中是一个性质，在合同表述中又是另一个性质，合同难道不是也没有成立吗？出于合同之目的，事物是否具有性质上的相同点或差

〔1〕 *Kennedy v. Panama*, &c. *Mail Co.*, L. R. 2 Q. B. 580, 588; *Lyon*, *v. Bertram*, 20 How. 149, 153. Cf. Windscheid, Pand., § 76, nn. 6, 9.

〔2〕 Windscheid, Pand., § 76(4). See, generally, Ibid., nn. 6, 7; § 78, pp. 206, 207; § 82, pp. 216 *et seq.*

异性，其特质不应由阿加西[1]或达尔文来判定，也不能由多数人来判定，而应由当事人的意志来判定。他们可以认定，为合同之目的，他们所主张之事物，应当具有如此这般的特质[2]。如我所料不错，现在就来分析，用什么来证明某个条件是重要条件，而如果缺少该条件，所商谈之事项会出现口头上和合同陈述上的本质差异。并且，保留什么样的证据，会优于这种安排，即一方当事人提出要求的，另一方当事人即就该要求的存在性得到了保证。可是合同内容陈述道，特定船舶在合同签署日停泊在阿姆斯特丹港。该陈述被认定为默示保证条款。它似乎未能被认为存在矛盾并令合同无效，而只被认为给了被告一个阻却合同成立的选择权[3]。而即便是买卖合同中的明文保证，也无法取得如此效果，并且，在对方违反保证之情形，英格兰法并不允许买受人撤销合同。在这最后一点上，麻省的法律大为不同。

前文已经阐释了英格兰的这一条买卖制度，即所有权转移的，买受人已经享有了某种合同利益，因此不能基于现状而向出卖人主张恢复至合同成立之前的状态，一如撤销合同时的必然操作[4]。这种推理方式即便是为了证明合同不可撤销，也殊为可
332
虑。它无法左右合同无效的观点。因为，合同无效的，所有权并不转移。

有人或认为，船舶出租人的允诺并无抵牾之处，因他只允诺提供一条特定的船舶，而在实际提供船舶时，“此刻正停泊在阿姆斯

〔1〕［译者注］Jean Louis Rodolphe Agassiz(1807–1873)，瑞士裔美国人，博物学者、地质学家。

〔2〕Cf. Ihering, Geist d. Röm. Rechts, § 48, III. p. 116(Fr. transl.).

〔3〕See however, the language of Crompton, J. in s. c., 1 B. & S. 877. Cf. 2 Kent, Comm. (12th ed.), 479, n. 1, A(*c*).

〔4〕Behn v. Burness, 3 B. & S. 751, 755, 756.

特丹港”之文字不过是个过去的事态,且不属于该人允诺提供船舶之表述。可是,一旦该等文字被判定为重大内容,它就成为表述的一部分。并且允诺的内容是,要提供一条名为马达班湾[1]的船舶,而该船舶在合同签署日停泊在阿姆斯特丹港。如此解释的话,其允诺就存在抵牾之处。

或许要从实际出发,才能找到真正的解决方案。事实上,就合同条款之间的不一致,无论其程度之深浅,法律确立了三个效果维度。如矛盾条款中的其中一条完全无关紧要,其存在性会直接被无视,至多构成当事人主张损害赔偿的理由。倘若现有条款之间存在矛盾,而该等条款中的允诺正好能够表明,其中一个条款不履行的,并不赋予另一方拒绝履行之权利,则法律并不愿意主张合同无效。而倘若两个条款都极其重要,如此,在履行允诺或合同之剩余部分且不顾及其中一个矛盾条款时,一方当事人不仅为褫夺约定的附随权利,也面临一个面目全非之合同的压迫:在此情形下,允诺是无效的。当于中间层面,还有若干类情形,留待失望的当事人自己决定。不过,这类线段身处三种情形之间,比较模糊,故不同司法辖区划线的位置各有不同,这也不奇怪。

就事实之表彰状态的允诺,前文的例证限定于那般触及合同协商事项之表彰条件的情形。允诺的适用范畴当然不止于此。合同也可以用来保证其他事实的存在性。我们也可以寻觅到或想象到此类例证。很明显,合同中的保证,其唯一功效就在给合同附加一个对对方当事人有利的条件。据此可以避免如下问题,即除开条件之外,合同中是否别无他物——这会出现一个矛盾,可用来阻却任何合同的成立。虽然如此,前文的例证已经足以达到这 333

---

〔1〕［译者注］与缅甸的一个海湾同名。

个目的。

我们已经论述了有关若干事实在合同成立之时为真的允诺，现在开始讨论有关若干事实在将来为真的允诺——对未来的允诺。问题在于，一方履行允诺的，何时能构成对方履行合同义务的条件。在实践中，世人倾向于将这个问题视同于另一个问题，而前文已述，两个问题是有区别的。此即，一方之履行，在何时成为要求对方履行之权利的条件。我们很容易想到，允诺以另一方履行其所允诺之事为限，而另一方不履行的，却也不能保证己方有权撤销合同。如一方当事人已经根据合同而获取了重大利益，且该利益无法返还，那么，无论另一方在事后有多么重大的违约行为，获
334 益方想要撤销合同的，都太迟了。违约方甚至可以更进一步。设有一份为期一个月的用工合同，首付十美元，该笔费用不予退还，除非因劳动者的过错而导致合同被撤销；该月届满时再付三十美元。如劳动者在第十四天期满时不当地停工，我认为合同不可以撤销，而已支付和接收之十美元，可以不退还[1]。但话又说回来，雇主没有义务支付另外三十美元，且当然可以就合同提起损害赔偿[2]。

可是，在大多数情形之下，一方背弃允诺，并因此使得受诺人进一步履行之义务得以解除的，受诺人将可以撤销合同。如此，即便世人将前面两个问题混为一谈，也不会造成严重伤害。如一方履行允诺以另一方之履行为限，则合同一般也以该限度为条件。在以下的行文中，我会不断思考，合同是否在严格意义上以一方履行为条件，又或者，其实应当仅仅做如下解读，即在此等情形下，另一方的允诺也存在该等限度。

---

〔1〕 Cf. *Anglo-Egyptian Navigation Co. v. Rennie*, L. R. 10 C. P. 271.

〔2〕 *Ellen v. Topp*, 6 Exch. 424.

现在来解决这个问题,看如此条件是否存在。如急于寻求简洁,且用力过猛,将便捷之门压缩为人为预设的答案之上,则很容易犯错。人为预设之答案,其目的是解释法律上的判定,可它更加隐晦。正如法院时常宣讲的,本题之基石,毕竟是人与生俱来的清醒意识。法的本意,是要推行当事人的意图。而鉴于当事人只在 335
此类事件发生之后才有相应的意图,而假设在事件发生前,他们的意念已经到达发生后的点位,并自然产生了某种意图,于是,法律就帮他们把这种意图说出来。我们会发现,法律上的某些判定是基于那般可以从当事人用语中直接体会出来的默示意图,还有一些是基于对当事人之本意或本来想说却没说出口之话语的间接推论。在不可捉摸的程度上,前述判定彼此之间互相产生了影响。

兰代尔先生留意到一条非常重要的原则,对于法律上的诸多判定无疑具有启发性[1]。此即,当你签署一份双务合同,每一个允诺的对价皆为另一个反允诺,于是乎,从表面上看,一个允诺之履行,要以另一个允诺的履行为代价。另一方履行的内容,表明了其有意获得的回报大小。如某甲允诺向某乙交付一桶面粉,而某乙为该桶面粉向某甲支付十美元,则某甲的意图是用面粉获得十美元,而某乙的意图是用十美元获得面粉。如每个行为均未商定履行时间,则己方未做好履行准备的,无法要求对方履行。

但即便不考虑合同之目的,仅从合同之外观中提炼,其所得也不应止于这一条对等原则。而兰代尔先生的著述并没有体现全部原则。

可从对物的买卖或租赁合同中寻获另一条原则。所有权人允诺某物具备某质量或特征的,该质量或特征能够起到描述买受人

〔1〕 Contracts(2d ed.), § 106, and *passim*.

所允诺买入之特定物的作用。如交付之物不含允诺之特质,买受
336 人可以拒收,原因不仅在于此君并未因为自己遵守允诺而收到等价物,而且在于,此君从未允诺要接受对方实际交来的物[1]。前文已述,就合同所涉之物件的条件,其表述早于拟交付物件之条件为达成的,先前的条件未必总能被认定为符合对拟交付之物的描述。但此处的情形却无法绕过。不过,即便在此处之情形,当事人拒绝接收的权利也有其限度。如允诺的是特定物,且根据该物的主要描述内容,可以通过五感辨识,则此种描述的证明力有时候非常惊人。曾有一案,是一份待履行的特定物买卖合同,法院认为,买受人不能因为合同没有明确保证特定物的质量而拒收该物[2]。

从这类合同中还能提炼一条依赖原则。合同的意图可能在于,一方允诺的履行,将为另一方提供履行允诺的手段。如承租人允诺维修房屋,而房东允诺为其提供维修用的木料,则可以认为,不论前人如何判定此事,在当代法上,承租人的维修义务,一定取决于房东在有维修需要时提供物料[3]。

337 还有一类罕见情形。设有一份双务合同,一个当事人允诺实施某些事项,以担保另一方履行允诺。就此,如认为一方提供担保乃成为另一方履行之条件,则这就体现了人与生俱来的清醒意识。因为当事人要求对方提供担保,这表明其并不放心对方仅有允诺,

---

〔1〕 *Chanter v. Hopkins*, 4 M. & W. 399, 404. Possibly *Behn v. Burness*,前文已提到此案。此案或许就是这么判的。实际交付的船舶并非合同订立日停泊在阿姆斯特丹港的特定船舶。因此,该船并非合同之目的。

〔2〕 *Heyworth v. Hutchinson*, L. R. 2 Q. B. 447, criticised in Benj. Sales (2d ed.), pp. 742 *et seq*.

〔3〕 See *Thomas v. Cadwallader*, Willes, 496; Langd. Contr. (2d ed.), §§116, 140. 兰代尔先生也将此案使用在对等原则中(Contr., §116)。但我认为我在正文中的解释才正确。此案不涉允诺的条件,而只限定了承租人之允诺的效力范畴。因此,若有一人立约允诺在贸易业当学徒,而另一人立约允诺教导该人,则前者之允诺要得以履行,须得后者为教导,且其允诺的效力仅以后者教导之情形为限。Cf. *Ellen v. Topp*, 6 Exch. 424.

而在对方提供担保之前,己方就得为履行的,是一种强人所难,并且令对方提供担保的需求就落空了[1]。

最后一类情形给研究者留下非常深刻的印象——在这类情形中,最重要的判定理由并不是具体或抽象的合同法原理,而只是将某些特定合同的特性作为实操事项来考量。设某甲允诺为某乙工作一天,以换取两美元。某乙允诺向某甲支付两美元,以换取某甲工作一天。这两个允诺不可能同时履行。工作要花一整天,而付款只需半分钟。如何判定先履行哪一份允诺?也就是说,哪一个允诺要依赖另一个的履行?只能参考社会习惯和适当性。如认为,基于对等原则,人在得到某事物之前,不应付款,则这种认识尚不充分。工作成果以金钱给付为代价,同样,收取金钱以工作付出 338
为代价,并且,照道理应先行向工人付款。问题在于,假使某个人没有这么多钱,则不应推定他有付款意图,那么,既然如此,为什么另一人也没有这么多钱,却可以推定他有付款意图?从抽象学理中找不出答案。作为一个阶级,雇主在支付薪酬之事上比起劳动者付出劳动更受到信赖。雇主有权有势,以前做过立法者。基于以上事实,也基于诸如此类的其他考虑,(法律)判定应当让劳动者先干活。但这些判定理由纯粹是从实践中来,而绝对无法从法则或逻辑中得出。

通过参考实践中的出发点,我们可以贯穿此题。再举一例。原告基于他本人和被告之间的一份双务合同而提诉。据合同,原告将卖出而被告将买入产于顿斯科伊[2]的若干羊毛,由原告在敖德萨[3]装船,并在英格兰交货。合同其中一条约定,一旦羊毛装

〔1〕 Langdell, Contracts (2d ed.), § 127. Cf. *Roberts v. Brett*, 11 H. L. C. 337.

〔2〕 [译者注]俄罗斯地名。

〔3〕 [译者注]乌克兰地名。

船,应尽快告知各只船舶的名号。被告答辩称,双方皆知情,被告买入羊毛,其目的是在其生意运转中进行转卖;又称,该商品的价值是浮动的,且只有依照合同告知了装载羊毛的船舶名号,羊毛才可售出,可原告并未按照约定告知船舶名号。法院判决由有史以来最专业的法律人之一巴伦·帕克作出。不过,他却未曾在判决
339 中构思和提出任何专业上或逻辑上的理由。告知船舶名号是否为被告履行货物接收义务的条件?鉴于以上事实对于该问题的解决至关重要,巴伦·帕克陈述了该等事实,之后陈述了如下判决理由:"考虑到本合同的本质,也考虑到双方当事人对于合同签署目的都为知情,而该合同目的如此重要,我们认为这是一个先决条件。"〔1〕

〔1〕 *Graves v. Legg*, 9 Exch. 709. Cf. Lang. Contr. (2d ed.), § 33, p. 1004. 兰代尔先生认为,尽管销售备忘录[译者注:bought note,由行纪人发给买受人]在部分意义上是双务合同,但应理解为单务合同。他又说,可以认为,合同的措辞基于该销售备忘录的措辞,故合同之措辞乃由被告作出,因此构成对被告有利的条件。我不太明白这种观点从何而来,因为当事人在诉讼主张中陈述了双务合同的存在性。问题的提出,是由对诉讼主张的抗辩[译者注:demurrer to a plea,被告承认诉讼主张所涉之事实为真,但认为原告的诉讼理由不充分]而起,而诉讼主张本身也陈述道,原告"有义务根据合同告知"船舶名号。可以看出来,这种解释距离判决的真实理由有多么的天差地远。

第十讲　权利的承受：Ⅰ.死后承受　Ⅱ.活人之间的承受

在题为占有的讲义中，我曾努力证明，权利占有之观念内在地就是荒诞的。一切权利都是添加于事实情境之上的后果，并充实了该情境。通过占有取得的权利，与其他权利的差别，就在于其所贴附的情境，可先后为多人充实。或又在于，在某有体物处于人力掌控的情境中，一人充实该情境，而不顾其充实行为的合法性。 340

如法律认可这种权利，则流转不难；或表述得更精准一点，就本题之对象，多人可顺畅地先后享有相似的权利。设某甲占有一匹马或一块田，他放弃占有给了某乙，则某乙所取得之权利，其站位就与某甲的相同。那般从某甲之权利中派生的事实，不再于某甲为真，而此时于某乙为真。法律在该事实之上所添加的后果，原先为某甲而延续，此时也为某乙而延续。那般能够派生权利的事实情境持续地存在，任何人以任何手段占有了该情境的，就享有了其所派生的权利。

但不存在对合同的占有。某甲昨天向某乙 341

开出一个对价,并收到一个允诺,这种事实就不能为某丙占有,也不能从某甲处流转给他本人。唯一能流转的是,允诺中的权益或负担。它们乃从事实中派生而出,如何能与事实相分离?一言以蔽之,某君未与允诺相干,如何提诉或应诉?

行文至此,我一直认为,就权利或义务而言,那般派生了权利或义务的事实,于权利人或义务人为真。可是,尤其在当代法上,虽然派生了权利的事实于某人不为真或只有部分为真,可他还是能取得或行使该权利。法律的主要问题在于阐明,是何等机制导致了这一结果。

可以看到,该问题并不与权利的整体领域同宽。无论使用何等手段或技巧,某些权利是不可让与的,比方说人身安全保障权或名誉权。另有一些不可让与的权利,它还是与占有相关,而在这种占有观念之限度内,不需要再列举其他不可让与的情形。正如萨维尼所言:“(权利的)承受不能仅依赖自身而适用于占有。”[1]

但我们在理解现代法上的权利流转理论时,可能会被占有观念稍稍带偏。用前引萨维尼的话来说,该理论很大程度上依赖于占有观念,相应地,本讲和下一讲的主题就是权利的承受。我先讲
342 继承法,讲完之后,再讲活人之间的权利承受理论,并将思考二者之间是否存在关联性。

继承法的基石,是将死者与其承受人拟制为同一人。这不难证明。第一步,我将陈述与遗嘱执行人、法定继承人和遗嘱继承人相关的证据。这一步是深入讨论的基础,也有其自身的意义。为了能够理解普通法上的第一类人[2],各个学者已经被劝服,认为有必要思考罗马初民社会中家庭的结构和地位。

---

〔1〕 Recht des Besitzes, § 11, p. 184, n. 1 (7th ed.), Eng. tr. 124, n, *t*.

〔2〕 [译者注]遗嘱执行人。

欧陆学者一直在收集证据，以此证明，在罗马法和日耳曼法的发展初期，社会单元乃是家庭。虽说如此，就家庭财产，罗马《十二表法》却认可，地位较低的家庭成员也享有权益。法定继承人被称作他本人的继承人，如盖尤斯所言，这个表述意为他本人或他本人之财产的继承人〔1〕。保罗认为，在一定意义上，他们就是所有权人，即便在父亲的有生之年，或在其逝世之后，相较取得一定遗产，他们更取得处分财产的充分权能〔2〕。

从此点出发，就很好理解罗马法上法定继承人对过世之家长 343
身份的承受。若财产的所有权人是家庭，而管理人是家长，则该临时领袖辞世的，家庭的财产权不受影响。牵头人死了，家庭还要延续。或许历经迟缓的演变，世人开始认为家长是所有权人，而不再单纯是家庭所有之财产的管理人〔3〕。但他虽有此名义，财产的本质和延续性却得到保留。家长权传之于先祖，又为法定继承人所

---

〔1〕 Inst. II. § 157.

〔2〕 "In suis heredibus evidentius apparet continuationem dominii eo rem perducere, ut nulla videatur hereditas fuisse, quasi olim hi domini essent. qui etiam vivo patre quodammodo domini existimantur. unde etiam filius familias appellatur sicut pater familias, sola nota hac adiecta, per quam distinguitur genitor ab eo qui genitus sit. itaque post mortem patris non hereditatem percipere videntur, sed magis liberam bonorum administrationem consequuntur. hac ex causa licet non sint heredes instituti, dominisunt：nee obstat, quod licet eos exheredare, quod et occidere licebat." D. 28. 2. 11. [译者借 S. Scott 的英译了解此条大意为：存在适格继承人的，所有权的延续性要在法律上得到十分明确的保留，且在形式上看不出来有继承；原因在于，在父亲的有生之年，他们已经被认定为具有所有权人的地位，故应被认定为所有权人。他们被称为家子，正如父亲被称为家父，因此子嗣与家长的区别体现在名号上。因此，父亲过身的，子嗣不被认为取得遗产，而被认为取得了财产的自由管理权。出于此原因，他们即便未被指为继承人，也是所有权人，因为，如他生前有权处死他们，他就有权剥夺他们的继承权。][译者注：保罗的最后一句话似乎在说，家父没有剥夺某个家子之继承权的，在法律上应当自动视他为继承人] Cf. Plato, Laws, la', vi. ：εγωγ ουν νομοετηs ων ουθ υμαs υμων αυτων ειναι τιθμι οντε την ονσιαν ευμαντοs δε του λενουs υμων του τε εμπροσθεν και του επειτα εσομενου.

〔3〕 Cf, Laveleye, Propriété, 24, 202, 205, 211, n. 1, 232; Norton, L. C. Hindu Law of Inheritance, p. 193.

承受。法定继承人所承受的对象,不是彼此分立的此物或彼物的所有权,而是作为整体的遗产或家长权,而家长权附带了某些财产权[1]。在上一任管理人所做之限定范畴内,他顺理成章地接管了管理权,也接掌了家庭权益的代表权。

用专业术语来说,先人之权利义务的集合体,即该人所承载的整体人格,明显不同于其作为自然人的人格。该人格原本是家庭之权利义务的集合体,且原先只能由作为家庭首脑的自然人来承载。由此,这种人格通过继承而延续[2],而他人先前对之造成侵害的,在承受该遗产后,法定继承人也得享诉权[3]。

因此,法律的目的,是开始将罗马法上的法定继承人与其祖辈视为同一人。因此就清楚了,为何在该情形下,权利流转就在法律
344 上变得不可能。关于此,我在本讲开篇就阐释了。某乙不能证明自己作为某乙本人具有名义上的权利,在前述拟制的影响下,他可以不假思索地说,他和某甲是同一人,而某甲享有权利,且法律并不否认某甲的权利。

就此,没有必要再去考察日耳曼氏族法上家庭的权利。现代法上遗嘱执行人制度的特征,就继受了罗马法上的法定继承人制度,这是不存在争议的。遗嘱制度也是从罗马法借鉴而来,在塔西佗的笔下,日耳曼人对此感到很陌生[4]。遗产管理人制度更是晚近对遗嘱执行人制度的仿造。该制度由制定法引入,适用于无遗嘱或因为其他原因而导致遗嘱执行人缺位等情形。

遗嘱执行人对遗嘱人之全部动产享有普通法上的所有权[5]。

---

[1] D. 50. 16. 208.

[2] D. 41. 1. 34. Cf. D. 41. 3. 40; Bract, fol. 8 *a*, 44 *a*.

[3] D. 43. 24. 13, § 5.

[4] Germania, c. 20.

[5] [译者注]相对于“衡平法上的所有权”。

一般而言，他还享有流转权。对于未经分配的剩余遗产，遗嘱执行人一度享有所有权。可以合理猜想，其原因并非他是该特定财产的遗嘱继承人，而是他代表遗嘱人的人格，因此享有遗嘱人如分配完毕之后还在人世可以享有的全部权限。在当代法上，剩余遗产一般通过遗嘱而赠出，但即便在当代法上，它也不能算作对未经处分之剩余动产的特别赠与，由此，我发自内心地认为，这条法则与旧时代的遗嘱执行人制度遥相呼应。

从古至今，英格兰法并不调整剩余不动产的处分行为，这一特点被认为是英格兰所独有。如土地未经遗嘱处分，则不会通过剩余遗产条款处理，而将由法定继承人继承，就仿佛遗嘱对剩余遗产未做安排一样。

再说一次，对遗嘱执行人的任命，其效力可回溯至遗嘱人死亡之日。通过这种方式，人格的延续性得以保留。这种拟制，仿佛罗 345
马法上（在被继承人死亡的）同时将遗产拟人化。

关于普通法上的遗嘱执行人和罗马法上的法定继承人之间的相似性，至此就告一段落。如还记得前文所述之遗产，就很容易了解这句古书里经常出现的话：遗嘱执行人"代表了遗嘱人的人格"[1]。虽说这种同一性拟制是在故纸堆里发现的，但我们要感谢它帮忙克服了一个技术性难题。假如遗嘱执行人代表了遗嘱人的人格，遗嘱执行人就跨越了障碍，可以就遗嘱人的合同起诉或应诉。在爱德华三世执政期，有人对遗嘱执行人提起了盖印契约之诉，一位叫珀赛的抗辩道："我从未听闻，为了起诉遗嘱执行人，而非起诉盖印契约的当事人，起诉人竟然可以申领到盖印契约之诉

---

〔1〕 Littleton, § 337; Co. Lit. 209, *a*, *b*; Y. B. 8 Ed. IV. 5, 6, pl. 1; Keilway, 44 *a* (17 Hen. VII.); *Lord North v. Butts*, Dyer, 139 *b*, 140 *a*, top; *Overton v. Sydall*, Popham, 120, 121; *Boyer v. Rivet*, 3 Bulstr. 317, 321; *Bain v. Cooper*, 1 Dowl. Pr. Cas. N. S. 11, 14.

的诉状。我们只能要求盖印契约当事人履行义务，而不能以该契据来要求其他人。"[1]可是，认为涉诉的允诺乃由遗嘱人某甲而非遗嘱执行人某乙作出，如此抗辩并不会起作用，因法律为此目的而认为某乙即某甲。就此出现了一类判例，在拟制的助力之下，权利流转得以实现。在先民社会，拟制常常用来掩护事实，而倘若事实是另一个面目，先民也就不会发明拟制工具。

英格兰法上的概括承受制度，主要体现在遗嘱执行人和遗产
346 管理人上。不过，如前文所述，虽说他们继承的是权利义务总和，但并未继承所有类别的财产。动产可以流转给他们，而土地流转却走了另一条路。所有未经遗嘱处分的不动产都由法定继承人继承，故不动产继承法则与动产分配法则较为不同。于是出现一个问题，即在英格兰法上，不动产的法定继承人或承受人之于罗马法上法定继承人的区别，是否同于遗嘱执行人之于后者的区别。

在英格兰法上，法定继承人并非概括承受人。在继承时，每一块土地都是分立的特定物。然而，毫无疑问，在这个更为狭小的领域，法定继承人也代表着其先辈的人格。有关早期的日耳曼法是否也存在同等情形，学者持多种观点。拉班博士持肯定观点[2]。索姆的意见相反[3]。一般认为，至少在日耳曼氏族的土地问题上，家庭所有权先于个人所有权出现。已有人做出说明，日耳曼对罗马类似现象何以如此自然而然地亦步亦趋。既然从格兰维尔时代至今，人格同一性原则明显占了上风，就没有必要再去思考此题在普通法上是否源于日耳曼法或罗马法。如日耳曼法无此制度，则可以直白地认为它受到罗马法的影响。如《萨利克法》有此制

---

〔1〕 Y. B. 48 Ed. III. 2, pl. 4.

〔2〕 Vermögensrechtlichen Klagen, 88, 89.

〔3〕 Proc. de la Lex Salica, tr. Thèvenin, p. 72 and n. 1.

度，无论其外观如何，则毫无疑问，其自然起因与罗马法上该制度的自然起因如出一辙。但无论哪种情形，我都相信，现代法的大貌甚至是部分本质，都取自罗马法学家成熟的理论体系。罗马法学 347
家的著述白纸黑字，就是如此表述的。有些法律篇章显示，在盎格鲁-萨克森时代，也存在某种人格同一性[1]，但同样基于前述理由，还是没有必要对相关资料进行证据分析。

下文将直接表明，诺曼征服之后下溯二百年而至格兰维尔时代，法定继承人不是作为个体，而是在更一般意义上代表其祖辈来承受土地。在盎格鲁-萨克森法上，遗嘱执行人没有承担法定继承人意义上的功能[2]，而即便到了布莱克顿时代，也没有演化出后来才演化出的功能。因此，没有必要回溯至诺曼征服时代初期之前，在此之后，遗嘱执行人的指定才开始普遍化，且该人从此才变成如今的模样。

诺曼征服刚过百年，格兰维尔写道，赠与人作出适当赠与的，赠与人的法定继承人应当向受赠人及受赠人之法定继承人作出保证[3]；如赠与人之遗产不足以清偿债务，法定继承人应以自身的财产补足差额[4]。在格兰维尔著述中，法定继承人的责任并非以继承之遗产额为限。苏格兰的《国王之尊》照抄了格兰维尔，也没有规定责任限额[5]。就此，法定继承人与其先人之人格具有同一性，而在优士丁尼引入责任限额之前，这种同一性与罗马法完全相同。可是，一百年之后，布莱克顿却提出截然相反的观点，认为法 348

[1] Ethelred, II. 9; Cnut, II. 73; Essays in Ang. Sax. Law, pp. 221 *et seq.*

[2] 1 Spence, Eq. 189, note, citing Hickes, Dissert. Epist, p. 57.

[3] Glanv., Lib. VII. c. 2(Beames, p. 150).

[4] Ibid., c. 8(Beames, p. 168).

[5] Reg. Maj., Lib. II. c, 39.

定继承人以遗产为限承担责任[1]。早年的欧陆文献显示,在诺曼底以及其他地区,也出现了同样的责任限额[2]。或许法定继承人的责任正在缩小。布莱克顿的两位模仿者布里顿和弗莱特,甚至连布莱克顿本人都似乎认为,法定继承人并无义务偿还其先人的债务,除非先人在文书中对他提出了特别要求[3]。法律在后世明确,欲令法定继承人担责,须得明文交代。

可是,布莱克顿又在别处作出说明,认为在他本人的时代,无论基于哪种情形,法定继承人及其先人的人格同一性现象还是接近于概括承受的内核。他自问道,遗嘱人可以将诉权赠与他人否?又自答道,不行,因为在其生前,若干债务并未得到确证,也并未得到偿还。可是,法定继承人本就享有该等诉权,且他只能在世俗法院提诉,因为,如该等债务尚未经过适格之法院判决偿还,遗嘱执行人不得在教会法庭提起诉讼[4]。

这表明,人格同一性发挥了两方面的作用。先人欠下的债务,
349 应由法定继承人归还。他人亏欠先人的债务,应还给法定继承人。在此之后,遗嘱执行人方能在王座法庭以及教会法庭取代他的身份。在前述限度内,法定继承人之先人曾将财产售卖的,法定继承人有义务就财物交付对买受人及其法定继承人作出保证[5]。既

[1] Fol. 61 *a*.

[2] Sachsensp. ,II. 60, § 2, cited in Essays in Ang. Sax. Law, p. 221; Grand Cust, de Norm. ,c. 88.

[3] Britt. ,fol. 64 *b*(Nich. ed. 163); Fleta, Lib. II. c, 62, § 10. Cf. Bract. ,fol. 37 *b*, § 10.

[4] Bracton, foL 61 *a*, *b*. "Item quaero an testator legare possit actiones suas ? Et verum est quod non, de debitis quae in vita testatoris convicta non fuerunt nec recognita, sed hujusmodi actiones competunt haeredibus. Cum autem convicta sint et recognita, tunc sunt quasi in bonis testatoris, et competunt executoribus in foro ecclesiastico. Si autem competant haeredibus, ut praedictum est, in foro seculari debent terminari, quia antequam communicantur et in foro debito, non pertinet ad executores, ut in foro ecclesiastico convincantur."

[5] Bract. ,fol. 62 *a*.

然已经有证据证明，现代法上的法定继承人制度以概括地代表其先人为起步，又既然这种法律地位有其限度，就没有必要再去在后世的文献中寻觅这方面的表述。不过，我们已然查知，在爱德华一世执政期，观念还在认为遗嘱执行人在代表遗嘱人的人格，同样地，观念也认为法定继承人也代表着其先人的人格〔1〕。过了许多年，又有人认为，“透过遗产的继承，法定继承人取得与先人相同的人格，该人格同于先人”〔2〕。

一位前些年才过世的优秀法官曾重复使用爱德华或詹姆士君王治期法律人常用的判词。巴伦·帕克认为，一般而言，当事人对契据无所有权而对之实际占有的，无须向法院出具，不过，也有例外，即“法定继承人和遗嘱执行人各自代表其先人或遗嘱人，可以主张将本应出具给先人或遗嘱人的释权文件〔3〕出具给自己；涉及若干性质的侵权人的，亦可如此；因为，在前述情形下，各个当事人可以先后享有同一个权益，而这种承受性构成了人格的同一性”〔4〕。

可这并非全部真相。人格同一性被演义得更加深入。设有一人对某块土地享有可继承的〔5〕地产权。如他有子而无女，则他死亡的，由长子继承前述地权，而如他有女而无子，则诸女平分。在此情形下，若干人合力延续其先人的人格。 350

何为人格？它并非其先人之权利义务的总和。我们已经知

---

〔1〕 Y. B. 20 & 21 Ed, I. 232; cf. ib. 312.

〔2〕 *Oates v. Frith*, Hob. 130. Cf. Y. B. 5 Hen. VII. 18, pl. 12; Popham, J., in *Overton v. Sydall*, Poph. 120, 121 (E. 39 El.); *Boyer v. Rivet*, 3 Bulstr. 317, 319–322; *Brooker's Case*, Godb. 376, 380 (P. 3 Car. I.).

〔3〕 ［译者注］关于释权，见边码 267 的译者注。

〔4〕 *Bain v. Cooper*, 1 Dowl. Pract. Cas. N. S. 11, 14. Cf. Y. B. 14 Hen. VIII. pl. 5, at fol. 10.

〔5〕 ［译者注］封臣并非从一开始就有权将采邑留给子女，可继承性是个历史过程。

道,在很多个世纪的时间长度内,他的概括性身份,即减去地权之后的权利义务总和,为其遗嘱执行人或遗产执行人所吸收。而长久以来,由法定继承人所延续的人格,却限定在专门意义上的不动产,意即封建法上的财产权之内。它有别于动产,据布莱克斯通所言[1],非为封地的,一概是动产。

可是,法定继承人之人格,也并非其先人之不动产权利义务的总和。前文已述,地权的继承,乃是分别进行,并未纳入更广义的权利义务总和范畴。不同土地的继承规则互为不同,故同一人可能无法继承两块土地,这是实情[2],可权利义务总和不包括不动产,原因却似不在此,应当说,原因出在封地财产权的内核。据不
351 断发展的封建制度,土地保有仅是复杂人身关系的附随权利之一。封授土地是为了享有役务,如役务未履行,则可没收土地;领主本人违背义务的,(封臣)也可拒绝履行役务[3]。更精确地说,在封建时代的起点,即查理曼大帝执政期,一人只能保有一个领主的土地[4]。在后世,即便保有多个领主之土地已成常态,他们之间的人身关系还是很严格,而其变动,只涉及不去履行互相抵牾的役务。格兰维尔和布莱克顿[5]说,封臣保有不同领主之土地的,应为每一块封地而效忠,但其忠心应保留给其最大封地对应的领主;领主之间开战的,最大领主可令封臣亲随参战,封臣应当听令;封臣因不同封地而对其他领主也有役务未履行的,将不为履行。

于是我们看到,封臣就其保有的每一块封地都取得一个不同

---

〔1〕 2 Comm. 385.

〔2〕 Cf. Glanv. ,Lib. VII. c. 3;F. N. B. 21 L;Dyer,4*b*,5 *a*.

〔3〕 Cf. Bract. ,fol. 80 *b*.

〔4〕 Charta Divis. Reg. Franc. ,Art. IX. & VIII. Cf. 3 Laferrière,Hist du Droit Français,408,409.

〔5〕 Glanv. ,Lib. IX. c. 1(Beames,pp. 218,220);Bract. ,fol. 79 *b*.

的人格或身份。此块封地上附随的权利和义务，与彼块所附随的毫无关联。此块封地的继受，与彼块毫无关联。每一次继受，都承载了不同的人身关系。承受人（的身份与命运）将由这种晦暗不明的关系所决定。

本题所试图定义的人格就是此种地权。每一块封地都是一个不同的人格，或用布莱克顿以来一直使用的称呼，它都是不同的遗产。我们已经看到，当法定继承人多于一人时，封地也可能通过他 352
们得以延续，正如只有一个法定继承人时，也通过他得以延续。这就好像公司可以有数量不等的成员。在继承时，不但可以同等方式同时将封地纵向分配给多个利益相关人，还可以将它分割成具有承受关系的权益，为人所先后享有。用专门的话术来说，它可以被分割成一种特定地产权和余产权。可是，他们都是同一块封地的组成部分，可以用同一个拟制方法进行规制。我们可以在一个年份久远的判例中查看到这种表述，“将来权益〔1〕人和特定地产权的保有人合起来，也不过是一个保有人”〔2〕。这当然不过是法律人的陈述之言，但能用来窥探如下一条有必要解释为具有如此效果的法则：土地终身保有人去世的，如世人对他给出了舛错或失真的评语，则等于将来权益人犯了错误，有了污点〔3〕。

行文至此，小结如下：现代英格兰法上的法定继承人，其典型特征于诺曼征服之后不久就已经成型。在相当宽泛的意义上，他原本是概括承受人。很快，他的许多相应功能就转移给了遗嘱执

---

〔1〕［译者注］将来权益是地权人将诸如定期保有地产或终身保有地产让与他人之后可期待的权益。让与之权益终止的，让与人可享有将来权益或归复权益，如终身保有地产权益人死亡的，让与人的地权自动归复为完整。见《布莱克法律大辞典》词条 reversion。故正文接下来的文句涉及土地终身保有人。

〔2〕 *Brooker's Case*, Godbolt, 376, 377, pl. 465.

〔3〕 Dyer, 1 *b*. Cf. *Bain v. Cooper*, 1 Dowl. Pr. C. N. S. 11, 12.

行人。法定继承人的权利开始集中转向不动产权利。他的责任开始集中转向不动产相关责任。他的义务也开始发生转变,以其先人明文要求其承担的为限。每一块封地或封建制度下的遗产,其继承法则都截然不同。这些土地并非先人之权利集合体的部属。无论如何,自始而终,遗嘱执行人和法定继承人在其各自范畴之内都代表着逝者的人格。出于了结逝者之权利义务的目的,法律也视他们与逝者为同一人。

353 前文已经指出了该特征对于逝者所订立之合同的影响。其实影响的还不止合同。影响是各方各面的。然而最鲜明的例证,却是权利的时效取得。举一个通行权的例子。要对邻人之土地取得通行权,只有两个方法,一个是让与,另一个是对立通行长达二十年。设有一人,对立通行十年,然后他死了。该人的法定继承人接着通行了十年。法定继承人有无取得权利?如只用常识,答案一定是否定的。先人并未取得通行权,因其通行年份不够。法定继承人的通行年份也不够。如有人侵犯了法定继承人的通行权,法定继承人如何提出更优权利主张?设有四个互不相识的人,每人通行五年,很显然,最后一人并未取得通行权。但我们已经小心求证,此处存在拟制。从法律的角度,并非两个人,每人通行十年,而是一个人,他通行了二十年。法定继承人可利用延续其先人之人格的便利,故他已经取得通行权。

至此,我来到本题最为艰深、也最为晦涩的部分。除了法定继承人和遗嘱执行人,人格同一性的拟制有无延展运用于其他人?这有待发现。不唯如是,倘若我们查清[我们也能查清],比起(活人之间的权利转让)条款中的特定表述,该同一性拟制并未体现出更为深远的意义,则依然会引发一个问题,即继承法可能造成的思维模式和观念有没有静默地改变活人之间的往来法则。我认为,这种思维模式和观念明显造成了深远的影响，理解不了继承法理论，就理解不了活人之间的权利承受。

欲破此题，难点在于如何说服那些心存疑虑者，因为他们不信 354
此事还有可阐释之余地。在当今之观念，说权利有其价值，几乎等于说它可通过售卖来变现。但情况并非一直如此。欲售卖权利，先得在法律层面能想通售卖之事。本讲之开篇，我举了一个合同转让的例子。适才还举了一例，设当事人均不符合时效取得的要求，未能对立通行长达二十年，此时该如何享有权利。后例中的流转，流转的甚至不是权利，而是过去十年持续侵权的事实。在成为通行权之前，通行之不可用于占有权，仿佛其不可用于合同。接下来，假设合同可以售卖，假设买受人可以将出卖人之对立通行的期间算成自己的通行期，那么，法律是通过什么机制达到这个效果的？

但凡对古代任意一个法统有最粗浅的认识，就能知道这个机制的创设有多艰难，进展有多迟缓，而没有它，权利流转又有多么受限。我们如此譬喻，说买受人前迈一步，穿上了出卖人的履屣。倘若我们以为，光靠常识就能有此认知，这就大错特错了。设想一下，买卖行为以及其他和平让与行为，是以战争状态下的掠夺为外
观，一如稚嫩期的罗马法所描绘[1]。这种外观至少在一个情形中 355
得到部分延续，即抢亲。其实各方早已以更文明的买卖行为模式议定了婚事。这体现了一种观念，即买受人对立地进入出卖人的

---

〔1〕 关于此事，我在1872年10月《美国法评论》第七卷第49页和第50页提到一二例证。在考察出该等细微事项，并在研习耶林《罗马法精神》第10-48节之后，我已知足。我不可能比该著述研究得更好。只需多说一句，我有我的研究目的，没有必要如耶林一样深入，并且耶林也没有得出如我要得出的结论。See further，Clark，Early Roman Law，109，110；Laferrière，Hist，du Droit Franç.，I. 114 *et seq*；D. 1. 5. 4，§ 3；Gaii Inst. IV. § 16；ib. II. § 69.

站位。这种观念肯定与对立取得之拟制相伴相随。而买受人所身处的站位,似已创设一个全新的权利。如不承认占有,要在法律上完成权利流转,只能从脱胎于其他法源的观念中寻求帮助。

这里所谓其他观念的法源,可以是家庭法。继承法提供了一种拟制,一种思维模式,这些已经延伸到了其他领域。为了证实这种延伸性,有必要再次考察罗马法,并考察日耳曼以及盎格鲁-萨克森习惯法的残迹。

我将首先考查日耳曼和盎格鲁-萨克森习惯法,这些法律是普通法其中一脉的祖先。我们从这般法源所得出的结论,并非与本题具有直接的关联性,但它能够奠定一个基础,可以展示不同法律部门的发展进程。

买受人与法定继承人具有明显的近似性,民俗法也常常利用这种近似性,只不过其目的与英格兰法不一样。其目的就是扩大可流转性的领地。我们应该还记得,起源阶段的日耳曼法和罗马

356 法处处体现家庭所有权。起初,财产的让与,很难超出家庭的边界,故为解决让与问题,就要制造一个形式,令受让人成为法定继承人。

该结论可用语言演化史来指明。正如贝泽勒[1]和其他人所评注的,法定继承人[2]本意是逝者之财产的承接人,后来就引申为濒死赠与[3]受赠人,甚至在更广泛意义上指一般受赠人。基于类似思路,人使用继承[4]一词来指代土地转让。通过援引埃万[5]

---

〔1〕 Erbverträge, I. 15 *et seq*.

〔2〕 [译者注]*Heres*。

〔3〕 [译者注]*mortis causa*。完整表达是 gift *mortis causa*。

〔4〕 [译者注]*Hereditare*。

〔5〕 [译者注]Hévin。可能是法学家皮埃尔·埃万(1621-1692)。

(的论述),拉费里埃[1]提请注意,在古语中,“买受”的表达方式,乃是法定继承[2],买受人乃是法定继承人[3],售出乃是剥夺法定继承[4]。

《萨利克法》给我们提供了无可辩驳的明证。一人可让与其整体或部分财产[5],其方法是,他将该财产的占有交付给受托人[6],而受托人可以在十二个月内将其交付给受益人[7]。法条说,赠与人将受赠人称呼为法定继承人[他被称为法定继承人[8]]。就此,人可以兴之所至,自愿将财产转让给自由选择的对象。该对象不必是概括承受人,当然也不限于概括承受人。不过,受让人的名称,依然是法定继承人。该词原初指代承受者,在此也引申为买受者[9]。如其含义扩大,一定是其所承载的观念进行转折,有了新的用途。该等流转行为似介于法定继承和买卖观念的半途。后世 357
莱茵河畔的法兰克人在看待前述观点时,他们的律法更为不同。如一人无男嗣,该人可任选财产赠与的对象,无论是生人还是亲人,而赠与方式,既可以如《萨利克法》所指的一样,以法定继承为

---

[1] Hist, du Droit Franç. , IV. 500.

[2] [译者注] *hériter*。

[3] [译者注] *héritier*。

[4] [译者注] *déshériter*。

[5] “Quantum dare voluerit aut totam furtunam cui voluerit dare... nec minus nec majus nisi quantum ei creditum est.” Lex Sal. (Merkel), XLVI.

[6] [译者注]是信托法上的 trustee。

[7] Lex Sal. (Merkel), Cap. XLVI. , *De adfathamire*: Sohm, Fränk. Reichs u. Gerichtsverfassung, 69.

[8] [译者注] *quos heredes appellavit*。

[9] Beseler, Erbverträge, I. 101, 102, 105.

名行让与之实[1],又可通过文书或交付进行[2]。

伦巴第人也有类似转让制度。受赠人不仅在称呼上是法定继承人,且在赠与人逝世之后接收财产的,就赠与人的债务,他也要如法定继承人一样承担责任[3]。据《萨利克法》,付不起赎罪赔偿金的人可以符合法律程序的方式转让其房屋土地,同时转让其责任。不过转让限于直系卑亲属[4]。

该房屋土地或曰祖屋,最初只能严格限于家内流转。至少在英格兰,承受人选择范围在逐步扩大,据此,流转的自由度再次提升。可以相信,这一发展过程体现在古代的文契里。这类文契为
358 数不多,但很难相信其发展过程是历史的意外。皇家赠与文契,先是允许在亲属之中遴选若干继承人,后来,遴选范畴又超越了亲属。公元 679 年,有一份文契写道,"赠交你和你的后裔保有"。一百年之后,又一份文契写道,"允许他占有,他死后,可通过遗嘱遗留给选定的继承人"。又一份,"他死后,可以自由行使[遴选]权能,遗留给他希望[遗留]的亲属"。公元 736 年,有一份较为久远的文契更进一步写道,"终其一生,他都可以行使保有和占有权能,

---

[1] [译者注]*adfathamire*。似为 ad fathamire。Fathamire 即 affatomie,是《萨利克法》第四十八章中的一个用语,指代通过继承方式进行财产的让与。

[2] "Omnem facultatem suam…seu cuicunque libet de proximis vel extraneis, adoptare in hereditatem vel in adfatimi vel per scripturarum seriem seu per traditionem." L. Rib., Cap. L. (al. XLVIII.); cf. L. Thuring. XIII. So Capp. Rib. § 7:"Qui filios non habuerit et alium quemlibet heredem facere sibi voluerit coram rege…traditionem faciat."

[3] Ed. Roth., cap. 174, 157; cf. ib. 369, 388; Liutpr. III. 16 (al. 2), VI. 155 (al. 102). Cf. Beseler, Erbverträge, I. 108 *et seq.*, esp. 116–118. Compare the charter of A. D. 713, "Offero…S. P. ecclesia quam mihi heredem constitui." (Mem. di Lucca V, b. No. 4.) Troya III. No. 394, cited Heusler, Gewere, 45, 46. Cf. ib. 484. 毫无疑问,这一制度受到罗马法影响。但这也令人想起亨利·梅因爵士所援引之埃尔芬斯通《印度史》[卷一,第 176 页]的内容,村社之社员在售让财产时,"买受人精准地步入他的位置,承担他的一切债务。"《古代法》第八章,第 263–264 页[译者注:梅因在《古代法》第五章也引用了埃尔芬斯通。感兴趣的读者可翻阅拙译《古代法》,法律出版社 2016、2019 年版]。

[4] (Merkel) Cap. LVIII., *De chrene cruda*. Sohm, Fränk, R. u, G. Verf., 117.

也可以在生前或死后留赠给他选定的任何人”。在 9 世纪初，受赠人即享此项权能，将财产遗赠给任何人，或在更宽泛意义上，受赠人可在生前进行互易或赠与，并在死后将之遗赠给他遴选的任何人——或曰，他可售卖，可互易，可遗赠给其选定的任何继承人[1]。对继承人的遴选，令人联想起适才提及的《萨利克法》上的 359
“他被称为继承人”，也可与诺曼征服之后约于公元 1190 年出现的一份文契之内容相比较：“致 W 君及其继承人，即为 W 君定为继承人者。”[2]

通过亲属之拟制而特别实施继承，最为绝妙的例证来自冰岛的叙事诗《被焚者尼亚尔》。这个传说栩栩如生地展现了一幅社会图景，该社会之文明程度，与《萨利克法》所展示的萨利族法兰克人不相伯仲。该传说提到，适格的原告准备将其法律诉讼事务移交给一位对法律谙熟于心且对诉讼游刃有余者——其实是移交给一名律师。可在当时，法律诉讼事务是个用来解决世仇问题的替代

---

〔1〕 A. D. 679："Sicuti tibi donata est ita tene et *posteri tui*." Kemble, Cod. Dip., I. 21, No. XVI. Uhtred, A. D. 767："Quam is semper possideat et post se *cui voluerit heredum relinquat*." lb. I. 144, CXVII. ("Cuilibet heredi voluerit relinquat" is very common in the later charters; ib. V. 155, MLXXXII.; ib. VI. 1, MCCXVIII.; ib. 31, MCCXXX.; ib. 38, MCCXXIV.; and *passim*. This may be broader than *cui voluerit heredum*.) Offa, A. D. 779："Et se vivente habe... deat. et post se suae propinquitatis homini cui ipse vo... possidendum libera utens potestate relinquat." Ib. I. 164, 165, CXXXVII. AEthilbald, A. D. 736："Ita ut quamdiu vixerit potestatem habeat tenendi ac possidendi *cuicumque voluerit* vel eo vivo vel certe post obitum suum *relinquendi*." Ib. I. 96, LXXX.; cf. ib. V. 53, MXIV. Cuthred of Kent, A. D. 805："*Cuicumque hominum voluerit* in aetenam libertatem *derelinquat*." Ib. I. 232, CXC. "Ut habeat libertatem commutandi vel donandi in vita sua et post ejus obitum teneat facultatem relinquendi cuicumque volueris." Ib. I. 233, 234, CXCI.; cf. ib. V. 70, MXXXI. Wiglaf of Mercia, Aug. 28, A. D. 831："Seu vendendum aut commutandum I cuicumque ei herede placuerit derelinquendum." Ib. I. 294, CCXXVII.

〔2〕 "W. et heredibus suis, videlicet quos heredes constituerit," Memorials of Hexham, Surtees Soc. Pub., 1864, II. 88.

方案,且世仇和诉讼都是专属于家族的事务[1]。相应地,族人被杀而引发诉讼事务时,将讼务移交给一个陌生人,该举乃是创新,得与诉权专属于被害人之直系卑亲属的观念相融。赫尔格为弗洛斯所杀,索盖尔遂对弗洛斯提诉,并将诉讼事务移交给莫德。移交方式如下所述。

"于是,莫德握住索盖尔的手,呼唤两名证人予以见证。他说,'索盖尔·索瑞尔之子把控诉弗洛斯·索德之子杀人的诉讼事务交给我来办,事务包括提出诉讼主张,进行和解,享有各种诉讼权
360 利,仿佛我是合法的直系卑亲属。你依照法律将它交给我,我就依照法律从你这里接收'。"事后,这些证人要来到庭前,以如下话语,对该等移交之事予以见证:"于是,他把此诉移交给了他,连同此诉的证据和程序。他把提出诉讼主张、进行和解、行使各种诉讼权利的诉讼事务全部移交给了他,仿佛他是合法的直系卑亲属。索盖尔已经合法交出,而莫德已经合法接收。"虽然诉讼事务经历了换手,但诉讼程序继续进行,仿佛该直系卑亲属就是原告。这一点在程序中进一步得到证明。被告通过血缘关系和受洗与否,在庭上向两个人发起挑战,质疑他们与受让人莫德的关系。可是莫德抗辩说,这一挑战并不成功,因为"他所挑战他们的,不是他们与真正原告的亲属关系,真正的原告是直系卑亲属。他所挑战他们的,是他们与在诉讼中提出主张之原告的关系"。于是,被告只好承认莫德用对了法律。

现在从日耳曼法转向罗马法。它与本题具有莫大的关系,因为我即将查证,罗马法的继承法则已经纤毫不改地嫁接到现代法

---

〔1〕 Cf. Y. B. 27 Ass. ,fol. 135,pl. 25. 在威尔士法中,庭审赖决斗定是非的,胜者将获得直系卑亲属享有的各种权利,故直系卑亲属即适格的胜者。Lea, Superstition and Force(3d ed.),165. Cf. ib. 161,n. 1;ib. 17.

之上。

早期的罗马法只承认那些接受同一家长权领导且同属于一个父系家庭的成员为亲属，他们被视为具有共同的祖先。人妻被纳入夫家，而丧失与原生家庭的亲缘，故通过女性而联结的关系被全体排除在外。法定继承人与先祖的关系只能通过男性而寻溯得到。随着文明的演进，本条法则已然发生了改变。尽管血亲并非在法定继承人之列，但裁判官还是给予他们遗产权益，而这 361
无法得到古代继承法的认可〔1〕。这个改变的发生，并非依靠黜废旧法。旧法得托市民法之名而存续。新法融入旧法，靠的是拟制。血亲可以通过将自己拟制为法定继承人而起诉，其实他并不是〔2〕。

确定法定继承人最古老的方式之一，是将家长权中的权利义务全部售卖给意属的继承人〔3〕。这种权利义务总和的售卖，在后世从继承之情形延伸出去，适用于破产之情形——在当事人有意将破产人的财产交由受托人分配时。受托人也可以使用该拟制，仿佛他就是破产人的法定继承人〔4〕。

除了一二个例外情形，罗马法上的法定继承人总是概括承受人，而对继承人身份的拟制，总得扩大概括承受的范畴，方显得运用得体。然而，即便如此扩大，将法定继承人与其先人的人格拟制

〔1〕 D. 38. 8. 1, pr.

〔2〕 "Cum is, qui ex edicto bonorun possessionem petiit, ficto se herede agit" Gaii Inst IV. § 34. Cf. Ulp. Fragm. XXVIII. § 12; D. 37. 1. 2. So the *fidei commissarius*, who was a praetorian successor[译者注：此句大意是"因此出现了衡平法意义上的权利人，他是裁判官法上的继承人"。](D. 41. 4. 2, § 19; 10. 2. 24), "in similitudinem heredis consistit." Nov. 1. 1, § 1. Cf. Just. Inst. 2. 24, pr., and then Gaius, II. § § 251, 252.

〔3〕 Gaii Inst. II. § § 102 *et seq*. Cf. ib. § § 252, 35.

〔4〕 Gaii lust. IV. § 35: "Similiter et bonorum emptor ficto se herede agit." Cf. ib. § § 144, 145. Keller, Römische Civil process, § 85, III. But cf. Scheurl, Lehrb. der Inst., § 218, p. 407 (6th ed.).

为具有同一性,该拟制所附加的全部后果也是按时间进度而出现的。

362 我们回顾一下时效取得通行权的例子。每个概括承受人都将其先人对立使用土地的期间添加到自己对立使用的期间之上,以此充实权利。从法律上讲,不存在期间的叠加,而只存在持续的占有。

或许可以说,有关继承的拟制在明面上就止步于此。但是,如果可以将遗嘱继承人和遗嘱人的期间叠加在一起,还是可以运用如上解释方法。如一人通过遗嘱将一个特定物遗留给另一人,考虑到遗嘱人以取得所有权为目的占有该物长达某个期间,而该期间又带来了权益,故在一定意义上,遗嘱继承人就是准法定继承人[1]。不过,遗嘱继承人并非概括承受人,且在绝大部分情形下明显站在概括承受人的对立面。

故严格意义上的继承法制造了一种熟悉的观念,即一人可利用另一人填充某种地位的便利,虽然他本人并未填充或只填充了该地位的一部分。合法的法定继承人所享有的此种便利,也通过第二种拟制而延展适用于其他人;该第二种拟制推倒了围墙,令前述便利不再限定于继承这种孤立情形。法律引入了新观念,令前述便利的进一步适用无可阻挡。前文已述,可为商务之目的,而将之适用于权利义务总和的售让,也可适用于特定单一物的情形。接下来一个问题是,为了确保同一种便利性,为何不能将所有的赠与或买卖都视为一种继承?

363 既然期间的叠加可以完善所有权,法律很快就允许在出卖人和买受人之间进行期间的叠加。从罗马法律人常常使用的文辞来

---

〔1〕 "In re legata in accessione temporis quo testator possedit, legatarius quodammodo quasi heres est." D. 41. 3. 14, § 1.

看，这一目标以我指明的途径而达成，对此，我信心满满。斯凯沃拉写就的一个篇章[公元前30年]提供了充足的证据。他写道，人有权进行占有的叠加，即将前一任占有人的占有期间与自己的占有期间相加；这种叠加权无论通过合同还是遗嘱来行使，都属于对他人之地位的承受权：因为，继承人和其他视为保有承受人之地位者，可以将遗嘱人的占有添加到自己的占有之上。相应地，你售卖一名奴隶给我，我就享有你的占有利益[1]。

承受他人之地位者，可进行期间之叠加。乌尔比安援引了安东尼诸帝时期一位法学家的类似言论——"透过继承、买受或其他权利，我承受了你的地位"[2]。承受他人之地位，类似于延续人格，就是罗马法律人的表达方式，它传达出一人对另一人之法律地位的延续，而这种延续，类属于法定继承人对先人之法律地位的承受。单独使用承受之动词的，其含义就是"继承"[3]之行为，而承受的名词形式，对应的也是"继承"[4]的名词。无瑕疵承受，就是继承。可以相信，每当罗马的文献提到"承受"字眼，它都传达出类似意思，并表明，一人承受了另一人曾经保有的整体人格。我们所 364
看到的文献，其含义明确就是如此。

不过，允许期间叠加的，绝非只有遗产的承受。前引斯凯沃拉的篇章就认为，这种叠加除了凭借继承或遗赠，还可以凭借合同或买受来实现。它可以具有个别性，也可以具有整体性。法学家常常提出正题与反题，认为概括承受以及特定物的个别承受都可以

〔1〕 "[Accessiones possessionum] plane tribuuntur his qui in locum aliorum succedunt sive ex contractu sive voluntate: heredibus enim et his, qui successorum loco habentur, datur accessio testatoris. Itaque si mihi vendideris servum utar accessione tua." D. 44. 3. 14, § § 1,2.

〔2〕 " Ab eo. . . in cujus locum hereditate vel emptione aliove quo iure successi." D. 43. 19. 3, § 2.

〔3〕 D. 50. 4. 1, § 4. Cf. Cic. de Off. 3. 19. 76; Gaii Inst. IV. § 34.

〔4〕 C. 2. 3. 21; C. 6. 16. 2; cf. D. 38. 8. 1, pr.

进行期间叠加。乌尔比安认为,无论承受的是财产的整体,还是个别的特定物,一人都可以承受他人的地位[1]。

为论证此题,如还嫌证据不足,可以看乌尔比安另一段话。他讨论了从赠与人之人格中派生出来的期间叠加权益。“受赠人可从赠与人之人格中享有期间叠加权益。”[2]该权益的派生,只能通过人格延续来完成。

优士丁尼《法学阶梯》和《学说汇纂》进一步明确表明,唯到了晚近,买受人才在一切情形下均享有此等权益[3]。

通过萨维尼如下广义上的论述,真相几乎呼之欲出。他认为,
365 “无论基于何等目的,所有的添附都存在一个逻辑前提,即上一任占有人和现任占有人之间存在法律上的承受关系。因为(权利的)承受不能仅仅依赖自身而适用于占有”[4]。我可以进一步解释和认为,法律上的承受关系都以继承或由继承而扩大适用的类似关系为逻辑前提。

添附或期间叠加等思维方式同样也体现在其他情形中。在地役权之中,前一位地役权人尚未行使的期间,可合并给该人之地位承受人[5]。买受人可提出抗辩,称原告已售出和交付争议物。不仅如此,买受人的法定继承人甚至是第二位买受人也可使用该抗

---

〔1〕 “In locum successisse accipimus sive per universitatem sive in rem sit successum.” D. 43. 3. 1, § 13. Cf. D. 21. 3. 3, § 1; D. 12. 2. 7 & 8; D. 39. 2. 24, § 1.

〔2〕 D. 41. 2. 13, §§ 1, 11. Other cases put by Ulpian may stand on a different fiction. After the termination of a *precarium*, for instance, *fingitur fundus nunquam fuisse possessus ab ipso detentore*. Gothofred, note 14 (Elz. ed.). But cf. Puchta, in Weiske, R. L., art. *Besitz*, p. 50, and D. 41. 2. 13, § 7.

〔3〕 Inst. 2. 6, §§ 12, 13. Cf. D. 44. 3. 9. See, for a fuller statement, 11 Am. Law Rev. 644, 645.

〔4〕 Recht des Besitzes, § 11 (7th ed.), p. 184, n. 1, Eng. tr. 124, n. *t*.

〔5〕 Paulus, D. 8. 6. 18, § 1. 此处似在论述农地上的役权[取水权],该权在此处因滥用而丧失,而非因供役地所有权人的对立行使而丧失。

辩理由来对抗出卖人的法定继承人，即便争议物尚未交付给前者，也无论争议物落入概括承受或特定物承受之情形[1]。如有一人，因其通行而对前一任土地所有权人侵权，则对于承受人来说，该人的通行仍是侵权，无论承受的原因是继承、买卖还是基于其他权利[2]。当事人在庭上按照程序作了誓证的，相当于其承受人作出了誓证，无论该承受属于概括承受还是特定物的继承[3]。与出卖 366
人缔结之合同的权益，可通过买受或赠与而承受[4]。诸多一般性论述均表明，在绝大部分情形，无论是为控诉还是为辩护，用一个普通法上的比喻，买受人总是脚踏出卖人的履屐[5]。用其他方式也能得出该结论，然而比结论更为要紧的是，从权利的承受再到继承，类似的用语和类比处处可见可引。

---

〔1〕 Hermogenianus, D. 21. 3. 3; Exc. rei jud., D. 44. 2. 9, § 2; ib. 28; ib. 11, § § 3, 9; D. 10. 2. 25, § 8; D. 46. 8. 16, § 1; Keller, Röm. Civilproc, § 73. Cf. Bracton, fol. 24 *b*, § 1 *ad fin*.

〔2〕 Reete a me via uti prohibetur et interdictum ei inutile est, quia a me videtur vi vel clam vel precario possidere, qui ab auctore meo vitiose possidet. nam et Pedius scribit, si vi aut clam aut precario ab eo sit usus, in cuius locum hereditate vel emptione aliove quo iure successi, idem esse dicendum: Cum enim successerit quis in locum eorum, aequum non est nos noceri hoc, quod adversus eum non nocuit, in cuius locum successimus. D. 43. 19. 3, § 2. 萨维尼就此为答辩人正名，而蒙森在整理《学说汇纂》时，对答辩人的行为予以斥责——讲得似乎有道理。

〔3〕 D. 12. 2. 7 & 8.

〔4〕 Ulpian, D. 39. 2. 24, § 1. Cf. D. 8. 5. 7; D. 39. 2. 17, § 3, n. 79 (Elzevir ed.); Paulus, D. 2. 14. 17, § 5.

〔5〕 "Cum quis in alii locum successerit non est aequum ei nocere hoc, quod adversus eum non nocuit, in cujus locum successit. Plerumque emptoris eadem causa esse debet circa petendum ac defendendum, quae fuit auctoris." Ulp. D. 50. 17. 156, § § 2, 3. "Qui in ius dominiumve alterius succedit, iure ejus uti debet." Paulus, D. 50. 17. 177. "Non debeo melioris condicionis esse, quam auctor meus, a quo ius in me transit." Paulus, D. 50. 17. 175, § 1. "Quod ipsis qui contraxerunt obstat, et successoribus eorum obstabit." Ulp. D. 50. 17. 143. "Nemo plus iuris ad alium transferre potest, quam ipse haberet." Ulp. D. 50. 17. 54; Bract., fol. 31 *b*. Cf. Decret. Greg. Lib. II. Tit. XIII. c. 18, *De rest, spoliat.*: "Cum spoliatori quasi succedat in vitium." Bruns, R. d. Besitzes, p. 179. Windscheid, Pand., § 162 *a*, n. 10.

尽管有如上之理解,违抗一人之意志而剥夺其对物的占有,并不当地占有该物的,这二人之间并无权利的承受。无合意之基础,则无适用前述类比之余地。相应地,已有人指出,在不当占有之情形[1],不存在期间的叠加,而物的承受方式屈指可数,只能通过遗嘱、买卖、赠与或其他权能。

以前述一般性结论为堡垒,来论述英格兰法。前文已述,两套法统[2]的融合,令普通法产生了活人之间物的让与法则或曰特定
367 物的流转法则,而该等法则受到继承法观念的深刻影响。再早以前,更已证明,在英格兰,继承法直接适用于法定继承人对特定封地的承受,也直接适用于遗嘱执行人的概括承受。考虑到历史的演化,很难想象,同样的原理竟然没有影响特定物的特定承受。我们马上就能论证出来,这种影响也是存在的。不必太在意证据展示的顺序,我首先来讲时效取得中的期间叠加,因为前文已经进行了充分讨论。经考察,英格兰继承法与罗马法在外延、逻辑和表达上均属相同。其实就是从罗马法法源中大量誊抄的。时效取得的权利大部分由地役权构成,如通行权、采光权或类似权利。普通法上的地役权主要是罗马法式的。有人言,时效取得“颇具人身性,故有关主张,总是内在于时效取得人的人格,这就是说,内在于他和所有地权让与人都享有的人格[此处略去若干字];因此主教和堂区牧师(等教职)都可以时效取得……因为土地是永在的,承受是永续的,尽管地权人易主,但土地和承受还在延续,承受人所取得的,即为其上一任地权人所有的同一块土地,一如法定继承人和

---

〔1〕 “Ne vitiosae quidam possessioni ulla potest accedere: sed nec vitiosa ei, quae vitiosa non est.” D. 41. 2. 13, § 13.

〔2〕 [译者注]罗马法和日耳曼法。

其先人的情形”[1]。同理，现代法上有一案，说物主因为一部制定法而被剥夺占有二十年，且其所有权被消灭，王座法庭就认为，所有权可能会流转至占有人，“如同一人，或通过继承、遗赠或让与等 368
权利而相继提出主张的若干人等，实施了长达二十年的占有”。“……可是，该等二十年的期间，要么须为同一占有人占有，要么须为相继提出主张的若干人等占有。而本案的情形并非如此”[2]。

一言以蔽之，很明显，所有权的各个先后相关人，或用罗马法的术语，各个承受人，他们的持续占有，取得单个人之持续占有的效果；而不在同一权利链条上的不同人士，他们的持续占有不能取得如此效果。一人在土地上通行长达一定期间，而后为剥夺占有的，剥夺占有人不能将被剥夺占有人的通行期间叠加到他本人通行的期间之上，而买受人可以如此叠加[3]。

援引前述判例之后，道理就很清楚了，英格兰法延续了罗马法思想。买受土地的，即享有出卖人原先享有的同等地权。就同一块封地，或曰同一份遗产，他融入其中——正如前文已论述的，这就是说，该人延续了同一人格。可是，一人剥夺另一人的占有的，虽然土地还是那块土地，但剥夺占有人就取得另一种地权，融入另一块封地；而许多特定思维方式正是以此为基础而展开。

故此，在时效取得的问题上，买受人和出卖人的人格就同一化了，一如法定继承人及其先人的情形。而还有一个问题没有解决： 369

---

〔1〕 *Hill v. Ellard*, 3 Salk. 279. Cf. *Withers v. Iseham*, Dyer, 70 *a*, 70 *b*, 71 *a*; *Gateward's Case*, 6 Co. Rep. 59 *b*, 60 *b*; Y. B. 20 & 21 Ed. I. 426; 34 Ed. I. 205; 12 Hen. IV. 7.

〔2〕 *Doe v. Barnard*, 13 Q. B. 945, 952, 953, per Cur., Patteson, J, Cf. *Asher v. Whitlock*, L. R, 1 Q. B. 1, 3, 6, 7.

〔3〕 See further. *Sawyer v. Kendall*, 10 Cush. 241; 2 Bl. Comm. 263 *et seq.*; 3 Ch. PI. 1119(6th Am. ed.); 3 Kent, 444, 445; Angell, Limitations, ch. 31, § 413. 当然，假如在剥夺占有之前，剥夺占有人已经取得某种权利，则要另当别论。下一讲将讨论，如果该权利本身就附随于土地，则剥夺占有人得享此权。Jenk. Cent. 12, First Cent. Case 21.

这种人格同一性有没有在其他法律部门结出果实？还是说，它只限于英格兰法统中嫁接了罗马法的特定部门？

答案很容易想到，但证明起来难度很大。前文已述，法定继承人在很早以前就不再是先人的总代表。该人的人格同一化限度也提上讨论议程。在普通法以及其他法统，常识已压倒拟制。可是，直接涉及地权的，法定继承人及其先人的人格同一性一直延续至今；而既然已经得到证明，非限嗣继承地产权本身具有其独特的人格，就可以期待在该法中上下查证，看买卖双方是否具有人格同一性。

土地以遗嘱处分的，类似拟制得以轻松适用，因为，以遗嘱处分一块土地，和以契约让与一块土地，原则上并无不同，可是，以遗嘱交由法定继承人，比之以遗嘱交由受赠人，却戏剧性地具有更大的相似性。我们还记得，一位罗马法学家曾有言，遗嘱继承人在一定意义上是准法定继承人。英格兰法官偶用类似表达。曾有一案，某人拥有一块封地，他在遗嘱中将其分割给诸子。其中一子取得其份额时，也受领了债务。两位法官认可，遗嘱人在生前不能以赠与或契约的方式将其作为封臣的责任予以分割，但是，他可以在
370 遗嘱中如此分割。两位法官的理由是，"遗嘱处分准是合法行为，因其虽给该遗嘱继承人设定权益，却并未达到承认其为新封臣的效果。而且，该行为足以创设承受关系。故可以以此方法进行分配"〔1〕。同理，艾伦伯格勋爵在一案中判决认为，出租人及其法定继承人有权通知解除土地租赁合同，因为，以遗嘱处分土地的，当事人与事实上的法定继承人享有同等权利〔2〕。

---

〔1〕 *Ards v. Watkin*, Cro. Eliz. 637; s. c, ib. 651. Cf. Y. B. 6 Hen. VIL 18, pl. 12; Dyer, 46, n. (4).

〔2〕 *Roe v. Hayley*, 12 East, 464, 470(1810).

可是，遗嘱处分土地的习惯唯到亨利八世执政期方得以网开一面，而在此之前，这一土地让与的主要法则早已成型。有鉴于此，我们须得回望并深入查看其他资料，以解释其成因。我们将在担保演化史中找到答案。这部分内容以及有关现代土地合同法的内容，将在下一讲进行讨论。

第十一讲　权利的承受：Ⅱ.活人之间的承受

371 诺曼征服后一百年，能为普通法认可且能在王座法庭提诉的主要合同形式，是保证合同和金钱债务合同。法定继承人是其先人之权利义务的总代表，要对其债务负责，也可以作为适格的主体就合法财产提诉。到爱德华三世执政期，这一局面发生了改变。法定继承人不再成为金钱债务诉讼的主要诉讼主体，有关债的得偿和清偿，遗嘱执行人取代了其地位。当时有观点认为，即便法定继承人有清偿义务，也不得以他为诉讼主体，除非遗嘱执行人没有可供清偿的财产[1]。

不过，古代法上还有一种义务，它的演化进程却大为不同。我指的是从财产让与中兴起的当事人保证义务。它本应是一种合同，但在格兰维尔之前人的眼里，它只是财产让与所附随的法定义务，这就令其要义与合同有所差别。受寄人

〔1〕 *Boyer v. Rivet*, 3 Bulstr. 317, 321.

制度也是如此。以当代法眼光来看，受寄人的责任来源是其承诺，但起初它是一种法律责任，因受寄人所面向第三人的站位而引起〔1〕。

诺曼征服之后，保证制度籍籍无名，我们只知道它与土地相关。这一事实马上就能解释，为什么保证制度与金钱债务诉讼的 372
演化过程如此不同。保证制度中蕴含的义务，是为所有权背书，而假如背书失败，则应给与被逐的所有权人另一块等价的土地。先人让与土地并附带保证的，遗嘱执行人并不能履行保证义务，而只有法定继承人可以，因为先人的其他土地已为法定继承人所承受。反过来说，对受让人而言，保证即权益，受让人逝世的，其法定继承人乃是该保证的唯一权益人，因为土地由他所继承。故最初法定继承人在各方面都是其先人的代表人，后来遗嘱执行人在金钱债务诉讼领域扛住了其负担，但通过保证制度，法定继承人继续代表着其先人的权利义务。

一人将从他人处买入的财产卖出而被诉的，正常的诉讼程序，是让被告传召自己的卖家进行辩护；而该卖家如也有卖家，也可照样将其召来，如此在所有权流转链上前溯，直到出现一个最终承担诉讼责任的当事人。就此，伦巴第人的法与罗马法存在强烈差别，盎格鲁-萨克森法与罗马法也存在同种差别。有人认为，伦巴第人(处理此类诉讼时)会将赠与人传召庭前，而罗马人则会脚踏赠与人的履屐〔2〕。

现在来假设某甲将土地赠与某乙，某乙又让与某丙。如某丁因所有权瑕疵诉某丙，则某丙实际上可以享有某甲所作之保证的

〔1〕［译者注］起初，只有受寄人可以因占有的丧失而向第三人起诉，所有权人对第三人无诉权。正因如此，受寄人应当向所有权人承担责任。

〔2〕Essays in A. S. Law, 219.［译者注：作者额外使用拉丁文表达了这个意思：*Langobardus dat auctorem*, *Romanus stat loco auctoris*。］

373 权益[1],因为,当他召来某乙时,某乙可以召来某甲,因此某甲是最终的诉讼辩护人。但某乙也有可能在让与某丙之后且在诉讼开始之前就死了。如某乙有法定继承人,某丙尚能得到保护。设若某乙无法定继承人而亡,则某丙只能寻求某甲的帮助,而某甲在后一种情形会前来辩护。毫无疑问,在盎格鲁-萨克森时期,法律就是如此,而此一现状并不能令人满意。我们可以满怀信心地推想,只要出现一种机制,当事人马上就能得到救济。该机制由罗马法提供。据罗马法,买受人身处出卖人的站位。所以,此处所需要的,是罗马法与盎格鲁-萨克森法的融合。

布莱克顿的著作以中世纪罗马法学家之著述为模板,展示了前述思维方式的运作过程。他首先论及,在土地让与中有此常规的拘束性条款,令赠与人[2]及其法定继承人向受赠人及其法定继承人作出保证(地权无瑕疵),并允诺(在地权出现争议时)前为辩护。他接着论说道:"人还可以做出一项更慷慨的赠与安排,将其他人士当成[其受赠人的]准法定继承人,其实这些人并非法定继承人,因为他在赠与文书中说,对于某某人及其继承人,以及该人选择赠与或转让该土地的任何受众,我作出如此赠与并如此信守,我和我的法定继承人将向某某人及其法定继承人,以及该人选择赠与或转让该土地的任何受众作出保证,以抗辩任何人士。在此情形下,如受赠人赠出或转让土地,然后他死了,并且没有法定继承人,则[第一]赠与人及其继承人便开始保有第一受赠人及其法定继承人的地位,而且,既然他对受赠人及其法定继承人作出了保证,他就取得第一受赠人之法定继承人的地位[以法定继承人的身
374 份],该保证的依据,是第一赠与人自己订立的合同条款,如非他在

[1] "Per medium," Bracton, fol. 37 *b*, § 10 *ad fin.*
[2] [译者注]受赠人才是让与人,赠与人不是。

第一个赠与中提及受让人，他本可以不具有如此身份。可是，但凡第一受赠人或其法定继承人并没有死去，他们就要信守保证，而非由第一赠与人信守。"〔1〕

在此，我们看到，欲令受让人享有第一赠与人的保证权益，在作为权利来源的赠与文书即盖印契约中须得提及受让人。在古代法上，除非保证人同意，保证的效力并不延伸适用。而当它延伸时，也不如现代法上的信用证那样精巧绝伦。法演化到该阶段时，并不可能发展出如此观念。即便第一赠与人提及了受让人，对于随后再次买入土地的任何人，第一赠与人也没有给他们作出如盖印契约一样明确的保证。倘若彼时已经发展出如此观念，则一旦土地售出，第一赠与人便直接与受让人成立了一份有拘束力的合同，因此同一个条款引发出两个保证——第一个给予第一受赠人，第二个给予受让人。可实际情况却是，受让人得偿的，其权利基础却在于赠与人所给予第一受赠人的作为权利来源的保证〔2〕。他只有求偿于其直接让与人之法定继承人而不得时，才能寻求第一赠与人的救济。通过提及受让人，第一赠与人径直扩张了受赠人所承受之权利义务的限度。受让人只有基于继承法，才能够传召第一赠与人，为其所有权辩护。这就是说，他可以如此行为，原因是，当他无法寻求第一受赠人之法定继承人时，第一受赠人因与第一赠与人之封建关系所继承的人格，又为受让人所延续〔3〕。

---

〔1〕 Bract., fol. 17 *b*. Cf. Fleta, III. c. 14, § 6.

〔2〕 See, further, *Middlemore v. Goodale*, Cro. Car. 503, stated *infra*, p. 379.

〔3〕 See also Bract., fol. 380 *b*, 381. "Et quod de haeredibus dicitur, idem dici poterit de assignatis. . . . Et quod assignatis fieri debet warrantia per modum donationis: probatur in itinere W. de Ralegh in Com. Warr. circa finem rotuli, et hoc maxime, si primus dominus capitalis, et primus feoffator, ceperit homagium et servitium assignati." Cf. Fleta, VI. c. 23, § 6; Moore, 93, pl. 230; Sheph. Touchst 199, 200. As to the reason which led to the mention of assigns, cf. Bract., fol. 20 *b*, § 1; 1 Britt (Nich.), 223, 312.

375 如此运用拟制,不是为了在技术上达到一致,而是出于良好的意识,因为拟制在英格兰法中已经得到了普遍运用。在实践中,只要受让人能取得第一赠与人的保证权益,他是直接取得还是间接取得,这并无差别。麻烦在于,如他无法传召中间赠与人,则只能通过前述方式取得该新权益。到了后世,受让人无须待到用尽其直接让与人之法定继承人而不得,他可以从一开始,就利用第一赠与人的保证[1]。

如果非要认为,如上局面的出现,是因为受让人即将成为第一赠与人的封臣,要对第一赠与人效忠,所以第一赠与人有义务作出保证,那我可以回应认为,不管该受让人会不会对第一赠与人效忠,除非第一赠与人在赠与时提到该受让人,否则就没有保证义务。后世的全部判例都能证实布莱克顿的这一说法[2]。

还有一条法则,它也能够表明拟制究竟以何等方式融合于古代法。通过这条法则,我们可以捡拾大量被遗忘的经验知识。要能将原始保证人传召出庭,该人须得与保证受让者之地权具有承
376 受关系。回望古代法上的相关程序可以发现,只有身处所有权链条上的人可理所当然地享有原权人的保证权益,哪怕他只与该人间接相关。一人有义务作出保证,其理由一定是他将财产让与给了传召人。由是之故,人只能传召让与人,而相继传召让与人,总有到头之时,假如最后一名被传召人无法召来自己的卖家。没有收到传票的,本来就没有保证义务。假如法律史上没有出现过该

---

〔1〕 我并未止步于此,此一局面可能还有其他成因。《禁止分封法》规定,受让人的保有,须以第一赠与人为直接领主。可能还有其他解释。Cf. Bract, fol. 37 *b*; Fleta, III. c. 14, § § 6,11; VI. c. 28, § 4; 1 Britton(Nich.),256,[100 *b*].

〔2〕 Fleta, III. c. 14, § 6, fol. 197; 1 Britton(Nich.),223,233,244,255,312; Co. Lit. 384 *b*; Y. B. 20 Ed. I. 232; Abbr. Placit., fol. 308, 2d col., Dunelm, rot. 43; Y. B. 14 Hen. IV. 5,6.

程序，前述人士更没有响应传票的义务。法律可以允许当前的所有权人直接传召那些间接负有保证义务者出庭为其权属辩护，而不能传召其他人士。是故，一人之让与人从何方人士处继受所有权，该人就只能传召何方人士。但该表述所传达的意思，等于拟制之运用所传达的意思。要能够传召，当前所有权人须得享有被保证者的地权。法律人都知道，地权不等于土地。地权指代为前一人所延续之土地的身份或人格。人在主张时效取得之权利时，也在同一意义上使用了该词："他和他享有其地权的人，在持续的某某期间一直保有某物"［下略］；要记住，该词与继承法上的要件保持了一致。

回到布莱克顿，必须理解，将受让人描述成准法定继承人，这并非偶然。他如此描绘受让人，因为但凡有机会提及，他就要如此描绘。他甚至将继承法中所汲取的类比推理方法压榨到极致，在数不清的篇章里大书特书。比方说，"谈到法定继承人，要记住，有一些人是真正的法定继承人，也有一些是准法定继承人，他们具有 377
法定继承人的身份［中略］；真正的法定继承人通过继承（取得身份），而准法定继承人［中略］通过赠与；受让人就是一例"，下略[1]。

如认为布莱克顿如此行文，只是中世纪经院哲学的一处表现，那么我可以做几点回应。第一，本题所讨论之权利初现于世，与布莱克顿之行文，几乎同时发生。他为了证明自己的观点，援引了一些判例，以此证明本题之权利有其争议。而这也证实了我的分析。他说，"（欲令保证对受让人生效，）须得以赠与文书的格式作出保证，且须得在文书中对受让人作出。在巡回审判名册底部，有个叫

〔1〕 Fol. 67 *a*；cf. 54 *a*.

W. 德 · 罗利的,[他的案子]可以证明这一点",[中略][1]。这是对新规范的阐释。如认为其阐释与规范的产生并非同时出现,这就不合理了。其次,前文已经证明,事实已经清楚了,受让人得益于第一赠与人的保证,而非直接让与人的保证,而布莱克顿有关该结果如何达成的解释思路,符合前文另述的日耳曼法以及盎格鲁-萨克森法的演进过程,也符合罗马法的主导思想。最后,也是最重要的一点,欲令受让人得益于第一赠与人的保证,他须得享有第一受赠人的地权,这一要件从古迄今就没有改变。在时效取得之情形,也以相同文字提出同等要件,这就表明,此二者受到同等专门思路的引导。

我已指出,格兰维尔的前辈或认为,保证义务乃附随于土地让与,而不是一种合同义务。可是,在契据或土地分封文册中插入该种保证义务之承诺,当其变成寻常操作之后,它就失去了作为自洽
378 之义务的孤立性,而被认为具有普遍适用性。这是通过契据作出的允诺,而通过契据作出允诺,这就是盖印契约[2]。毫无疑问,这是一种附带特定后果的盖印契约。后文还会证明,在义务的范围上,它与其他盖印契约有所差异。但它还是一种盖印契约,且发生过这种提起盖印契约之诉的情况。爱德华三世时期《法律年鉴》提及于此,视其为一种"落于血统"[3]的盖印契约,以有别于因清偿关涉土地却不涉人格[4]之债务的盖印契约[5]。

该情形的重要性在于,保证制度对其他盖印契约产生了作用

---

[1] Fol. 381; *supra*, p. 374, n. 3.

[2] Cf. *Pincombe v. Rudge*, Hobart, 3; Bro. *Warrantia Carte*, pl. 8; S. C., Y. B. 2 Hen. IV. 14, pl. 5.

[3] Y. B. 50 Ed. III. 12 *b* & 13.

[4] [译者注]后文还要区分随地权(即人格)和随土地流转的不同盖印契约。

[5] Y. B. 42 Ed. III. 3, pl. 14, per Belknap, *arguendo*.

力，并取而代之。当土地诉讼的其他形式让位于更现代和更便捷的诉讼形式时，保证人无须再上庭为地权辩护，且在受让人被驱逐之情形，另行让与一块土地（这一责任承担方式）由损害赔偿金所取代。古老的保证制度消失了，被当代合同法中仍在使用的盖印契约所替换，当事人可据此主张进占权、让与权、地权负担抗辩权、占有与使用权[1]、保证权以及进一步保证权[2]。但任何人去翻阅更为久远的判例都能查知，受让人可以享有这般合同利益，其背后的法则，却脱胎于保证制度。

举一个例子，以何等方式进行让与，才能令受让人充分享有盖印契约中的占有和使用权，这个问题的争议和判决，就基于古老的保证争议案之判决[3]。

受让人所进入的关系，并非由自身之权利所新设，而以盖印契 379
约之第一立约人的原合同为前提。这就与保证制度一致。曾有一案，受让人基于盖印契约而提诉，主张进一步保证权。诉讼程序启动后，被告展示了第一立约人所出具的释权文件[4]。法院认为，受让人应当享有盖印契约的权益。“他们认为，尽管违约发生在受让人受让之后的期间，假如释权文件乃由立约人在违约事件发生之前或诉讼程序开始之前所出具[立约人是盖印契约的当事人，原告之权利也从他处所继受]，则受让人充分具有提起盖印契约之诉的权利，但即便如此，即便盖印契约的违约事件发生在受让人受让

[1]　[译者注]原文是 quiet enjoyment。《布莱克法律大辞典》将之解释为两层意思：一是占有和使用，二是权利的行使。

[2]　[译者注]原文是 further assurance。据《布莱克法律大辞典》，该权的内容是，让与人出具一份保证文书，表明为便于受让人继续让与土地，让与人承诺将在必要情形下为了证明首次让与时产权无瑕疵而出具更多文件。

[3]　*Noke v. Awder*, Cro. Eliz. 373; s. c, ib. 436. Cf. *Lewis v. Campbell*, 8 Taunt. 715; s. c, 3 J. B. Moore. 35.

[4]　[译者注]关于释权，见边码 267 的译者注。

之后……而提诉的又是受让人,且该诉依附于他的人格,故受让人享有诉讼权益,立约人不能免责”[1]。即便立约人进行了转让,他在法律上依旧是盖印契约的当事人。受让人所进入的关系,依旧以其合同为前提,受让人并没有摆脱立约人的控制力。可当违约事件发生且受让人提诉之后,受让人享有一项新权利,该权利依附于其人格。该人格有别于受让人从让与人之人格中所承受者。再往后,随着其原始的权利基础逐渐削弱,且受让后出具之释权文件越来越不具有法律效力,受让人的身份越来越具有独立性,在当事人通过订立盖印契约支付地租的情形尤其如此[2]。

要享有所有权权益,须得与盖印契约之受约人的地权具有承
380 受关系。前文已述,在受让人享有诉权之前的历史时期,保证制度对保证权益之享有规定了限度。前文还表明,受让人享有保证权益,是基于一种拟制,而该拟制也没有超过该限度。这种近似性还在延续。如有一名封臣,其保有之地权,属于限男嗣继承地产权。他以盖印契约设定一份定期租赁保有地产,赋予承租人以出租权以及占有和使用权。其后,该封臣身故,且无男嗣。承租人后将该定期租赁保有地产让与原告。没多久,原告就被驱逐占有,遂依照该盖印契约起诉出租人的遗嘱执行人。法院认为他无权回复占有,因其与盖印契约受约人之地权并无承受关系。在出租人身死之时,该定期租赁保有地产已告终结,且作为定期租赁保有地产之让与源头的限嗣继承地产权也已终止。这些终止事件全都发生在权利让与原告之前[3]。

要完整论证担保所有权的盖印契约跟保证制度的近似性,还

[1] *Middlemore v. Goodale*, Cro. Car. 503; s. c, ib. 505, Sir William Jones, 406.

[2] *Harper v. Bird*, T. Jones, 102 (Pasch. 30 Car. II.). 这一流变顺序,与其他不可协商合同之让与制度的演变史并向而行。

[3] *Andrew v. Pearce*, 4 Bos. & Pul. 158 (1805).

剩一点留待证明，即根据保证制度，欲令受让人有诉权，须在保证文书中提及受让人。在现代法上，如果此事还继续存在，也不会有重要意义，只会是象征性的。其唯一意义，是作为制度史的追踪线索。如果可以如此认为，即但凡想要具有地权承受关系的受让人获取盖印契约之权益，就须在盖印契约中提到他，那么，这就有助于研究这个问题。仅仅在判例中查看，很难说当时的法律是不是提出了如此要求。一般认为没有。但这一普遍认知错误在于世人未能察觉到法律上一条重大的二律背反。行文至此，必须对之予以阐明。

经过研究，我们已经得出结论，权利或义务乃是附随于某种事实状态的法律后果；但凡当事人步入另一人的权利或义务领域，却没有相应填补该状态，就需要一种替代性解释方法，即将两个人拟制为同一个人。该拟制脱胎于对继承法的类比。这种人格同一性已经打造为现实，因为遗嘱执行人制度已经创设出来，他的身份完全由人格同一性之拟制所统领。在更为狭小的法定继承人制度框架内，我们也可以感知人格同一性的存在。买受人和出卖人的关系充分开放，具有历史纵深，通过查访这种关系的隐秘根源，至少在时效取得以及保证这两种情形，我们也可以得知人格同一性的存在。 381

将本题解析到极致，确实会更匀称。但是，在另一组情形下，世人采用了截然不同的权利流转方法。前文已释，从邻地通行至被买卖之土地，该通行权之时效取得的创设，以出卖人和买受人之间存在继承关系为建构。我已经说明，如某君并非买受了该地，而是不当地占有了该地，则不能认为此君是承受人，而为此君所驱逐占有之人此前享有的通行权益，不能为此君享有。可是，假设前一占有人在被驱逐占有之前已经取得通行权，就要适用一条新法则。

如(供役地的)土地所有权人阻碍该通行道路,且因此被不当占有人起诉,他就不能抗辩认为驱逐占有人并未承受前一个所有权人的通行权。驱逐占有人可以享有土地的占有权,而除了不能对抗
382 土地所有权人,他可以对抗任何人。而他的通行权可以得到保护。毫无疑问,这条法则的正当性,并非在于驱逐占有人和上一任土地所有权人之间存在继承关系,也不在于土地占有本身就应当得到保护。其正当性在于,除非存在更加完善的权属,否则法律就保护占有。不过,正如前言,普通法并不承认通行权的占有。一人并不享有所有权却通行十年的,陌生人可以阻止其通行,而通行人无法起诉该陌生人。该人从一开始就是侵害人。他什么都不是,只是一个侵害人。在该人能享有某种对世权之前,世上一定存在某种对抗供役地所有权人的权利。同时,要说清楚,无论是否有人享有通行权,通行权都不能适用于占有。

那么,这人既没有所有权,又未能占有通行权,他是如何受到法律保护的?不能在理性中找答案,要在理性不及之处寻找。借用孔德的话来说,我们在本课第一讲所勉力讨论的思维方式,正处于神学阶段,因为一把斧头都能成为刑事诉讼的对象;它也处于形而上学阶段[1],因为有关拟人化的表述并未消亡,但其存续的唯一意义,竟是迷惑了理性。此处之情形,似后一个阶段的注脚。地役权制度的表述,构建于一个以人喻物的时代,在当时,交出侵害体依旧是熟悉的观念。然后,语言对思维作出了回应,因此,如果权利条款恰好具有如此表述,则法律对权利本身作出总结式规定。此事常常发生。如认为某个地权乃为另一个地权所奴役,或认为
383 某个通行权是邻地的领主或附庸,则人不会警觉地意识到,这种表

〔1〕[译者注]这两个阶段都是孔德的构想。

述仅仅是众多拟人化譬喻之一,而除非这种修辞手法具有真实意义,否则它就空洞无物。

罗格翁从一条规则推导出地役权的消极性:承担役务的是土地,而不是人。罗格翁解释道,只有土地在承担,而土地只能消极承担。奥斯丁称之为"奇谈怪论"[1]。不过地役权制度的先辈法学家对此种推理方式满意之极。帕比尼安本人写过,地役权无法部分消亡,原因是承担者是土地,而不是人[2]。塞尔苏斯对以下情形如此认定,且可以为阐释我的观点所用:即便需役地乃由武力驱逐所有权人而取得,也得保有(对供役地的)通行;因该地在取得和占有时,已经具备如此能力和条件[3]。评注法学家戈德福鲁瓦要言不烦地加注道:这类条件有二——奴役与自由。该二律背反,与西塞罗一般古老[4]。同理,塞尔苏斯在别处发问:尚有其他权利,既随于一块土地,又高于该土地的?同理,优士丁尼《法学阶梯》言及建筑物里与生俱来的地役权[5]。同理,保罗也提到,权利 384
可以附随于有体物。戈德福鲁瓦加注认为:"不会动的物也能享有权利。"[6]从中容易得出,买卖需役地的,地役权得以转移,其原因不在买受人承受了出卖人的站位,而在于,土地对土地有义务[7]。

前述修辞表明,土地可以享有权利。奥斯丁也认可这一点。

---

〔1〕 Austin, Jurisprudence, II. p. 842(3d ed.).

〔2〕 "Quoniam non pereonae, sed praedia deberent, neque adquiri libertas neque remitti servitus per partem poterit." D. 8. 3. 34, pr.

〔3〕 "Qui fundum alienum bona fide emit, itinere quod ei fundo debetur usus est: retinetur id ius itineris: atque etiam, si precario aut vi deiecto domino possidet: fundus enim qualiter se habens ita, cum in suo habitu possessus est, ius non deperit, neque refert, iuste nec ne possideat qui talem eum possidet." D. 8. 6. 12.

〔4〕 Elzevir ed., n. 51, *ad loc. cit.*; Cicero de L. Agr. 3. 2. 9.

〔5〕 Inst. 2. 3, § 1.

〔6〕 D. 8. 1. 14, pr. Cf. Elzevir ed., n. 58, "Et sic jura... accessiones esse possunt corporum."

〔7〕 " Cum fimdus fundo servit." D. 8. 4. 12. Cf. D. 8. 5. 20, § 1; D. 41. 1. 20, § 1.

其实奥斯丁更甚,他认为土地"被设定为法律上的和拟制的人,此人的形貌就是需役地"[1]。但其所意指的,却超过了罗马法上的暗喻。无论是明确通过拟制,还是作为初民信仰的结果,需役地都绝对没有被"设定为法律上的人"[2]。土地不像海商法上的船舶那样具有诉讼或被诉的能力。土地在占有人享有地役权之前受到干涉的,占有人不能提出诉讼请求。与之不同的是,法定继承人可就待继承遗产[3]的财产侵害而提诉。倘若为了合乎逻辑体系而以为土地可以取得权利,则被驱逐占有人所占有的期间也可添加到不当占有人的占有期间,其理由是,即将得到地役权的是土地,而非此人或彼人,并且,权利享有和土地之间具有联系,这就已经很充分了。但法律从未如此规定。

只能得出如此结论,世人对暗喻或明喻之运用,自然而然地导
385 致该制度的胜出;该制度并不逊于其他,至少无懈可击,因此,它悄无声息地从前述修辞手法中得以成型,而待人留意到它不过是一种修辞,这种留意既不能用来证明什么真理,也不能用来佐证什么结论。

如可以认为地役权归需役地所有,则可以进一步认为,就地上所附随之权利,任何占有土地的人都可以在同等程度上享有。如历史的真意是,可以占有通行权或其他地役权,也可以连同与该权利所面向的土地一起占有,该等权利的享有,与其他情形下的占有保护理由相同,如其为此,则可以理解前述观点。但这并非罗马法的本意,且前文已述,这也不是普通法的本意。我们必须认为,地役权成为土地的附属,这基于一个不知不觉且非理性的假设,即土

---

〔1〕 Jurisprudence, II. p. 847(3d ed.).

〔2〕 Cf. Windscheid, Pand., § 57, n. 10(4th ed.), p. 150.

〔3〕 [译者注]*Hereditas jacens*。

地可以享有权利。即便以此为基础而构建的法律制度是合情合理的，也不能说这个假设就是荒谬绝伦的。

无论荒唐与否，布莱克顿都对这种比喻以及罗马法上的相应原理进行了重述。他认为，“人以役务而令一块土地臣服于[其他的]土地，此种构建类似于令一人成为他人的奴隶”[1]。“就从属于自由保有土地或有体物的权利而言……可以认为它是该自由保有土地所享有之权利或自由，也可以说是他们所亏欠之土地的役务……其中一块土地是自由的，另一块却受到奴役”[2]。“[役务]可视为一种令建筑物臣服于建筑物、农场臣服于农场、采邑臣服于 386
采邑的安排。”[3]就我所查阅到的，布莱克顿并没有将地役权建立在因驱逐占有而得来之需役地上。他所言之内容，无疑都遵循了罗马法对待此事和别事的原理。

在控告剥夺占有人时，诉状要写明“为(回复)如此之土地及附属权利”[4]，这其中的含义一定是，即便是不当占有人，取得土地的，即取得附属权利。正因如此，在布莱克顿看来，这种诉讼一律是对物诉讼，“无论是为了(回复)主物，还是附随于物的权利……因为，在一人为(回复)通行权时……既然这一类权利都是无体物，它们(被权利人)准占有，且依附于有体物，而要取得或保有这类权利，必须取得或保有内藏了此类权利的有体物。没有该有体物的存在，就无法以任何方式取得从属于该有体物的权利”[5]。他又说：“既然权利不适用交付，但可以随着它所附着的有体物而转让，则有体物的受让人一旦取得了有体物，便对附着于有体物的该等

[1] Fol. 10 *b*, § 3.
[2] Fol. 220 *b*, § 1.
[3] Fol. 221.
[4] Fol. 219 *a*,*b*.
[5] Fol. 102 *a*,*b*.

权利进行了准占有。”[1]

无须怀疑,后世的法亦复如是,这一点(本讲的)开篇就说了。

因此,我们考察了普通法中两套相互竞争和相互抵牾的法则,一是继承法则或曰承受法则,二是内藏于有体物的权利法则。就二者之间的冲突可能性,布莱克顿有逃避之嫌。通过受赠人的行为和同意之表态,保证权益效力范畴(可以扩大,但)限于受赠人身
387 份的承受者享有。欲令受让人享有保证权益,须得(赠与人在赠与文书中)提及受让人。布莱克顿以(赠与人)提到或没有提到受让人为不同前提,而分析地役权赠与之事。他似乎认为,即便在地役权的情形,提到或没有提到受让人,这二者的区别也同样重大。他接着认为,如将地役权赠与某甲、其法定继承人和受让人,通过这种方式,他们可以先后行使地役权,而其他人则被完全排除在该权之外[2]。不过,布莱克顿没有论及该种情形,即在面对更大权利者之外的其他人士时,剥夺占有人可以具有何等权利。虽然如此,布莱克顿马上补充认为,这是一种针对有体物且从属于有体物的权利。

为将地役权附加于土地之上,是否有必要(在土地第一次赠与时)提及受让人,这是有疑问的。这种迟疑的状态并未持续太久。但尽管如此,随着时间的推移,前述艰难处境就越来越严重。倘若附加于土地之上的权利只有地役权,比如通行权,本来此事很好处理。世人或曾以为,该等权利不过是土地权益的一部分,其外延要小于所有权,却在类属上具有相似性,是故,该等权利的让与,正好与所有权转移的方式相同。但是,或许可以反驳认为,不应从合同的角度来研究通行权。不应先入为主,认为供役地所有权人要允

---

〔1〕 Fol. 226 *b*, § 13. 前述所有篇落都基于一个假定,权利之取得,内藏于土地。

〔2〕 Fol. 53 *a*;cf. 59 *b*,*ad fin.* ,242 *b*.

诺在先。供役地所有权人所负之义务，当然更令他本人而不是其他人更忧烦，但就义务大小而言，他和其他人的负担是一样大的。这纯粹是一种不为阻碍或干涉财产权的消极义务〔1〕。

对此等顺应土地之权利进行考察，其结果或会具有如此这般的性质，但想要了解来龙去脉，非得花费力气解释不可。因为该等权利之存在，可以体现为供役地保有人不得不履行之役务。说一人之役务是另一人之物权，而非债权，我们不敢相信自己的耳朵。但在历史上，人确乎以此方式看待这种权利。布莱克顿认为，封臣将赠与要件充分的自由保有土地让与他人的，无论受让人是谁，只要领主可以对土地主张役务且土地应当履行，封臣的让与行为就不算对领主的侵害。可以说，领主通过享有效忠和役务而拥有采邑；按说，进入土地就会干扰效忠和役务，不进入土地就不算干扰，可是，出于前述理由，进入土地的，也没有侵犯领主〔2〕。采邑是一种设定效忠义务的保有物〔3〕，就维兰（对庄园主的役务）和其他封建役务而言，也是如此〔4〕。 388

封建役务以地租之形式出现的，法律依然维持不变〔5〕。即便在现代法的条款下，定期租赁保有地产的租金也被视为土地的出息，故基于该理由，直至方今，如你承租整幢房舍，而房舍被焚毁，你还得支付租金，不获减免，理由是你还保有土地，租金即是土地的出息。可是，如你仅仅租用了房舍的几个房间，而房间被焚毁，

〔1〕 "Nihil praescribitur nisi quod possidetur," cited from Hale de Jur. Maris, p. 32, in *Blundell v. Catterall*, 5 B. & Ald. 268, 277.

〔2〕 Bract., fol. 46 *b*; cf. 17 *b*, 18, 47 *b*, 48.

〔3〕 Fol. 81, 81 *b*, 79 *b*, 80 *b*.

〔4〕 Fol. 24 *b*, 26, 35 *b*, 36, 208 *b*, &c. Cf. F. N. B 123, E; Laveleye, Propriété, 67, 68, 116.

〔5〕 Abbr. Plac. 110, rot. 22, Devon, (Hen. III.).

则你无须再付租金,因你不再拥有租金之所来的保有物[1]。

389 很明显,可用前述推理方法推导出一个结论,即剥夺封臣之占有者,当如封臣本人一样承担役务。古代法采用的就是这一结论。领主可要求该人承担役务[2],或可向任何保有土地者收取地租[3],因为有人用类似于布莱克顿的表述认为"土地归谁保有,谁就应交地租"[4]。

接下来谈谈收取地租权。在古代法上,地租是一种物权,是剥夺占有的对象,而就此可以提起回复占有诉讼。假设将领地中的部分土地予以出租——此种情形常常发生——则地租就等于一块领地[5],而在此情形之下,就有一定理由认为,占有领地者,也就是说,占有本为其领主所占有之土地者,如被其承租人认可为领主,则享有该领地所随附之地租。于是,亨利七世执政期的首席法官布赖恩就认为:"如我被剥夺了领地的占有,承租人向剥夺占有者支付地租,而我后来再回复占有的,就这部分已由承租人向剥夺占有者支付的地租,我不能要求他们再支付给我。但是,剥夺占有者应当为(我提起的)侵害之诉或(我使用)亨利二世所发明的占有令状承担责任。"[6]该法律意见明显是以该观念为基础:地租类似于地役权,乃附随于作为主权利的土地。从权利的分类来看,它类似于物权[7]。

而当地租不为地权的组成,而是将来权益的组成,则其背后适

〔1〕 *Stockwell v. Hunter*, 11 Met. (Mass.) 448.

〔2〕 Keilway, 130 *b*, pl. 104.

〔3〕 Keilway, 113 *a*, pl. 45; Dyer, 2 *b*.

〔4〕 Keilway, 113 *a*, pl. 45. Cf. Y. B. 33-35 Ed. I. 70; 45 Ed. III. 11, 12.

〔5〕 Litt. § 589.

〔6〕 Keilway, 2 *a*, pl. 2 *ad fin*. (12 Hen. VII.). But cf. Y. B. 6 Hen. VII. 14, pl. 2 *ad fin*.

〔7〕 4 Laferrière, Hist, du Droit. Franç. 442; Bracton, fol. 53 *a*. [译者注:此句原文是 *Sic fit ut debeantur rei a re*。]

用了另一个原则。此即是说，在此情形下，地租乃是从领主之采邑
或地权中分割完租赁保有地产之后的余部。如地租和租赁保有地 390
产都仅仅是采邑或地权的内部组成，则能主张该等地租的主体，只能是承受该地权的人。剥夺占有人将取得一份全新而迥异的地权，而不能取得包括该地租在内的地权。在此情形下，该地租的承租人似无须向剥夺占有人支付地租，而向其支付的，也不能对抗真正的所有权人[1]。但即便如此，如封臣认他，剥夺占有人还是能得到保护，可以对抗那些无法证明其享有更大权利的人[2]。进一步说，地租与土地之间的附庸关系深入到如此地步，乃至合法主张将来权益的任何人都可以收取地租，包括行使土地复归权的上级领主[3]。在土地复归之情形，地权，包括其组成部分租赁保有地产以及地租，都已经消灭，虽然如此，布莱克顿还是认为，领主乃作为法定继承人而取得封臣之权利，而这是一种承受关系。不过，此事很快得到纠正，领主乃是作为最高权力人为取得。因此，本情形非常接近剥夺占有人的情形。

于是，法律曾经从物权角度来处理役务与地租，而当代法在一定意义上也是如此。它们就是物，是所有权和让与的对象，与其他财产殊无二致。它们适用于占有，甚至适用于不当占有。古代法也对之赋予了占有救济。

这种观念不适用于保证制度，也不适用于那种纯粹从合同角度进行评价的权利。当我们将目光转向地租的救济制度史，发现
它们表面上看是合同，实质却被当成物权看待。当事人如与地权 391
没有承受关系，则无法提起金钱债务诉讼或盖印契约之诉。亨利

〔1〕 Cf. Co. Lit. 322 *b*, *et seq.*; Y. B. 6 Hen. VII. 14, pl. 2 *ad fin*.

〔2〕 *Daintry v. Brocklehurst*, 3 Exch. 207.

〔3〕 Y. B. 5 Hen. VII. 18, pl. 12.

六世执政期的第九年[1]，曾有一案，一个法定继承人通过继承取得了将来权益，就该人是否具有提起金钱债务诉讼的资格，法院提出了质疑。法院认为，即便将来权益的受让人享有地租收取权，也不能以金钱债务诉讼为救济手段而收取地租。没过几年，又有一案，法院判定法定继承人可以提起金钱债务诉讼[2]，而到了亨利七世，该诉的适用范围又扩大到遗嘱继承人。前文已述，遗嘱继承人与法定继承人更加贴近，与受赠人更加疏远，更容易被比作法定继承人。于是，逻辑上就有必要将该诉权赋予受让人，而此必要性也在实践中得到遵照执行[3]。合同的承受同样顺应了地权，故此，将来权益的受让人也可以起诉彼时之定期租赁保有地产的保有人[4]。基于类似理由，后世之法律允许他提起盖印契约之诉[5]。不过，能在这几种令状下具有起诉或应诉资格的人，一定要分别承受出租人或承租人的地权，因为不能承受地权的，一概不能承受合同[6]。

在租赁保有地产之上设定地租，乃是封建时代的一种古老实践，而要将前述观念的精妙之处运用到这种地租之上，要待到安妮女王执政期，因为合同救济手段到彼时才得到运用[7]。在自由保有土地上设定地租的，该地租仿佛一英亩土地一样，乃是不动产，要收取该地租，可通过类似于亨利二世所发明的占有令状救济手段提诉，并以此主张回复占有。

---

[1] Y. B. 9 Hen. VI. 16, pl. 7.

[2] Y. B. 14 Hen. VI. 26, pl. 77.

[3] Cf. Theloall, Dig. I. c. 21, pl. 9.

[4] *Buskin v. Edmunds*, Cro. Eliz. 636.

[5] *Harper v. Bird*, T. Jones, 102(30 Car. II.).

[6] *Bolles v. Nyseham*, Dyer, 254 *b*; *Porter v. Swetnam*, Style, 406; s. c, ib. 431.

[7] 3 Bl. Comm. 231, 232.

法律允许当事人动用合同救济手段，这表明，虽说地租和同性质的封建役务被当作可以占有的物，虽说世人以物权而非合同之债的角度来看待它们，但它们的走向，却靠近后者，而距离不动用通行等手段加以干扰的纯义务更加疏远。其他情形甚至与合同制度走得更近。在古代法上，通过时效取得以及习惯法而设定积极义务，这个范畴是比较广泛的。有时候，这种积极义务附随于若干土地的所有权，有时候附随的不是义务而是权利，而有时候权利和义务都附随，如在地役权的情形。为了成就其他土地之权益，而在某块土地上履行封建役务的，用大众的语言来说，该负担就落于该土地之上，而该事实本身就成为其他土地享有权益的原因。 392

如下列举不同情形。据习惯法，堂区主持牧师在以该区教民为对象从事活动的，应有义务照管一头公牛和一只公猪[1]。可通过时效取得之方式，给封地附加一项权利，即可以让女修士在封地的小教堂里唱诗[2]。相邻地块所有权人以类似方式，可取得其所围挡之土地的地权[3]。行文至此已经可以认为，即便是类似于后两种情形的权利，当其附随于土地之时，也被人当成物权对待，同时也作为赠与之话题被人讨论[4]。可以认为，在以现代思维听取相关表述时，如果觉得陌生，在很多时候都是因为相关义务乃附加于土地，而并未附加于封臣之人格。可以想象，前述观念的出现是 393
自然而然的，也是合乎情理的，因为，对于这种封建役务，并无法律

---

〔1〕 *Yielding v. Fay*, Cro. Eliz. 569.

〔2〕 *Pakenham's Case*, Y. B. 42 Ed. III. 3, pl. 14; *Prior of Woburn's Case*, 22 Hen. VI. 46, pl. 36; *Williams's Case*, 5 Co. Rep. 72 *b*, 73 *a*; *Slipper v. Mason*, Nelson's Lutwyche, 43, 45 (top).

〔3〕 F. N. B. 127; *Nowel v. Smith*, Cro. Eliz. 709; *Star v. Rookesby*, 1 Salk. 335, 336; *Lawrence v. Jenkins*, L. R. 8 Q. B. 274.

〔4〕 Dyer, 24 *a*, pl. 149; F. N. B. 180 N.

强制当事人为履行,唯一的救济手段是对供役地进行占有强制[1],以保障履行[2]。如人猜测认为初民时代的义务只分两类,第一类,其救济仅靠占有强制,而第二类就是其他义务,则这种猜测性的分类观念也很快消散;将权利划为两类:一类是物权,另一类是合同上的权利,这条分界线也因为上文之实例而变得朦胧。盖印契约中约定修缮(分界墙)义务的,一般认为这是纯粹的合同事务。修缮(分界墙)的义务和修建分界墙之义务,这二者的区别在何处?横亘于本题的难度之大,大如对互相竞争的权利转让法则进行划分——其中一条以人格承受为基础,另一条以需役地的占有为基础。将地役权性质的权利附加于土地之上,这如果可以通过时效取得而实现,则同样可以通过赠与而实现。倘若即便土地落入剥夺占有者之手,该等权利也与土地不离不弃,则此事在赠与的情形也会发生。以取得模式为基础来划分权利,不会得到满意答案[3]。思想家以前进行过尝试,结果也并不令人满意。既然该类权利不限于受让人取得,故没有必要(在赠与文书中)提及受让人[4]。即便根据古代法,这类权利不能通过盖印契约和赠与而
394 创设,根据现代法,却是可以的[5]。而且,话又说回来,正是在古代法上,可基于赠与文书而提起盖印契约之诉[6]。此事所造成的

---

〔1〕[译者注]distress。见《布莱克法律大辞典》。

〔2〕F. N. B. 128 D, E; Co. Lit. 96 *b*. 可以认为,当世人说到一份义务落于土地之上,我们可将之理解为一种修辞手法。权利和义务当然只限于人。

〔3〕Keilway, 145 *b*, 146, pl. 15; *Sir Henry Nevil's Case*, Plowd. 377, 381; *Chudleigh's Case*, 1 Co. Rep. 119 *b*, 122 *b*.

〔4〕F. N. B. 180 N; Co. Lit. 385 *a*; *Spencer's Case*, 5 Co. Rep. 16 *a*, 17 *b*; *Pakenham's Case*, Y. B. 42 Ed. III. 3, pl. 14; Keilway, 145 *b*, 146, pl. 15; Comyns's Digest, *Covenant* (B, 3).

〔5〕*Holms v. Seller*, 3 Lev. 305; *Rowbotham v. Wilson*, 8 H. L. C. 348; *Bronson v. Coffin*, 108 Mass. 175, 180. Cf. Bro. *Covenant*, pl. 2.

〔6〕Y. B. 21 Ed. III. 2, pl. 5; F. N. B. 180 N.

后果，不单单是该权利为盖印契约所创设，而且在当时，（在赠与文书中）提及受让人，对赋予受让人以保证权益至关重要，而即便（赠与文书中）没有提及受让人，盖印契约（所设定的权益）本身也能转移至受让人。从逻辑上讲，以此为前提，还可进一步推出一个结论，即不仅是未被点名的受让人，剥夺占有者也能依据合同提起该诉，因为他们的权利来源也在此。前文有关地租的实例已经表明，在实践中，一人享有合同权利，并不一定就相应享有合同的救济手段〔1〕。尽管如此，但实际上，假设原告当真可以因为赠与而享有盖印契约之诉的诉权，他是否同样有权以时效取得为基础而提起本诉？这是可以讨论的。盖印契约要求具备形式要件，而人认为时效取得本身就是充分有效的形式要件〔2〕。因此，该如何划线，以便区分，哪一些盖印契约中的权利只能流转给承受人，而哪一些随着土地而转移？

对古代法考察得越是深入，前述难题就越引人注目。行文至此，我们已经探讨了一种人身性的保证制度，而前文并未提到，与其并列的，还有另一种对特定土地具有拘束力的保证制度〔3〕。人 395
身性的保证只能拘束保证人及其法定继承人。正如爱德华一世执政期有个判决所言："没有人可以要求受让人作出保证，因为保证效力通常可以扩大适用于以继承方式取得保证人地位的法定继承人，但其效力不能通过转让而扩大适用。"〔4〕但当特定土地受保证效力的拘束时，该保证就随土地而流转，甚至可以流入国王之手，

---

〔1〕 有个类案诉讼，是 *Prior of Woburn's Case*，Y. B. 22 Hen. VI. 46，pl. 36. 据 F. N. B. 128 E，n. (*a*)，修建院墙令状[译者注：此处原文是 *Curia Claudenda*。据该令状，法院可命令被告在房屋周围修建墙体或樊篱，以免其骚扰邻人]的申领权利，只能通过时效取得而享有。又说，如修建分界墙的义务来源于合同，则原告可提起盖印契约之诉。

〔2〕 Y. B. 32 & 33 Ed. I. 430.

〔3〕 Y. B. 20 Ed. I. 360.

〔4〕 Y. B. 32 & 33 Ed. I. 516.

正如布莱克顿所言,物和物上的负担可以流转给任何人[1]。弗莱特下笔认为,任何占有人都应履行(保证义务)[2]。不用怀疑,驱逐占有人与合法占有人一样,也受到(保证义务的)拘束。

我们现在已经做好准备,来品味爱德华三世执政期的一个判例[3]。从菲茨赫伯特到柯克勋爵,再下溯至圣伦纳兹爵士和罗尔先生,该案在不同时代均进行过讨论,在现行法中还有效力,不仅如此,据说该案的解释一直没有定论[4]。该案显示,法官在本讲所述的两种观念之间徘徊无以。如读者已经理解这两种观念,该案是可以阐释清楚的。

帕克南作为一份盖印契约之受约人的法定继承人,提起盖印契约之诉,诉一位男修道院的副院长违反盖印契约。该合同乃由原告的曾祖父与前任副院长签署,约定由副院长和女修士每周造访一次封地的小教堂,为原告及其佣仆唱诗。最开始,被告答辩
396 称,原告及其佣仆并未在封地之内居住。但被告又怯于以此理由应诉,故转而抗辩认为,原告并非法定继承人,其长兄才是。原告回应道,他本人就是该封地的封臣,他的曾祖父将该封地封给了一位外人,而该外人又封给原告及其配偶;又说,原告乃通过买受成为封地的封臣,且与祖辈具有承受关系;还说,在已经封尘的记忆中,曾有一段时间,该等封建役务一直在履行。

很明显,从(双方的)答辩意见看,盖印契约并未提及受让人,且参与本案讨论的人向来都持此判断[5]。看上去原告奋力立足

---

[1] "Quia res cum homine[obviously a misprint for *onere*] transit ad quemcunque." Fol. 382,382 *b*.

[2] Lib. VI. c. 23, § 17.

[3] *Pakenham's Case*, Y. B. 42 Ed. III. 3, pl. 14.

[4] Sugd. V, & P. (14th ed.), 587; Rawle, Covenants for Title(4th ed.), p. 314. Cf. *Vyvyan v. Arthur*, 1 B. & C. 410; *Sharp v. Waterhouse*, 7 El. & k Bl. 816. 823.

[5] Co. Lit. 385 *a*.

于两点，第一，承受性，作为后裔以及盖印契约之受约人的受让人；第二，该封建役务通过盖印契约或时效取得之方式而附随于封地，他作为封地之封臣可以提起盖印契约之诉，而无论该义务的源头在何方。

芬奇丹法官将地产共同继承人[1]（对权利义务）进行分割的情形予以纳入，两位共同继承人签署了一份盖印契约，以令其中一人在诉讼中免除债务。买受人可以享有该盖印契约带来的便利。贝尔纳普虽然支持的是被告，但还是对此观点表示了同意，但他的理由不同。他认为在此情形下，债务之免除随着土地转移，而不是随着人转移[2]。[此言即是在说，债务可类比为地役权，并且，既然该负担落于准供役地之上，则无论（赠与合同中）有无提及受让人，权益都跟随需役地而流转至受让人处。不能从合同角度看待此案。保证就是一个纯粹而简单的合同。可是，保证存在于亲属关系之中——它落于人，而不落于土地[3]。]

芬奇丹法官：本案更有理由如此判断；诉讼理由成立，因为原告是土地的封臣，享有诉权，何况他是小教堂所在封地的封臣。 397

威钦哈姆法官：假设国王给封地之封臣以保证，封臣就有了保证权益[中略]，但保证权益不能伴随[土地的]赠与而流转，因为保证权益并非附随于封地。在本案中，封建役务似未附于封地。

首席法官索普回应贝尔纳普："据某些盖印契约，有权以此提诉的只有当事人或其法定继承人，其他人无权。但还有一些盖印

---

[1] [译者注]parceners。据《布莱克法律大辞典》，地产共同继承人并不分割共同继承的地权，他们是作为一个整体行使地权。原文交代不足，可能是准需役地的出让人与另外一个共同继承人之间另有一份安排权利义务事项的协议，而原告作为买受人，可享有该协议关于此安排的便利。

[2] Cf. Finchden as to rent in Y. B. 45 Ed. III. 11, 12.

[3] Cf. Y. B. 50 Ed. III. 12, 13, pl. 2.

契约,可随土地而继承,是故,无论土地转归于何人,或无论以何等方式,地权人都可提起盖印契约之诉;[换言之,正如菲茨赫伯特在其《盖印契约简明本》[1]中所写明的,土地上的居民以及任何享有土地的人都可以提起盖印契约之诉;]您认为他不是法定继承人,但他是血统的承受人,故可以成为法定继承人:[2]不仅如此,他还是土地的封臣,这个身份附属于小教堂,而小教堂又处于领地之上,是故也附属于领地。而他又说过,在其记忆中,该封建役务一直在履行,由此,应该支持其诉讼请求。"贝尔纳普不承认原告可通过时效取得而获权,但索普却认为他可以,我们认可书面记录的证明力。于是本案延期审理[3]。

可以看到,(各位法官的)讨论内容都没有脱离(双方之)答辩
398 意见所显示的脉络。一位法官认为,原告有权以领地封臣之身份要求继续履行。另有职级较低的法官提出了疑虑,但又同意将此案与地役权相类比。考虑到原告具有亲属关系上的承受性,首席法官认为原告(对该封建役务所对应的权利)的承受性可能是非常充分,据此,他转向另一个更有说服力的论据,并以此为基础表达出自己的观点[4]。看起来,他不仅认为时效取得之权利足以支持原告进行诉讼,而且显然认为剥夺占有人与原告具有同样的权利。

在亨利六世执政期,另起一个盖印契约之诉[5]。它与前案非常相似,但本案的事实却颠倒过来。原告被认定为法定继承人,但并未主张自己是领地的封臣。被告并不否认原告的继承权,却提

---

〔1〕 *Covenant*, pl. 17.

〔2〕 在两个不同版本的《法律年鉴》中,此处都有一个冒号。这表示作者要起笔另一个论据。

〔3〕 *Pakenham's Case*, Y. B. 42 Ed. III. 3, pl. 14.

〔4〕 Bro. *Covenant*, pl. 5. Cf. *Spencer's Case*, 5 Co, Rep. 16 *a*, 17 *b*, 18 *a*.

〔5〕 *Horne's Case*, Y. B. 2 Hen. IV. 6, pl. 25.

出实质性答辩意见认为，根据原告自身所享有之权利来看，原告并非领地的封臣。于是，双方的答辩意见引发了一个问题，如果盖印契约之受约人的法定继承人并非领地之封臣，他可否提起盖印契约之诉？如从合同角度看待盖印契约，则法定继承人可以代表受约人而成为合同当事人。但如果人认为这相当于设定封建役务，仿佛地役权一般，而该封建役务设定的对象又是领地的领主，则盖印契约将自然而然随着领地而流转。当时的人似乎认为盖印契约可以走向任意一方，要看是与领地之封臣还是与外人立约。其中一名法官马克哈姆发言道："据盖印契约之诉令状，如一人希望获得盖印契约之诉令状，或希望借助盖印契约（展开诉讼），该人须得与盖印契约具有承受关系，不过，假设盖印契约是与领主所订立， 399
他对领地有其遗产权益，却尚未就此作出（处分）决定[1]，则后果有不同。"该意见得到支持[2]。人认为该盖印契约并未附加到领地之上，而法院也留意到，本案所涉之役务乃是宗教性的，并非世俗性的，故倾向于认为法定继承人可以提起盖印契约之诉[3]。相应地，被告未能指出原告之答辩意见中的漏洞[4]，且签署了释权文件。我们即将查知，本案的判决意见与前案完全一致，其原因到底在何处。

就马克哈姆法官所作之情况区分，柯克勋爵在总结某案时十分明确地展开了叙述。在对查德莱案[5]发表意见时，他是如此划

---

〔1〕［译者注］原文是夹杂了诺曼时期法语的中古英语 ou issint come determination poit estre fait。

〔2〕"Quod conceditur." Cf. *Spencer's Case*, 5 Co. Rep. 16 *a*, 18 *a*.

〔3〕两种责任可能应当是并存的。Bro. *Covenant*, pl. 32; *Brett v. Cumberland*, Cro. Jac. 521, 523.

〔4〕［译者注］本句的原文是 Accordingly, the defendant pleaded over。Plead over 的含义如本句的译文。

〔5〕［译者注］原文是 *Chudleign's Case*。

定界线的:“长期实践表明,要主张交易文件中的保证权益,主张人须得承受地权,保证是附随于地权的。”[这就是说,保证权益主张人须得是最初盖印契约之受约人的继承人]“有关用益的法律实践也是如此……但如果某事物所随附的对象是土地,则后果另有不同,如用益物权、空缺教职任命权或类似的附随性权益……基于同等理由,驱逐占有者、在法定继承人进占之前侵占自由保有土地者、侵占者、行使土地复归权的领主,等等,都可以享有所附随之事物。由此我们注意到,如下两类之间存在多样的差异,第一类是保证、用益或附随于土地之地权的其他事物的承受,第二类是用益物权、空缺教职任命权以及附随于土地之占有的其他可继承财产权。”〔1〕我认为,这项研究工作最接近真相。

柯克勋爵在其著述《英格兰法学阶梯第一部,又名利特尔顿著述评注》〔2〕[385 *a*]中认为,当事人作出保证的,应交出土地以为赔付,而盖印契约附随于土地的,只能导致损害赔偿责任。他以此
400 区分前述保证和盖印契约。假设柯克勋爵以此来划分保证和一切[以跳脱的现代观念看来]可以伴随土地流转的盖印契约,那么他的这番言论就不如上述言论更令人信服。

保证曾经也是一种盖印契约,它有时只会导致损害赔偿责任,而在古代法上,盖印契约有时也会导致土地的交出。查看(英格兰)古老的判例时,我们理应谨记,更古老的日耳曼程序法并不在意原告之主张是基于物权还是合同〔3〕。在爱德华一世执政期,有人为争得自由保有土地而提起盖印契约之诉〔4〕,而在爱德华三世

---

〔1〕 1 Co. Rep. 122 *b*;s. c. ,*sub nom. Dillon v. Fraine*,Popham,70,71.

〔2〕 [译者注]原文是 *Commentary on Littleton*。该书全名是 *The First Part of the Institutes of the Laws of England*,*Or*,*a Commentary upon Littleton*。

〔3〕 Essays in Ang. Sax. Law,248.

〔4〕 Y. B. 22 Ed. I. 494,496.

执政期，尽管人经由盖印契约而在一座磨坊上创设了一份地役权，但原告反向用力，提起盖印契约诉讼主张取消该权，且得到了法院的支持[1]。话虽如此，柯克勋爵的本意，并非要创设一条压倒性的法则，因为他的结论是“在许多情形下，比起保证，盖印契约扩大适用的范围更广”。进一步说，与保证相比，地役权或创设具有地役权性质之权利的盖印契约有其不同之处，而柯克勋爵的此番言论与他的二分法保持了一致。他所举之例证，仅限于论证后一种情形下（创设物权）的盖印契约，其例证之内容，也恰恰是我在此引述之《法律年鉴》所记述的判例。

惜乎，后世之学问家完全将该有争议的二分法抛诸脑后，于是，在处理具有冲突性的法则[2]时，他们划不出区分线，哪怕这条线会存在争议。有一些盖印契约起源于保证文书，另有一些参照地役权的行文和逻辑，他们将二者糅杂于一体，置于“伴随土地流转的盖印契约”之题下。“伴随土地流转”之表述，唯其用于表明盖 401
印契约如同地役权一般流转，方显得体。但我们很容易就将发觉，该表述在运用中还要变得更加宽松。

前文已论证，与保证文书一样，盖印契约担保所有权的，其流转对象只归于原初盖印契约之受约人的继承人。该条法则曾被严格表述为，该种盖印契约只附随于具有承受性的地权。世人可以轻而易举地忽略“地权”这一专用词汇，以为这种盖印契约伴随土地而流转。经过这一步，一切的二分法就都变得可疑了。也许曾有一段时期，用盖印契约担保权属的，需要提及受让人，因其功能，

---

〔1〕 Y. B. 4 Ed. III. 57. pl. 71；s. c，7 Ed. III. 65，pl. 67.

〔2〕 ［译者注］盖印契约随土地还是随地权流转。

曾经是用来给受让人提供古老的保证[1]，正出于这种形式上的特点，这类盖印契约的流转对象，仅限于土地承受人。但以在土地上附加地役权或类似权利为目的的，就不需要提及受让人。都是伴随土地流转的盖印契约，为什么有的需要提及受让人，而有的却不需要？既然其中一种需要提及，为什么不是所有的都需要[2]？现代法上的观点是，这种提及受让人的要求似受制于柯克勋爵时代一条渺茫的法则[3]。可是，又能从这个角度提问：该条法则既然能调整保证关系，为何不能调整那些在流转时不顾及土地承受与否的盖印契约？

这个问题依然很重要。担保所有权的盖印契约在每一份地契
402 中都得到体现。另有一些盖印契约，其普遍性要弱一些。接下来还会证明，后者另属一类。

这其中最主要的就是关于修缮分界墙的盖印契约。前文已述，修建分界墙的地役权附随于土地，然后前文也已经提问，要求另一人修建该等构筑物，和要求其修缮已经建好的构筑物，这两种权利的区别是什么。要研究出这二者的相似之处，这并不缺证据。除开租赁保有地产，签署这类盖印契约的情形十分罕见，故（权利人）一般与原立约人具有承受关系。因为租赁保有地产不能随剥夺占有之事实而流转，而将来权益也不太可能以此流转。

温莎教长案[4]判定，让与定期租赁地产的，即便（作为权利来源的）盖印契约没有提及受让人，也对受让人有拘束力。在效力等

---

〔1〕 Bract, fol. 17 *b*, Z7 *b*; Fleta, III. c. 14, § 6; 1 Britton (Nich.), 223, 233, 244, 255, 312; Abbrev. Plac. p. 308, col. 2, Dunelm, rot 43 (33 Ed. I.); Y. B. 20 Ed. I. 232; Co. Lit. 384 *b*.

〔2〕 *Hyde v. Dean of Windsor*, Cro. Eliz. 552.

〔3〕 *Spencer's Case*, 5 Co. Rep. 16 *a*. Cf. *Minshill v. Oakes*, 2 H. & N. 793, 807.

〔4〕 [译者注]原文是 *Dean of Windsor's Case*。见下一条作者注。

级最高的判例中，有两个案卷对此事进行了总结，一个来自柯克勋爵，另一个来自克罗克，他也是法官。克罗克给出的理由是："在普通法上，可以依据随土地流转和附随于土地的盖印契约起诉受让人，受让人也可以以此为依据起诉，即便该盖印契约中没有提及受让人，因为土地和权利负担在流转。[1]"[2]该理由适用于地役权。如盖印契约令到某一块土地有义务作出保证，而土地因任意原因被占有的，该盖印契约也能约束占有人。柯克勋爵认为："盖印契约扩大适用于作为遗嘱继承权益之基础的土地的，该盖印契约可以特定方式[3]附随于它，并随它一起流转。"这还是讨论地役权的语气。如有必要，还可以把这句话变得更加平实，增引如下："如将以修缮房屋为目的的采木权赠与他人，该采木权即附属于房屋。"[4]以修缮房屋为目的的采木权，如其他用益物权一样[5]，是 403
伴随土地而流转的；柯克勋爵已经告诉我们，用益物权甚至可以转移给剥夺占有人。

到了下个朝代，法律判定，相反命题可以成立，即将来权益之受让人可以享有盖印契约的权益，"因为这类盖印契约伴随土地流转"[6]。就如下两份盖印契约，法院以更清晰的理由适用了同一条法则。其中一份约定保留15英亩土地作为草场，并该约定可以拘束未指名的受让人[7]。另一份约定，当事人应当谨慎耕耘，保

---

〔1〕［译者注］原文是 *quia transit terra cum onere*。

〔2〕*Hyde v. Dean of Windsor*, Cro. Eliz. 552, 553; s. c, ib. 457. Cf. *Bally v. Wells*, 3 Wilson, 25, 29.

〔3〕［译者注］原文是 *quodammodo*。

〔4〕*Dean of Windsor's Case*, 5 Co. Rep. 24 *a*; s. c, Moore, 399. Cf. Bro. *Covenant*, pl. 32. Cf. further, *Conan v. Kemise*, W. Jones, 245(7 Car. I.).

〔5〕F. N. B. 181 N; *Sir Henry Neveil's Case*, Plowden, 377, 381.

〔6〕*Ewre v. Strickland*, Cro. Jac. 240. Cf. *Brett v. Cumberland*, 1 Roll. R 359, 360 "al comen ley"; s. c, Cro. Jac. 399, 521.

〔7〕*Cockson v. Cock*, Cro. Jac. 125.

持土壤肥沃[1]。

假如法院一直遵循此类判决,假如其他事实也具有类似性,能引发相同的问题,则可以依据盖印契约起诉剥夺占有人,而剥夺占有人也可以依据盖印契约提起诉讼。阻却命题成立的唯一必要性,是该命题具有新颖性。上文已述,盖印契约的约定内容,可以附加于土地的地役权之上,而赠与文书的内容也可以涵盖盖印契约。如权利是同一的,而赠与文书和盖印契约的内容也是同一的,则将一个救济权赋予剥夺占有人的同时,却否认其享有另一个权利的,这个路径就相当狭隘[2]。

然而,概括性表述却将所有待决事项都蒙上了疑云和阴云。
404 如前文所提及的,"担保所有权的盖印契约"是合并表述的成果,而刚刚论述、名为"随土地流转的盖印契约"也是如此。就后一类情形而言,一般认为,欲令盖印契约之立约人的受让人接受盖印契约的拘束,须得以受让人与立约人和受约人之间所流转之地权具有承受关系。有人将这种承受关系视为一种地权的保有;有人视之为受约人对立约人之土地所享有的权益;不一而足[3]。第一种观点不正确,第二种观点存在误导,而两种观点都缺乏运用之基础。在与普通法上的盖印契约关联运用时,"地权的承受关系"这一表述并没有蕴含地权之保有或地役权的意义;它就是指代土地权利的承受[4]。盖印契约之立约人与受约人或其他任何人士绝无存在地权承受关系的必要。只有现任地权人和盖印契约的原初受约

[1] *Sale v. Kitchingham*, 10 Mod, 158(E. 12 Anne).

[2] *Supra*, pp. 396, 398, 400. Cf., however, Lord Wensleydale, in *Rowbotham v. Wilson*, 8 H. L. C. 348, 362, and see above, p. 391, as to rents.

[3] 4 Kent(12th ed.), 480, n. 1.

[4] 在描述终身保有人或定期保有人与将来权益的权利人之间的区别时,该表述的使用含义有所不同。这两类人之间具有承受关系,这个后果令人意外,这两类人被视为同一个保有人,具有同一个人格。

人需要具有该承受关系，不仅如此，要求他们之间存在承受关系，原则上限于如下情形，即在完全从合同法角度看待盖印契约时，相关权益通过地权承受关系而流转，而非随同土地而流转，如在保证文书以及担保所有权的盖印契约等情形。

长篇大论之后，还是要问，如何划定这两类盖印契约的区分线？在考察了大量判例之后，答案还只能是模棱两可。如下之观点也许能起到一些作用。

甲、就伴随土地流转的盖印契约而言：——

1. 无论是基于传统，还是基于良好意识，晦涩地讲，如果社会观念认为债务或权利负担落于盖印契约之立约人的土地上，则该等负担的设定，等于将土地的部分权益赠与或转让给受约人。既 405
然可以对土地占有人提出财产权主张，则可以认为，该等主张可以依据盖印契约而提出。这一观点并不夸张，也不属荒唐。

2. 如前述权益是为了邻地之利益而赠与该邻地之所有权人，则该权将附随于该土地，并随着土地的换手而换手。受让人未被（赠与人）提及的，也有权提起盖印契约之诉。剥夺占有人也享有该诉权，这并不荒唐。

3. 还有一类役务，即便在理论上，该役务所体现之负担没有落于土地之上，也能伴随享有该役务的土地而流转。此即由盖印契约所设定的唱诗或类似役务。吾人可查知，即便该类役务并未落于土地之上，稳坐邻地之团体，亦可永久性行使其权益。在当代法上，不可能发生类似情形。

乙、如盖印契约只伴随土地之地权而流转：——

一般而言，这类盖印契约之权益不能类比为赠与，而其负担也并未落于土地之上，而仅适用于盖印契约的受约人及承受其人格的人，即遗嘱执行人或法定继承人。在特定情形下，通过（在盖印契约中)提及受让人,前述承受的范围还可扩大至受让人,受让人有权为了合同的目的而代表盖印契约的原始受约人。在这等特定情形中,作为权利来源的典型盖印契约,是以古老的赠与文书为外观。现代法上担保所有权的盖印契约即是这种特定情形的明证。但只有通过在盖印契约中提及他人,这位并非合同当事人的人才能以盖印契约为基础而提起诉讼。是故,原告与盖印契约之受约人的地权必须有承受关系。

406 丙、然而在英格兰法上,很难用一般的逻辑来阐释,何等权利可以落入前一类情形,也很难划定前两类情形的分界线。必须将判例当作具有随机性的事实纳入考量。看起来,第一类情形的检验标准,是看役务在本质上是否可以赠与,而如果役务又完全以盖印契约为依托,则役务就无法伴随土地而流转[1]。然而,无须动用传统,接受了这种检验标准,这本身就表明,某些能够伴随土地流转的役务,它只是一个盖印契约问题。巴伦·帕克认为,对采光权或通风权这类地役权周到地进行设定,就是一个盖印契约,它约定供役地上的建设不可对采光造成干扰[2]。当然,这种观点也遭到怀疑[3],但尽管如此,前文已经论证,如果不能将一份设定周到的关于修建分界墙的地役权视为供役地的权利让与合同,即便法律许可其他一百种类似的权利附随于土地,也不宜认为这一百种权利的设定仅仅是一个盖印契约问题。修缮分界墙这种义务也只能通过盖印契约来设定,而相关有拘束力的判决都是以地役权规则为基础而作出。但也有不同观点。在斯宾塞案[4],根据盖印契约,承租人应在租赁场地上建设围墙,法院认定,该份盖印契约不

[1] *Rowbotham v. Wilson*, 8 H. L. C. 348, 362 (Lord Wensleydale).

[2] *Harbidge v. Warwick*, 3 Exch. 552, 556.

[3] *Rowbotham v. Wilson*, 8 El. & Bl. 123, 143, 144.

[4] [译者注]原文是 *Spencer's Case*。

能拘束受让人，因为盖印契约没有提及该人[1]；而柯克勋爵认为，假设盖印契约的原意是要拘束受让人，则该契约对其就有拘束力。保证制度具有相似性。这种相似性的表现，即以前述情形所定下的原则为基础。而正是出于这种原则，也令人怀疑保证制度是否具有相似性。我们只能认为，相关法律的适用受限于前述法则，也 407
受限另外一套法则，即不能在土地上新设异乎寻常的负担。

本讲的主要目的是要考察，如有某项特定权利，作为该权利来源的事实于某人不为真，而欲令该人享有该权利，其理论是什么。地役权之让与的外在现象是本讲要分析的内容，且前文已经对其法律影响进行了溯源。但很明显，地役权的让与法则是一种异象，也没有对法律的基本原理造成影响。法的基本原理，乃由时效取得、保证以及类似于保证的盖印契约制度等例证所证明。除此之外，还有一个前文没有提及的例证，这就是用益法。

在古时候，用益就是一种债权[2]——这就是说，古人基本从合同角度来看待这种权利，而其演化史，也与前文所述之其他情形大同小异。最初，关于这种秘密信托能否对抗哪怕是法定继承人[3]，也是有疑虑的。当然，演化结局是能够对抗[4]，而其承受法则，可以扩大适用于受让人。但到此为止。仅与用益之原初受封人的地权具有承受关系，方受该用益的拘束。剥夺占有人可以传召被剥夺占有人的保证人出庭（来担保用益），却不受被剥夺占有人所依之信赖利益的拘束。亨利八世时期的观点认为："用益的要件有二，信赖关系和承受关系……如我所言，如果不存在承受关系或信赖关系，则不存在用益：因此，假如受封人将土地再分封给另

〔1〕 5 Co. Rep. 16, *a*.

〔2〕 ［译者注］chose in action。该术语还有其他多重含义。

〔3〕 Y. B. 8 Ed. IV. 5, 6, pl. 1; 22 Ed. IV. 6, pl. 18. Cf. 5 Ed. IV. 7, pl. 16.

〔4〕 Cf. Keilway, 42 *b*, 46 *b*; 2 Bl. Comm. 329. 408

一人，而该人知晓用益的存在，则既然第一名封授人与该人之间存在承受关系，法律也判定该人也占有第一个用益，因为他[意指第一名封授人]已经作出保证，该人[意指最后的受封人]可以作为受让人传召保证人出庭，而这能够证明承受关系；而且他先于各个受封人进占土地；而假设他后来才进占土地，如作为行使土地复归权的领主，或剥夺占有人，则该用益就发生了改变，因为缺乏承受关系。"[1]

古往今来的观点都认为，信托的附随性，体现在对人与地权的承受之中[2][这就是说，体现在人格的承受之中]。人并不认为它如地租一样，是从土地之中衍生出来的，是故，无论以何等方式取得土地，取得人都受地租的拘束，但信托却不能拘束剥夺占有人[3]。前例说，领主行使土地复归权的，不受用益的拘束，而这一点也遭到过怀疑[4]，所以要提醒一下，关于领主是以准法定继承人还是以外人的身份行使土地复归权，布莱克顿和后世学问家的看法存在差异。

接下来谈一谈用益中的权益。有人指出，在历史上，对因不履约而丧失地权者[5]的诉权确实流转给了法定继承人，因为法定继承人与其祖先具有相同的人格[6]，而并非因为他们的地权相同[7]。许可信托受益人出售地权的制定法很早就出台了[8]。但

---

〔1〕 Y. B. 14 Hen. VIII. 6, pl. 5. Cf. *Chudleigh's Case*, 1 Co. Rep. 120 *a*, 122 *b*; *s. c*, *nom. Dillon v. Fraine*, Popham, 70-72.

〔2〕 Lewin, Trusts, Ch. I. (7th ed.), pp. 16, 15.

〔3〕 4 Inst 85; Gilb. Uses(Sugd.), 429, n. (6); Lewin, Trusts(7th ed.), pp. 15, 228.

〔4〕 *Burgess v. Wheate*, 1 Eden, 177, 203, 246.

〔5〕 [译者注]原文是 *subpaena*。

〔6〕 [译者注]原文是 *heres eadem persona cum antecessore*。

〔7〕 Lewin, Trusts, Introd. (7th ed.), p. 3.

〔8〕 1 Rich. III. c. 1. Cf. *Rex v. Holland*, Aleyn, 14, Maynard's arg.; Bro. *Feoffements al Uses*, pl. 44; Gilb. Uses, 26 * (Sugd. ed., 50).

就信托而言，柯克勋爵指出，在伊丽莎白女王执政期，英格兰全体 409
法官一致认为信托不可转让，因为"这是在他们之间承受的事物，本质上，它是一种债权"[1]。然而从古时候起，用益和信托都可以以遗嘱处分[2]，而在当代法上，信托的可流转性与其他财产殊无二致。

古代法处处表明，作为权利土壤的事实情境不可让与，这让人明显感觉权利本身的流转有其难度。经剖析，这种难度是真实存在的。前文已经阐明，为让权利流转变得可能，世人使用了拟制之手段。前文也追溯了拟制的演化史，直至它变成一种普遍的思维方式。在当代观念中，世人理所当然就认为买受人穿踏着出卖人的履屐，或如古代法律文献所言[3]："受让人的承受方式，仿佛他就是让与人的准法定继承人。"于是乎，普通法将此种构想作为基础的，无论其别致之处为何，我们都可以理解。

---

〔1〕 4th Inst. 85; s. c, Dyer, 369, pl. 50; Jenk. Cent. 6, c. 30. Cf. Gilh. Uses, 198 * (Sugd. ed, 399).

〔2〕 Gilb. Uses, 35 * (Sugd. ed. 70).

〔3〕 Theloall's Dig. , I. 16, pl. 1.

天
Borderless
下

天下，在乎正义和你

法学新经典·书目

《侵权损害赔偿》（第六版）	杨立新
《我国民法典重大疑难问题之研究》（第二版）	王利明
《法律解释学导论：以民法为视角》（第二版）	王利明
《法的价值论》（第三版）	卓泽渊
《法政治学研究》（第三版）	卓泽渊
《法治国家论》（第四版）	卓泽渊
《刑事诉讼的中国模式》（第三版）	陈瑞华
《刑事证据法的理论问题》（第二版）	陈瑞华
《民法典总则之理论与立法研究》（第二版）	尹　田
《中国物权法总论》（第四版）	孙宪忠
《人格权重大疑难问题研究》	王利明
《实证研究：中国法学的范式转型》	左卫民
《中国法律的传统与近代转型》（第四版）	张晋藩
《行政法基本原则研究》（第二版）	周佑勇
《传统中国法理观》	张中秋
《国际刑法学》（第二版）	贾　宇
《刑法客观主义与方法论》（第二版）	周光权
《诈骗犯罪论》	张明楷
《国际私法本体论》（第二版）	蒋新苗

……

法学新青年·书目

《物权法的展开与反思》（第二版） 常鹏翱
《基本权利的规范建构》（增订版） 张　翔
《传媒监督的法治》 陈柏峰
《国家利益维护：国际法的力量》 何志鹏
《不动产登记法研究》（第二版） 程　啸
《证据法的理论面孔》 吴洪淇
《刑法归责原理的规范化展开》 陈　璇
《刑法与现代社会治理》 何荣功
《舆图换稿：明清之际的中国法哲学》 屠　凯
《中国特色行政复议制度的嬗变与演进》 曹　鎏
《行政诉讼类型构造论》 章志远
《侵权责任利益保护的解释论》 方新军
……

博观·书目

《社会契约论》 卢　梭
《法律的概念》（第三版） 哈　特
《普通法的精神》（中文修订版） 庞　德
《诉权与诉的可能性：当代民事诉讼基本问题研究》 赫尔维格
《民主与不信任：司法审查的一个理论》 约翰·哈特·伊利
《法律与革命》（第一卷） 伯尔曼
《法律与革命》（第二卷） 伯尔曼
《法律推理与法律理论》 麦考密克

《古代法》	梅　因
《旧制度与大革命》	托克维尔
《为权利而斗争》	耶　林
《法律制度：对法律理论的一种解说》	麦考密克
《政治哲学史》（第三版 上下册）	列奥·施特劳斯，约瑟夫·克罗波西
《论法的精神》	孟德斯鸠
《民事诉讼法重点讲义》（导读版）	高桥宏志
《纯粹法学说》（第二版）	凯尔森
《普通法》	霍姆斯
《论犯罪与刑罚》	贝卡里亚
《宪法设计与理性选择：公法经济分析基础》	罗伯特·D.库特
《法律的权威》（第二版）	约瑟夫·拉兹

……

思想与人文·书目

《西窗法雨》（精装修订版）	刘　星
《法槌十七声：西方名案沉思录》（第二版）	萧　瀚
《文明与法治：寻找一条通往未来的路》	刘哲昕
《精英与平民：中国人的民主生活》	刘哲昕
《法治东西》	於兴中
《博登海默法理学》	博登海默
《法窗夜话》	穗积陈重
《正义之源泉：自然法研究》	吴经熊
《现代法政的起源：1900—1919》	董彦斌
《被误解的民主》	包刚升

《风骨：新旧时代的政法学人》 陈夏红
《斑马线上的中国》（第三版） 邓子滨
《生活在民法中》（第四版） 梁慧星
《乌合之众：大众心理研究》 古斯塔夫·勒庞
《我们律师》（修订精装版） 张思之
《我的辩词与梦想》（精装收藏版） 张思之
《法门穿行》 孙笑侠
《现代法治：沈家本的改革梦》 李贵连
《阿Q之死的标本意义》 张建伟
《续法窗夜话》 穗积陈重
《从传统到现代》 金耀基
《耶鲁精神：感受耶鲁大学及其法学院》（第二版） 冯建妹
《法律帝国的铸就：大英帝国法律史（1800—1850）》 劳伦·本顿　利萨·福特
《英国法的塑造者》 威廉·塞尔·霍尔斯沃思
《美国法律史》 劳伦斯·弗里德曼
《尊严：历史和意义》 迈克尔·罗森
《法官因何错判》 秋山贤三
《修行：生命的证悟》 泰戈尔
《看得见的正义》（第三版） 陈瑞华
《大地家族》 盖瑞·施耐德
《法律后面的故事》 梁治平
《生命与超越：一个命运共同体的理想》 刘哲昕
《霸权的黄昏：大国的衰退和收缩》 麦克唐纳　培伦特
《罪与罚：关于公正的19场激辩》 布鲁斯·N.沃勒
《民法的人文精神》（第二版） 徐国栋
《西口闲笔》 徐国栋
……

理论与方法·书目

《通往法治的道路：社会的多元化与权威体系》	季卫东
《现代公司法》（第三版 上下册）	刘俊海
《法治、财税与国家治理》	熊　伟
《论法学研究方法》	陈瑞华
《民法总则：条文背后的故事与难题》	杨立新
《法学学位论文写作方法》（第三版）	梁慧星
《裁判的方法》（第四版）	梁慧星
《理论法学的迷雾：以轰动案例为素材》（增订版）	桑本谦
《司法体制改革导论》	陈瑞华
《辩无不胜》	盖瑞·斯宾塞
《侵权责任法：条文背后的故事与难题》（第二版）	杨立新
《合同法总论》（第四版）	韩世远
《司法改革的知与行》	蒋惠岭
《律师的客户管理术》	亚历山大·Y.本尼科夫
《中西法律文化比较研究》（第五版）	张中秋
《真实世界的法律思维：出乎意料的61堂法律微课》	黄文伟
《并购之道：赢家的65个商业逻辑与实战 》	张伟华
《明清法律与社会变迁 》	邱澎生　何志辉
《中国民法典新规则要点》（修订版）	杨立新
《刑事审判原理论》（第三版）	陈瑞华
《实质法治：寻求行政判决的合法性》（第二版）	何海波
《企业合规基本理论》（第二版）	陈瑞华
《侵权责任法》（第四版）	杨立新
《如何讲个好故事：律师的必修课》	菲利普·N. 迈耶

……